Johannes Lehmann

DIE KREUZFAHRER

Abenteurer Gottes

Bildnachweis:
Bavaria-Verlag, Gauting/München
Bildarchiv Preußischer Kulturbesitz, Berlin
Historia-Photo, Bad Sachsa

1985 genehmigte Lizenzausgabe für
Manfred Pawlak Verlagsgesellschaft mbH, Herrsching

ISBN: 3-88199-224-3

Inhalt

Das Thema

Wir haben in der Schule gelernt – und mehr wissen wir meist nicht –, daß die Kreuzzüge stattfanden, um das Heilige Land von den Ungläubigen zu befreien, daß es sieben Kreuzzüge gab, daß am Ende Jerusalem und das Heilige Land wieder verlorengingen und daß die Berührung mit dem Orient in den beiden Jahrhunderten zwischen elfhundert und dreizehnhundert unsere abendländische Kultur beeinflußt hat.

Das alles ist nur die halbe Wahrheit. Denn was mit dem Ruf »Gott will es!« als frommer Aufbruch begann, wurde bald zu einer Tragödie riesigen Ausmaßes. Schon auf dem Ersten Kreuzzug, dem einzigen, der nicht in einer Niederlage, einer Katastrophe oder weit weg vom Ziel endete, kamen mehr als zweihunderttausend Kreuzfahrer ums Leben – eine riesige Zahl in einer Zeit, als ganz England kaum mehr als zweieinhalb Millionen Einwohner hatte.

Und trotzdem zog Kreuzzug um Kreuzzug – es waren in Wirklichkeit mehr als sieben – auf beschwerlichen Wanderungen über Tausende von Kilometern hinweg nach Konstantinopel, nach Jerusalem und an den Nil, ritten päpstliche Boten Tag und Nacht bis nach Karakorum in der fernen Mongolei, um die Horden des Dschingis-Khan für das Kreuz zu gewinnen, bis dann die letzten Ritter unter den stürzenden Trümmern von Akkon begraben wurden.

Ritter mit Schild, Schwert und Rüstung, Büßer mit Palmwedeln in der Hand, stolze Prälaten und arme Bauern mit Ochsenkarren, Frauen und Kinder, demütige Mönche und Könige unter Baldachinen, Gesindel und Fromme – sie alle vereinigten sich zweihundert Jahre lang unter einer Idee, die nie Wirklichkeit wurde.

Das Abenteuer der Kreuzzüge ist die Geschichte von Heiligen und Narren, von Wundergläubigen und Ketzern, von Realisten und Schwärmern; eine prallvolle Chronik von Dünkel und Verzagtheit, Heldenmut und Jammer, von Liebe, Grausamkeit und Glauben, Eigennutz und Raubgier.

Das Abenteuer der Kreuzzüge ist aber auch die Geschichte der ersten außereuropäischen Landnahme des Abendlandes mit all seiner Habgier, angeregt von den Eroberungszügen der Normannen und zum Erliegen gebracht von den Mongolenhorden des Dschingis-Khan – das letzte große Abenteuer des Abendlandes, das noch mit dem Schwert ausgefochten wurde, bevor Schlachten und Schicksale im Pulverdampf entschieden wurden.

Ich will versuchen, diese Geschichte nach den Augenzeugenberichten, aber mit dem Wissen von heute zu beschreiben, denn es ist – wie die Gegenwart – eine Zeit der Veränderung und der Unruhe, obwohl sie neunhundert Jahre zurückliegt.

I

Der Schauplatz

Manzikert: die Schlacht unter dem Halbmond

Als am 19. August des Jahres 1071, einem Freitag, die Sonne hinter den Bergen des Anatolischen Hochlandes untergegangen war, erschien am Himmel ein glänzendes Doppelgestirn: die Mondsichel und dicht dabei ein heller Stern. Seitdem – so erzählt es eine alte türkische Legende – sind Halbmond und Stern das Wahrzeichen der Türken.

In Wirklichkeit war der Halbmond schon lange vorher das Feldzeichen türkischer Nomadenstämme, und wann der Stern dazugekommen ist, wissen wir nicht. Aber daß sich die Legende gerade diesen Augustabend des Jahres 1071 aussuchte, hat seinen Grund. An diesem Tage vor neunhundert Jahren hatte Sultan Alp Arslan, »der starke Löwe«, mit seinen Seldschuken den Kaiser von Byzanz bei Manzikert am Vansee besiegt und in Fesseln vorführen lassen.

An diesem Tag begann der Niedergang des byzantinischen Reiches und der unaufhaltsame Aufstieg jener Nomadenvölker aus der russischen Kirgisensteppe, die sich nach ihrem Führer Seldschuk die Seldschuken nannten und die wir heute als Türken kennen. Diese Nomaden, von arabischen Kaufleuten und Händlern kurz zuvor zum Islam bekehrt, beherrschten bereits Persien, Syrien und Nordmesopotamien. Nach der Schlacht bei Manzikert rückten sie nun bis Konstantinopel vor.

In wenigen Jahren beherrschten die Nachfahren des Nomadenführers Seldschuk den gesamten asiatischen Teil der islamischen Welt, mit Ausnahme von Südarabien und Indien. Auch Jerusalem und damit das Heilige Grab war in ihren Händen: Ein seldschukischer Abenteurer namens Atsiz ibn-Abak hatte die Stadt kampflos eingenommen und das Heilige Land bis hinunter nach Askalon besetzt.

So war jener 19. August des Jahres 1071 nicht nur das entscheidende Unglück in der vielhundertjährigen Geschichte des byzantinischen Reiches; er war auch der Anlaß zu einem der größten und seltsamsten, aber auch sinnlosesten Abenteuer unserer Geschichte: den Kreuzzügen.

Will man diese 220 Jahre zwischen der Schlacht von Manzikert und dem kläglichen Ende der Kreuzzüge im Jahre 1291 beschreiben – eine Zeit von Helden und Narren, Abenteurern und Heiligen, Draufgängern und Feiglingen, Opportunisten und Träumern –, so braucht man eine Bühne, die von Portugal im Westen bis nach Karakorum in der Mongolei im Fernen Osten reicht, von Skandinavien im Norden bis nach Afrika im Süden.

Als handelnde und leidende Personen sind beteiligt: im Westen die römisch-katholischen Christen, nach Sprache und Lage Roms die »Lateiner« genannt – im Osten die »Byzantiner«. Sie führten ihren Namen auf den sagenhaften Gründer Byzas zurück, dessen Stadt Byzanz Kaiser Konstantin der Große im Jahre 324 nach sich selbst Konstantinsstadt, oder griechisch Konstantino-Polis, nannte; sie erlangte später als »Ostrom« eine so beherrschende Stellung, daß sie ihren Namen verlor und bis heute als einzige Stadt der Welt nur »die Stadt« heißt: Aus dem griechischen »is-tin-polin« – »in die Stadt« wurde allmählich Istanbul.

Zum byzantinischen Reich gehörte ein buntes Völkergemisch, von der italienischen Adria im Westen bis zum Tigris im Osten und weit nach Armenien hinein, dessen Zugehörigkeit zu Byzanz sich allein auf den gemeinsamen christlichen Glauben gründete und nicht auf eine bestimmte Volkszugehörigkeit, obwohl man die Byzantiner meist »Griechen« nannte.

Als nun um das Jahr 1035 die zum Islam bekehrten sogenannten »Turkvölker« aus der nördlichen mongolisch-russischen Steppe nach Süden vordrangen, waren es diese »Türken« und die ebenfalls mohammedanischen Araber, die zu den »natürlichen« Gegnern des christlichen Byzanz wurden.

Auch die »Lateiner« des Westens waren eine bunt zusammengewürfelte Truppe. Es waren die »Franken« – nach heutigen Begriffen Franzosen –, die als erste die Bühne betraten und damit im Orient bis heute zum sprachlichen Sammelbegriff für »Europäer« wurden. Erst dann kamen die Deutschen und die Engländer mit kleinen, aber glanzvollen Rollen, während die italienischen Stadtstaaten wie Venedig, Genua und Pisa oft nur hinter den Kulissen das Zeichen für den Auftritt gaben und die Gagen kassierten.

Zu den »Lateinern« gehörte merkwürdigerweise auch ein frisch bekehrtes Volk aus Skandinavien, das es aber mit dem Christentum noch nicht sehr genau nahm und das kurz zuvor in einer Völkerwanderungswelle England, die Normandie und Süditalien erobert und damit Europa ziemlich durcheinandergebracht hatte.

Diese Nordmänner hatten wie die Berserker gekämpft, und schließlich waren sie ja auch welche: Die Tatsache, daß sie eine Bärenhaut als »sekr«, als Hemd, anhatten, gab ihnen den Namen »ber-serker«, und der urige Außenseiter des deutschen Märchens, der »Bärenhäuter«, ist bis heute eine Erinnerung an diese Eindringlinge. Da die Berserker aus dem Norden stammten, kennen wir sie unter der nüchternen Bezeichnung Nor(d)mannen. Die Normannen sind übrigens die einzigen Mitspieler, die auf beiden Seiten des großen Dramas auftreten. Auch Byzanz hatte normannische Söldner, nur hießen sie dort Waräger. Während die Normannen im Westen Europas nach Süden vorgestoßen waren, hatten die Waräger den Weg über Rußland genommen, wo die schwedischen Normannen, die sich »Rus« nannten, sozusagen im Vorbeigehen einem fremden Land ihren Namen gaben: Rußland.

Regisseure hatte das Drama mehrere, und ich bin nicht einmal sicher, ob es ein Papst war, wie man überall nachlesen kann, der den ersten Akt inszeniert hat. Fest steht wohl, daß die römisch-katholische Kirche der Auftraggeber des Stückes war; ebenso fest steht aber auch, daß Regieanweisungen und Inszenierung von Anfang an nicht übereinstimmten und daß die Schauspieler nach kurzer Zeit anfingen, ihr eigenes Stück zu spielen.

Die Beurteilung des Dramas ist daher auch sehr unterschiedlich, je nachdem, ob man den Standpunkt des Regisseurs, der Schauspieler oder des Zuschauers einnimmt; ob man die Absicht mit dem Ergebnis vergleicht; ob man sich voll und ganz in die Zeit von damals zurückversetzt oder ob man versucht, das Damals mit dem Wissen und der Erfahrung von heute zu messen.

Jede dieser Beurteilungen ist zulässig und legitim, ja sogar notwendig, wenn man ein so komplexes Stück Geschichte erklären will, wie es die Kreuzzüge sind. Nur setzt jede Beurteilung, von welchem Standpunkt auch immer, die Kenntnis der Idee, der Motive, der Regie und des tatsächlichen Ablaufs des Dramas voraus.

Ich will daher versuchen, das eigenartige Phänomen der Kreuzzüge, die Glaubenskrieg und Eroberungszug, heiliger Eifer und Mord zugleich waren, nach seinen Daten so exakt wie möglich, nach zeitgenössischen christlichen, arabischen und jüdischen Augenzeugenberichten, aber auch so lebensvoll wie möglich darzustellen.

Byzanz: ein Weltreich in Schwierigkeiten

Um das Drama von Anfang an zu begreifen, muß ich noch einmal zum Prolog zurückkehren, zu jenem Augustabend des Jahres 1071.

Nach dem Bisherigen könnte man meinen, daß die Seldschuken eben die Stärkeren waren, die ein ehrenwertes, aber immerhin schon siebenhundert Jahre altes Reich in einer offenen Feldschlacht bei Manzikert besiegt hatten. In Wahrheit wurde die Niederlage in Konstantinopel vorbereitet, denn obwohl die türkischen Seldschuken schon seit Jahren die Ostgrenze des Reiches angriffen, hatte Kaiser Konstantin X. von Byzanz große Teile der Armee einfach aufgelöst, weil er kein Geld mehr hatte. Die Hofhaltung, die Kirche und die benachbarten Fürsten, die bei Laune gehalten werden mußten, kosteten einfach zuviel.

Als Konstantin X. im Jahre 1067 starb, war die 60000 Mann starke Kavallerie aufgelöst, und die anatolischen Gardetruppen waren weit unter Mannschaftsstärke. Die Seldschuken, die längst im Orient Fuß gefaßt hatten, konnten ohne Sorge ihre Raubzüge auf das Gebiet der Byzantiner im Ostteil des kleinasiatischen Reiches ausdehnen und bis zum Quellgebiet des Mäander vordringen, der in die Ägäis mündet.

Nun war der Osten Anatoliens – das, was man »weit hinten in der Türkei« nennt – auch damals schon eine unwirtliche und unfreundliche Hochgebirgslandschaft mit zahlreichen Dreitausendergipfeln rund um den fischlosen Vansee, der noch salzhaltiger ist als das Tote Meer. Nicht weit davon liegt der Vulkankegel des Agri-dagi (der »Zerklüftete«), den die Bibel den Berg Ararat nennt, auf dem Noah nach der Sintflut gelandet sein soll.

Aber Konstantinopel konnte es nicht zulassen, daß fremde Völkerscharen derartige schnelle Beutezüge nach Anatolien unternahmen, die sie »Chazija« nannten – und bis heute haben Betroffene etwas gegen »Chazijas«, denn über das Arabische und Französische wurde aus den schnellen Beutezügen der Seldschuken bei uns das Wort »Razzia«.

Als nun nach dem Tode Konstantins X. seine Frau Eudokia die Regentschaft übernahm – der Thronfolger Michael war noch nicht volljährig –, war auch niemand da, der die restlichen Truppen befehligen konnte. So war es, wenn auch gegen alle Regeln, ganz passend, daß Eudokia ein Jahr später den Oberbefehlshaber Romanos Diogenes heiratete und zum Kaiser ausrief. Das wiederum verärgerte die traditionsbewußten Edlen des Landes, auch wenn Byzanz nun wieder einen handlungsfähigen Kaiser hatte.

Die Folgen zeigten sich bald: Als der frisch ernannte Kaiser Romanos IV. im Frühjahr 1071 ein Heer ausrüsten wollte, um endlich etwas gegen die Razzien der Seldschuken zu unternehmen, war niemand bereit, ihm Geld oder Truppen zur Verfügung zu stellen. Romanos IV. mußte sich ein Söldnerheer zusammenstellen, das zur Hälfte aus Ausländern bestand: Waräger, Normannen und Franken aus Westeuropa, Slawen und – Seldschuken. Mit diesem Heer von immerhin hunderttausend Mann zog Kaiser Romanos IV. nun von Konstantinopel aus quer durch Anatolien nach Osten, um dort einige Grenzfestungen zurückzuerobern und mit Soldaten zu belegen, bevor Sultan Alp Arslan mit seinem Heer aus Syrien heranmarschieren und ihn stören konnte; und wie die Sache aussah, hätte nichts schiefgehen dürfen. Aber Kaiser Romanos fühlte sich allzu sicher. Er schickte keine Späher aus und erfuhr deshalb erst in allerletzter Minute, daß Alp Arslan und seine Seldschuken längst zur Stelle waren, bevor er noch sein Heer zusammenziehen konnte, denn er hatte Teile bereits vorausgeschickt, um eine Festung am Vansee zu besetzen.

Und nun rächte sich auch, daß Kaiser Romanos auf keine verläßlichen Soldaten zurückgreifen konnte. Seine Söldnertruppen dachten nicht im Traume daran, zu kämpfen. Den türkischen Truppen in byzantinischen Diensten war plötzlich eingefallen, daß sie recht lange keinen Sold bekommen hatten, und sie waren in der Nacht vor der Schlacht geschlossen zu den Seldschuken desertiert. Auch die Normannen beschlossen, sich nicht an der Schlacht zu beteiligen, und der Befehlshaber der byzantinischen Eliteeinheiten, Andronikos Dukas, hatte seine eigenen Gründe, sich und seine Truppen vom Kampfe fernzuhalten: Andronikos Dukas war der Neffe des verstorbenen Kaisers Konstantin X.; er sah in Romanos einen Rivalen und Eindringling in das Herrscherhaus und gönnte ihm eine Niederlage.

Als es am 19. August 1071 in der Nähe von Manzikert (dem heutigen Malazgirt, ca. 40 km Luftlinie nördlich des Vansees) in einem Tal zur Schlacht kam, kämpfte Kaiser Romanos heldenhaft mit ein paar tausend Mann, aber gegen Abend geriet er verwundet in die Hände der Seldschuken und wurde Alp Arslan in Fesseln vorgeführt.

Es war eine verheerende militärische und moralische Niederlage. Daß daraus aber eine wirkliche Katastrophe wurde, von der sich

Byzanz nie wieder richtig erholen sollte, lag nicht an der Schlacht oder an den Friedensbedingungen, die Sultan Alp Arslan diktierte; denn so, wie die Katastrophe in Konstantinopel begonnen hatte, fand sie dort auch ihr Ende.

Als Kaiser Romanos nach einigen Tagen von den Seldschuken freigelassen wurde, klangen die Bedingungen nämlich erträglich. Kaiser Romanos mußte ein gewaltiges Lösegeld zahlen, das Gebiet um den Vansee räumen, die Gefangenen herausgeben und dem Sieger Hilfstruppen stellen. Das war das mindeste, was der Besiegte erwarten mußte, mehr wurde aber von Romanos nicht gefordert. Nach dem Wortlaut des Vertrages verlor Byzanz kein Territorium an die Seldschuken und konnte damit recht zufrieden sein.

Weniger zufrieden waren dagegen die Würdenträger in Konstantinopel. Auf die Nachricht von der Niederlage hin erklärten sie Romanos IV. für abgesetzt und zwangen seine Frau Eudokia, ins Kloster zu gehen – ein probates Mittel jener Tage, um Thronstreitigkeiten zu klären, denn die Nonne Eudokia konnte nicht mehr Kaiserin sein und mußte jeglichem Herrschaftsanspruch entsagen. Die Bahn war frei für ihren Sohn Michael, der sich prompt für großjährig erklärte und als Michael VII. auf den Kaiserthron setzte.

Romanos sträubte sich gegen seine Absetzung, stellte ein kleines Heer zusammen und marschierte gegen seine eigene Hauptstadt. Zweimal kam es zwischen ihm und den Truppen seines Stiefsohnes Michael VII. zu Kämpfen, aber schließlich mußte sich Romanos ergeben. Noch auf dem Wege nach Konstantinopel ließ ihm sein Stiefsohn auf so grausame Weise die Augen ausstechen, daß er wenige Tage später starb. Das war am 4. August 1072 – fast genau ein Jahr nach der Schlacht von Manzikert.

Und erst jetzt wurde aus einer verlorenen Schlacht die Katastrophe. Bis zu diesem Zeitpunkt hatten sich die Seldschuken an die Verträge von Manzikert gehalten, hatten also kein byzantinisches Gebiet besetzt. In dem Augenblick jedoch, als ihr »Vertragspartner« getötet wurde, erklärten sie die Verträge für null und nichtig. Suleiman ibn-Kutulmisch begann, mit seinen turkmenischen Untertanen Anatolien für die Türken zu erobern und zu besiedeln. In wenigen Jahren war ganz Anatolien türkisch, während sich in Konstantinopel die unglaublichsten Intrigen und Machtkämpfe abspielten.

Zwar hatte der junge Kaiser Michael VII. versucht, sich dem Eindringen der Seldschuken zu widersetzen. Aber in diesem Moment stellten sich die normannischen Söldnertruppen gegen den Kaiser, marschierten auf Konstantinopel zu, verwüsteten die Vorstadt Chrysopolis (heute Skutari auf dem asiatischen Ufer) und wollten einen eigenen Normannenstaat in Anatolien gründen.

In seiner Hilflosigkeit wandte sich Michael VII. an die einzige Macht, die das verhindern konnte – an genau jene Seldschuken, die er eben noch bekämpfen wollte. Michael schickte eine Delegation an Suleiman ibn-Kutulmisch, und der Seldschuke war so gnädig, Hilfe gegen die Normannen zu versprechen. Für diesen kleinen Liebesdienst verlangte er lediglich die Abtretung der anatolischen Provinzen, die er ohnehin längst besetzt hielt. Das alles rettete Michael VII. nicht, aber Anatolien war damit endgültig für Byzanz verloren. Die Nomaden aus der Kirgisensteppe hatten eine neue Heimat gefunden, und im 12. Jahrhundert taucht zum erstenmal der Begriff »Turchia« für das heutige Gebiet der Türkei auf.

Kaiser Michael hatte aber auch mit Suleiman ibn-Kutulmisch kein Glück. Konnte er sich gegen den einen Gegner durchsetzen, verlor er gegen den anderen, bis er schließlich im Jahre 1078 in seiner Verzweiflung, und weil ohnehin gerade einer seiner Gegner Konstantinopel besetzt hielt, ins Kloster ging. Dort hatte der abgedankte Kaiser mehr Erfolg: in wenigen Jahren wurde er Metropolit von Ephesus, während seine verlassene Frau, die bildschöne kaukasische Prinzessin Maria von Alanien, den Widersacher ihres Mannes heiratete, der sich als Nikephoros III. auf den Thron setzte. Doch drei Jahre später schon verlor die schöne Prinzessin ihren zweiten Gemahl auf die gleiche fromme Weise wie den vorigen – auch Nikephoros III. zog das stille Klosterleben den ständigen Machtkämpfen und Intrigen vor.

Von den 88 Kaisern, die von 324 bis 1453 das byzantinische Reich regierten, waren allein 13 vorübergehend oder lebenslänglich in ein Kloster geflüchtet. Hätten sie dies nicht getan, hätten sie vielleicht die Zahl der 29 Kaiser vergrößert, die ermordet wurden. So fand jeder dritte (!) Kaiser von Byzanz ein grausames Ende:

Basilikos	477	im Gefängnis verhungert
Zeno	491	lebendig begraben
Maurikios	602	enthauptet
Phokas	610	gevierteilt
Herakleonas	641	verstümmelt

Konstantin III.	461	vergiftet
Konstans II.	668	im Bad erschlagen
Leontios	705	enthauptet
Tiberios III.	705	enthauptet
Justinian II.	711	enthauptet
Philippikos	713	geblendet
Konstantin VI.	797	geblendet
Leon V.	820	erdolcht, enthauptet
Michael III.	867	erdolcht
Konstantin VII.	959	vergiftet
Romanos II.	963	vergiftet
Nikephoros II.	969	erdolcht, enthauptet
Johannes I.	976	vergiftet
Romanos III.	1034	vergiftet, ertränkt
Michael V.	1042	geblendet
Romanos IV.	1072	geblendet
Alexios II.	1183	erwürgt, enthauptet
Andronikos I.	1185	verstümmelt, gefoltert
Isaak II.	1195	geblendet
Alexios IV.	1204	erwürgt
Alexios V.	1204	geblendet, verstümmelt
Johannes IV.	1261	geblendet
Andronikos IV.	1374	geblendet
Johannes VII.	1374	geblendet

Und genau zehn Jahre nach der Schlacht von Manzikert, und nachdem Nikephoros III. ins Kloster geflüchtet war, befand sich das byzantinische Reich in einem so trostlosen Zustand, daß »nur ein Mann von großem Mut oder von großer Dummheit« – so der Historiker Runciman – die Herrschaft übernehmen konnte.

Der Mann, der sich unter diesen Umständen zum Kaiser ausrufen ließ, war ein Mann von kaum dreißig Jahren, der als »nicht groß, aber wohlgestalt und von würdevollem Auftreten« beschrieben wird und der ebensoviel Güte und Selbstbeherrschung zeigen konnte wie Grausamkeit und List, wenn es um sein Land ging.

Dieser Mann, Alexios I. aus der Dynastie der Komnenen, wußte im Jahre 1081 nicht, ob er selbst noch im nächsten Jahr regieren und ob es im Jahre 1100 überhaupt noch ein byzantinisches Reich geben würde. Aber Alexios I. Komnenos regierte 37 Jahre lang und war der größte Staatsmann seiner Zeit. Obwohl er pausenlos Verschwörungen gegen seine Regierung aufdeckte und ständig in der Gefahr schwebte, ermordet zu werden, gelang es ihm nach langen Kämpfen mit den Normannen und den Türken, das byzantinische Reich einigermaßen zu befrieden.

Es wäre ein Buch für sich, zu beschreiben, wie er die zahllosen Verwandten der verschiedenen früheren Kaiser und Gegenkaiser, die alle am Hof in Konstantinopel saßen und sich gifteten, auf listige Weise miteinander verheiratete oder mit großartigen und pompösen Titeln versah, um sie an sich zu binden; wie die Normannen unter Robert Guiskard und dessen Sohn Bohemund ihn zunächst immer wieder besiegten, dann untereinander in Streit gerieten und den Krieg gegen Kaiser Alexios I. beenden mußten; wie Tschaka, der türkische Emir von Smyrna, seine Tochter an Kilidsch Arslan, den Sohn des Suleiman ibn-Kutulmisch, verheiratete, dafür aber von ihm bei einem Gastmahl in Nicäa ermordet wurde und damit Kaiser Alexios Gelegenheit gab, ein wenig unter den verdutzten Türken aufzuräumen. Das Ergebnis war jedenfalls, daß die Macht der Seldschuken um das Jahr 1095 gebrochen schien, daß Konstantinopel gesichert war, daß in den europäischen Provinzen des Reiches Ruhe herrschte und – nicht zu vergessen – daß wieder Geld in der Staatskasse war.

Und nun geschieht das Unerwartete: Just in diesem Moment der Konsolidierung und Ruhe, fast 25 Jahre, nachdem die Seldschuken Jerusalem kampflos besetzt hatten, und 24 Jahre nach der Schlacht von Manzikert rief im Jahre 1095 Papst Urban II. die Christenheit auf, die heiligen Stätten aus den Händen der Ungläubigen zurückzuerobern, als wenn sie eben erst gestern den Christen verlorengegangen wären. Dabei war die heilige Stadt Jerusalem auch vor der Eroberung durch die Seldschuken nicht in christlichen Händen gewesen: seit dem 6. Mai des Jahres 610, als Jerusalem von den Persern erobert wurde – also seit 485 Jahren! –, gehörte Jerusalem nicht mehr den Christen.

Das christliche Abendland hatte ruhig mit angesehen, wie Ostrom, also das christliche Byzanz, von den mohammedanischen, also »ungläubigen« Seldschuken fast erobert worden wäre. Fast zwei Jahrzehnte lang hatte man es geduldet, daß Nicäa (heute das Dorf Iznik), wo das Nizänische Glaubensbekenntnis formuliert worden war, Hauptstadt des türkischen Sultanats von Anatolien war, keine hundert Kilometer von Konstantinopel entfernt.

Als Byzanz Hilfe bitter nötig hatte und den Westen darum bat, war niemand gekommen. Jetzt, als Kaiser Alexios I. dabei ist, aus eigener Kraft Ordnung zu schaffen, ohne freilich die Niederlage von Manzikert und den Verlust Anatoliens ungeschehen machen zu können – jetzt auf einmal hat die Christenheit kein dringenderes Anliegen als das Heilige Land von den Ungläubigen zu befreien.

Warum erst jetzt?

Jerusalem: das Heilige Grab und die Pilger

An dieser Stelle wird nun meist erzählt, daß eines der auslösenden Momente für die Kreuzzüge die entsetzliche Behandlung war, denen die frommen Pilger durch die intoleranten Seldschuken ausgesetzt waren.

Berichte dieser Art gibt es tatsächlich genug. »Kein Altar, kein kirchliches Gefäß war den Türken mehr heilig, die Geistlichen wurden geschlagen und gestoßen, ja der Patriarch bei Haar und Bart zur Erde gerissen. Strenger als je forderte man von den Pilgern, deren Vermögen durch die Reise fast immer schon erschöpft worden, ein Goldstück für die Erlaubnis, Jerusalem zu besuchen . . .« Und als der Erzbischof Siegfried von Mainz mit den Bischöfen Günther von Bamberg, Otto von Regensburg und Wilhelm von Utrecht nach Jerusalem pilgerte, da erreichten sie die Stadt »nicht ohne große Gefahr und vielfachen Verlust. Ja, eine schöne Äbtissin, welche den Türken in die Hände fiel, litt vor den Augen aller so lange Gewalt, bis sie den Geist aufgab . . .«

Man kann sich vorstellen, mit welcher Entrüstung die geistlichen Herren nach ihrer Rückkehr ins christliche Abendland von den Untaten der Heiden erzählten. Nur scheint mir die Schlußfolgerung, die zum Beispiel der Historiker Friedrich von Raumer im Jahre 1828 zog, nicht richtig, und leider findet man sie – wenn auch nicht in so betulichen Worten – bis heute immer wieder: »Es war die höchste Zeit«, schrieb Raumer, »daß die abendländischen Christen ihren Glaubensgenossen zu Hülfe eilten; es war zweifelsohne ihre Verpflichtung, wenn anders jeder Unrecht und Tyrannei abwehren soll, dem dazu die Kraft und das Geschick gegeben ist.«

Nur eben: es eilte niemand zu Hilfe. Den Strom der Pilger hatte man schon seit Jahrzehnten geschröpft, den armen Patriarchen von Jerusalem bereits im Jahre 1070 am Barte gerissen und die schöne Äbtissin bereits im Jahre 1064 geschändet, 31 Jahre, bevor der erste Kreuzzug ausgerufen wurde.

Da konnten Tausende von Pilgern umkommen, ohne daß ein Kaiser oder Papst etwas unternommen hätte. Ein Jahr nach dem traurigen Ende der schönen Äbtissin waren 7000 Christen zu einer Wallfahrt ins Heilige Land aufgebrochen und von den Türken angefallen und in einer

Burg belagert worden. Fünftausend kamen um, nur zweitausend blieben am Leben – und nichts geschah. Im Gegenteil, der Strom der Pilger riß nicht ab, und die Gefahren einer Pilgerschaft fingen nicht erst im Orient an: Seeräuber, Krankheiten auf der monatelangen Reise, Überfälle – das hatte es schon immer gegeben, ja, es gehörte zu den natürlichen Risiken einer Reise im Mittelalter.

700 Jahre Tradition

Seit dem Jahre 300, seit mehr als siebenhundert Jahren also, waren christliche Pilger zur peregrinatio in terram sanctam, zur Pilgerfahrt ins Heilige Land, gekommen – angefangen bei Kaiser Konstantin, dem ersten Kaiser von Byzanz, und dessen Mutter, der Kaiserin Helena, die stets mit bewunderungswürdiger Findigkeit die »echte« Geburtsstätte und das »echte« Grab Christi entdeckte und jedesmal eine Kirche darüber bauen ließ.

Hoch aus dem skandinavischen Norden war bereits im Jahre 335 mit einer gotischen Gesandtschaft ein Bischof bis nach Konstantinopel gereist, der sich »Wölfchen« (lateinisch: wulfila) nannte. Bischof Wölfchen wurde dort zum Missionsbischof geweiht, erfand aus Runen, lateinischen und griechischen Buchstaben eine Schrift für seine Landsleute und übersetzte als erster die Bibel in eine germanische Sprache. Diese Bibel des Bischofs Wulfila, der Codex Argenteus, ist der kostbarste Schatz des Museums in Uppsala.

Um das Jahr 450 nach Christus erlebte Jerusalem einen ersten Andrang von »Pilgrimmen«, denn schon damals galt es als ein geistliches Verdienst, die heiligen Stätten aufzusuchen. Nachdem Geistliche wie Prudentius und Ennodius gelehrt hatten, daß man an den Gräbern der Heiligen göttliche Hilfe erlange und die Reliquien der Heiligen Wunder wirken könnten, stiegen Pilgerfahrten und Reliquien gewaltig im Wert. Später kam der heilige Romuald sogar in Gefahr, von seinen Verehrern erschlagen zu werden, weil diese seine Gebeine besitzen und als Reliquien verehren wollten.

Reliquien wurden wie Souvenirs angeboten und gehandelt, und Steven Runciman schreibt in seiner Geschichte der Kreuzzüge etwas ironisch: »Die Bürger von Langres, stolze Besitzer eines Fingers des heiligen Mamas, mußten begreiflicherweise den Wunsch hegen, Cäsarea in Kappadokien aufzusuchen, wo der Heilige gelebt hatte. Die Nonnen von Chamalières, die die Gebeine der heiligen Thekla in ihrer Kapelle bewahrten, nahmen natürlich ein persönliches Interesse an ihrem Geburtsort Seleukia in Isaurien. Als eine Dame aus Maurienne von ihren Reisen den Daumen Johannes des Täufers mitbrachte, wurden alle ihre Freunde alsbald vom Drang erfaßt, die weite Reise zu unternehmen, um seinen Leib in Samaria und sein Haupt in Damaskus zu betrachten.«

Eine solche Reise, die im Durchschnitt etwa ein Jahr dauerte, war zu keiner Zeit völlig ungefährlich. Wer mit syrischen oder griechischen Handelsschiffen auf dem Seewege ins Heilige Hand fahren wollte, mußte in jenen Tagen mit den Seeräuberschiffen der Vandalen rechnen und hundert Jahre später, nach den arabischen Eroberungen, mit Seeräubern aller Art, so daß zwischen 600 und 700 die Pilgerfahrten fast zum Erliegen kamen. Nur kräftige Männer konnten sich zutrauen, wirklich bis nach Jerusalem zu gelangen, und das nur, wenn sie nicht den Umweg über Ägypten, Syrien oder Konstantinopel scheuten. Erst im 8. Jahrhundert nahm die Zahl der Pilger wieder etwas zu, und diesmal kamen sie sogar aus England, wie ein gewisser Willibald, der als junger Mann über Rom nach Jerusalem reiste, dort sieben Jahre blieb und schließlich im Jahre 781 als Bischof von Eichstätt in Bayern starb.

Um das Jahr 800 wurden Pilgerfahrten sogar einigermaßen bequem. Karl der Große hatte gute Beziehungen zu Harun al-Raschid, dem Kalifen von Bagdad, angeknüpft, dessen Gerechtigkeitsliebe und ritterlicher Sinn in den Märchen von Tausendundeiner Nacht immer wieder gerühmt werden. Wir wissen sogar, was die beiden Herren als Freundschaftsgabe austauschten. Harun al-Raschid entzückte Karl den Großen mit einem weißen Elefanten mit Namen Abu'l-Abbas, der auf seinem Wege in Italien überwintern mußte, weil man ihm das Passieren der verschneiten Alpen nicht zumuten wollte, und mit einer Wasseruhr – worauf Karl der Große nicht zurückstehen wollte und ebenfalls ein kostbares Geschenk übersandte. Er fand für den Kalifen von Bagdad nichts Besseres als flandrisches Tuch, ein dauerhaftes Wollgewebe, das damals »Welt«-berühmt war.

Dank solcher guter Beziehungen zum Orient ließ Karl der Große sogar regelrechte Pilgerherbergen im Heiligen Land erbauen, die später, mit dem Verfall des Karolingischen Reiches, wieder aufgegeben wurden, als mohammedanische Seeräuber erneut im östlichen Mittelmeer auftauchten. Erst als die Araber weitgehend ihre Seeräubernester auf dem italienischen Festland und in Südfrankreich verloren hatten und die Byzantiner wieder das Mittelmeer beherrschten, kamen die Pilgerfahrten um 950 wieder in Schwung.

Man fuhr jetzt bequem von Venedig oder Bari aus nach Tripolis oder nach Alexandria in Ägypten, oder man reiste – die Route, die die meisten nahmen – über Konstantinopel, um die zahlreichen Reliquien zu verehren, die sich unterdessen dort angesammelt hatten. Da war die Dornenkrone zu sehen, das saumlose Gewand Christi und alles, was in der Passionsgeschichte erwähnt wurde. Man konnte selbst den Mantel des in den Himmel aufgefahrenen Elia betrachten und das Haar Johannes des Täufers. Nach derart glaubensstärkenden Erlebnissen reiste man nach Palästina weiter, wo die Mohammedaner die Pilger freundlich aufnahmen, denn sie brachten Geld ins Land.

Allerdings waren die Schiffspassagen teuer, und man mußte mit langen Wartezeiten rechnen, weil es zuwenig Schiffe gab. So war es ein Glücksfall, daß sich die Herrscher Ungarns rechtzeitig im Jahre 950 zum Christentum bekehren ließen, so daß man nun die Donau entlang durch den Balkan direkt nach Konstantinopel pilgern konnte. Trotzdem war dieser neue Reiseweg in den ersten Jahrzehnten noch recht gefährlich. Erst nachdem Byzanz im Jahre 1019 die Oberherrschaft fast über den gesamten Balkan ausgedehnt hatte, wurde auch dieser Weg wesentlich sicherer.

Daneben gab es noch einen zweiten Landweg, wenn man vom italienischen Stiefelabsatz übers Meer setzte und nach Dyrrhachium (Durazzo) fuhr, das heute unter dem Namen Durres eine albanische Hafenstadt ist. Dort begann (damals auf byzantinischem Gebiet) die Via Egnatia, eine der berühmten römischen Heerstraßen, die einst die Grenzen des Imperium Romanum miteinander verbunden hatten.

Die Via Egnatia – zum Teil heute noch erhalten – führte über Saloniki bis nach Konstantinopel. Von dort aus gab es dann drei gute Straßen durch Anatolien nach Süden, und erst bei Laodicea (dem heutigen syrischen Latakia) stieß der Pilger aus Europa zum ersten Mal wieder auf eine Grenze und mußte einen Paß vorzeigen, wenn er arabisches Gebiet betrat.

Die Verbesserung der Reisewege und der Gedanke, derartige Pilgerfahrten hätten sündentilgende Wirkung, brachten um das Jahr tausend einen solchen Aufschwung, daß der Orden der Cluniazenser in Frankreich einen regelrechten Pilgertourismus einrichtete, um der Reiselust der Sünder nachzukommen. Es gab Bischöfe wie den heiligen Konrad von Konstanz, die dreimal das Heilige Land aufsuchten, und dem heiligen Johannes, Bischof zu Parma, gefiel es so gut in Palästina, daß er sechsmal hinüberfuhr. Meist nahmen die hohen Herren andere Pilger mit. So reiste 1054 Erzbischof Lietbert von Cambray mit 3000 und zehn Jahre später Erzbischof Siegfried von Mainz sogar mit 7000 Mann ins Heilige Land, ohne freilich das Ziel zu erreichen.

In manchen Fällen bezweckten solche Pilgerfahrten gleichzeitig Flucht und Läuterung. Ein norwegischer König, der seinen Bruder erschlagen hatte, verband ebenfalls sein notwendiges Exil mit einer Pilgerfahrt. Übeltäter wurden regelrecht dazu verurteilt: die hohen Reisekosten waren ihre Strafe, und da der Besuch der heiligen Stätten die Sünden tilgte, kehrte der Sünder noch obendrein als besserer Mensch zurück. So wurde einmal eine Kindsmörderin auf sieben Jahre, ein Verbrecher auf vierzig Jahre ins Heilige Land verbannt.

Derartige Büßer mußten einen Martergürtel aus Eisen oder Ketten tragen und verschiedene Gnadenorte besuchen, bis der Eisenreif zersprang. Eine Erinnerung an diesen Eisenreif ist noch im Märchen vom Froschkönig erhalten, wo dem »Eisernen Heinrich« dreimal mit lautem Krachen ein Band zerspringt. Der Königssohn meinte, der Wagen bräche, »und es waren doch nur die Bande, die vom Herzen des treuen Heinrich absprangen, weil sein Herr erlöst und glücklich war«.

Erst um das Jahr 1050 geriet der Pilgertourismus in Schwierigkeiten, vielleicht, weil sich die Pilger, die oft mit bewaffneten Begleitmannschaften reisten, schlecht benommen hatten, vielleicht auch, weil die Mohammedaner unter sich zerstritten waren. Christen wurden aus Jerusalem ausgewiesen, andere gar nicht erst hineingelassen. Eine Zeitlang mußten sie sogar eine Pilger- und Pferdesteuer an Byzanz entrichten, wogegen der Papst mit einem eigenhändigen Brief protestierte. Es war die Zeit, da man Patriarchen am Barte zog und Äbtissinnen zweckentfremdete.

Aber das waren und blieben Ausnahmen. Der Pilgerstrom riß auch danach nie ab, und das Reisen im Orient war nicht gefährlicher als in Europa oder auf dem Balkan. Im ganzen gesehen bestand kein Anlaß für das christliche Abendland, die heiligen Stätten nun plötzlich zu befreien oder die Pilger mehr als bisher zu beschützen. Wenn die Mißhandlungen von Pilgern bei der Ausrufung des Ersten Kreuzzuges propagandistisch ausgewertet wurden – sie waren nicht das eigentliche Motiv und das auslösende Moment.

Auslösendes Moment war aber auch nicht die Tatsache, daß nun statt der arabischen Mohammedaner seit einigen Jahren die türkischen Seldschuken in Anatolien, Syrien und Palästina herrschten. Auch das hätte keinen Glaubenskrieg gerechtfertigt. »Es ist nicht nachweisbar«, schrieb der Historiker Hans Eberhard Mayer 1965 in seiner Geschichte der Kreuzzüge, »daß die Türken die östlichen Christen unterdrückten, wie westliche Quellen und angeblich Urban II. in Clermont behaupteten. In den eroberten Gebieten wurden die einheimischen Christen nicht anders behandelt, als es unter dem Islam immer gewesen war: sie galten als unterworfene, aber den Schutz der islamischen Gesetze genießende, steuerpflichtige religiöse Minderheit mit begrenzter Kultfreiheit. Was den Christen im Laufe der Eroberungen widerfuhr, hing mit den Kriegsläufen zusammen und betraf alle Schichten der Bevölkerung . . . Bezeichnenderweise ist auch ein Hilferuf der östlichen Christen selbst an das Abendland nicht ergangen. Wenn Urban II. und die Kreuzzugspropaganda die Verfolgung der östlichen Christen betonen, so entweder aus Unkenntnis der wahren Lage oder um bestimmte Ressentiments in Europa zu wecken.«

Das Schisma

Trotzdem waren es die Seldschuken und ihr Sieg bei Manzikert, die am Ende die Kreuzzüge auslösten. Um das zu verstehen, müssen wir noch einmal ein paar Jahre zurückgehen und einen scheinbaren Umweg machen. Der Schauplatz ist wieder Konstantinopel, das Datum ist der 16. Juli 1054.

An diesem Tage hatte Kardinal Humbert, der Beauftragte des Papstes Leo IX., nach einem erbitterten Streitgespräch mit Michael Kerullarios, dem Patriarchen von Konstantinopel, etwas Ungeheuerliches getan. Er hatte in der ehrwürdigen Hagia Sophia, der damals größten Kirche der Christenheit, vor versammeltem Klerus und dem Volk während des Gottesdienstes auf dem Hauptaltar eine Bannbulle gegen Kerullarios niedergelegt und war abgereist. Der Patriarch von Konstantinopel war damit vom Papst in Acht und Bann getan und exkommuniziert.

Kerullarios reagierte entsprechend. Getragen von der Entrüstung des einfachen Kirchenvolkes, brachte er den Kaiser auf seine Seite, der es nun zuließ, daß der Patriarch von Konstantinopel seinerseits den Papst von Rom exkommunizierte – ein Zustand, den die europäische Geschichte in jenen Tagen durchaus kannte, als sich Päpste und Gegenpäpste gegenseitig in Bann taten. Aber diese Spaltung der bis dahin einheitlichen Kirche in eine ost- und eine weströmische – das griechische Wort dafür ist Schisma und wird S-chisma ausgesprochen – sollte von weittragender Bedeutung sein, auch wenn der äußerliche Anlaß relativ gering schien.

Es ging bei dem Streit um die Frage, ob man beim Abendmahl im Gottesdienst gesäuertes oder ungesäuertes Brot verwenden dürfe, ob man am Samstag fasten müsse und ob die Priester niederen Standes verheiratet sein dürften, wie es auch in der römisch-katholischen Kirche im ersten Jahrtausend üblich gewesen war. Vor allem ging es aber um das Verständnis der Trinität. Während im erweiterten Nizänischen Glaubensbekenntnis vom Jahre 381 noch fixiert war, man glaube »an den Heiligen Geist . . . der vom Vater ausgeht«, hat die römisch-katholische Kirche später die Formulierung gebraucht »der vom Vater und dem Sohne ausgeht«, hat also den Heiligen Geist nicht mehr nur auf Gottvater, sondern auch auf Christus bezogen. Dem widerstritt Byzanz mit dem Argument, der Zusatz »und dem Sohne« – lateinisch »filioque« – sei eine Abweichung vom biblischen Glauben.

Das alles waren theologische Streitfragen, die uns heute vielleicht unwichtig vorkommen, die wir aber nicht banalisieren dürfen, da sie nicht nur von echten Überzeugungen und Traditionen getragen waren, sondern gleichzeitig auch eine langanhaltende theologische Auseinanderentwicklung kennzeichneten, auf die ich hier im einzelnen nicht eingehen kann. Das Schisma, das zu einer bis heute dauernden Trennung zwischen »Lateinern« und »Orthodoxen« geführt hat, war allmählich gewachsen und bedurfte nur eines Anlasses, um Wirklichkeit zu werden.

Clermont: die Antwort des Abendlandes

Was Byzanz durch diese Glaubensspaltung an Selbständigkeit gewann, verlor Rom an Einfluß. Es ist also verständlich, daß Rom eher daran interessiert war, den ursprünglichen Zustand der Einheit und der Anerkennung des Papstes wiederherzustellen, als Byzanz.

Als nach der Schlacht von Manzikert das byzantinische Kaiserreich in Schwierigkeiten geriet, war es daher Papst Gregor VII., der im Jahre 1074 plötzlich dem immer noch exkommunizierten Kaiser Michael VII. von Byzanz Hilfe anbot und einen Orientfeldzug ankündigte, den er selbst anführen wollte. Das geschah sicherlich weniger, um die Seldschuken zu vertreiben, als vielmehr, um wieder Einfluß auf Byzanz zu gewinnen. Immerhin wäre hier, drei Jahre nach der Schlacht von Manzikert, eine Möglichkeit gewesen, die Seldschuken von Anfang an zurückzudrängen oder zu besiegen.

An dem gemessen, was er vorhatte, war Gregor VII. wohl der kriegerischste Papst der Geschichte: »Ich möchte lieber mein Leben an die Befreiung der Heiligen Stätten setzen, als die Welt regieren«, schrieb er. Für diesen Fall hatte er auch den recht unchristlichen Bannfluch bereit: »Verflucht, wer seinem Schwert das Blut mißgönnt.« Es kam aber zu keinem Feldzug, da Gregor VII. bald im Westen alle Hände voll zu tun hatte.

Gregor VII. strebte die Unterordnung der weltlichen Macht unter die geistliche an und sprach ein Verbot der sogenannten Laieninvestitur, der Einsetzung eines Bischofs durch den König, aus. Reichstag und Synode von Worms erklärten daraufhin 1076 den Papst für abgesetzt, der dafür Heinrich IV. mit dem Bann belegte.

In diesem Machtkampf zwischen Papst und Königtum, Staat und Kirche war Heinrich IV. im Jahre 1077 zu dem berühmten »Gang nach Canossa« gezwungen, um die Lösung des Bannes zu erreichen. Der Bann wurde gelöst, aber nur unter der Bedingung, daß Heinrich IV. sich der päpstlichen Politik beuge.

Das wiederum brachte die deutschen Fürsten in Zorn. Sie setzten Heinrich ab und wählten einen Gegenkönig. Darüber kam es zu einem dreijährigen Bürgerkrieg in Deutschland. Der Papst, eine herrische Gestalt, bannte den abgesetzten Heinrich ein zweites Mal und wurde daraufhin von einer deutsch-italienischen Synode selbst zum zweiten

Mal abgesetzt und ein Gegenpapst berufen. Trotz dieser mancherlei Verdrießlichkeiten vergaß Gregor nie, den jeweils neuen Kaiser von Byzanz zu exkommunizieren.

Obwohl drei Jahre nach dem Tode Gregors VII., als Urban II. im Jahre 1088 zum Papst gewählt wurde, der Streit zwischen weltlicher und geistlicher Macht in Europa keineswegs ausgestanden war, dachte Urban bereits im zweiten Jahr seines Pontifikats an eine Aussöhnung mit Byzanz. Er schickte eine Gesandtschaft an Kaiser Alexios und hob 1089 dessen Exkommunikation auf. Es kam daraufhin wieder zu freundschaftlichen Beziehungen zwischen Rom und Byzanz. Kaiser Alexios erklärte sich bereit, Urbans Namen wieder in die Patriarchenliste von Konstantinopel aufzunehmen, da er »nicht aufgrund eines kanonischen Beschlusses, sondern gleichsam aus Achtlosigkeit« auf der Liste vergessen worden sei. Der Papst seinerseits sollte innerhalb einer bestimmten Frist eine befriedigende Glaubenserklärung abgeben. Zwar gab weder der Papst die Erklärung ab, noch setzte ihn Kaiser Alexios wieder auf die Patriarchenliste, aber man blieb gut Freund.

Rom war froh, wieder Beziehungen zu Byzanz und damit Einfluß auf dieses Gebiet zu haben, während sich Kaiser Alexios Hilfe gegen die Seldschuken erhoffte. Es war ja nichts Neues, daß ausländische Truppen für Byzanz kämpften. Kaiser Alexios rechnete sich also die Möglichkeit aus, durch Wohlverhalten gegenüber dem Papst neue westliche Truppen zum Kampf gegen die Türken zu ergattern. Zwar hatte er sein Heer wieder in Ordnung gebracht, aber es war ohne fremde Hilfe zu schwach, um die Seldschuken aus Anatolien, dem eigentlichen Kernland des byzantinischen Reiches, zu vertreiben.

Als nun Urban II. im März 1095 in der italienischen Stadt Piacenza ein Konzil abhielt, das die allgemeine Kirchenreform regeln sollte, waren »zufällig« auch Gesandte des byzantinischen Kaisers anwesend, die über ein ganz anderes Thema sprachen, nämlich über die mißliche Lage, in der sich das byzantinische Reich befand. Zwar entstand bei den Kurienmitgliedern sehr wohl der Eindruck, dem byzantinischen Reich könne nur mit drastischen Mitteln geholfen werden – was nebenbei noch den Vorteil für Rom gehabt hätte, Byzanz wieder ganz unter seinen Machteinfluß zu stellen –, aber wie sollte eine Versammlung von Kirchenfürsten sich für derartige rein militärische Angelegenheiten interessieren?

Kaiser Alexios von Byzanz hatte das vorausgesehen und ein geschicktes Argument vorbereitet: Alexios ließ seine Gesandten auf dem Konzil von der Hilfe für Jerusalem sprechen, während er in Wirklichkeit damit Hilfe für Anatolien meinte. Denn Jerusalem würde in Europa besser »ziehen« – obwohl nachweislich die Christen dort unter den Seldschuken nicht zu leiden hatten. Und Kaiser Alexios sollte recht behalten.

So jedenfalls berichtet es Bernold von Konstanz in seiner Chronik, und obwohl er mit seinem Bericht eigentlich auf seiten des Papstes stand, haben unsere früheren Historiker diese profane Deutung des Kreuzzugsanlasses nie gelten lassen, weil sie nicht in das Konzept der ihrer Meinung nach nur vom Glauben und nicht von realer Politik bestimmten religiösen Auseinandersetzungen paßte. Erst in neuerer Zeit zeigt man sich bereit, diese Interpretation zu akzeptieren, nachdem Bernolds Bericht durch eine später aufgefundene byzantinische Chronik bestätigt zu werden scheint.

Was Kaiser Alexios in Wahrheit wollte, waren Hilfstruppen aus dem Westen, die – wie die Waräger – byzantinischem Oberbefehl unterstanden. Er hatte auch schon einmal früher den Grafen Robert von Flandern, den er auf einer Pilgerfahrt kennengelernt hatte, um Hilfe gebeten, damit er mit dessen Truppen gegen die Seldschuken vorgehen konnte.

Hätte Kaiser Alexios geahnt, daß der Hinweis auf die Befreiung Jerusalems ganze Kreuzzugsheere auf die Beine bringen würde, die sich dann nicht im mindesten um Byzanz kümmerten – er hätte sich gehütet, diesen Vorschlag zu machen. Und hätte er voraussehen können, daß einer dieser Kreuzzüge zu einer der wüstesten Plünderungen in der langen Geschichte Konstantinopels führen würde, er hätte sich lieber die Zunge abgebissen und versucht, ohne die Hilfe christlicher Ritter mit den Seldschuken fertig zu werden. So aber wurden aus den erbetenen »Hilfstruppen« vom Ersten Kreuzzug an seine Gegner, die das byzantinische Reich stets nur beraubten, statt ihm etwas zurückzugeben.

Das Konzil von Piacenza war dabei nur ein Vorspiel. Als Papst Urban II. ein halbes Jahr später erneut ein Konzil in Clermont, der alten Hauptstadt der Auvergne (heute Clermont-Ferrand) abhielt, waren aus Andeutungen, Meinungen und Eindrücken schon Tatsachen geworden. Schon im Sommer, am 15. August 1095, hatte er auf einer Rundreise durch das südliche und südöstliche Frankreich von Le Puy aus das Konzil auf den 18. November nach Clermont einberufen. Auf der Tagesordnung standen vergleichsweise harmlose Themen, wie die ehebrecherischen Beziehungen des französischen Königs Philipp zu einer adligen Dame, der Kauf von geistlichen Ämtern durch Reiche sowie Fragen der allgemeinen Kirchenreform. Außerdem sollten der »Gottesfriede«, das heißt das Fehdeverbot an gewissen Tagen, und die Unverletzlichkeit bestimmter Personen, Güter und Orte festgelegt werden. Von einem Kreuzzug war nicht die Rede. Nur unter einem einzigen Punkt der Tagesordnung wurde unter bestimmten Voraussetzungen ein geistlicher Lohn für Kreuzfahrer verkündet, aber da Pilgerfahrten ins Heilige Land ohnehin Sünden tilgten, war dies anscheinend nichts Neues.

Dabei war offensichtlich alles von Urban II. wohl vorbereitet und beschlossen. Selbst Franzose und selbst Ordensmitglied von Cluny, war er vor dem Konzil mit französischen Adligen und geistlichen Würdenträgern zusammengetroffen – genau mit jenen, die dann »spontan« zum Kreuzzug bereit waren und die Führung übernahmen. Er hatte Cluny besucht und sich über die Schwierigkeiten der von dort veranstalteten Pilgerfahrten berichten lassen. Er hatte Argumente gesammelt und Pläne vorbereitet.

So kam es am zehnten Tag des Konzils von Clermont, am 27. November 1095, zu jener Rede, die manche Historiker für die folgenreichste der Geschichte halten: Urban II. rief zum Kreuzzug auf.

Da angekündigt worden war, daß der Papst an diesem Dienstag eine öffentliche Sitzung abhalten und eine wichtige Neuigkeit verkünden werde, waren so viele Menschen zusammengeströmt, daß die Kathedrale, in der man bisher getagt hatte, zu klein war. Man mußte daher den päpstlichen Thronsessel auf einem freien Feld vor dem Osttor der Stadt aufstellen. Und dort, unter freiem Himmel, verkündete Papst Urban II. dann »mit höchlichst beredtem Munde« den »göttlichen Willen«, Jerusalem zu befreien.

Von vier Chronisten ist diese Rede überliefert, wobei mit Sicherheit zwei davon gar nicht in Clermont waren. In keinem Falle haben wir den authentischen Redetext, sondern nur eine sozusagen redigierte Fassung, die bereits von den später eingetretenen Ereignissen gefärbt ist. Aber die Rede, die der Kaplan Fulcher von Chartres wiedergibt, dürfte den Geist jener Zeit spiegeln. Dies ist der überlieferte Text:

> »Vielgeliebte Brüder! Getrieben von den Forderungen dieser Zeit, bin ich, Urban, der ich nach der Gnade Gottes die päpstliche

Krone trage, oberster Priester der ganzen Welt, hierher zu euch, den Dienern Gottes gekommen, gewissermaßen als ein Sendbote, um euch den göttlichen Willen zu enthüllen . . .«

Dann faßt Urban II. den geschichtlichen Hintergrund auf seine Weise zusammen, ohne zu erwähnen, daß die entscheidenden Ereignisse nun schon 24 Jahre zurücklagen:

»Es ist unabweislich, unseren Brüdern im Orient eiligst die so oft versprochene Hilfe zu bringen. Die Türken und die Araber haben sie angegriffen und sind in das Gebiet von Romanien (= Anatolien) vorgestoßen bis zu jenem Teil des Mittelmeeres, den man den Arm St. Georgs (= frühere Bezeichnung für den Bosporus) nennt; und indem sie immer tiefer eindrangen in das Land dieser Christen, haben sie diese siebenmal in der Schlacht besiegt, haben eine große Anzahl von ihnen getötet und gefangengenommen, haben Kirchen zerstört und das Land verwüstet. Wenn ihr ihnen jetzt keinen Widerstand entgegensetzt, so werden die treuen Diener Gottes im Orient ihrem Ansturm nicht länger gewachsen sein.«

Nachdem der Papst den unwissenden Massen derart eine nahe Katastrophe vor Augen gestellt hat, kommt nun – in dieser formal großartigen Propagandarede – der Hinweis auf den Willen Gottes:

»Deshalb bitte und ermahne ich euch, und nicht ich, sondern der Herr bittet und ermahnt euch als Herolde Christi, die Armen wie die Reichen, daß ihr herbeieilt, dieses gemeine Gezücht aus den von euren Brüdern bewohnten Gebieten zu verjagen und den Anbetern Christi rasche Hilfe zu bringen. Ich spreche zu den Anwesenden und werde es auch den Abwesenden kundtun – aber es ist Christus, der befiehlt . . . Wenn diejenigen, die dort hinunterziehen, ihr Leben verlieren, auf der Fahrt, zu Lande oder zu Wasser oder in der Schlacht gegen die Heiden, so werden ihnen in jener Stunde ihre Sünden vergeben werden. Das gewähre ich nach der Macht Gottes, die mir verliehen wurde . . .«

Und dann werden sie alle aufgefordert, sich in den Dienst der heiligen Sache zu stellen – die miteinander verstrittenen Barone, die Räuber, die Landsknechte, die Armen und die Reichen:

»Mögen diejenigen, die vorher gewöhnt waren, in privater Fehde verbrecherisch gegen Gläubige zu kämpfen, sich mit den Ungläubigen schlagen und zu einem siegreichen Ende den Krieg führen, der schon längst hätte begonnen werden sollen; mögen diejenigen, die bis jetzt Räuber waren, Soldaten werden ...; mögen diejenigen, die sonst Söldlinge waren um schnöden Lohn, jetzt die ewige Belohnung gewinnen; mögen diejenigen, die ihre Kräfte erschöpft haben zum Schaden ihres Körpers wie ihrer Seele, jetzt sich anstrengen für eine doppelte Belohnung ... verpflichtet euch, ohne zu zögern; mögen die Krieger ihre Angelegenheiten ordnen und aufbringen, was nötig ist, um ihre Ausgaben bestreiten zu können; wenn der Winter endet und der Frühling kommt, sollen sie fröhlich sich auf den Weg machen unter der Führung des Herrn.«

Der Papst hatte noch nicht zu Ende gesprochen, als die Menge immer wieder seine Rede mit dem Ruf unterbrach: »Gott will es, Gott will es!« Die spontane Begeisterung der Zuhörer war ungeheuer. Und schon erhob sich, kaum daß der Papst geendet hatte, der Bischof von Le Puy, den der Papst kurz zuvor besucht hatte, vom Stuhl, indem er – wie der Chronist berichtet – »strahlenden Angesichts auf den Papst zutrat, das Knie beugte und die Erlaubnis mitzuziehen und seinen Segen erbat«. Hunderte drängten sich daraufhin vor den päpstlichen Thronsessel, um sich für den Zug gegen die Heiden weihen zu lassen.

Damit nun jeder, der sich zur Befreiung des Heiligen Landes im Namen des Kreuzes Christi bereit erklärt hatte, auch ein äußerliches Erkennungszeichen hätte, sollte er sich als Zeichen seiner Weihe ein Kreuz aus Stoff auf die Schulter des Überrocks nähen. An diesem 27. November 1095 wurde der »Kreuzfahrer« geboren, und der Chronist erinnert sich: »Welch wunderbares und liebliches Schauspiel waren sie für uns, alle diese leuchtenden Kreuze aus Seide, Gold oder jeder Art Tuch, welche die Pilger auf Befehl des Papstes auf die Schultern ihrer Mäntel, Röcke und Joppen nähten!«

Zum Schluß betete die Menge das Glaubensbekenntnis, Papst Urban II. erhob sich nochmals von seinem Thron, erteilte die Absolution und schickte das Volk nach Hause, damit es sich vorbereite: Am Tage Mariä Himmelfahrt, am 15. August des Jahres 1096, wenn die Ernte eingebracht war, sollte der von Gott befohlene Kreuzzug beginnen.

Aber er begann viel früher und ganz anders. Als sich die Kreuzfahrer zu Mariä Himmelfahrt sammelten, war längst schon der »Kreuzzug des Volkes« unter der Führung eines Einsiedlers in Konstantinopel angekommen.

II

Der Aufbruch

Gott will es!

Wir können heute nur mit Staunen registrieren, welch ein ungeheures und spontanes Echo der Aufruf des Papstes gefunden hat, und es liegt nahe, die Erklärung in der Frömmigkeit des Mittelalters zu suchen. In der Tat gab es tausend Jahre nach dem Tode Jesu gute Gründe für diese Frömmigkeit – Gründe, die sogar in der Bibel standen und an denen deshalb nicht zu zweifeln war.

Johannes, der vierte Evangelist, hatte in seiner Offenbarung auf der Insel Patmos die Zukunft der Welt und die Wiederkunft Christi vorausgesehen: Zunächst würde es tausend Jahre christliche Herrschaft geben ». . . und wenn die tausend Jahre vollendet sind, wird der Satan loswerden aus dem Gefängnis und wird ausgehen zu verführen die Völker an den vier Enden der Erde . . . und sie zogen herauf auf die Breite der Erde und umringten das Heerlager der Heiligen und die geliebte Stadt . . .« (Offb. 20,7ff.).

Genau das war ja nun, wenn auch ein wenig verspätet, geschehen: Jerusalem, »die geliebte Stadt«, war in den Händen der Heiden, die Christen im Osten, das »Heerlager der Heiligen«, wurde von den Türken bedrängt. Fasziniert von der Zahl Tausend, hatten viele Fromme sogar den Weltuntergang erwartet, manche waren eigens nach Jerusalem gepilgert, um dort die Auferstehung der Toten und das Jüngste Gericht zu erleben.

Und der Himmel tat ein übriges: Am 29. Juni des Jahres 1033, tausend Jahre nach dem Leiden und Sterben des Herrn, trat eine Sonnenfinsternis ein – ein deutliches Zeichen, daß die Wiederkehr des Auferstandenen unmittelbar bevorstand, denn als er auf Golgatha starb, hatte sich ebenfalls die Sonne verdunkelt.

Die Wiederkehr des Herrn verzögerte sich, aber die Zeichen blieben. Um das Jahr 1095 gab es einen großen Schauer von Meteorsteinen, im gleichen Jahr erhellte ein ungeheures Nordlicht den ganzen Kontinent mit seinen funkelnden Farben, und wenige Wochen später erschien ein Komet mit einem Schweif »größer als eines großen Mannes ausgebreitete Arme«, der drei Wochen lang über den Himmel zog. Das Volk war beunruhigt.

Es war höchste Zeit, Buße zu tun und gute Werke zu verrichten. Und da Prophezeiungen umliefen, erst müsse das Heilige Land wieder zum christlichen Glauben bekehrt werden, bevor Christus wiederkommen könne, lag nichts näher, als das gute Werk einer Kreuzfahrt zur Befreiung Jerusalems zu unternehmen und damit gleichzeitig seine Sünden loszuwerden.

Der Sieg der Christen über den Antichrist und Satan war zudem garantiert, denn Johannes hatte in seiner Apokalypse geschrieben, der Satan werde nur »eine kleine Zeit« los sein. Auch das Schicksal des Satans und seiner Helfer war schon im voraus bekannt: »Und es fiel Feuer vom Himmel und verzehrte sie. Und der Teufel, der sie verführte, ward geworfen in den Pfuhl von Feuer und Schwefel ... und werden gequält werden Tag und Nacht von Ewigkeit zu Ewigkeit.« Inzwischen würde dann wieder ein »tausendjähriges Reich« christlicher Herrschaft mit dem wiedergekehrten Christus beginnen.

Es ist verständlich, daß der Aufruf des Papstes auf offene Ohren und bereite Herzen traf; aber die fromme Erwartung war nicht das einzige Motiv, das Zehntausende von Bauern und Adligen, Rittern, Frauen und Kindern dazu brachte, Hof und Besitz zu verlassen und eine beschwerliche Reise ins Ungewisse anzutreten. Die anderen Motive brauchen wir nicht zu erraten. Sie sind in den Kreuzzugsberichten jener Tage zu lesen und sind irdischer Natur: »Es gab zu jener Zeit eine allgemeine Teuerung, selbst die Reichen litten unter einem großen Mangel an Getreide, und obgleich manche von ihnen viele Dinge anzuschaffen hatten, besaßen sie doch nichts oder fast nichts, um diese Erwerbungen zu bezahlen ...«

Es war dies nicht die erste Hungersnot und Teuerung. In den 70 Jahren zwischen 970 bis 1040 zählt ein Chronist insgesamt 48 Hungerjahre auf. Allein in den Jahren 1028–1033 herrschte vor allem in Frankreich eine solche Hungersnot, daß Tausende nach Italien, Spanien, Portugal und sogar nach England auswanderten, um nicht zu verhungern. Epidemien folgten, die Adligen unterdrückten die Bauern noch unbarmherziger, Diebstahl, Raub und Mord nahmen erschreckend zu.

Nun hatten diese Hungersnöte nicht immer etwas mit Dürre oder Mißwachs zu tun. Sie waren zum größten Teil nur wieder die Folge einer anderen Völkerwanderung, die das Bild Europas vom hohen Norden bis nach Sizilien in kaum zweihundert Jahren grundlegend verändert hatte.

Der Einfall der Normannen

Ebenfalls durch himmlische Zeichen wie Feuerdrachen angekündigt, war kurz vor dem Jahre 800 nämlich das geschehen, was der Prophet Jeremia schon längst gesehen hatte, als ihn der Herr fragte: »Was siehst du? Ich sprach: Ich sehe einen siedenden Kessel überkochen von Norden her. Und der Herr sprach zu mir: von Norden her wird das Unheil losbrechen über alle, die im Lande wohnen« (Jeremia 1,13–14).

Auch wenn Jeremia eine ganz andere Weltgegend im Sinn gehabt hatte, so sah das fromme Abendland die Wahrheit dieser Prophetie bei sich bestätigt, als die »Nordmänner« auf ihren schnellen Schiffen übers Meer nach Süden vorstießen. Trotz des Gebetes »Vor dem Zorn der Normannen verschone uns, Herr« verheerten die Wikinger ganze Länder. Mit unglaublicher Grausamkeit und Brutalität suchten sich diese »Berserker« unter Anführern mit so bedenklichen Namen wie Erik Blutaxt, Harald Blauzahn oder Ivar der Knochenlose neues Land.

Seit 799 wurden auch die Küsten Frankreichs angegriffen. Mit ihren Schiffen fuhren sie die Flüsse hinauf, stürmten Bordeaux und Paris, Reims und Rouen. Tours wurde in den Jahren von 853 bis 903 allein sechsmal von Normannen angegriffen und erobert, Köln und Aachen geplündert und verbrannt. Im Jahre 845 segeln 600 Wikingerschiffe die Elbe hinauf und vernichten die Hammaburg, eine fränkische Burganlage, auf dem Gebiet des heutigen Hamburg. Karl der Kahle, der sich ihnen entgegenstellte, wurde besiegt und mußte zusehen, wie die Wikinger 111 seiner Krieger aufhängten und ihnen die Hälse abschnitten.

857 und 861 sind die Normannen wieder vor Paris und erst 885 – beim vierten Ansturm – gelang es der Stadt, sich zu behaupten. Aber die Überfälle auf Küsten, Städte und Länder ließen in den nächsten hundert Jahren nicht nach. Mit ihren Drachenbooten drangen die Normannen sogar bis nach Marokko vor.

So beschlossen sie eines Tages auch, Rom zu erobern. Der Normannenkönig Hastein machte sich auf, aber als er mit seinen Männern vor der hohen Stadtmauer stand, wurde es ihm doch etwas unheimlich, und so versuchte er es auf die pfiffige Tour. Er schickte einige Wikinger vor, die bescheiden ans Stadttor klopften, ihren schwerkranken Anführer bejammerten und um etwas zu essen baten. Sie wurden abgewiesen.

Doch am nächsten Tag waren sie wieder da und brachten traurige Kunde: Ihr Anführer sei gestorben, sein letzter Wunsch sei es gewesen, in einer christlichen Kirche bestattet zu werden. Die Bürger der Stadt waren gerührt, und als gute Christen ließen sie die Normannen ein, die ihren toten Anführer feierlich in eine Kirche trugen. Während des Requiems erwachte dann programmgemäß der tote Hastein wieder zum Leben und spaltete dem Bischof am Altar den Schädel, während die Leidtragenden ihre Schwerter zogen und die Stadt plünderten.

Es war die normannische Variante des Trojanischen Pferdes, nur daß die Geschichte noch eine unvermutete Pointe hat: Als die Normannen nach ihrer Blitzaktion siegestrunken abzogen, mußten sie feststellen, daß sie gar nicht Rom, die Ewige Stadt, erobert hatten, sondern das Landstädtchen Luna nördlich von Pisa, das so unbedeutend war, daß es schon im 14. Jahrhundert zu existieren aufhörte.

Inzwischen hatten sich größere Teile der Normannen im Gebiet von Caën, Bayeux und vor allem um Rouen angesiedelt. Als sich dann 912 ihr Führer Rollo mit seinen Leuten taufen ließ und König Karl den Einfältigen als Lehnsherrn anerkannte, bildeten die Eroberer das Herzogtum der Normandie. Von hier aus zog Wilhelm der Eroberer im Jahre 1066 nach England und besiegte die Angelsachsen in der berühmten Schlacht von Hastings. Aus der Normandie stammte auch Robert Guiskard (»das Wiesel«), der 1060 Herzog von Apulien wurde; von der Normandie ging die Eroberung Siziliens aus.

Diese Eroberungszüge der Normannen beeinträchtigten Westeuropa wirtschaftlich auf lange Zeit. Verwüstete Landstriche, geflohene Bauern, die nach Süden drängten und selbst wieder Land forderten, lösten eine Kettenreaktion von Wanderungen aus, denn auch angesichts des bedrohlichen Bevölkerungszuwachses ließen die bestehenden Lehen sich nicht weiter unterteilen. So kam es nach der Hungersnot des Jahres 1094 und einer verheerenden Seuche zu Unruhen. Bauern, die nichts zu essen hatten, und junge Adlige, die ohne Landbesitz waren, zeigten sich zu allem bereit – wenn ihnen nur einer sagte, was geschehen sollte.

Der Kreuzzug des Einsiedlers

Der Aufruf, das Heilige Land zu befreien, war das erlösende Wort. Sicher hatte Urban II. nicht im Sinn, damit die bevölkerungspolitischen Probleme Frankreichs zu lösen, obwohl er in seinem Aufruf die in privater Fehde liegenden Grundherren und die Räuber ausdrücklich erwähnte. Aber das Volk, das ohnehin nichts besaß und Hunger litt, griff die Idee auf.

Der Aufruf des Papstes fiel in doppelter Weise auf bereiten Boden. Mit der Befreiung Jerusalems tilgte man seine Sünden und mit der Eroberung des Heiligen Landes möglicherweise auch seinen Hunger. Vielleicht war es bei manchen auch nur Fernweh und Abenteuerlust, die nun eine bestimmte Richtung erhielten. Das Ergebnis war das gleiche. Hatte auch Urban II. unter seiner Streitmacht Ritter, Soldaten und Söldner verstanden, so waren es nun verarmte Bauern und Handwerker, die – spontan von der Idee erfaßt – sich mit Frauen und Kindern und allem möglichen Gesindel auf den Weg nach Jerusalem machten.

Ihr Führer war ein unbedeutender Wanderprediger, Peter aus Amiens, der eine Zeitlang als Einsiedler im Walde gelebt hatte und der deshalb »der Einsiedler« oder auch »Peterchen der Einsiedler« genannt wurde, da er klein von Gestalt war. Die Legende erzählt, daß er einige Jahre vorher eine Pilgerfahrt ins Heilige Land unternommen hatte und dort von den Türken mißhandelt worden war. Als er nun hörte, daß es gegen diese Türken gehen sollte, begann er auf eigene Faust in der Grafschaft Berry den Kreuzzug zu predigen. Über Orléans und die Champagne zog er auf seinem Eselchen in den Wintermonaten 1095/96 nach Norden und kam über Lothringen nach Aachen und Köln, wo er im April mit einem Volkshaufen von ungefähr 15000 Menschen eintraf.

Worin die faszinierende Wirkung dieses Mönches lag, können wir nur ahnen. Sein Äußeres war alles andere als eindrucksvoll. Er war klein und schwächlich und hatte ein langes, hageres Gesicht von »schwarzbrauner Hautfarbe«. »Im Freien trug er einen wollenen Rock und darüber einen Mantel aus grobem Stoff, der ihm bis zu den Fersen ging«, erzählt Guibert von Nogent; »die Arme und Füße trug er bloß, aß gar kein oder fast kein Brot und lebte von Wein und Fisch.«

Dieser asketische Wanderprediger besaß offenbar die Gabe, Menschen zu überzeugen und mitzureißen. Guibert von Nogent erinnert sich: »Das Volk umringte ihn in Menge, überhäufte ihn mit Gaben und feierte seine Heiligkeit mit so großen Lobsprüchen, daß ich mich nicht entsinne, man habe einer anderen Person jemals ähnliche Ehren erwiesen . . . In allem, was er tat oder sagte, schien etwas Göttliches zu sein, so daß man sogar soweit ging, seinem Maulesel die Haare auszureißen, um sie als Reliquie zu bewahren.«

Inzwischen hatte Peter ein paar Jünger an sich gezogen, die er in diejenigen Gegenden zur Kreuzzugspredigt schickte, die er selbst nicht aufsuchen konnte. Wohin nun er oder seine Jünger kamen, schlossen sich die Bewohner so schnell dem ständig wachsenden Zug an, daß sie ihr bißchen Habe und Besitz nur verschleudern konnten – ein Effekt, der die Hungersnot schlagartig ins Gegenteil verkehrte: »Alles, was sehr teuer schien, solange alle Welt seßhaft war, wurde plötzlich zu einem Spottpreis verkauft, als alle sich in Bewegung setzten, um diese Reise zu unternehmen. Da eine große Zahl Menschen es eilig hatte, ihre Geschäfte zu Ende zu führen, sah man – und es ist erstaunlich, das zu hören, und diene als Beispiel für die plötzliche und unerwartete Verminderung aller Werte –, wie sechs Mutterschafe zum Verkauf geboten wurden für fünf Denare« (dafür bekam man vorher noch nicht einmal einen einzigen Hammel), »auch die Getreideknappheit verwandelte sich in Überfluß . . .«

Es war geradezu eine Massenhysterie, die in kürzester Zeit auch andere, ferne Länder erfaßte. Guibert von Nogent schreibt weiter in seinem Bericht über den Kreuzzug: »Man sah, wie Schotten, die zu Hause wie Wilde leben und von Kriegführung nichts verstehen, barfüßig, in Wämsern und rauhem Fell, die Säcke mit Lebensmitteln über der Schulter, in Mengen aus ihrem nebelbedeckten Land herbeieilten und wie diejenigen, deren Waffen lächerlich gewesen wären – wenigstens im Vergleich mit den unsrigen –, uns die Hilfe ihres Glaubens und ihrer Gelübde anboten. Ich nehme Gott zum Zeugen, daß ich habe sagen hören, es seien in einem unserer Seehäfen Männer von ich weiß nicht welchem barbarischen Volk angekommen, die eine so unbekannte Sprache hatten, daß sie sich nicht verständlich machen konnten, und die Finger in Kreuzform übereinander legten, um an Stelle von Worten anzudeuten, daß sie für die Sache des Glaubens ausziehen wollten.«

Dabei hatten die wenigsten dieser einfachen Menschen eine Ahnung, wo denn eigentlich Jerusalem lag und was ihnen bevorstand. Selbst der Chronist findet das kurios: »Ihr hättet bei dieser Gelegenheit wahrhaft wunderliche und sehr zum Lachen reizende Dinge sehen können. Arme Leute beschlugen die Hufe ihrer Ochsen nach Art der Pferde mit Eisen, spannten sie vor zweirädrige Karren, luden darauf ihre winzigen Vorräte und ihre kleinen Kinder und zogen sie so hinter sich her; und sobald die kleinen Kinder ein Schloß oder eine Stadt erblickten, fragten sie eifrig, ob das jenes Jerusalem sei, zu dem sie auf dem Wege waren.«

Am Ostersamstag des Jahres 1096, einem 12. April, traf Peterchen der Einsiedler mit diesem Haufen einfältiger Bauern, Straßenräuber und regelrechter Verbrecher also in Köln ein und beschloß, auf dem Wege nach Jerusalem hier eine kleine Rast einzulegen, um auch unter den Deutschen den Kreuzzug zu predigen. Zwar machte man sich zunächst über den seltsamen Mann mit seinem Esel lustig, aber nach ungefähr einer Woche hatte der Einsiedler mehrere tausend neue Anhänger gewonnen, darunter sogar Angehörige des niederen Adels, wie Graf Hugo von Tübingen, Graf Heinrich von Schwarzenberg, Walter von Teck und die drei Söhne des Grafen von Zimmern. Sie waren in dem Heer von nunmehr rund 20000 Menschen die einzigen, die man mit einigem Recht »Kreuzritter« nennen konnte.

Nun konnte ein solch riesiges Heerlager sich nirgendwo lange halten: keine mittelalterliche Stadt – von Dörfern gar nicht zu reden – war groß genug, um 20000 Menschen aufzunehmen und lange zu ernähren. Um das »Kreuzzugsheer« satt zu bekommen, war es also notwendig, ständig auf dem Marsch zu bleiben.

Walter Habenichts marschiert voraus

So spaltete sich der Haufe in Köln schon nach wenigen Tagen auf. Wohl auch aus Ungeduld, nun endlich nach Jerusalem zu kommen, zog ein Teil wahrscheinlich schon am Osterdienstag unter einem Mann nach Osten, dessen Name allein schon kennzeichnend für das ganze Unternehmen war. Er hieß Walter Sans-avoir, zu deutsch: Walter Habenichts.

Walter Habenichts zog mit seinem Haufen den Rhein aufwärts, dann den Neckar entlang und die Donau hinab und war am 8. Mai, also rund vier Wochen später, an der ungarischen Grenze. Dort schickte er einen Boten an den 25jährigen ungarischen König Koloman, der erst seit kurzem regierte, und bat um die Erlaubnis, das Land zu durchqueren, und um Lebensmittel für seine Leute. König Koloman sagte beides zu, und das Heer fraß sich drei Wochen lang ohne Schwierigkeiten durch Ungarn. Die Schwierigkeiten begannen erst, als sie im Süden Ungarns in der Grenzstadt Semlin, dem heutigen Zermun, ankamen, die Save bei Belgrad überquerten und damit byzantinisches Gebiet betraten.

Der Befehlshaber von Belgrad, ein kleines Rädchen in der wohlausgebauten byzantinischen Verwaltungsmaschinerie, hatte keine Anweisungen aus Konstantinopel, was er mit dieser Invasion anfangen sollte, und so tat er das, was jeder ordentliche Beamte tut: Er schickte einen Boten zu seinem Vorgesetzten, dem Statthalter der bulgarischen Provinz in Nisch, das »nur« 240 Kilometer entfernt lag, und bat um Rat. Aber auch der Statthalter von Nisch hatte keine Anweisungen, und auch er tat das, was ein guter Untergebener tut: Er schickte eilig Boten nach Konstantinopel und bat um höhere Einsicht.

Als die Boten die 720 Kilometer nach Konstantinopel geritten waren, fiel man dort aus allen Wolken. Man hatte inzwischen erfahren, daß der Papst sein Heer im August losschicken wollte und hatte es bestenfalls im Spätherbst erwartet. Von einem Heer, das bereits ein halbes Jahr früher auf dem Anmarsch war, wußte man nichts, und infolgedessen war auch nichts vorbereitet.

Nun konnte aber Walter Habenichts nicht so lange warten, bis Nachricht aus dem fast tausend Kilometer entfernten Konstantinopel eintraf. Seine Leute hatten Hunger, aber da die Ernte noch nicht eingebracht war, erhielt er von der Garnison nichts. So fing er nun an, mit seinem Heer die Umgegend zu plündern, aber da griff der Befehlshaber von Belgrad ein und mobilisierte seine Soldaten. Es kam zu mehreren Gefechten, es gab Tote, und 140 von Walters Leuten wurden in eine Kirche eingeschlossen und lebendig verbrannt.

Inzwischen waren auch 16 splitternackte Kreuzfahrer in Belgrad eingetroffen. Sie gehörten zu den Nachzüglern; sie hatten noch in Semlin angefangen, einen Basar auszurauben, und waren dabei von den Ungarn überwältigt worden. Zur Strafe hatte man sie ausgezogen, ihre Kleider und Waffen an der Stadtmauer aufgehängt und sie nackt dem Kreuzheer nachgeschickt.

Das alles trug nicht dazu bei, den Kreuzfahrern besondere Sympathien zu gewinnen. Aber um sie nur wieder loszuwerden, ließ der Befehlshaber von Belgrad das Heer weiterziehen. In Nisch angekommen, wurde Walter Habenichts indessen aufgehalten. Statthalter Niketas bestand darauf, erst Nachricht aus Konstantinopel abzuwarten, ehe er den Weiterzug erlaubte. Diese Nachricht traf bald ein und besagte schlicht und einfach, daß die Kreuzzügler nur unter militärischem Geleit nach Konstantinopel weiterreisen durften. So zogen sie denn, die ja eigentlich dazu bestimmt waren, der byzantinischen Armee gegen die Seldschuken beizustehen, unter Bewachung durch eben diese Armee wie Gefangene nach Konstantinopel. Rund ein Vierteljahr nach dem Aufbruch aus Köln trafen sie Mitte Juli in Konstantinopel ein, um dort das Hauptheer unter Peter dem Einsiedler zum gemeinsamen Marsch auf Jerusalem zu erwarten.

Peters Heer in Schwierigkeiten

Peter der Einsiedler war mit seinem Heerhaufen von rund 20000 Menschen am 20. April in Köln aufgebrochen und dem Zug von Walter Habenichts im Abstand von etwa zwei Wochen auf dem gleichen Wege über Rhein, Neckar und Donau gefolgt. Unterwegs hatten sich noch zahllose Menschen angeschlossen, darunter »Weiber, keusche und unkeusche«, die bewaffnet in Mannskleidern mitpilgerten. Der Zug war so auf schätzungsweise 40000 Menschen angewachsen, eine byzantinische Chronik redet von 80000 Fußgängern und zahllosen Berittenen.

Ohne Zwischenfälle kamen sie bei Ödenburg an die ungarische Grenze, und Peter der Einsiedler bat König Koloman um die Durchreiseerlaubnis und bekam sie mit der Warnung, daß der geringste Plünderungsversuch bestraft werden würde. Die Ungarn waren nach der Basarräuberei in Semlin vorsichtig geworden.

Wiederum ohne Zwischenfälle wälzte sich der Menschenstrom durch Ungarn; an der Spitze Peter der Einsiedler auf seinem Eselchen, die paar deutschen Ritter hoch zu Roß und die Mehrzahl der Menschen zu Fuß hinterdrein. Ochsenkarren gab es nur wenige. Sie dienten zum Transport der Vorräte und der Schatztruhe mit dem Geld, das Peter der Einsiedler für die Reise nach Jerusalem vorher unter den Gläubigen gesammelt hatte.

Wie schon bei Walter Habenichts fingen die Schwierigkeiten erst in Semlin an. Es kam das Gerücht auf, die Ungarn wollten zusammen mit den Bulgaren das Kreuzzugsheer während des Überganges über die Save überfallen und berauben. Die Kreuzfahrer wurden mißtrauisch, und als sie dann noch an der Stadtmauer von Semlin die Waffen und die Kleider hängen sahen, die man kurz vorher den 16 Kreuzfahrern abgenommen hatte, waren sie empört. Offensichtlich waren aber auch die Bewohner von Semlin nicht in bester Laune darüber, daß sich neuerdings offenbar alle vierzehn Tage ein wahrer Völkerschwarm in ihre Stadt ergoß.

So kam es über einer Lappalie, nämlich dem Kauf von einem Paar Schuhen, zwischen den Ungarn und den Kreuzfahrern zum Streit, der sofort in einen Aufruhr ausartete und mit einer Schlacht endete. Die Kreuzfahrer griffen in ihrem Zorn die Stadt an, stürmten die Zitadelle und erbeuteten ein großes Vorratslager. 4000 Ungarn verloren ihr Leben, nur wenige Bewohner von Semlin konnten sich über den Fluß retten, während die Kreuzfahrer anfingen, das Vorratslager aufzuzehren, und ein paar Tage räubernd in der Gegend umherzogen.

»Getrieben von abscheulicher Wut«, schreibt der Chronist Guibert von Nogent, »setzten sie die öffentlichen Getreidespeicher in Brand, entführten die jungen Mädchen und taten ihnen Gewalt an, schändeten die Ehen, indem sie den Männern ihre Frauen raubten, rissen ihren Wirten den Bart aus oder versengten ihn; keiner dachte mehr daran, die Dinge, die er brauchte, zu kaufen; jeder lebte, wie er konnte, von Mord und Plünderung, und alle brüsteten sich mit unbegreiflicher Frechheit, sie würden bei den Türken ebenso hausen.«

Aus diesem herrlichen Leben wurden die Kreuzespilger durch die Nachricht aufgeschreckt, König Koloman sei mit einem Heer auf dem Anmarsch, um den Überfall auf Semlin zu rächen. Zwar stellte sich auch das später als Gerücht heraus, aber inzwischen war das Heer Peters des Einsiedlers in wilder Hast auf Kähnen und Flößen, die man aus Häuserbalken zusammengebunden hatte, über die Save geflüchtet, wobei manche von der Strömung abgetrieben wurden und ertranken, andere wurden von Bulgaren getötet.

Als die Kreuzfahrer im gegenüberliegenden Belgrad eintrafen, standen sie in einer Geisterstadt. Die Bevölkerung war zusammen mit dem Herrn Befehlshaber vor dem Kreuzfahrerheer geflohen. Diese nutzten die günstige Gelegenheit, plünderten die Stadt vollkommen aus und steckten sie in Brand. So gestärkt, marschierten sie dann sieben Tage lang durch die Wälder und kamen am 3. Juli im 240 Kilometer entfernten Nisch an, was einer Tagesleistung von 35 Kilometern entspricht.

Nun geriet Statthalter Niketas von Nisch in Schwierigkeiten. Von Walter Habenichts hatte er ja erfahren, daß die Hauptmasse der Kreuzzügler unter Peter noch zu erwarten sei. Er hatte also Verstärkung aus Konstantinopel angefordert, um den Zug begleiten und bewachen zu können, die Soldaten waren aber noch nicht eingetroffen. Andererseits wollte Niketas das Kreuzfahrerheer möglichst schnell wieder loswerden. So verlangte er, um die Massen im Zaum zu halten, Geiseln, während die Pilger in der Stadt ihre Einkäufe machten. Es verlief denn auch alles in schönster Ordnung, und als die Kreuzfahrer am nächsten Morgen weiterzogen, war die Welt noch heil. Nur eben: es fehlten die Begleitmannschaften aus Konstantinopel, und das sollte Tausenden das Leben kosten.

Denn kaum war Peterchen der Einsiedler mit seinem Eselchen an der Spitze des Zuges aus Nisch herausgeritten, als in der Nachhut ein paar deutsche Pilger, die am Abend mit einem Bulgaren Streit gehabt hatten, sieben Mühlen am Fluß in Brand setzten und ein paar Häuser vor der Stadtmauer mutwillig zerstörten. Niketas, offensichtlich auf der Lauer, fiel sofort über die Missetäter her, und während Peterchen der Einsiedler nichtsahnend voranritt, wurden am Schluß des Zuges die Deutschen von den Bulgaren niedergemacht, die Wagen mit den Lebensmitteln entführt und zahlreiche Kreuzfahrer gefangengenommen.

Als Peter der Einsiedler schließlich erfuhr, was passiert war, kehrte er mit dem ganzen Troß wieder um und bezog zum zweiten Mal vor der Stadt Lager, um an den Bulgaren Rache zu nehmen. Da sich aber herausstellte, daß im Gegenteil die Kreuzfahrer allen Anlaß hatten, sich zu entschuldigen, schickte Peter Abgesandte in die Stadt, um den Frieden wiederherzustellen und die Gefangenen und die Wagen gegen Lösegeld freizubekommen. Doch noch während der Verhandlungen begann eine etwa tausend Mann starke Gruppe seiner »Pilger« die Stadt anzugreifen. Die Bulgaren gingen daraufhin zum Gegenangriff über, töteten die eine Hälfte und warfen die andere Hälfte in den Fluß.

Das ließen sich wiederum die Kreuzfahrer nicht gefallen, und es kam trotz Peters Beschwörungen zu einer regelrechten Schlacht, bei der Niketas alle seine Truppen einsetzte und das Kreuzfahrerheer vernichtend schlug. Tausende wurden erschlagen, zahllose Männer,

Frauen und Kinder gefangengenommen und für den Rest ihres Lebens gefangengehalten, 2000 Wagen und die Truhe mit der Kriegskasse erbeutet. Peter der Einsiedler floh mit einigen hundert Mann in die Wälder, und es vergingen drei Tage, bis sich die versprengten Teile des Zuges wieder zusammenfanden. Eine Zählung ergab, daß etwa ein Viertel, also etwa 10000 Mann, getötet worden war.

Ohne Geld und ohne Lebensmittel beschloß der übrige Haufen trotzdem weiterzuziehen. Sie durchwanderten eine menschenleere Landschaft, denn die Bevölkerung war vor dem Schreckgespenst der Kreuzfahrer geflohen. Es gab daher nichts zu essen außer dem, was auf den Feldern noch auf den Halmen stand. Kornähren kauend und halb verhungert kam der Zug am 12. Juli in Sofia an, wo er auf die Geleitmannschaften aus Konstantinopel stieß, die von nun an für Verpflegung und Ordnung sorgten.

Zwei Tagereisen vor Adrianopel (dem heutigen Edirne) traf Peter der Einsiedler auf eine kaiserliche Gesandtschaft. Kaiser Alexios von Byzanz tadelte die Kreuzfahrer auf das schwerste wegen ihres unchristlichen Benehmens, ließ aber gleichzeitig wissen, daß er die Missetaten zu verzeihen gedenke, da die Pilger bereits genug gestraft seien.

Vor Freude über die Gnade eines so großen Herrschers brach Peter der Einsiedler in Tränen aus. Ein paar Tage später, genau am 1. August 1096, traf der Kreuzzug des Volkes unter Peter in Konstantinopel ein.

Der Untergang bei Civetot

Kaum in Konstantinopel, ließ Kaiser Alexios den Einsiedler zu Hofe bitten. Er wollte den Mann sehen, der es fertig gebracht hatte, in so kurzer Zeit Zehntausende von Menschen für die beschwerliche Fahrt ins Heilige Land zu gewinnen. Freilich sah Alexios auch, daß er mit einem solchen Haufen von Bauern und Räubern als Bundesgenosse nicht viel gegen die Türken anfangen konnte. Er gab daher Peter dem Einsiedler den dringenden Rat, sein Heer entweder in geschlossener Formation durch das Türkengebiet zu führen oder dieses Gebiet überhaupt zu meiden. Im Grunde wäre es Alexios am liebsten gewesen, die Bauern wären gar nicht gekommen oder sie hätten gewartet, bis das Kreuzheer des Papstes eingetroffen war.

Aber es genügten ein paar Tage, und Kaiser Alexios gab mit Freuden dem Drängen der Kreuzfahrer nach, und die vereinigten Heere von Walter Habenichts und Peter, zusammen mit einer italienischen Pilgertruppe, setzten am 6. August über den Bosporus: Die Kreuzfahrer aus dem christlichen Westen stahlen derart, daß man sie schleunigst loswerden mußte. Obwohl man ihren Einlaß in die Stadt genau überwachte – das Heer lagerte vor den Stadtmauern –, brachen sie in Villen und Paläste ein und stahlen sogar das Blei von den Kirchendächern, um es an die Griechen zu verkaufen.

Auf dem kleinasiatischen Ufer benahmen sich die Kreuzfahrer nicht besser. Mordend und räubernd zogen sie am Marmarameer entlang bis nach Nikomedia, das, von den Türken 15 Jahre zuvor verwüstet, unbewohnt dalag. Dort kam es zum Streit unter ihnen. Die Deutschen und die Italiener wollten Peter den Einsiedler nicht mehr als Führer anerkennen, weil er zur Vernunft und zum Abwarten mahnte, und wählten einen italienischen Ritter namens Reinhold zu ihrem Führer.

Trotzdem blieb das ganze Heer zusammen und zog am Golf von Nikomedia entlang nach Westen bis in die Nähe von Helenopolis. Dort hatte Alexios für seine Truppen ein Feldlager bei Kibotos errichtet, und dort blieben die Kreuzfahrer. Von Kibotos aus, das sie Civetot nannten, begannen sie erst die Umgebung auszuplündern und drangen dann immer tiefer in das türkisch besetzte Gebiet vor. Die Leidtragenden waren dabei nicht die Türken, sondern die griechische, christliche Bevölkerung, die unter den Seldschuken nie das zu leiden hatte, was ihr jetzt ihre »Befreier vom Türkenjoch« antaten.

Die Kreuzfahrer wurden immer dreister. Mitte September zogen ein paar tausend Franzosen bis vor die Stadttore von Nicäa, der Hauptstadt des Seldschuken-Sultans Kilidsch Arslan ibn-Suleiman, und trieben, als wenn nichts dabei wäre, das Vieh fort, brannten die Vorstädte nieder und massakrierten die christlichen Einwohner derart, daß man sich sogar erzählte, sie hätten kleine Kinder am Spieß gebraten. Nachdem sie einen Angriff der verblüfften Seldschuken zurückgeschlagen hatten, marschierten sie die 40 Kilometer nach Civetot zurück, wo sie ihre Beute an ihre Mitpilger oder an griechische Seeleute verkauften.

Jetzt packte die Deutschen der Neid. Ende September machten sie sich – etwa 6000 Mann stark, darunter Priester und Bischöfe – zu einem eigenen Raubzug auf. Unter Führung des Ritters Reinhold stießen sie etwa vier Meilen über Nicäa hinaus, bis sie an eine Burg mit Namen

Xerigordon kamen, die sie einnahmen. Und weil sie in der Burg reichlich Vorräte fanden, beschlossen sie, Xerigordon zum Stützpunkt für weitere Raubzüge zu machen.

Die Burg hatte nur einen Nachteil: sie hatte keinen eigenen Brunnen. Das Wasser bekam man von einer Quelle im Tal oder aus einem Brunnen, der dicht vor der Burgmauer auf der Anhöhe lag. Dieser Umstand führte die Deutschen ins Verderben, denn als die Türken am 29. September anrückten, brauchten sie nur die Wasserstellen zu besetzen und konnten ruhig abwarten, bis die Belagerten in der Burg verdurstet waren.

»Die unsrigen litten dermaßen unter Durst«, erinnert sich ein anonymer Chronist des Kreuzzuges, »daß sie ihren Pferden und Eseln die Adern öffneten, um das Blut zu trinken; andere warfen Schärpen und Lappen in die Latrinen und drückten sich die Flüssigkeit aus in ihren Mund; einige urinierten in die Hand eines Gefährten und tranken dann; andere gruben feuchten Boden auf, legten sich nieder und häuften die Erde auf ihre Brust, so groß war das Brennen ihres Durstes. Die Bischöfe und Priester aber bestärkten die unsrigen in ihrem Mut und ermahnten sie, durchzuhalten.«

Doch mit dem Heldentum war es schnell vorbei: nach acht Tagen ergaben sich die Kreuzfahrer. Sie hatten das Versprechen erhalten, daß jeder am Leben bliebe, der dem Christentum abschwor. Viele starben für ihren Glauben. Aber viele, wie Ritter Reinhold, die ausgezogen waren, Jerusalem und das Heilige Grab für den Glauben zurückzugewinnen, verleugneten eben diesen Glauben, um das nackte Leben zu retten. Sie wurden nach Antiochia und nach Aleppo und noch weiter südwärts in Gefangenschaft verschleppt.

Als ob sie es nicht erwarten könnten, rannte nun auch noch der Rest der 20000 Kreuzfahrer auf geradem Weg ins Verderben. Als in Civetot die Nachricht eintraf, die Deutschen hätten die Festung Xerigordon eingenommen, verbreiteten türkische Späher noch zusätzlich das Gerücht, die Deutschen hätten inzwischen auch Nicäa erobert und teilten gerade die Beute untereinander auf. Das löste im Lager große Aufregung aus, denn man wollte sich die Beute nicht entgehen lassen und beschloß, sofort nach Nicäa zu marschieren. Genau das hatten die Türken beabsichtigt: auf dem Wege nach Nicäa wollten sie die Kreuzfahrer in einen Hinterhalt locken und überfallen. Nur mit größter Mühe gelang es den besonnenen Führern, die Massen zurückzuhalten.

Als dann die Nachricht vom Untergang Xerigordons eintraf, schlug der Neid in helle Panik um. Man beriet, was man nun machen sollte. Peter der Einsiedler, praktisch entmachtet, war nach Konstantinopel gereist, um seinen Einfluß womöglich durch neue Geldlieferungen wieder zu stärken. Man wollte wenigstens auf seine Rückkehr warten, bevor man etwas unternahm. Aber Peter kam nicht, statt dessen kam die Schreckensnachricht, die Türken rückten in voller Stärke auf Civetot vor.

Daraufhin trat der große Rat zusammen. Walter Habenichts, Hugo von Tübingen, Walter von Teck und noch ein paar andere wollten weiter auf Peters Rückkehr warten, aber sie konnten sich nicht durchsetzen. Die anderen hielten es für feig, nichts gegen einen anrückenden Feind zu unternehmen, und beschlossen, gegen das türkische Heer zu Felde zu ziehen.

Im Morgengrauen des 21. Oktober rückte das gesamte Kreuzfahrerheer mit über 20000 Mann aus Civetot aus. Nur alte Männer, Frauen, Kinder und Kranke blieben im Lager zurück. Niemand hatte Späher vorausgeschickt, keiner hatte daran gedacht, den Standort des Feindes zu erkunden. So brach das Verderben keine drei Meilen vom Feldlager über die naiven Krieger herein: Bei dem Dorf Drakon, wo die Straße nach Nicäa durch ein enges waldiges Tal führt, lagen die Türken im Hinterhalt.

Ein Pfeilhagel schreckte die sorglosen Kreuzzügler auf, aber zu einem Kampf kam es nicht mehr: in wilder Panik wandte sich der riesige Haufe zur Flucht, auch wenn manche sich verzweifelt verteidigten. In wenigen Minuten war das ganze Heer geschlagen und rannte ins nahe Lager zurück. Doch auch hier gab es kein Halten. Schon waren die Türken da, und das Gemetzel begann. Greise, Frauen und Kinder wurden ebenso erbarmungslos umgebracht wie die Priester; nur junge Mädchen und Jungen, die den Türken gefielen, wurden verschont und später als Sklaven verkauft. Es gab kein Pardon, und um die Mittagszeit war alles vorbei.

»Wieviel abgeschlagene Köpfe, wieviel Gebeine getöteter Menschen fanden wir da auf den Feldern jenseits von Nikomedia!« notiert ein Chronist, der im darauffolgenden Jahr die Gegend besuchte. Vom Dorf Drakon bis zum Meer hinunter lagen die Leichen eines ganzen Kreuzzuges, nahezu 20000 Menschen, die in wenigen Stunden ihr Leben verloren hatten, und Anna, die Tochter Kaiser Alexios', erzählt später: »Die Gebeine bildeten einen ungeheuren Haufen oder vielmehr eine Erhebung, einen Hügel, einen hohen Berg von beträchtlicher Oberfläche. Menschen von demselben Stamm wie die niedergemetzelten Barbaren bauten daraus Mauern wie die einer Stadt, und anstelle des Mörtels füllten sie die Zwischenräume mit den Gebeinen der Toten und machten aus dieser Stadt gewissermaßen ihr Grab . . .«

Nur etwa 3000 gelang die Flucht in ein altes, längst verlassenes Schloß am Meer, in dem sie sich hastig mit Brettern, umherliegendem Holz und Knochen verbarrikadierten. Doch auch sie hätten sich nicht lange gegen die anstürmenden Türken verteidigen können, wenn es nicht einem Griechen gelungen wäre, in der Abenddämmerung mit einem Boot nach Konstantinopel zu segeln, um über den Verlauf des Massakers zu berichten. Kaiser Alexios schickte sofort seine Flotte über den Meeresarm, und schon beim bloßen Anblick der byzantinischen Schiffe ließen die Türken von der Belagerung des alten Gemäuers ab und zogen sich zurück. Die wenigen Überlebenden wurden an Bord genommen und nach Konstantinopel gebracht. Dort nahm man ihnen die Waffen ab.

Der Kreuzzug Peters des Einsiedlers, den man auch den »Kreuzzug des Volkes« nennt, war zu Ende. Elf Monate nachdem Papst Urban II. dazu aufgerufen hatte, um des Glaubens willen sein Leben einzusetzen, waren allein auf diesem Kreuzzug in kurzer Zeit nach verschiedenen Schätzungen zwischen 20000 und 35000 Menschen erschlagen, ermordet oder sonst getötet worden, ohne daß das geringste erreicht wurde.

Aber es war nicht der einzige und nicht der letzte Kreuzzug, der auf die Predigt dieses Wandermönches zurückging. Das Massaker von Civetot am 21. Oktober des Jahres 1096 war nur der Schlußpunkt. Inzwischen waren noch drei weitere »Kreuzzüge des Volkes« aufgebrochen und gescheitert. Auch sie hatten Tausenden von Menschen das Leben gekostet. Es gehörte zur Tragik Peters des Einsiedlers, daß er das Scheitern der von ihm angeregten Unternehmung bis zur bitteren Neige miterleben mußte. Er gehörte zu den wenigen, die überlebten.

Der Kreuzzug der Deutschen

Die Rache an den »Gottesmördern«

Wenige Tage nachdem die Volksheere des Walter Habenichts und Peters des Einsiedlers Mitte April des Jahres 1906 von Köln nach Jerusalem aufgebrochen waren, hatte der deutsche Laienbruder Volkmar im Rheinland ebenfalls einen Kreuzzug von etwa 10000 Menschen zusammengestellt, während Gottschalk, ein deutscher Priester, bereits 12000–15000 um sich gesammelt hatte. Außerdem hatte Graf Emich von Leiningen, ein rheinischer Edelmann, der sich auf Raubüberfälle und andere Gesetzeswidrigkeiten spezialisiert hatte, ein drittes Heer aufgebracht, das das stärkste von allen war. Man schätzt es auf über 15000 Menschen, so daß Peters Kreuzzugspredigt allein im Rheinland in kürzester Zeit insgesamt mindestens 40000 Menschen gewonnen hatte, die nun Peters Heer folgten und ins Heilige Land marschieren wollten.

Einige Fromme folgten dabei einer Gans, die angeblich vom Geiste Gottes beseelt war. Das paßte gut zu dem überlieferten Wunder, demzufolge dem Räuber Emich von Leiningen plötzlich ein Kreuz ins Fleisch eingebrannt war: Schon immer war das Wunder des Glaubens liebstes Kind.

Aber während sich Laienbruder Volkmar über Sachsen und Böhmen und der Zug unter Gottschalk über Bayern auf den Weg nach Ungarn gemacht hatten, kam dem Edelmann Emich eine viel bessere Idee, die einer gewissen Logik nicht entbehrte: Warum, fragte er, mußte man im fernen Palästina das Heilige Grab Christi von den »Sarazenen«, also den heidnischen Türken und Arabern, befreien, die den Heiland ja gar nicht umgebracht haben, wenn man doch die eigentlichen Mörder Christi gleich um die Ecke zum Nachbarn hatte.

Und schon begann das, was Hegel in seinen »Vorlesungen über die Philosophie der Geschichte« 1837 so formulierte: »Die Kreuzzüge fingen sogleich unmittelbar im Abendlande selbst an, viele Tausende von Juden wurden getödtet und geplündert – und nach diesem fürchterlichen Anfange zog das Christenvolk aus ...«

Dabei kann man dem Ritter Emich bestenfalls den Vorwurf machen, daß er mit seinem Kreuzzug gegen die Juden ein paar persönliche

Rechnungen begleichen wollte. Als guter Christ konnte er sogar mit einem Ausspruch des Abtes Peter von Cluny aufwarten, der im gleichen Jahr sagte: »Was nützt es aber, die Feinde des christlichen Glaubens in fernen Ländern zu suchen und zu bekämpfen, wenn die liederlichen und lästernden Juden, die weitaus übler als die Sarazenen sind, nicht in fernen Landen, sondern (hier) in unserer Mitte so ungehemmt und so verwegen Christum und alle christlichen Sakramente ungestraft schmähen, mit Füßen treten, verächtlich machen? Wie soll Gottes Eifer die Kinder Gottes beseelen, wenn die Juden, diese schlimmsten Feinde Christi und der Christen, so ganz ungeschoren davonkommen . . .«

Natürlich war Abt Peter nicht dafür, die Juden umzubringen, das verbot ihm ja die christliche Nächstenliebe. Außerdem standen die Juden in Frankreich und Deutschland unter dem besonderen Schutz der Könige. Wohl aber gönnte er ihnen ein Leben, das schlimmer war als der Tod: »Gott will nämlich nicht, daß sie ganz getötet werden, daß sie vollkommen zum Verschwinden gebracht werden, sondern daß sie zur größeren Qual und zur größeren Schmach, wie der Brudermörder Kain, zu einem Leben schlimmer als der Tod bewahrt werden . . .« Und dann gab er auch noch das Rezept: »Das Leben mag ihnen bewahrt bleiben, aber ihr Geld soll ihnen weggenommen werden, damit (so) durch die Armee der Christen, die durch das lästerliche Geld der Juden unterstützt werden, die Verwegenheit der ungläubigen Sarazenen bekämpft werde . . .«

Damit hatte der Abt Peter von Cluny die Vorurteile formuliert, die seitdem den Juden zum Verhängnis werden sollten, obwohl sie selbst deren Ursache nicht verschuldet hatten. Der Tatbestand war einfach der, daß den Christen der »Wucher«, also der Geldhandel – nach heutigen Begriffen der Bank- und Kredithandel –, verboten und es umgekehrt den Juden nicht erlaubt war, ein Handwerk auszuüben. So betrieben sie zwangsläufig ein »Geschäft«, was die Christen zwar verachteten, worauf sie aber bei der zunehmenden Geldwirtschaft immer mehr angewiesen waren; hinzu kam, daß die Juden im christlichen Abendland keine Bürgerrechte erhielten und sich so untereinander verbanden und den internationalen Handel übernahmen, da es überall Juden in der Welt gab.

Das Ergebnis war eine zunehmende Abhängigkeit der Wirtschaft von den Juden, die ihre Lage verständlicherweise ausnutzten. Gut oder schlecht – die damalige Gesellschaft hatte sich einen Buhmann geschaffen, von dem sie mehr oder weniger abhängig war und gegen den sie Ressentiments entwickeln konnte. Wären es nicht die Juden gewesen, hätte sich der Zorn auf andere verlegt. Bernhard von Clairvaux, der Gegenspieler des Abtes von Cluny, schrieb jedenfalls: »Ich schweige davon, daß, wo keine Juden sind, christliche Wucherer nur um so ärger die Juden machen . . .«

Man muß heute rückblickend zu der Einsicht gelangen, daß die Juden damals nur – mit mehr oder weniger Geschick – eine ihnen zugewiesene Rolle ausfüllten. Sie wurden gebraucht, aber nicht geliebt; und als eine fanatisierte Masse glaubte, sie nicht mehr zu brauchen, wurden sie gehaßt. Das Unbehagen begann, als manchem klar wurde, daß er seine Pilgerfahrt nach Jerusalem praktisch über Juden finanziert hatte. Man konnte nun die Zinsen sparen, wenn niemand mehr da war, um die Zinsen einzutreiben, oder wenn man die Zinsen als Spenden vorher eintrieb.

Peter der Einsiedler und Walter Habenichts hatten sich offenbar auf das Einsammeln von Spenden verlegt: Da die Juden am Kreuzzug nicht teilnahmen, sollten sie wenigstens dafür bezahlen – und sie zahlten, zumal das Zweckgerücht aufkam, Gottfried von Bouillon habe zur Vorbereitung des regulären, von Papst Urban ausgerufenen Kreuzzuges gelobt, erst einmal alle Juden umzubringen. Das war zwar nicht wahr, aber es erhöhte die Spendenfreudigkeit der verschreckten Juden, die sofort an den Oberrabbiner von Mainz schrieben und ihn aufforderten, Kaiser Heinrich IV. um das Verbot einer Judenverfolgung zu bitten.

Um ihrer Bitte Nachdruck zu verleihen, boten die jüdischen Gemeinden von Köln und Mainz Gottfried von Bouillon je 500 Silberstücke an, was damals einen ungeheuren Wert darstellte. Gottfried nahm das Geld, und der deutsche Kaiser Heinrich schrieb an seine geistlichen und weltlichen Lehensleute, sie sollten für die Sicherheit der Juden einstehen: Und sie standen dafür ein, solange es nicht um ihr eigenes Leben ging. Die christlichen Bischöfe, das muß gesagt werden, länger als die weltlichen Herrscher, denn die Meinung des Abtes von Cluny war die Ausnahme.

Schließlich war es nur der Ritter Emich von Leiningen, der sich nicht an die Anordnung hielt und alles in Mißkredit brachte, und es ist hier die Stelle, wo einer der Betroffenen, der Mainzer Jude Eliezer ben Nathan, mit seinem »Bericht über die Leidensverhängnisse des Jahres 4856« zu Wort kommen muß: »Es war im Jahre 4856 nach Erschaffung der Welt« – also nach unserem Kalender im Jahre 1096 – »da trafen uns viele und schwere Leiden, die in diesem Reiche, seitdem es gegründet wurde, bis jetzt noch nicht vorgekommen waren ... denn es erhoben sich freche Menschen, fremdländisches Volk, eine grimmige, ungestüme Schar von Franzosen und Deutschen aus allen Ecken und Enden, die sich vorgenommen hatten, nach der Heiligen Stadt (Jerusalem) zu ziehen, um dort das Grab ihres Heilandes aufzusuchen, die Ismaeliten (Araber) von dort auszutreiben und sich des Landes zu bemächtigen ... Als sie nun auf ihrem Zuge durch die Städte kamen, in denen Juden wohnten, sprachen sie in ihrem Herzen: ›Sehet, wir ziehen dahin, das Heilige Grab aufzusuchen und Rache an den Ismaeliten zu üben; und hier sind die Juden, die ihn umgebracht und gekreuzigt haben ohne Grund. Lasset uns zuerst an ihnen Rache nehmen und sie austilgen, so daß sie kein Volk mehr bilden, daß der Name Israel nicht mehr erwähnt werde, oder sie sollen unseresgleichen werden und zu unserem Glauben sich bekennen.‹ Als die Gemeinden solches hörten, da überfiel sie Angst und Zittern und Wehe ...«

So begann Emich von Leiningen seinen Kreuzzug am 3. Mai damit, daß er mit seinen Leuten ins benachbarte Speyer zog und elf Juden erschlug, die sich zu seiner Verwunderung nicht zum Christentum bekehren wollten, während sich eine Jüdin aus Angst vor einer Vergewaltigung »zur Heiligung des göttlichen Namens selbst schlachtete«. Aber obwohl der Bischof von Speyer als Schutzherr der Juden einige der Mörder fing und ihnen zur Strafe die Hände abschlagen ließ, waren Emich und seine Leute nicht von ihrem Feldzug gegen die Juden abzubringen; sie zogen lediglich in die nächstgrößere Stadt. So kamen sie am 18. Mai nach Worms, wo dann rechtzeitig das Gerücht aufkam, die Juden hätten einen Christen ertränkt und das Wasser, in dem die Leiche gelegen hatte, in die Trinkbrunnen der Stadt geschüttet. Diese sprichwörtliche »Brunnenvergiftung« brachte nun auch die Bewohner von Worms auf die Seite der »Wallbrüder« oder »Waller«, wie man früher sagte. Zwar war es auch hier der Bischof, der die Juden vor den Kreuzfahrern schützte und ihnen im bischöflichen Palast Asyl gewährte, aber manche von ihnen waren im Judenviertel in ihren Häusern geblieben, und sie wurden zuerst das Opfer der Lynchjustiz. »Sie überfielen sie und brachten sie um«, berichtet Eliezer ben Nathan, »Männer, Frauen und Kinder, Jünglinge und Greise; sie rissen die Häuser nieder, stürzten die Treppen um, machten Beute und plünderten. Sie nahmen die heilige Thora, traten sie in den Straßenkot, zerrissen und zerfetzten sie, schändeten sie und trieben Spott und Scherz mit ihr.«

Nach dem Ausbruch der Massenhysterie galt nun auch nicht mehr die Autorität des Bischofs oder der königliche Schutz. Wallbrüder und Bevölkerung zogen zum Bischofspalast, drückten die Türen ein und begannen ihr gottgefälliges Werk: »Die Feinde verfuhren mit ihnen, wie sie mit den früheren verfahren hatten, mißhandelten sie und übergaben sie dem Schwerte. Diese, durch das von ihren Brüdern (in Speyer) gegebene Beispiel gestärkt, heiligten noch mehr den Namen ihres Schöpfers, sie legten nämlich Hand an sich. Alle nahmen ungeteilten Herzens das himmlische Verhängnis an, und indem sie ihre Seele ihrem Schöpfer übergaben, riefen sie ›höre Israel, der Ewige ist unser Gott, der Ewige ist einzig!‹ Die Feinde zogen sie nackt aus und schleiften und warfen sie umher, und am Neujahrsmondstage blieben wenige am Leben. An 800 betrug die Zahl der an jenen beiden Tagen um der Heiligung des göttlichen Namens willen Umgekommenen; sie wurden alle nackt zu Grabe gebracht . . . Gott möge ihrer zum Guten gedenken!«

Fünf Tage nach diesem Massenmord erschienen Emich und seine Kreuzfahrer vor der Stadt Mainz, standen aber vor verschlossenen Stadttoren. Auch hier hatte der Bischof zusammen mit dem Burggrafen beschlossen, die Nichtchristen vor den Ausschreitungen seiner eigenen Glaubensgenossen zu schützen – auch wenn das nicht ganz uneigennützig geschah. Eliezer ben Nathan erinnert sich: »Damals, als der Wüterich nach Mainz kam, um nach Jerusalem zu ziehen, waren die Ältesten des Volkes (der Juden) zu ihrem (!) Bischof Ruthard gegangen und hatten ihn mit 300 Mark Silber bestochen« – und das waren, in deutsche Goldmark umgerechnet, als das Ei noch 3 Pfennige kostete, fast 2000 Mark. Und obwohl der Bischof eigentlich eine Visitationsreise durch die Landgemeinden vorhatte, blieb er angesichts dieser Summe in Mainz und versprach: »›Ich willige ein, euch beizustehen.‹ Auch der Burggraf sprach: ›Auch ich will bei ihm hier bleiben euch zum Beistande – für die Bedürfnisse habt ihr selbst zu sorgen –, bis die Kreuzfahrer vorüber sind.‹« Die Juden ihrerseits versprachen, für die Unkosten aufzukommen und Bischof und Burggraf taten ein leichtfertiges Gelübde: »Wir werden mit euch sterben oder euch am Leben erhalten.«

Denn obwohl die Mainzer Juden – doppelt hält besser – nun auch dem Emich noch einmal die ungeheure Summe von sieben Pfund Gold gaben, um mit dem Leben davonzukommen, war alles umsonst. Am 26. Mai 1096 geschah es: »Es war um die Mittagszeit, da kam Emicho, der Bösewicht und Judenfeind, mit seinem ganzen Heer vor das Tor, und die Bürger öffneten es ihm. Da sprachen die Feinde des Ewigen einer zum andern: ›Sehet, das Tor hat sich uns von selbst geöffnet, das hat der Gekreuzigte für uns getan, lasset uns sein Blut an den Juden rächen!‹ Damals kamen Scharen und Truppen herangeströmt, bis Mainz gefüllt war von einem Ende zum andern ...«

Trotz aller Zusicherungen bekamen die Juden Angst. Sie legten angesichts »jenes Heeres, so unzählig wie der Sand des Meeres« ihre Panzer an und nahmen ihre Waffen, Rabbi Kalonymos bar-Meschullam, ihr Vorsteher, an der Spitze. Und sie hatten recht mit ihren Befürchtungen. Auch die sieben Pfund Gold konnten Emich und seine Leute nicht abhalten, das Bischofspalais zu stürmen: »Im inneren Hofe des Bischofs traten alle ans Tor, um mit den Kreuzfahrern und den Bürgern zu kämpfen, und sie kamen ins Handgemenge mitten im Tor, aber unsere Sünden verursachten, daß die Feinde siegten und die Tore einnahmen. Die Hand des Ewigen lag schwer auf seinem Volke ...« Und wieder begann das Gemetzel, und die ersten, die flohen, waren die Leute des Bischofs. »Auch der Bischof selbst floh aus seiner Kapelle, denn auch ihn wollten sie töten, weil er Gutes für Israel versprochen hatte ...«

Der erste, auf den die Herren Kreuzfahrer trafen, war Rabbi Isaak bar-Mosche, ein scharfsinniger Gelehrter. »Er bot ihnen seinen Hals dar, worauf sie ihm als erstem das Haupt abschlugen. Die übrigen saßen, in ihre Gebetsmäntel gehüllt, gottergeben im Hofe, um schnell den Willen des Schöpfers zu erfüllen.« Sie warteten auf den Tod, der unweigerlich kam – wie 860 Jahre später in den Gaskammern: mit Steinen, Pfeilen und Schwertern wurden sie von den Christen umgebracht.

»Und die Frauen dort gürteten mit Kraft ihre Lenden und schlachteten ihre Söhne und Töchter und dann sich selbst. Auch viele Männer stärkten sich und schlachteten ihre Frauen, ihre Kinder und ihr Gesinde; selbst die zarte, sanfte Mutter schonte ihres Lieblingskindes nicht. Männer und Frauen schlachteten eins das andere. Wer nur solches hört, dem werden die Ohren gellen.«

Die Zahl der Toten wird mit 1100 angegeben. Aber was hier in Mainz geschah, steht nur stellvertretend für alle anderen Toten, die ein Opfer des Glaubens, des Glaubensfanatismus oder einer Ideologie wurden.

Den wenigsten Geschichtswerken gellen dabei die Ohren. Die »Illustrierte Weltgeschichte von den Anfängen bis zur Gegenwart« des Ploetz, das Standardwerk schlechthin, erwähnt auf 728 Seiten weder den »Kreuzzug des Volkes« noch seine Judenpogrome; in Schulbüchern stehen farblose Sätze von »Judenverfolgungen in Speyer, Worms, Mainz und Köln«, und selbst moderne Monographien über die Kreuzzüge beschreiben meist nur – mit Ausnahme Runcimans – die traditionellen sieben Kreuzzüge und erwähnen das Blutbad an den rheinischen Juden höchstens mit ein paar Zeilen. Selbst die neuere Quellensammlung »Die Kreuzzüge in Augenzeugenberichten« findet auf 359 Seiten nur gerade eben auf zwei Seiten Platz, um unter der Überschrift »Am Rande des Kreuzzugs: Die Räuber« auf völlig unzulängliche Art und Weise Berichte über die ersten Judenverfolgungen unserer europäischen Geschichte zu zitieren.

Ich erwähne dies nicht, um die Juden jener Tage oder der Gegenwart hervorzuheben – sie waren damals nicht besser als heute und damit genau wie wir: sie waren Opportunisten, die mit Geld bestachen, und Helden, als das nichts nützte. Ich frage mich nur, warum die meisten Berichte dies auslassen. Vermutlich paßt es manchen Leuten nicht in das Bild der Kreuzzüge, die man die »Bewährung des Glaubens in der Geschichte« genannt hat. Und wenn im Ploetz die Kreuzzüge mit dem Satz charakterisiert werden: »In den Kreuzzügen kommt die Einheit des christlichen Abendlandes, das Gut und Blut für eine religiöse Idee opfert, zu ihrem großartigsten Ausdruck«, so ist dies eben nur durch ein Weglassen möglich, das den tatsächlichen Ablauf glättet.

Doch zurück zu Emich. Er und seine Horden setzen ihre »Säuberungsaktion« nach der Erstürmung des Bischofspalais auch in den nächsten Tagen fort. Nun war der Burggraf von Mainz selbst an der Reihe. Die Kreuzfahrer setzten sein Schloß in Brand und brachten die dorthin geflüchteten Juden um. Einige von ihnen versuchten ihr Leben zu retten, indem sie ihrem Glauben abschworen, bereuten dann aber ihre Abtrünnigkeit und begingen Selbstmord. Schließlich fiel auch noch die Synagoge in Schutt und Asche – ein Jude hatte sie angezündet, um sie vor weiteren Schändungen zu bewahren.

Nur etwa fünfzig Mainzer Juden unter der Führung ihres Oberrabbiners Kalonymos konnten nach Rüdesheim flüchten, wo sie den Erzbischof um Asyl baten. Er gewährte es ihnen, und weil er um das Seelenheil seiner Schützlinge besorgt war, begann er sie zum Christentum zu bekehren. Das war für die Juden, die um eben ihres Glaubens willen die Schrecken der letzten Tage auf sich genommen hatten, zuviel. Kalonymos stürzte sich in seiner Verzweiflung mit einem Messer auf den Erzbischof. Er wurde zurückgedrängt, aber damit war das Schicksal der letzten Juden aus Mainz besiegelt. Kalonymos und seine fünfzig Begleiter wurden zur Strafe für ihre Verstocktheit getötet.

Nun mußte noch Köln von den Juden befreit werden. Aber damit hatte Emich von Leiningen Pech. Nach den Schreckensmeldungen aus Mainz waren die Kölner Juden aus der Stadt geflüchtet und bei christlichen Freunden auf dem Lande untergekommen. Die Kreuzzügler konnten nur die Synagoge niederbrennen.

Ob aus Enttäuschung oder auf Drängen anderer – Emich beschloß nach diesen Taten, sich ernstlich auf den Weg nach Jerusalem zu machen. Er vollzog also eine Kehrtwendung und marschierte Anfang Juni wieder rheinaufwärts und damit zum ersten Mal seit Beginn seines Kreuzzuges in Richtung Süden.

Ein Teil seines Haufens hatte allerdings das Bedürfnis, nun auch in Trier noch nach den Juden zu sehen, und zog das schöne Moseltal hinauf. Doch in Trier waren die Juden schon tot. Zwar hatte ihnen auch hier der Erzbischof in seinem Palais Schutz gewährt, aber in ihrer panischen Angst hatten sie die Nerven verloren und sich untereinander zerfleischt, oder sie hatten sich in die Mosel gestürzt und waren ertrunken. So zogen die Kreuzfahrerscharen weiter nach Metz, wo sie 22 Juden aufstöberten und umbrachten. Danach kehrten sie nach Köln zurück, um sich Emich auf dem Marsch nach Jerusalem anzuschließen. Aber Emich war schon abmarschiert. So machten sie sich selbständig, wanderten nordwärts den Rhein hinab, und Ende Juni brachten sie in Neuss, Wevelinghofen, Eller und Xanten die Juden um. Damit war für sie der Kreuzzug zu Ende, und der Haufen löste sich auf.

Der Marsch in die Katastrophe

Während Emich mit dem Hauptheer den Main entlang nach Ungarn zu marschierte, war Laienbruder Volkmar mit seinen Kreuzfahrern schon in Prag eingetroffen. Durch die Nachrichten aus Deutschland kamen sie nun auf die Idee, auch sie sollten die eigentlichen Feinde

Christi bestrafen, bevor sie ins Heilige Land weiterzögen: Wochenlang hatten sie bereits mehr oder weniger friedlich in Prag kampiert, als sie plötzlich am 30. Juni 1096 über die Juden der Stadt herfielen und sie in Scharen niedermetzelten, ohne daß die Stadtbehörden oder der Bischof es verhindern konnten.

Danach zog Volkmar nach Ungarn, aber König Koloman, der schon kurz zuvor mit den Horden Peters des Einsiedlers und Walter Habenichts' schlechte Erfahrungen gemacht hatte, fackelte nicht lange: Wir wissen nicht genau, was Volkmars Leute in Neutra (dem heutigen Nitra), der ersten größeren Stadt in Ungarn, anstellten, vermutlich wollten sie auch hier etwas gegen die Juden unternehmen, aber wir wissen, wie die Ungarn reagierten: sie gingen mit Waffengewalt gegen Volkmars Heer vor, trieben es auseinander, machten einen großen Teil nieder und nahmen den Rest gefangen. Es gibt keinen Bericht darüber, was aus den Überlebenden wurde und ob Volkmar selbst überlebte. Sein Kreuzzug war damit jedoch zu Ende.

Dem nächsten Haufen ging es nicht besser. Als die 12000–15000 Kreuzfahrer unter Gottschalk dem Priester wenige Tage später an der ungarischen Grenze ankamen (nachdem sie auf ihrem Wege durch Bayern die Juden von Regensburg umgebracht hatten), gab König Koloman zwar die Anweisung, dem Heer bei der Beschaffung von Lebensmitteln zu helfen, solange die Leute sich ruhig verhielten. Aber die Kreuzfahrer dachten gar nicht daran, sondern stahlen und plünderten vom ersten Tage an, so daß Koloman sich genötigt sah, mit seinem Heer gegen sie zu marschieren. Bei Stuhlweißenburg wurden die Kreuzfahrer umzingelt und gezwungen, ihre Waffen und alles gestohlene Gut herauszugeben. Doch die Unzuträglichkeiten hörten damit nicht auf, und die ungarische Armee verlor schließlich die Geduld: sie fiel über die unbewaffneten Kreuzfahrer her und tötete sie alle. Nur Gottschalk, der als erster ausgerissen war, blieb am Leben und wurde wieder gefaßt.

Es ist verständlich, daß die Ungarn, die in wenigen Wochen vier solcher Invasionen erlebt hatten, dieser Plage ein Ende setzen wollten. Als daher einige Wochen später Emich mit dem bisher größten Heer von Wallbrüdern bei Wieselburg (dem heutigen Masonmagyarovar) an der Donau ankam und um Durchzugserlaubnis bat, lehnte Koloman das schlichtweg ab und schickte sogar Truppen, um die Brücke über den Donauarm zu sperren. Daraufhin machten sich die Kreuzfahrer daran, eine eigene Brücke zu bauen, und nach sechs Wochen war es soweit: sie erzwangen den Übergang über den Donauarm und belagerten Wieselburg.

Im Unterschied zu den Heerhaufen der Mönche und Priester war Ritter Emichs Heer einigermaßen ausgerüstet. Es verfügte sogar über Belagerungsmaschinen, und die Einnahme von Wieselburg schien unmittelbar bevorzustehen. Da brach unvermutet eine Panik unter den Kreuzfahrern aus. Das Gerücht war aufgekommen, König Koloman selbst sei mit dem ganzen ungarischen Heer im Anmarsch. Die Belagerten machten sich diese Verwirrung zunutze, riskierten einen Ausbruch und überfielen das feindliche Lager. In kurzer Zeit war das Kreuzfahrerheer vernichtend geschlagen. Die meisten kamen in der Schlacht ums Leben. Graf Emich aber und einige andere Ritter konnten auf ihren Pferden dem Gemetzel entfliehen und nach Deutschland entkommen. Die Legende erzählt, daß man ihn nach seinem Tode in der Gegend von Worms mit glühenden Waffen bekleidet habe umherirren sehen, die flehende Bitte ausstoßend, man möge durch Almosen und Gebete die himmlischen Strafen mildern, die er für sein sträfliches Leben erhalten habe.

Auf das christliche Abendland machte das katastrophale Ende dieses Kreuzzugs – so kurz nach dem Zusammenbruch der Kreuzzüge Volkmars und Gottschalks – einen ungeheuren Eindruck. Die einen hielten das Desaster, das Zehntausenden das Leben gekostet hatte, für die wohlverdiente Strafe der Judenmörder – noch waren ja die Heere Peters des Einsiedlers und Walter Habenichts' ungeschlagen auf dem Wege ins Heilige Land. Als dann einige Monate später die Nachricht eintraf, daß auch diese beiden Kreuzzüge bei Civetot in einer Katastrophe geendet hatten, mehrten sich die Stimmen derer, die hierin einen Fingerzeig Gottes sahen, die ganze Kreuzzugsidee fallenzulassen. Wenn Gott es zuließ, daß in so kurzer Zeit 50000 und mehr Menschen umgekommen waren, die mit dem Ruf »Gott will es!« das Kreuz auf sich genommen hatten, so konnte kein Segen auf der Sache ruhen.

Aber die Warnungen kamen zu spät. Schon war der erste reguläre, von Urban II. eingesetzte Kreuzzug – nach der üblichen Zählung der Erste Kreuzzug – im Abendland aufgebrochen, um ins Morgenland zu ziehen.

Der Kreuzzug der Franken

Der päpstliche Legat

Auch bei diesem Kreuzzug war schon von Anfang nicht alles so gelaufen, wie es sich der Papst vorgestellt hatte. Die Verlegenheit begann bereits bei der Frage, wer denn nun eigentlich das Kreuzheer anführen sollte. Schließlich war das Ganze – trotz der frommen Absicht, das Grab Christi zu befreien – zunächst ein militärisches Unternehmen: man wollte dem byzantinischen Heer beistehen und die Türken bekämpfen. Ein kriegsgewohnter Mann, der nicht nur Autorität, sondern auch Geld besaß und etwas von Kriegskunst verstand, wäre ganz nützlich gewesen, zum Beispiel ein König oder Kaiser, der ebenbürtig dem byzantinischen Kaiser Alexios hätte gegenübertreten können. Aber der deutsche Kaiser Heinrich IV. war gerade mal wieder in Bann und ebenso Philipp I. von Frankreich: das Konzil von Clermont hatte sich ja gerade mit seinen ehebrecherischen Beziehungen zu einer adligen Dame beschäftigt. Blieb als einziger bedeutender Monarch William II. von England übrig, aber der hatte anderes zu tun, als ins ferne Morgenland zu ziehen, nachdem sein Vater Wilhelm der Eroberer gerade erst England unter die Herrschaft der Normannen gebracht hatte.

Die Synode von Clermont hatte den Papst selbst als Anführer des Kreuzzugsheeres vorgeschlagen, aber Urban II. lehnte ab; einmal, weil der Kampf zwischen geistlicher und weltlicher Vorherrschaft im Abendland noch längst nicht beendet war und seine längere Abwesenheit ein Gewicht mehr in die Waagschale der weltlichen Herrscher hätte werfen können, zum anderen aber vielleicht auch, weil er am Ende spürte, ein Papst als oberster Kriegsherr entspreche doch nicht ganz den Vorstellungen, die man sich von einem Stellvertreter Christi machte.

Da ihm aber daran lag, nicht nur als Initiator des Kreuzzuges zu erscheinen, sondern auch deutlich das ganze Unternehmen unter Segen und Auftrag des Papstes zu stellen, ernannte er einen Bischof zu seinem Legaten und Stellvertreter, und das Konzil von Clermont stimmte dem ohne Gegenstimme zu. Es war dies Adhémar von Le Puy, jener Bischof, den der Papst vor dem Konzil besucht hatte und der nach der Verkündung des Kreuzzugs als erster »strahlenden Angesichts« auf den Papst zugetreten war und Segen und Kreuz erbeten hatte.

Es war eine gute Wahl. Denn Adhémar de Monteil aus dem Geschlecht der Grafen von Valentinois hatte bereits neun Jahre zuvor eine Pilgerfahrt ins Heilige Land unternommen und war ein ruhiger und besonnener Mann, der eher ausgleichend und überzeugend wirkte, kein Draufgänger mit Herrscherallüren. Er wird als weitherzig, gütig und aufgeschlossen beschrieben, und es gelang ihm denn auch auf dem Kreuzzug, einige Streitigkeiten beizulegen. Indessen, ein Befehlshaber für ein großes Heer war er nicht, auch wenn er »elegant zu Pferde und in Rüstung« in Schlachten mitkämpfte.

Die Rolle eines weltlichen Heerführers gedachte nun Graf Raimund von Toulouse zu übernehmen, ein Lehensmann des Papstes, der von dessen Kreuzzugsabsicht auch schon vorher gewußt haben muß, denn kaum hatte Urban II. seinen Aufruf erlassen, traf, noch bevor die Nachricht davon bis Toulose hätte kommen können, eine Abordnung von dort ein und teilte mit, Raimund und seine Mannen seien zur Teilnahme bereit. Die Tatsache, daß er als erster Fürst, den der Papst informiert hatte, das Kreuz nahm, hatte in ihm den Eindruck geweckt, er sei zur Führung des Unternehmens ausersehen. Aber Papst Urban wollte das nicht zugestehen. Später sollte sich zeigen, daß diese Verwicklungen nicht gerade zur Einigkeit der Kreuzfahrer beitrugen, auch wenn Raimund zunächst loyal mit Adhémar von Le Puy zusammenarbeitete.

Es war nun Sache der Grafen und Fürsten, das Kreuzfahrerheer zusammenzustellen. Urban II., selbst Franzose von Geburt, reiste nach dem Konzil von Clermont noch ein volles dreiviertel Jahr durch Frankreich, um für den Kreuzzug zu werben und sich mit den Adligen abzusprechen. Gleichzeitig schrieb er eine Reihe von Briefen an die Bischöfe, in denen übrigens, im Gegensatz zu seiner Rede in Clermont, zum ersten Mal als Reiseziel die Stadt Jerusalem genannt wird.

Vieles mußte geklärt und organisiert werden. So wurde festgelegt, daß die Gläubigen nur mit Erlaubnis ihrer Priester und jungverheiratete Ehemänner nicht ohne Einwilligung ihrer Ehefrauen nach Osten ziehen sollten; Alte und Kranke sollten möglichst daheim bleiben. Um während der Abwesenheit der Kreuzfahrer deren Eigentum vor Gläubigern und dem staatlichen Zugriff zu schützen, wurde der Schutz der Kirche auch auf den Privatbesitz der Teilnehmer ausgedehnt. Während des Kreuzzuges mußten sie auch keine Abgaben entrichten, und wenn sie zur Ausrüstung Geld brauchten, konnten sie nicht nur bei anderen

Adeligen, sondern auch bei der Kirche Anleihen aufnehmen. Manche vermachten daraufhin ihr ganzes Vermögen der Kirche. Und damit niemand zuerst Privilegien in Anspruch nahm und dann brav zu Hause blieb, sollte jeder exkommuniziert werden, der den Kreuzeid brach.

Als dann der festgesetzte Termin – Mariä Himmelfahrt des Jahres 1096 – kam, waren noch längst nicht alle bereit. Es sollte bis zum Oktober dauern, bis die insgesamt fünf Heeresteile auf dem Wege nach Konstantinopel waren, wo man sich vereinigen wollte. Sie stammten fast ausschließlich aus Lothringen, Flandern, Frankreich und Italien. Wohl nahmen auch Deutsche am sogenannten »Ersten Kreuzzug« teil, aber weder der deutsche Kaiser noch kaum deutsche Fürsten waren dem Aufruf des Papstes gefolgt, weil sie mit ihm verstritten waren. Sie hatten auch im eigenen Land mit inneren Machtkämpfen genug zu tun; auch im Norden und Osten waren die Deutschen damals noch von heidnischen oder erst frisch bekehrten Völkern umgeben, mit denen sie so ausdauernd Krieg führten, daß später die Päpste die Feldzüge gegen die Slawen den Kreuzzügen ins Heilige Land gleichstellten.

Ja, der Chronist Eckehard von Aura behauptet sogar, man habe im rechtsrheinischen Deutschland zunächst gar nichts von dem Papstaufruf erfahren und die ersten Pilgerzüge Peters des Einsiedlers als einen Haufen Narren verhöhnt, die abenteuernd ins Ungewisse zogen. Im Grunde hat der Papst tatsächlich auch nur unter seinen französisch sprechenden Landsleuten Begeisterung wecken können. Nicht einmal in Italien war der Aufruf von Anfang an bekannt, denn die Normannen rüsteten erst zum Kreuzzug, als sie von den durchziehenden nördlichen Kreuzfahrern etwas davon erfahren hatten.

So ist es kein Wunder, daß die Kreuzzügler, und damit die Europäer überhaupt, im Orient von Anfang an als »Franken« bezeichnet wurden, auch wenn spätere Kreuzzüge unter deutscher oder englischer Führung standen.

Graf Hugo und sein Heer

Der erste, der in der zweiten Augusthälfte mit einem kleinen Heer aufbrach, war Graf Hugo von Vermandois, der Bruder des französischen Königs Philipp, der sich rechtzeitig im Juli dem Papst unterworfen und seine adlige Geliebte nach Hause geschickt hatte. Da man nicht weiß, warum sich der sonst etwas saft- und kraftlose Hugo zum Kreuzzug entschlossen hat, nimmt man allgemein an, daß sein Bruder Philipp ihn dazu sanft genötigt hat: der Papst sollte nach der Eskapade mit der adligen Dame wieder freundlich gestimmt werden.

Hugo machte sich mit seinen Lehenspflichtigen und einigen Rittern seines Bruders auf den Weg ins ferne Jerusalem, »unter Schluchzen und Seufzen rissen sich die Pilger aus den Armen ihrer Freunde ... und trennten sich schließlich nach zärtlichen Umarmungen ...«

Hugo hatte inzwischen, wie sich das unter feinen Leuten gehört, einen Boten nach Konstantinopel vorausgeschickt, um seine königliche Ankunft gebührend zu vermelden. Die Reise selbst verlief allerdings etwas blamabel. Hugo zog durch Italien an Rom vorbei nach Bari, um dort auf dem üblichen Pilgerweg nach Dyrrhachium überzusetzen. Auf der Reise schlossen sich ihm einige süditalienische Normannen und französische Ritter an, die das fatale Ende des Kreuzzuges des Grafen Emich von Leiningen bei Wieselburg überlebt hatten.

Auch von Bari aus, wo er im Oktober ankam, schickte Hugo, wie sich das gehört, eine Gesandtschaft von 24 Rittern nach Dyrrhachium voraus, um seine Ankunft zu vermelden und um einen würdigen Empfang zu bitten. Aber leider war diese Ankunft weit weniger pompös, als er sich das vorgestellt hatte. Seine kleine Flotte, die er sich gemietet hatte, geriet nämlich in einen Sturm und erlitt Schiffbruch. Während einige Schiffe mit der gesamten Besatzung untergingen, konnte sich Ritter Hugo in der Nähe von Dyrrhachium an Land retten, wo ihn dann, »abgerissen und verwirrten Gemüts«, der Statthalter von Dyrrhachium auflas und, damit er als Ritter wieder zum Menschen wurde, erst einmal auf ein Pferd setzte. Dieser Statthalter Johannes Komnenos – der Neffe von Kaiser Alexios in Byzanz – behandelte Graf Hugo ausgesucht freundlich, hielt ihn aber praktisch gefangen, denn durch die bösen Erfahrungen mit den randalierenden Heerhaufen von Peter dem Einsiedler und Walter Habenichts klüger geworden, hatte Kaiser Alexios angeordnet, »man möge den Grafen zwar ehrenvoll aufnehmen, aber sich womöglich seiner Person zur Sicherung gegen feindliche Absichten bemächtigen und sogleich vom Gelingen oder Mißlingen dieser Vorschrift nach Konstantinopel Bericht erstatten«.

In diesem Mißtrauen zeigen sich bereits die ersten Folgen der Volkskreuzzüge. Hinzu kam noch ein böses Omen der Natur: Just bevor die

Kreuzzüge über Byzanz hereinbrachen, war das Land von einer Heuschreckenplage heimgesucht worden, der die Weinstöcke zum Opfer fielen. Als nun der kaiserliche Hof in Byzanz erfuhr, daß »das ganze Abendland und alle barbarischen Völker von jenseits der Adria bis hinaus zu den Säulen des Herkules sich samt und sonders in Bewegung gesetzt haben und ganze Familien mit sich führen« – so der Bericht der Kaiserintochter Anna –, begann man die Hilfsbereitschaft des Westens bereits zu fürchten, noch ehe sie richtig in Schwung gekommen war.

Statthalter Johannes hielt also Graf Hugo in Dyrrhachium fest, bis neue Anweisungen und Begleitmannschaften aus Konstantinopel eingetroffen waren. Wohlbewacht wurden Graf Hugo und seine Ritter dann abseits der bequemen, sonst von Pilgern benutzten Via Egnatia nach Konstantinopel geschafft, wo Kaiser Alexios sie mit Geschenken überschüttete, im Grunde aber weiter gefangenhielt.

Kaiser Alexios war sich inzwischen im klaren, daß die Herren Kreuzritter die Absicht hatten, das Gottwohlgefällige mit dem Nützlichen zu verbinden. Wenn er sie zum Kampf gegen die Seldschuken in Kleinasien einsetzte, so würden sie nach altem Brauch das, was sie eroberten, für sich behalten. Daran aber konnte Kaiser Alexios nichts liegen, denn das hieße ja, sich seine Eroberer freiwillig ins Land rufen, die ihm sein Reich womöglich Stück um Stück abnahmen.

Kaiser Alexios mußte also von vornherein klarstellen, daß sämtliche Eroberungen des Kreuzzuges allein ihm und dem byzantinisichen Reich zugute kamen. So verlangte er von Graf Hugo einen Treue- und Lehenseid, und bevor Hugo aufging, daß man nicht gut zwei Treueeide schwören und zwei Herren – dem französischen König und dem Kaiser von Byzanz – dienen kann, hatte er, überwältigt von den vielen schönen Geschenken und dem großartigen Auftreten des Kaisers, diesen Eid bereits geleistet. Kaiser Alexios konnte eigentlich zufrieden sein. Aber er blieb trotzdem mißtrauisch, denn schon wurde ihm der Anmarsch neuer Kreuzfahrer gemeldet.

Gottfried von Bouillon und die Lothringer

Etwa gleichzeitig mit Graf Hugo war nämlich in der zweiten Augusthälfte der etwa 36jährige Gottfried von Bouillon mit seinem Heer aus

Lothringen aufgebrochen, um auf dem Landweg über Ungarn nach Konstantinopel zu ziehen.

Dieser Mann, dessen Name ebenso aufdringlich wie irreführend an Kraftbrühe erinnert, gehört zu den wenigen Gestalten der Weltgeschichte, die schon zu Lebzeiten zur Legende wurden, obwohl er ein unbekannter und unbedeutender Edelmann war, als er sich zum Kreuzzug entschloß.

Zwar war er über die mütterliche Linie mit Karl dem Großen verwandt, aber diese große Herkunft nützte ihm nichts. Als sein Vater, der Graf von Boulogne, in Flandern starb und Gottfried das Erbe seiner lothringischen Mutter Ida antreten wollte, nahm ihm der deutsche Kaiser Heinrich IV. kurzerhand das mütterliche Herzogtum weg, und Gottfried blieb lediglich die Grafschaft Antwerpen und die Herrschaft des Schlosses Bouillon in den Ardennen in der Nähe des heutigen Brüssel. Trotz dieser Demütigung hielt Gottfried von Bouillon zum deutschen Kaiser und zog für ihn, als wenn nichts gewesen wäre, auf seinen deutschen und italienischen Feldzügen mit. Daraufhin verlieh ihm Heinrich IV. großmütig im Jahre 1087 das Herzogtum Nieder-Lothringen, das er ihm kurz zuvor weggenommen hatte. Gottfried von Bouillon war es zufrieden, sein Erbe nur als Amt auf Zeit und nicht einmal als erbliches Lehen zurückzuerhalten, aber was blieb einem jungen Mann von etwa 27 Jahren auch anderes übrig ... (wir wissen sein genaues Geburtsdatum nicht, er wurde ungefähr um 1060 geboren).

Doch schon begann die Legende das Schicksal jenes Mannes zu verfälschen, der am Ende dieses Kreuzzuges den Traum der Christen verwirklichte und Advocatus sancti sepulchri, Beschützer des Heiligen Grabes, in Jerusalem wurde. Es dauerte Jahrhunderte, bis die Geschichtsforschung unterscheiden lernte, wo die sogenannten »historischen Quellen«, also die Berichte der Zeitgenossen, die Wahrheit sagten und wo sie zur höheren Ehre ihres Auftraggebers schlichtweg edle Taten erfunden haben. So berichtet der Historiker Friedrich von Raumer 1828 in Anlehnung an die Quellen, Kaiser Heinrich IV. habe dem 20jährigen Gottfried von Bouillon »als dem Würdigsten die Reichsfahne in der entscheidenden Schlacht wider Rudolph den Gegenkönig anvertraut. Diesem Vertrauen entsprechend, drang er am 15ten Oktober 1080 kühn voraus in das feindliche Heer, und stieß Rudolphen den Schaft seines Banners so tief in die Brust, daß er wenige Tage nachher in Merseburg starb.«

Das ist eine schöne Geschichte, nur ist sie leider nicht belegbar; sie zeigt lediglich, daß die Menschen zu allen Zeiten der Versuchung unterlegen sind, anscheinend unerklärlich große Leistungen eines Menschen nach rückwärts in eine ebenso großartige und unerklärliche Vergangenheit zu projizieren und damit den Zufall einer günstigen Konstellation ins Verstehbare und Überschaubare, ja geradezu Voraussehbare, zu übertragen: Weil schon der 20jährige Gottfried von Bouillon ein »grimmer Recke« und »der Würdigste« war, mußte ihm am Ende auch die Herrschaft über Jerusalem zufallen.

Das Gegenteil ist wahr. Gottfried von Bouillon gehört zu jenen Menschen, die, durch Zufall, Glück oder Schicksal begünstigt, einmal in ihrem Leben Wünsche, Sehnsüchte und Hoffnungen vieler auf sich vereinigen und dafür mit Legenden überhäuft werden.

Gottfried von Bouillon wurde zu einem Symbol, das jede Seite für sich in Anspruch nahm. Bei René Grousset, dem französischen Historiker, lese ich, daß »›Godefroy‹ die erste Verkörperung der französisch-belgischen Freundschaft« war, während der Tübinger Historiker Bernhard Kugler im Jahre 1887 fand, eben jener Gottfried sei vielmehr »eine echt deutsche Heldenfigur«, denn »Gottfried war, ohne übergroß zu sein, hochgewachsen, von gewaltigem Gliederbau, schönem Antlitz, blondem Bart und Haar . . . Selbst unter seinen reckenhaften Genossen zeichnete er sich durch die beispiellose Kraft seines Armes aus . . . nach Geist und Gemüth war Gottfried zum Heerführer geboren.« Steven Runciman, der die neuesten Forschungen berücksichtigt, stellt dagegen fest, daß Gottfried nur »ein mittelmäßiger Krieger« war, dessen Verwaltung Lothringens »an Tatkraft und Tüchtigkeit zu wünschen übrig« ließ.

Machte man ihn bis ins letzte Jahrhundert hinein zum Anführer des Kreuzzuges und nannte ihn »keusch, mäßig, milde, fromm, freundlich und freigebig gegen jedermann, unbeherrscht von der Liebe zu irdischem Besitz«, so weiß man heute, daß er keinesfalls der oberste Heerführer dieses Kreuzzuges war (so etwas gab es gar nicht) und daß es sicherlich nicht allein seine Frömmigkeit – er hielt so endlose Tischgebete, daß sich seine Geistlichen darüber beklagten, weil das Essen kalt wurde – ihn zu dem Entschluß brachte, das Kreuz zu nehmen.

Allerdings kennen wir seine Motive nicht genau. Vielleicht befürchtete er, Kaiser Heinrich IV. werde ihm die Verwaltung Lothringens wieder abnehmen; vielleicht wollte er auch einem drohenden Loyalitätskonflikt entgehen: Seine Treue zu Kaiser Heinrich stand im Widerspruch zu den cluniazensischen Einflüssen, die gerade in Lothringen besonders stark waren und die für den Papst Partei nahmen, mit dem Heinrich zerstritten war. Zusammen mit einer echten religiösen Begeisterung könnten dies die Anstöße gewesen sein, die ihn dazu brachten, seine Liegenschaften zu verkaufen und sein Schloß Bouillon dem Bischof von Lüttich für gutes Geld zu verpfänden, nachdem er sich schon zuvor durch Erpressung von Juden einiges Geld verschafft hatte.

Es war jedenfalls ein Aufbruch der ganzen Familie Bouillon: Außer Gottfried zogen auch seine beiden Brüder mit. Der ältere, Graf Eustachius III. von Boulogne, zeigte dabei die geringste Begeisterung und wollte ständig auf seine Besitzungen zurückkehren.

Balduin, den jüngeren Bruder, hielt dagegen nichts zu Hause, denn er hatte Geistlicher werden sollen und daher keinen Anteil am Grundbesitz erhalten. Da aber Balduin im Gegensatz zum keuschen Gottfried »der Wollust hingegeben war«, wie die alten Quellen mit Erschütterung feststellen, hatte er es vorgezogen, auf den geistlichen Stand zu verzichten und die Normannin Godvere von Tosni zu heiraten. Mit ihr und den Kindern zog er auf den Kreuzzug, fest entschlossen, im Orient eine Heimat und Besitz zu finden, der ihm zu Hause verwehrt war.

Der Marsch dieses Heeresteiles unter Gottfried von Bouillon verlief geradezu harmlos. Aber wie schon Graf Hugo bekam auch Gottfried von Bouillon von Anfang an das Mißtrauen der »Kreuzzugsgeschädigten« zu spüren, als er Anfang Oktober hinter Wien die ungarische Grenze an der Leitha, einem Nebenfluß der Donau, erreichte und eine Gesandtschaft an den ungarischen König Koloman schickte, um die Durchzugserlaubnis zu erbitten. König Koloman ließ Gottfrieds Gesandtschaft eine volle Woche warten, bis er sie mit der Aufforderung zurückschickte, Gottfried von Bouillon sollte sich ihm erst einmal selbst in Ödenburg (dem heutigen Sopron) vorstellen.

Gottfried, in der Tat »milde, fromm und freundlich«, trabte mit ein paar Rittern nach Ödenburg. Dort lud ihn Koloman für ein paar Tage zum Kennenlernen ein mit dem Ergebnis, daß er den Durchzug des Heeres gestattete – allerdings unter einer Bedingung: Gottfried von Bouillon mußte Geiseln stellen. Es ist nun interessant, wen sich Koloman als Geiseln ausbedang: es war Balduin, der jüngere Bruder, mit

Frau und Kindern, also genau der – wie sich zeigen sollte – durch seine hochfahrende, arrogante und kalte Art gefährlichste Mann des Kreuzzugsheeres. Offenbar funktionierten schon damals die Geheimdienste recht gut, denn Koloman und Balduin hatten sich vorher nie gesehen.

Als Gottfried mit dieser Forderung ins Lager zurückkehrte, weigerte sich Balduin zunächst, sich als Geisel zu stellen; er kannte wohl das Risiko, das er bei dieser Art von undisziplinierten Heereshaufen einging. Dann aber gab er doch nach, weil sich sonst Gottfried selbst als Geisel stellen wollte, und so durften die Kreuzfahrer durch Ungarn ziehen.

Koloman hatte versprochen, Lebensmittel zu vernünftigen Preisen bereitzustellen, und Gottfried hatte verkünden lassen, daß die geringste Gewalttätigkeit der Kreuzfahrer mit dem Tode bestraft werden würde. Wie groß – trotz der prominenten Geisel – immer noch das Mißtrauen der Ungarn war, kann man an der Tatsache ablesen, daß König Koloman und seine Truppen die Kreuzfahrer wie Gefangene überwachten und durch das Land begleiteten.

Als die Kreuzfahrer Ende November bei Belgrad die Save und damit die Grenze zum byzantinischen Reich überquert hatten, wurde Balduin nebst Ehefrau Godvere und Kindern wieder freigelassen, aber dafür übernahm nun Byzanz die Überwachung der »Freunde und Helfer«, die durch ein menschenleeres Belgrad zogen, obwohl die Plünderungen Peters des Einsiedlers bereits fünf Monate zurücklagen.

Auch wenn die alten Chronisten, die im Auftrage der Kreuzfahrer stets Tagebuch führten, von einer Reise ohne Zwischenfall sprachen, müssen die Heere eine Heimsuchung für die »Gastländer« gewesen sein, durch die sie sich da wälzten, voller Überheblichkeit ob des heiligen Zieles und voll Abenteurerlust nach einer lockenden Ferne. Niemand hat je aufgeschrieben, wie viele Schicksale auf einer solchen Völkerwanderung durch Tod, Liebe oder Vergewaltigung in andere Geleise gelenkt, verändert oder aus der Bahn geworfen wurden. Geschichte ist grausam, weil sie nur vom Ergebnis her urteilt, aber nie vom Einzelschicksal, es sei denn, dieses Einzelschicksal macht Geschichte.

Ich wiederhole also mit schlechtem Gewissen den Satz, daß dieser Kreuzzug geradezu gesittet und harmlos bis nach Konstantinopel kam – bis auf einen Zwischenfall, der mit wenigen Zeilen abgetan werden kann, obwohl er die Befürchtungen von Kaiser Alexios bestätigte. Am 12. Dezember machten Gottfried und sein Heer am Marmarameer kurz vor Konstantinopel halt, und jetzt brach trotz aller Bewachung die monatelang aufgestaute Gier durch: Ohne ersichtlichen und erklärbaren Grund begannen Tausende von Kreuzfahrern acht Tage lang hemmungslos das Land zu plündern, dem eben man zu Hilfe kommen wollte.

Als Kaiser Alexios zur Warnung zwei Boten schickte, erklärte ihnen Gottfried, die Plünderei sei nur eine Reaktion auf die Nachricht, daß Graf Hugo in Konstantinopel wie ein Gefangener gehalten werde. Das mag eine Ausrede gewesen sein; auf der anderen Seite begann eben hier bereits jener Kleinkrieg zwischen Byzantinern und Kreuzfahrern, der mit gegenseitigen Überfällen und Erpressungsversuchen monatelang andauerte und von vornherein jede Illusion holder Eintracht zerstörte. Gottfried brachte jedenfalls sein marodierendes Heer wieder unter Kontrolle und traf palmwedelschwingend am 23. Dezember 1096 vor Konstantinopel ein, wo Kaiser Alexios ihn möglichst weit von der Stadt entfernt am oberen Goldenen Horn biwakieren ließ.

Nun begann der Kampf um den Lehenseid, mit dem sich Alexios gegen die Eroberungsgelüste seiner ungeliebten Bundesgenossen schützen wollte. Er schickte Graf Hugo zu Gottfried von Bouillon, aber der lehnte die Einladung in den byzantinischen Kaiserpalast schlichtweg ab, denn nun war auch er mißtrauisch geworden. Sein Heer war inzwischen mit den kläglichen Resten von Peters Kreuzheer zusammengetroffen, die ihre verheerende Niederlage gegen die Seldschuken so darstellten, als wenn Kaiser Alexios sie absichtlich hätte ins Verderben rennen lassen. Wie sicher konnte Gottfried sein, daß Kaiser Alexios ihn nach dem Lehenseid besser behandelte, wenn schon Graf Hugo unter Bewachung stand? Außerdem hatte er die gleichen Skrupel wie Hugo, einen doppelten Treueid auf sich zu nehmen.

Die Weigerung Gottfrieds beantwortete Alexios damit, daß er die Lebensmittellieferungen an die Kreuzfahrer sperrte. Daraufhin begannen diese, von Balduin angeführt, die Vororte von Byzanz zu plündern, bis Alexios sich erweichen ließ und wieder Lebensmittel schickte. Dafür zwang er Gottfried, mit seinem Kreuzfahrerheer umzuziehen und sein Lager jenseits des Goldenen Horns bei Pera aufzuschlagen. Pera lag zwar näher an Konstantinopel – praktisch gegenüber –, war aber durch einen mehr als zweihundert Meter breiten Wasserarm von der Stadt getrennt, was weiteren Plündereien und Überfällen einen Riegel vorschob. Außerdem ließ Alexios das Kreuzfahrerlager umstellen und verhinderte jeden Kontakt nach außen.

Nun herrschte wieder Ruhe und Ordnung, aber es geschah auch sonst nichts, da keine Seite nachgeben wollte. Ende Januar versuchte es Alexios noch einmal und lud Gottfried von Bouillon zu sich ein, der lehnte wieder ab und schickte nur eine Abordnung, um des Kaisers Vorschläge zu hören. Da aber Gottfried das Eintreffen der übrigen Heeresteile abwarten wollte, die noch nach Konstantinopel unterwegs waren, zögerte er seine Antwort hinaus. So ging das ein volles Vierteljahr, und man kann sich vorstellen, mit welcher Begeisterung Kaiser Alexios dem Eintreffen weiterer solcher »Bundesgenossen« entgegensah.

Als er Ende März erfuhr, daß ausgerechnet der Normanne Bohemund von Tarent, sein alter Feind und Gegner, nun plötzlich auch als frommer Kreuzfahrer mit einem Heer im Anmarsch war, konnte er nicht länger auf Gottfrieds Entscheidung warten. In der Hoffnung, daß Hunger gefügig macht, begann er wieder die Rationen herabzusetzen. Als erstes ließ er das Pferdefutter weg, dann kurz vor der Osterwoche den Fisch und schließlich auch noch das Brot. Daraufhin fingen die Kreuzfahrer an, die Nachbardörfer zu überfallen und auszurauben. Gottfried beschloß in dieser Lage, Konstantinopel selbst anzugreifen, und führte die Kreuzfahrer um das Goldene Horn herum an die Stadt heran.

Am Gründonnerstag – dem 2. April 1097 – erschien er vor der Stadtmauer. Obwohl Kaiser Alexios einen Boten schickte und um Waffenstillstand bat, mit dem Hinweis, daß es sich für Christen schlecht schickte, an dem Tag zu kämpfen, an dem der Herr das heilige Abendmahl eingesetzt habe, begannen die Kreuzfahrer den Sturm auf das Tor, das zum Palastviertel führte. Alexios ließ daraufhin seine Truppen auf der Stadtmauer und vor dem Tor aufmarschieren, hatte ihnen aber befohlen, mit ihren Pfeilen über die Köpfe der Kreuzfahrer hinwegzuschießen. Erstaunlicherweise zogen sich die Kreuzfahrer nun zurück, nachdem sie lediglich sieben Byzantiner erschlagen hatten.

Als am nächsten Tag Alexios eine Gesandtschaft zu Gottfried schickte, ließ man die bewaffneten Botschafter gar nicht erst zu Wort kommen, sondern griff sie gleich an, weil man nicht an eine friedliche Absicht glaubte. Dabei hatte Alexios durch seine Boten genau das vorschlagen wollen, was Gottfried immer verlangt hatte, nämlich das Kreuzfahrerheer ohne Lehenseid nach Kleinasien überzusetzen.

Jetzt verlor Alexios die Geduld und brachte seine Truppen voll zum Einsatz. Es kam zum Gefecht, die Kreuzfahrer wurden geschlagen und ergriffen die Flucht. Erst nach dieser Niederlage gab Gottfried von Bouillon seinen Widerstand gegen den Eid auf. Nach anderen Quellen hatte Kaiser Alexios zum Beweis seiner friedlichen Absicht seinen Sohn Johannes als Geisel ins Lager der Kreuzfahrer geschickt, was Gottfried endlich von der Friedfertigkeit der Byzantiner überzeugte.

Wie dem auch sei, jedenfalls war Gottfried nach all den Monaten plötzlich zur Eidesleistung bereit, die – wahrscheinlich am Ostersonntag – unter großem Pomp vor sich ging. Alexios hielt eine große Rede und sagte zunächst lauter schöne Dinge: »Mit großer Freude vernahm ich, daß die abendländischen Völker nicht mehr das Verdienst des Kampfes gegen die Ungläubigen den Griechen allein überlassen wollen; sondern eingesehen haben, wie der gesamten Christenheit nur ein einziges Ziel vorgesteckt ist. Meine Hoffnungen mehrten sich, sobald der Herzog von Lothringen (also Gottfried), keinem vergleichbar an geistlichen und weltlichen Tugenden, die Leitung der Pilger übernahm; und ich ordnete hierauf alles Nötige zu ihrer Unterstützung.«

Nach dieser höflichen Einleitung, die die Schrecken der beiden Volksheere unter Peter dem Einsiedler und Walter Habenichts unterschlägt und den Eindruck erweckt, Gottfried von Bouillon sei der einzige und wahre Anführer des Kreuzzugs, kommt Alexios noch einmal auf die geistlichen Ziele der Kreuzfahrer zu sprechen: »Ich weiß, daß die Pilger, getreu ihrer ersten Absicht, keinen Feind, keine Gefahr, keine Not scheuen, um des Herrn Grabmal aus den Händen der Ungläubigen zu erlösen, daß sie aber jede Befehdung von Christen für gottlos halten.«

Schon dieser Satz gibt nach allen bisherigen Erfahrungen eher den Wunsch als die Wirklichkeit wieder. Das Folgende aber sollte sich als reine Utopie erweisen, obwohl gerade diese Version in die landläufigen Schulbücher einging: »Nein, nicht irdische Begierde, sondern Sehnsucht nach himmlischem Gewinne hat die Blüte des Abendlandes für einen Zweck verbunden ...«

Es ist eine geschickte Rede, denn an dieser Stelle merkt man, daß Kaiser Alexios selbst nicht glaubt, daß die Kreuzfahrer nur nach »himmlischem Gewinne« streben; nach dieser geistlichen Deutung kommen nämlich die praktischen Anweisungen, die eigentlich unnötig sein müßten: »Indem jene (die Kreuzfahrer) von diesen unterstützt, nach Palästina ziehen, erobern sie die Länder, welche die Ungläubigen meinem Reiche entrissen haben. Diese Länder, auf die ich unbezweifelt allein ein Anrecht habe, deren Besitznahme keineswegs zum Zwecke der Wallfahrt gehört, deren Vorenthaltung nur als Frevel anzusehen wäre; diese Länder müssen die Pilger mir überlassen. Indem sie dies eidlich versprechen, indem sie geloben, mir treu, hold und gewärtig zu sein, bestärken sie nicht nur, was menschliches und göttliches Recht ihnen ohnehin auferlegt, sondern sie erwerben sich auch die größten Ansprüche auf meine unbegrenzte Dankbarkeit.« Einen Vorgeschmack dieser Dankbarkeit bekamen die Kreuzfahrer noch am gleichen Tage, als ihnen Alexios große Mengen von Gold, Silber, kostbaren Kleidern und Reittieren schenkte.

Nun gehörte offensichtlich nicht allzuviel dazu, um vor 900 Jahren einen Mitteleuropäer zu entzücken. Waren schon die Deutschen besser angezogen als die Skandinavier und Engländer, so standen sie selbst hinter den Südländern zurück, die sich mit wollenem Unterhemd und leinenem Oberkleid zufriedengaben. Lediglich am Hofe der Fürsten herrschte jene »hoffärtige Putzsucht«, gegen die die Geistlichen immer wieder predigten.

Von einer Eßkultur war keine Rede. Der Bürger aß wöchentlich höchstens dreimal Fleisch mit Gemüse und abends nie warme Speisen – und das durchaus nicht mit Messer und Gabel. Was für ein Luxus aber zu jener Zeit in Konstantinopel herrschte, wird von dem Dogen Dandolo erzählt: »Der Doge von Venedig heiratete eine Frau aus Konstantinopel, welche sich so der künstlichen Wollust hingab, daß sie ihr Bett mit wohlriechenden Sachen durchräucherte, sich nicht mit gewöhnlichem Wasser wusch und die Speisen nicht mit den Fingern anfaßte, sondern mit gewissen goldenen Zweizacken und Gäbelchen in den Mund steckte.« Das konnte nicht gutgehen, und schon weiß der Chronist zu berichten, wie sich »diese Unnatur und Verachtung der göttlichen Gaben« rächte: »Sie wurde schon bei lebendigem Leibe ganz stinkend.«

Konstantinopel muß den Kreuzfahrern wie ein Märchen vorgekommen sein. Aber damit nun Gottfried von Bouillon nicht auf schlechte Gedanken kam, und vor allem, damit sich nicht seine Kreuzfahrer mit den Leuten Bohemunds zusammentaten, setzte Alexios das Heer nach der feierlichen Eidesleistung eilig über den Bosporus auf die asiatische Seite über. Unmittelbar darauf, am 9. April 1097, traf jener Bohemund von Tarent in Konstantinopel ein.

Bohemund und die Normannen

Mit Bohemund kommen nun die Normannen ins Spiel, die von der Normandie aus im Jahre 1066 England erobert und gleichzeitig in Süditalien auf byzantinischem Gebiet einen normannischen Staat gebildet hatten, der von Sizilien fast bis Rom reichte. Von Anfang an waren die Normannen Gegner von Byzanz gewesen: zuerst durch den Raub der italienischen Gebiete, dann durch ihre Angriffe auf die ostadriatische Küste.

Im Jahre 1081, dem ersten Regierungsjahr von Kaiser Alexios, hatte Robert Guiskard in Begleitung seiner Frau Sigelgaita und seines ältesten Sohnes Bohemund sogar Dyrrhachium belagert. Daraufhin war Alexios ausgezogen, um Dyrrhachium zu befreien, wurde aber geschlagen. Während nun Robert Guiskard nach Italien zurückkehrte, war Bohemund weiter nach Griechenland vorgestoßen und hatte Kaiser Alexios noch zweimal besiegt. Diese normannischen Angriffe fanden erst im Jahre 1085 ein Ende, als Robert Guiskard starb und sich seine Söhne über dem Erbe zerstritten.

Und jetzt, kaum ein Dutzend Jahre später, erschien dieser Bohemund als Pilger mit einem Heer von Rittern vor Konstantinopel. Dabei war die Entscheidung zum Kreuzzug auch für Bohemund sehr überraschend gekommen. Zwar war auch in Italien der Aufruf Urbans II. bekanntgemacht worden, aber von den Normannen hatte keiner daran gedacht, sich für die Sache des Papstes einspannen zu lassen. Erst als im Herbst 1096 Graf Hugo mit seinen Kreuzrittern durch Italien nach Bari zog, war Bohemund seine Chance aufgegangen. Bei den Familienstreitigkeiten um das Erbe war er nämlich relativ schlecht weggekommen, zumindest genügte ihm nicht, was er an Ländereien und Einfluß besaß. Wenn er aber mit nach Osten ins Heilige Land zog, konnte er am Ende gar ein eigenes Königreich erobern und besitzen.

Bohemund tat also kund, auch er werde das Kreuz nehmen, zog vor dem Heer demonstrativ seinen scharlachroten Mantel von der Schulter und riß ihn in kleine Stücke, um daraus Kreuze für seine Soldaten zu machen. Im Oktober noch setzte er in Begleitung seines Neffen Tankred mit seinen Leuten an die adriatische Küste über und zog auf Seitenwegen und ohne byzantinische Bewachung nach Makedonien. Der Weg war ihm ja von seinem Kriegszug gegen Alexios bekannt.

Im Gegensatz zu den anderen Heeren unter Hugo und Gottfried hielt Bohemund eiserne Disziplin. Nur einmal, als ihm die Bevölkerung, die in ihm den alten Gegner wiedererkannte, keine Lebensmittel geben wollte, nahm er sie mit Gewalt, versprach aber eine Vergütung. Nach einem mühseligen Marsch kam das Heer in Thrazien an, während Bohemund selbst vorausritt, um die Lage in Konstantinopel zu erkunden. Kaiser Alexios brachte ihn vorsichtshalber vor der Stadtmauer in einem Kloster unter, empfing ihn aber schon am nächsten Tag in Audienz.

Es ist eine merkwürdige Situation: Der Normanne Bohemund, der den byzantinischen Kaiser mehrfach geschlagen hat, kommt zu eben jenem Kaiser Alexios und bietet ihm seine Hilfe an, ja, er ist sogar ohne Umstände bereit, den Lehenseid zu leisten. Kaiser Alexios mußte sich fragen, welche Hintergedanken der Normanne hatte, der als schlau und verschlagen, als ehrgeizig und skrupellos beschrieben wird. Von allen »Bundesgenossen« war Bohemund in jedem Falle der gefährlichste, zumal er auch ein schlagkräftiges Heer besaß.

Alexios, der sich nicht auf sein Urteil allein verlassen wollte, bat Gottfried von Bouillon und seinen Bruder Balduin, die gerade im Palast waren, nach einem ersten Gespräch mit dem Normannen zur Audienz hinzu, aber auch hier benahm sich Bohemund so über die Maßen höflich, korrekt und kooperativ, daß man an seine guten Absichten zu glauben begann. Schließlich sei er seit dem letzten Krieg klüger geworden, erklärte er, und komme »nicht mehr als Feind, sondern als Freund«.

Tatsächlich hatte Bohemund begriffen, daß Byzanz noch mächtig war und er ohne oder gegen Byzanz im Osten überhaupt nichts erreichen konnte. Aber seine plötzliche Freundschaft war reine Heuchelei: Er gab sich gefällig und treu ergeben, und dann war er es, der sich in Antiochia längst sein Fürstentum einrichtete, während die anderen noch gutgläubig auf Jerusalem zumarschierten, um das Heilige Grab zu befreien.

Im Grunde war Bohemund, damals ein Mann von etwa 40 Jahren,

der einzige Kreuzfahrer, der genau wußte, was er wollte, und der auch befähigt war, das ganze Unternehmen zu leiten. Ihm gegenüber war Gottfried von Bouillon ein unbedeutender und viel zu weicher Mann, der nie, wie später Bohemund, es fertiggebracht hätte, zur bloßen Abschreckung gefangene Spione gut gespickt und gewürzt am Spieß braten und verbreiten zu lassen, er äße so was zum Abendbrot.

Bohemund ging von Anfang an raffiniert vor. Als er seinen Lehenseid geleistet hatte, ließ ihn Kaiser Alexios in ein Zimmer führen, das bis oben hin mit Gold, Silber, reichen Kleidern und anderen Kostbarkeiten angefüllt war. Bohemund staunte: »Wahrlich, besäße ich solche Schätze, längst wäre ich Herr vieler Länder geworden!« Und da kleine Geschenke die Freundschaft erhalten, machte ihm Alexios das Ganze zum Geschenk. Bohemund nahm begeistert an und ließ alles in seine Wohnung bringen. Nach einiger Zeit aber brachte er bescheiden die Geschenke zurück, die zu groß und unverdient seien, mit dem Effekt, daß man sie ihm nun förmlich aufdrängte. Damit hatte er gerechnet und fügte nun, da die Freundschaft schon einmal so groß war, noch die Bitte hinzu, von Alexios zum Groß-Domestikos des Ostens, also praktisch zum Oberbefehlshaber, ernannt zu werden, ein Amt, das ihn mit einem Schlag zum Anführer des Kreuzheeres gemacht hätte.

Diese Bitte brachte jedoch Alexios in Schwierigkeiten, denn hätte er Bohemund zum Groß-Domestikos ernannt, hätte er sich den Unwillen und womöglich die Feindschaft der anderen Kreuzzugführer zugezogen. Alexios zögerte die Antwort also hinaus, versprach nun aber als Trostpreis, den Kreuzfahrern ihre Auslagen zu erstatten, sie ständig mit Lebensmitteln zu versorgen und die Nachschubwege zu sichern. So hatte Bohemund zwar nicht ganz erreicht, was er wollte, aber immerhin hatte er sich als derjenige erwiesen, auf dessen Stimme man zu hören hatte.

Bohemund der Normanne gehörte zu den interessantesten und undurchschaubarsten Gestalten der Kreuzzüge, und selbst Anna, die Tochter des Kaiser Alexios, konnte sich der Faszination dieses gefürchteten Verbündeten nicht ganz entziehen: »Es ging von diesem Krieger ein gewisser Zauber aus, der indessen teilweise gestört wurde durch ein unbestimmbar Erschreckendes, das von seinem Wesen herrührte. Denn der ganze Mann, die ganze Person war hart und wild, in seinem Wuchs wie in seinem Blick, und selbst sein Lachen ließ seine Umgebung schaudern.«

Die äußere Erscheinung des Normannen muß jedenfalls gegenüber den kleiner gewachsenen Mediterranen imponierend gewesen sein: »Man hat niemals auf byzantinischem Boden einen Mann wie diesen gesehen, sei es ein Barbar oder Grieche, denn sein Anblick erweckte Bewunderung und sein Ruf Schrecken. Er besaß ... eine so hohe Gestalt, daß er die Größten um beinahe eine Elle überragte, und er war sehr schlank, ohne Beleibtheit, mit breiten Schultern, gut entwickelter Brust und kräftigen Armen. Im ganzen war er weder mager noch korpulent, sondern entsprach sozusagen den Maßen des Polyklet; er hatte starke Hände und stand fest auf den Füßen, derb von Hals und mit breiten Schultern. Er hatte eine sehr weiße Haut, aber auf seinem Gesicht mischte sich das Weiße mit Röte. Sein Haar war weißblond und fiel ihm nicht auf die Schultern wie den andern Barbaren; dieser Mann hatte in der Tat nicht die Manie, die Haare lang zu tragen, sondern er trug sie an den Ohren geschnitten. War sein Bart rötlich oder von anderer Farbe? Ich könnte es nicht sagen, denn das Rasiermesser war darübergefahren und hatte eine marmorglatte Oberfläche gelassen; doch schien er mir wohl rötlich zu sein. Seine blauen Augen drückten gleichzeitig Mut und Würde aus. Seine Nase und seine Nüstern atmeten leicht die Luft; die Brust war den Nüstern angemessen und die Nüstern der breiten Brust.«

Ich habe diese Beschreibung nicht nur deshalb so ausführlich zitiert, weil sie interessante Details über Haartracht und Bartmode enthält, sondern auch, weil sie typisch ist für die Art, wie in jenen Zeiten Menschen charakterisiert wurden. Sämtliche positiven Helden werden stereotyp als groß und kräftig beschrieben, und ein besonderes Lob gilt ausgeglichenen Körperproportionen. Da die Kreuzzugschronisten meist abhängige Hofberichterstatter waren, sind alle ihre Helden zwangsläufig wahrhaft prachtvolle Mannsbilder.

Wollte man dagegen eine Person kritisieren oder herabsetzen, so wurden körperliche Maße verkleinert, die Menschen als dick beschrieben oder ihre Gebrechen hervorgehoben, wie zum Beispiel beim ungarischen König Koloman, der als bucklig und von schriller Stimme geschildert wurde.

Die Kaisertochter Anna hat Bohemund also als positiven Helden beschrieben, und doch gibt es eine Stelle, an der sie nach den Spielregeln jener Zeit deutlich ihre Abneigung signalisiert: Es ist diejenige Passage, wo sie trotz der blonden Haare und der glatten Rasur zweimal andeu-

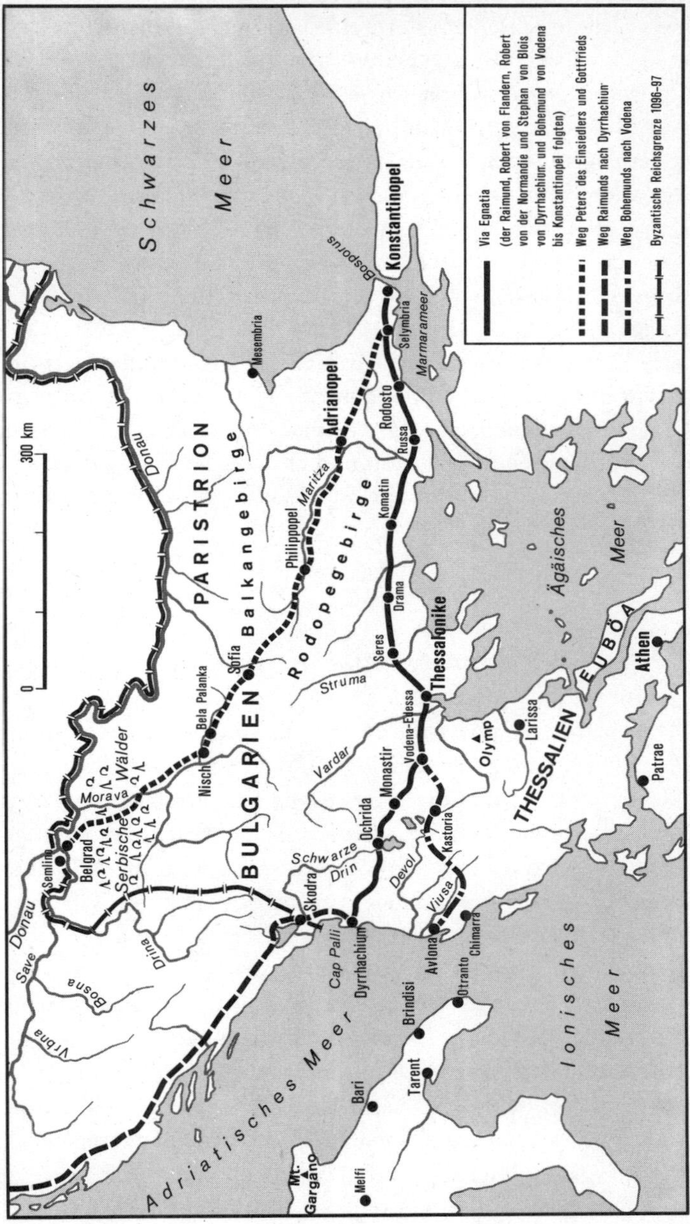

Die Balkanhalbinsel zur Zeit des Ersten Kreuzzuges

tet, Bohemund könnte einen roten Bart gehabt haben – denn rote Haare waren ein Zeichen von Hinterlist und Verschlagenheit. Bohemund mußte also einfach irgendwo rote Haare haben, wenn das stimmen sollte, was Anna weiter schrieb: »An Leib und Seele war er so beschaffen, daß sich in ihm Mut und Liebe stritten, und beide waren auf Krieg gerichtet. Er hatte einen geschmeidigen Geist, war verschlagen und bei allen Gelegenheiten reich an Ausflüchten, seine Worte waren wohlberechnet und seine Antworten immer zweideutig . . .« Dann aber wieder lobend: »Dieser in solchem Grade überlegene Mann stand allein meinem Vater an Glück, Beredsamkeit und Gaben der Natur nicht nach.«

Kaum hatte sich Kaiser Alexios mit diesem Normannen geeinigt und kaum hatte er angefangen, Bohemunds Heer über den Bosporus zu setzen, um es drüben mit Gottfrieds und Hugos Truppen zu vereinen, da erschien als nächster Graf Raimund IV. von Toulouse, oft auch nach seinem Lieblingsschloß Graf von Saint-Gilles genannt, und schon gab es neue Verwicklungen.

Graf Raimund und die Provenzalen

Der etwa 60jährige Graf Raimund war, obwohl er sich als erster weltlicher Fürst zum Kreuzzug gemeldet hatte, dann so ziemlich als letzter im Oktober 1096 von Südfrankreich aus aufgebrochen und auf dem Landweg über die Alpen, Norditalien, Dalmatien und Griechenland nach Konstantinopel marschiert. In seiner Begleitung war Adhémar, jener Bischof von Le Puy, der sich auf dem Konzil von Clermont als erster Geistlicher zum Kreuzzug bereit erklärt hatte und der dann vom Papst zu seinem Legaten ernannt worden war.

Trotz dieses geistlichen Beistandes – Adhémar ließ zum Beispiel die Kreuzeswaller während des Marsches oft fromme Lieder singen – geriet auch dieser fast fünfmonatige Kreuzzug zur üblichen mittleren Katastrophe. Auf dem Weg durch Italien bis nach Dyrrhachium war es der quälende Hunger, weil niemand ihnen etwas zu essen verkaufen wollte, und später gerieten die Kreuzfahrer ständig mit ihren byzantinischen Bewachern in Streit, die rigoros jede Plünderung unterbanden und sich nicht scheuten, das Pilgerheer notfalls mit Waffengewalt zusammenzuhalten und sogar einige marodierende provenzalische Barone zu töten. Selbst Bischof Adhémar wurde, als er einmal den Heerhaufen, sicherlich ohne jede böse Absicht, verließ, von den Wachmannschaften verwundet und gefangengenommen, so daß er seine Pilgerschaft in Thessaloniki unterbrechen mußte, um sich ärztlich behandeln zu lassen. Als dann auch noch Graf Raimund mehr oder weniger versehentlich von den byzantinischen Wachmannschaften verprügelt wurde, war es mit der Disziplin vollkommen vorbei. Die Kreuzfahrer wurden ihrerseits rabiat und plünderten unter dem Ruf »Toulouse, Toulouse« die Stadt Russa, das heutige Keschan in der Westtürkei, die zwei Wochen vorher noch Bohemunds Leute freundlich empfangen hatte.

Als Graf Raimund dann nach Konstantinopel vorausritt, um sich auf Einladung von Kaiser Alexios mit Bohemund und Gottfried über den weiteren Ablauf des Kreuzzuges zu besprechen, verfiel das Heer in völlige Unordnung. Im großen Stile begannen die üblichen verheerenden Raubzüge, so daß byzantinische Regimenter ausrücken mußten. Es kam zum Kampf, und die Kreuzfahrer wurden regelrecht besiegt und in die Flucht geschlagen.

Graf Raimund, der hauptsächlich deshalb nach Konstantinopel vorausgeritten war, weil er Angst hatte, Bohemund oder Gottfried könnten die Führung des Gesamtkreuzzuges beanspruchen, die seiner Meinung nach nur ihm als dem Vertrauten des Papstes zustand, erhielt ausgerechnet kurz vor der Audienz bei Alexios die Nachricht von der peinlichen Niederlage seiner Leute. Ohnehin als starrsinnig, eitel und habgierig bekannt, stellte sich Raimund nun vollends bockig, als die Rede auf den Lehenseid kam, und erklärte dem verblüfften Kaiser, da er hierher gekommen sei, um Gottes Werk zu verrichten, sei also Gott jetzt sein oberster Lehnsherr, dem allein er zu gehorchen habe. Nur wenn Alexios selbst bereit sei, den Kreuzzug nach Jerusalem anzuführen, werde er sich willig unterordnen.

Wieder war Kaiser Alexios in Verlegenheit: Er konnte und wollte nicht mitziehen, spürte aber, daß das Mißtrauen des Grafen Raimund gegen Bohemund gerichtet war und der verletzten Eitelkeit des Grafen entsprang. Gottfried und Bohemund ihrerseits dachten aber nicht daran, den Grafen als obersten Führer anzuerkennen. Er besaß keinerlei Legitimation, und Adhémar von Le Puy, der hätte bezeugen können, daß Raimund wirklich der Vertraute des Papstes sei, saß noch in

Thessaloniki und pflegte die Wunden, die ihm des Kaisers Hilfstruppen geschlagen hatten. So entstand die groteske Situation, daß sich drei christliche Ritter nicht etwa mit dem byzantinischen Kaiser berieten, wie sie die bösen Türken am besten besiegen könnten, sondern daß sie sich vor ihrem Gastgeber herumstritten, wem zuliebe denn das ganze Unternehmen stattfinden sollte.

Es kam so weit, daß Bohemund, der noch immer auf die Ernennung zum Groß-Domestikos hoffte, den Spieß umdrehte und mitteilte, er werde mit Kaiser Alexios, seinem früheren Gegner, gegen seinen Kreuzesbruder Raimund bereitstehen, wenn es zum Konflikt käme. Selbst Gottfried, der allen Vorstellungen von christlicher Nächstenliebe unter den Anwesenden noch am nächsten kam, erinnerte Raimund an den Schaden, den er der Sache mit seiner Unnachgiebigkeit zufüge. Kaiser Alexios schwieg, aber er zeigte deutlich, was er dachte: Er hatte dem Grafen Raimund noch kein Gastgeschenk gemacht, und wie kostbar seine Geschenke für gewöhnlich waren, hatte sich herumgesprochen.

Zwei Tage brauchte Graf Raimund, bis er am 26. April 1097 dann endlich bereit war, einen Eid zu schwören, aber es war kein Lehenseid, mit dem er sich unterordnete. Er schwor lediglich, das Leben und die Ehre des Kaisers von Byzanz zu achten und dafür zu sorgen, daß weder durch ihn noch durch seine Leute irgend etwas geschehe, was zum Schaden des Kaisers ausschlagen könnte.

Alexios gab sich mit dieser Eidesformel zufrieden, und seltsam genug: Raimund, der sich erst so hartnäckig geweigert hatte, überhaupt einen Treueid abzulegen, war später der einzige, der sich an den ihm abgetrotzten Eid hielt.

Herzog Robert und die Normannen

Aber noch war für Konstantinopel die Plage nicht vorüber, denn noch stand der Kreuzfahrerzug aus Nordfrankreich aus. Der war allerdings, im Vergleich zu den bisherigen, ein freundlicher Familienausflug mit nur gelegentlichem Fiasko, zumal ein großer Teil der Gottesstreiter schon in Italien wieder die Lust verlor und nach Hause umkehrte.

Veranstalter des geistlichen Reiseunternehmens war Herzog Robert von der Normandie, der älteste Sohn Wilhelms des Eroberers. Im Gegensatz zu seinem Vater war Robert ein milder, sanftmütiger und charmanter Herr von etlichen vierzig Jahren, so ganz unähnlich dem sizilianischen Normannen Bohemund. Mit von der Partie war Roberts Schwager Stephan von Blois, der als einer der reichsten Männer Frankreichs – er soll so viele Burgen und Schlösser, wie das Jahr Tage hat, besessen haben – überhaupt keine Lust hatte, Gottes unerforschlichem Willen durch eine mutwillige Fahrt nach Jerusalem vorzugreifen, aber er war von seiner Frau Adele, der resoluten Tochter Wilhelms des Eroberers, einfach mitgeschickt worden. Der dritte war Roberts Vetter, der Graf Robert II. von Flandern, der als einziger wußte, worum es ging, denn sein Vater hatte zehn Jahre zuvor schon eine Pilgerfahrt nach Jerusalem unternommen und damals in den Diensten von Kaiser Alexios gestanden.

Schriftführer dieser Familienexpedition war der Kaplan Fulcher aus Chartres. Er war, auf die Dauer gesehen, der wichtigste Teilnehmer, denn er gilt als der beste und verläßlichste Berichterstatter und Historiograph des Ersten Kreuzzuges und – bis zu seinem Tode im Jahre 1127 – auch des Königreiches von Jerusalem.

Das gemeinsame Heer von Robert von der Normandie, Schwager Stephan und Vetter Robert II. zog im Oktober 1096 über die Alpen nach Italien und traf im November unterwegs mit Papst Urban II. zusammen, der sich gerade auf der Flucht vor einem Gegenpapst befand. Sie empfingen den Segen des Papstes, der zum Kreuzzug aufgerufen hatte, und, als sie nach Rom kamen, die Steinwürfe der Anhänger des Gegenpapstes, die nichts von einem Kreuzzug wissen wollten. Selbst in der Basilika von St. Peter waren die Kreuzfahrer vor Angriffen nicht sicher, wie Fulcher von Chartres bezeugt: »Mit dem Schwert in der Hand raubten sie gegen jedes Recht die von den Gläubigen auf den Altar niedergelegten Opfergaben; andere liefen über die Balken, die das Dach des Gebäudes bildeten, und schleuderten von dort Steine herunter auf uns, die wir, demütig niedergeworfen, beteten . . . sobald sie jemanden erblickten, der Urban zugetan war, brannten sie vor Begierde, ihn in selbiger Stunde zu erwürgen . . . Wir empfanden lebhaften Kummer, an einem solchen Ort so große Missetaten begehen zu sehen; wir konnten aber nichts anderes tun, als wünschen, daß der Herr solches räche.«

Für manche Kreuzfahrer, die dem Wort ihres Papstes vertraut hatten, war das aber zuviel: »Von Rom kehrten viele, die bis dorthin mit uns mitgekommen waren, feige nach Hause zurück, ohne weiter abzuwarten. Was uns betraf, so durchzogen wir Kampanien und Apulien und kamen nach Bari, einer bedeutenden Stadt am Gestade des Meeres. Dort richteten wir unsere Gebete in der Kirche des heiligen Nikolas zu Gott und begaben uns zum Hafen in der Hoffnung, uns sogleich einschiffen zu können, um übers Meer zu fahren; aber uns fehlten die Schiffsleute, und das Glück war gegen uns.«

Robert von Flandern, dessen Vater schon einmal in Jerusalem gewesen war, fand jedoch durchaus die nötigen Schiffsleute und war etwa um die gleiche Zeit in Konstantinopel wie Bohemund, ohne daß man etwas von Schwierigkeiten, Plündereien oder besonderen Zwischenfällen gehört hätte.

Die beiden anderen Herren dagegen beschlossen, den Winter in Italien zu verbringen, und machten es sich gemütlich, ohne daran zu denken, daß jeder Aufenthalt Geld kostet: »Jetzt fürchteten viele der Ärmsten und Mutlosesten das bevorstehende Elend, verkauften ihre Armbrust, ergriffen den Wanderstab und kehrten zu ihren Behausungen zurück. Diese Fahnenflucht erniedrigte sie vor dem Angesicht Gottes wie der Menschen und bedeckte sie mit unauslöschlicher Schande . . .«

Und so gottergeben und langsam, wie Robert von der Normandie und der von seiner Frau mitgeschickte Stephan von Blois den Kreuzzug betrieben, kaum daß ein Jahr über dem Aufruf vergangen war, ging es nun auch weiter. Als sie sich um die Osterzeit in Brindisi endlich einzuschiffen begannen, geschah gleich ein glaubensstärkendes Unglück: »Wie viele Urteilssprüche Gottes sind uns fremd und unbegreiflich!«, notierte Fulcher von Chartres, »zwischen all den Schiffen sahen wir eines, das, ohne besondere Bedrohung von irgendeiner Gefahr, durch ein plötzliches Ereignis von der hohen See zurückgeworfen wurde und am Ufer zerschellte.

Ungefähr vierhundert Menschen beiderlei Geschlechts ertranken; es wurden bald ihretwegen dem Herrn Lobeshymnen angestimmt, denn die Zeugen dieses Schiffbruchs, die, soweit sie konnten, die Leichen dieser Menschen aufsammelten, fanden auf den Schulterblättern mancher von ihnen Male in das Fleisch gedrückt, die ein Kreuz darstellten. So also wollte der Herr, daß diese Leute, die frühzeitig in seinem Dienst starben, an ihrem Körper als Zeugnis ihres Glaubens das siegreiche

Kreuz bewahrten, das sie im Leben auf ihren Kleidern getragen hatten.«

Hier wird alles von Gottes Willen hergeleitet, weil die Menschen damals keinen anderen Grund kannten oder zu erwähnen wagten; spätere Zeiten führten die Geschehnisse auf Persönlichkeiten zurück, auf Heeresstärken oder »linke Flügel«, auf Diplomatie, auf gesellschaftliche Verhältnisse oder sonst etwas – die Diskrepanz zur Wirklichkeit ist gleich groß, nur das Bezugssystem ist ein anderes.

Aber so »mittelalterlich«-gläubig war die Welt damals nicht durchweg. Dem Abt Guibert von Nogent, einem Zeitgenossen Fulchers, kommt zu diesem Schiffsunglück jedenfalls eine andere Deutung in den Sinn und damit in die Feder: »Sei es, daß sie sich einem Meer anvertraut hatten, das sie nicht kannten, sei es, daß ihre Schiffe überladen waren – ich weiß nicht, welches von beiden zutrifft –, sicher ist, daß sie auf diesen Schiffen ungefähr sechshundert Menschen verloren und daß, nachdem diese im Sturm ertrunken und von den rollenden Wogen allsogleich an Land gespült worden waren, auf ihrer Schulter dasselbe Kreuzeszeichen gefunden wurde, das sie auf ihren wollenen Mänteln oder Röcken zu tragen pflegten. Daß dieses heilige Siegel ihrer Haut hat aufgedrückt werden können durch die Macht Gottes, um ihren Glauben offenbar werden zu lassen, daran zweifelt ein Gläubiger keinen Augenblick, immerhin möge jener, der die Dinge geschrieben hat, sorgfältig untersuchen, ob sie wirklich so geschehen sind, wie er berichtet.«

Soweit bleibt Guibert (oder Wibert) von Nogent noch der fromme, wenn auch skeptische Abt. Aber nun desavouiert er jeden falschen Wunderglauben: »Es ist bekannt, daß, als sich die Nachricht von dieser Expedition bei allen christlichen Nationen verbreitet hatte und während man im ganzen Römischen Reich verkündete, ein solches Unternehmen könne nur mit dem Willen des Himmels geschehen, Menschen niedersten Standes und sogar die unwürdigsten Frauen diese angeblichen Wunder für sich in Anspruch nahmen und alle möglichen Erfindungen anwandten. Dieser zapfte sich ein wenig Blut ab, zeichnete damit auf seinen Körper Streifen in Kreuzform und zeigte sie dann vor aller Augen. Jener führte den Fleck, den er am Augapfel trug und der seinen Blick verdunkelte, als göttliches Orakel vor, das ihm riet, die Reise zu unternehmen. Ein anderer verwandte den Saft unreifer Früchte oder irgendeine andere Art von Farbstoff, um auf einen beliebigen Teil seines Körpers die Form eines Kreuzes zu zeichnen; und wie man die Augen mit Schminke zu untermalen pflegt, so bemalten sie sich grün oder rot, um sich durch diesen Betrug als lebende Zeugen der Wunder des Himmels vorstellen zu können ... ich nehme Gott zum Zeugen, daß ich, als ich zu jener Zeit in Beauvais wohnte, einmal mitten am Tage einige Wolken sah, die ein wenig schief hintereinander angeordnet waren, derart, daß man höchstens sagen konnte, sie hätten die Form eines Kranichs oder eines Storches, als sich plötzlich von allen Seiten Tausende von Stimmen erhoben, die verkündeten, am Himmel sei ein Kreuz erschienen.«

Aber zurück nach Brindisi und zu dem Schiffsunglück. Wieder kehrten einige ängstlich um, aber der Rest des Heeres setzte in einer viertägigen stürmischen Fahrt nach Dyrrhachium über und kam ohne Schwierigkeiten und ohne weitere Katastrophen Anfang Mai 1097 nach Konstantinopel, wo man zwei Wochen vor der Stadt lagerte.

Die Anführer leisteten sofort ohne jeden Skrupel den Lehenseid und bekamen von Kaiser Alexios so viele und kostbare Geschenke, daß der reiche Stephan von Blois in seiner Begeisterung seinen Schwiegervater Wilhelm den Eroberer längst nicht mehr so großartig fand und treuherzig seiner Adele schrieb: »Dein Vater, meine Liebe, machte viele große Geschenke, aber er war fast nichts, verglichen mit diesem Mann.« Überhaupt gefiel diesem Stephan alles. Selbst die Überfahrt über den Bosporus, von der man ihm Schlimmes erzählt hatte, fand er vergnüglich.

So fand der Aufmarsch der einzelnen Kreuzzugsheere vor Konstantinopel sogar noch ein fast harmonisches Ende.

In Konstantinopel vereint

Als auch die letzten Kreuzfahrer auf der asiatischen Seite gelandet waren, um sich mit den übrigen Heeresteilen zu vereinigen, waren seit dem Aufruf Urbans II. bereits anderthalb Jahre vergangen. Erst jetzt begann der eigentliche Kreuzzug durch fremdes Land und der Kampf gegen die Ungläubigen.

Wir haben keine verläßlichen Zahlen, wie viele Kreuzfahrer denn nun zu diesem Kreuzzug vor Konstantinopel versammelt waren. Der eine Chronist gibt einschließlich »Weibern, Kindern und Geistlichen« die Zahl von 600000 an, wovon 100000 geharnischte Ritter und 300000 kampfbereite Fußsoldaten gewesen seien, der andere nennt auch die Zahl von 600000, meint aber damit nur die Krieger, so daß Frauen, Kinder und Geistliche noch extra hinzuzuzählen wären.

Diese Zahlen fand Friedrich von Raumer in seiner Kreuzzugsgeschichte von 1828 zwar übertrieben, meinte aber, »so wenig dürfte es übertrieben sein, die Zahl aller, welche zum ersten Zuge das Kreuz genommen haben, auf eine Million anzusetzen« – was wiederum moderne Historiker für eine wilde Übertreibung halten. So schreibt Viscount Montgomery of Alamein in seiner »Weltgeschichte der Schlachten und Kriegszüge«, daß etwa 25000 bis 30000 Kreuzfahrer den Bosporus überschritten hätten, von denen dann weniger als die Hälfte, nämlich höchstens 12000, Jerusalem erreichten.

Sosehr die mittelalterlichen Schätzungen übertreiben, so sehr scheint die Zahl von 30000 unter der Wahrscheinlichkeitsgrenze zu liegen: Allein die Heere Raimunds, Gottfrieds und der Nordfranzosen waren jedes etwa 10000 Mann stark. Rechnet man noch die anderen Gruppen hinzu, so dürfte Steven Runciman mit seiner Schätzung von 60000–100000 Menschen, die seit dem Sommer 1096 nach Konstantinopel kamen, vielleicht noch am ehesten eine Vorstellung von der tatsächlichen Größenordnung vermitteln.

Für dieses riesige und ungefüge Heer, unter so verschiedenen Führern wie dem treuherzigen Gottfried, dem verschlagenen Bohemund und dem ängstlichen Stephan von Blois – der unterwegs ausriß und von der erbosten Adele sofort wieder ins Heilige Land geschickt wurde –, begann nun das eigentliche Abenteuer. In fünf Wochen, so schrieb damals Stephan fröhlich an seine Adele, werde man mit Gottes Hilfe in Jerusalem sein.

Es sollte zwei Jahre dauern.

III

Von der Pilgerschaft zum Krieg

Mit Palmwedel und Kreuz

Ich habe jetzt nahezu 90 Seiten lang die Geschichte dieses großen Aufbruches erzählt, und noch ist nichts geschehen, was den spontanen Ausruf »Gott will es« gerechtfertigt hätte. Vielleicht, so werden manche empfinden, habe ich nur nicht deutlich genug den Glaubenseifer jener Zeit dargestellt, der hinter allem steckte; vielleicht habe ich zu sehr das »Menschliche«, also das Versagen, die Fehler und das Unvermögen, beschrieben, die das gigantische Unternehmen der Frömmigkeit von Anfang an so ins Unrecht setzten. Aber ich frage mich, ob das heutige Schulbuchurteil über die Kreuzzüge noch gerechtfertigt ist.

Wir machen uns da ein Bild zurecht über die Zeit eines frommen Mittelalters, das vielleicht gar nicht stimmt und das nur aus der Entfernung so aussieht. In Wirklichkeit war es vielleicht, unter dem Deckmantel eines Glaubenskrieges, eine reine Kolonisation, eine Eroberung, ein Landgewinn, eine Völkerwanderung wie jede andere Völkerwanderung auch – nur daß den anderen Völkerwanderungen die religiöse Begründung fehlte.

Da ziehen in einem Zeitraum von kaum anderthalb Jahren die Armen, die Bauern, die Ritter und Landsknechte allein oder mit Frau und Kindern über Tausende von Kilometern in eine ungewisse Zukunft, um das leere Grab eines Mannes zu erobern, der doch, wie ihr Glaubensbekenntnis es weiß, vor mehr als tausend Jahren unter Pontius Pilatus aus diesem Grabe auferstanden ist und nun zur Rechten Gottes sitzt. Da lassen Hunderttausende alles hinter sich und ziehen mit Schwertern und Spießen bewaffnet in unbekannte Fernen, um einen heiligen Krieg zu führen, wie vierhundert Jahre vorher die Araber, die unter der Fahne des Propheten über Afrika nach Spanien und nach Frankreich vordrangen, ehe sie sich geschlagen zurückzogen.

Hat allein frommer Glaube eine solch bewegende Kraft? Selbst wenn er sie hätte, wir Heutigen können sie nur schwer nachempfinden in einer Zeit, da es uns als Widerspruch erscheint, um des Glaubens willen in einem »heiligen Krieg« andere zu töten. Und doch gibt es inmitten der unglaublichen Brutalitäten und Roheiten immer wieder jene unerwarteten und rührenden Streiflichter, die einen davor bewahren, die Kreuzzüge nur als einen Beutefeldzug darzustellen.

Als die einzelnen Kreuzfahrerheere jenseits des Bosporus auf asiatischem Boden vereinigt waren und sich ihrem Ziele schon nahe glaubten, kam eine neue Welle der Begeisterung auf: Hier begann nun die Wallfahrt ins Heilige Land und nach jenem Jerusalem, das man sich schon fast wie das himmlische Jerusalem vorstellte. Tausende gelobten, dem Heer barfuß, ohne Waffen und ohne Geld voranzuziehen und nur von Wurzeln und einfachster Nahrung zu leben, während sie schwere Lasten schleppten und für die Folgenden Lebensmittel anhäuften. Dreitausend solcher Pilger zogen durch die Bergwälder entlang der Küste von Pelekanon, dem Sammellager, über Nikomedia (dem heutigen Izmit) nach Civetot, um ihren Brüdern den Weg zu bereiten und mit Kreuzen zu bezeichnen.

Das Ziel war Nicäa, seit 15 Jahren die Hauptstadt der Seldschuken, jene altehrwürdige Stadt, in der im Jahre 325 ein Konzil das Glaubensbekenntnis formuliert hatte, das bis heute Grundlage des christlichen Credos ist. Diese Stadt vor den Toren Konstantinopels von den »Heiden« zu befreien war ein selbstverständliches Ziel, hatte aber darüber hinaus noch ganz sachliche strategische Gründe: Wer Nicäa besaß, beherrschte auch den Zugang zu Anatolien, das, von allen Seiten durch hohe Gebirge abgeschirmt, nur durch wenige Paßstraßen zugänglich war. Ohne den Besitz von Nicäa war der Weg in den Orient praktisch abgeschnitten.

Als die Pilger nun auf ihrem Wege bei Civetot ankamen, machten sie eine schauerliche Entdeckung: »Wieviel abgeschlagene Köpfe, wie viele Gebeine getöteter Menschen fanden wir da auf den Feldern jenseits von Nikomedia«, hatte damals der Chronist notiert. Es waren die Opfer vom Kreuzzug Peters des Einsiedlers, die der nächste Kreuzzug ein halbes Jahr später fand. Niemand hatte sich die Mühe gemacht, sie zu beerdigen, und man kann sich vorstellen, mit welchen Gefühlen die christlichen Pilger an ihren Vorgängern vorbeizogen. »Unbeerdigte, am Wege aufgehäufte Überreste der letztern hatten den Zorn der Wallbrüder nach erhöht«, schrieb Friedrich von Raumer vor 150 Jahren, »und die Geistlichen stellten es als doppelt verdienstlich dar, wenn man eine Stadt aus den Händen der Ungläubigen befreite, wo im Jahre 325 durch eine heilige Kirchenversammlung der Glaube der Christen sey erneut und befestigt worden.«

Und schon versinkt das Bild barfüßiger, palmwedelschwingender und Kreuze errichtender Pilger wieder im Dunkel, um gleich wieder von Rache, Vergeltung und Eroberungslust abgelöst zu werden.

Der Kampf um Nicäa

Am 6. Mai des Jahres 1097 standen Gottfried von Bouillon und Tankred mit ihren Heeren vor Nicäa, kurz darauf Bohemund, zehn Tage später traf Raimund von Toulouse ein, und als Anfang Juni Robert von der Normandie und Stephan von Blois mit ihren Leuten ebenfalls nachgerückt waren, begann die Belagerung Nicäas, wo Sultan Kilidsch Arslan den Staatsschatz der Seldschuken aufbewahrte.

Aber die Stadt war praktisch uneinnehmbar. 240 Türme schützten das in einen Berghang hinein gebaute Nicäa, das nur nach dem Askanischen See hin offen ist – aber welcher Angreifer brachte schon Schiffe über Land mit, um die Stadt von der Seeseite her zu nehmen. Daher machte sich Kilidsch Arslan, der gerade an der Ostgrenze seines Reiches weilte, keine Sorgen. Sein Nicäa war gut befestigt und hatte eine starke Garnison, die über den Askanischen See mit Nachschub versorgt wurde, ohne daß die Belagerer auf dem Lande etwas unternehmen konnten, obwohl das gesamte Kreuzfahrerheer sich vor dieser einen Stadt zusammengezogen hatte.

Kilidsch Arslan kannte ja die Kreuzfahrer, es waren wilde, völlig ungeordnete Scharen von Abenteurern ohne eigentliche Führung, die man wie bei Civetot in die Flucht treibt und erschlägt. Diesmal aber sollte er sich täuschen. Zum ersten Male gab es bei den Kreuzfahrern so etwas wie ein Oberkommando, dem sämtliche Fürsten angehörten, so daß eine gemeinsame und einheitliche Strategie möglich war. Als Kilidsch Arslan eines Tages mit seinen Reitern auftauchte und die Belagerer angriff, wurde er in die Flucht geschlagen, viertausend seiner Leute wurden getötet.

In ihrer Begeisterung, wie leicht die heidnischen Seldschuken zu besiegen sind, schlugen die christlichen Helden ihren Opfern die Köpfe ab und trugen sie auf Lanzen gesteckt umher. Was an Köpfen übrig war, schossen sie mit Katapultiermaschinen in das belagerte Nicäa, das nun eine Weile mit Türkenschädeln bombardiert wurde. Auch Kaiser Alexios bekam mit der Siegesmeldung ein paar Köpfe zugeschickt.

Das alles änderte nichts an der Tatsache, daß die wochenlange Belagerung zu nichts geführt hatte. Kilidsch Arslan, der sich in die Berge zurückgezogen hatte, versorgte Nicäa über die Seeseite mit Lebensmitteln, so daß an ein Aushungern nicht zu denken war.

Während die Kreuzfahrer in den Wäldern Bäume zum Bau von Belagerungsmaschinen fällten, fragten andere bei Kaiser Alexios, der sich inzwischen in Pelekanon aufhielt und den Nachschub regelte, an, ob man denn nicht irgendwelche Schiffe bekommen könne – eine etwas naive Frage, denn der Askanische See hat nach Norden zu keinerlei Verbindung zum Meer. Aber das Unmögliche geschah: Die Kreuzfahrer bekamen Schiffe, die jeweils bis zu 150 Bewaffnete aufnehmen konnten; Kaiser Alexios ließ sie »mit Hülfe vieler Hebel, Stricke und unzähliger Menschen« auf Wagen und Rutschen setzen und mühsam über Land zum See ziehen.

Als dann plötzlich die Belagerer gleichzeitig zu Lande und zu Wasser angriffen, war das Entsetzen der Nicäer groß, und sie wehrten sich mit dem Mut der Verzweiflung. Sie steckten Belagerungswerkzeuge in Brand, schossen mit Spießen, Pfeilen und Steinen auf die Angreifer, gossen siedendes Öl, Pech und Fett von den Mauern auf die Kreuzfahrer und erreichten schließlich, daß sich diese unter großen Verlusten zurückzogen.

Eine neue Sturmattacke wurde geplant. Aber als die Kreuzfahrer am Morgen des 19. Juni 1097 zum Angriff antraten, konnten sie nur fassungslos auf die Stadt starren: Auf allen Türmen wehte die kaiserliche Flagge von Byzanz. Nicäa hatte sich über Nacht ergeben – allerdings nicht den Kreuzfahrern, sondern Kaiser Alexios.

Statt nun glücklich zu sein und zu jubeln, waren die Kreuzfahrer wütend und verbittert, denn sie fühlten sich geprellt – nicht so sehr um den Sieg, das wäre noch zu verschmerzen gewesen, wohl aber um die Beute, die sie in dieser reichen Stadt zu machen gehofft hatten. Zwar hatten sie eben erst in Konstantinopel versprochen, nichts für sich zu behalten, sondern alle Eroberungen an Kaiser Alexios abzutreten, aber so war es ja nicht gemeint gewesen. Natürlich hätten sie Nicäa dem Kaiser überlassen, aber erst nach der Zerstörung und Plünderung. Für die Kreuzfahrer war der Fall klar: Kaiser Alexios hatte unfair gehandelt, ja, er war ein Verräter, der sie um ihren Lohn gebracht hatte.

Tatsächlich hatte Kaiser Alexios hinter dem Rücken der Kreuzfahrer heimlich Kontakt mit Nicäa aufgenommen, um ein allgemeines Morden und Plündern zu verhindern, denn daran konnte ihm nichts liegen. Vielmehr wollte er die christliche Bevölkerung schonen und durch günstige Bedingungen die Türken für sich gewinnen, denn er mußte ja mit ihnen auskommen, während die Kreuzfahrer weiterzogen.

Darum hatte er schon zu Beginn der Belagerung einen griechischen Anführer namens Manuel Butumides, der mit einem Kontingent byzantinischer Truppen bei den Kreuzfahrern stand, nach Nicäa geschickt und versprochen, die Stadt und ihre Bewohner auf das mildeste zu behandeln, wenn sie sich ihm, aber nicht den Kreuzfahrern, ergäben. Die Übergabe scheiterte damals daran, daß Sultan Kilidsch Arslan heranrückte und die Bewohner neue Hoffnung schöpften, obwohl der Sultan sich geschlagen zurückziehen mußte. Als dann freilich die Schiffe auf dem See auftauchten, war den Bewohnern von Nicäa klar, daß der Fall der Stadt bevorstand.

Rechtzeitig tauchte nun Manuel Butumides wieder in Nicäa auf und zeigte ein vom Kaiser unterschriebenes Dokument vor, in dem Alexios nicht nur den Christen Schonung, sondern auch den Türken und der in Nicäa eingeschlossenen Frau des Sultans freies Geleit und kostbare Geschenke versprach, wenn sie sich ihm ergäben. Noch unter dem Eindruck des Schädelbombardements fiel den Eingeschlossenen die Entscheidung leicht. Über Nacht ließen sie eine Reihe von Griechen in die Stadt, die sofort die byzantinische Flagge hißten.

Kaiser Alexios hielt sein Versprechen: Die türkischen Edelleute wurden mitsamt ihrer Habe unter militärischer Bewachung nach Konstantinopel oder nach Pelikanon gebracht, wo sie sich freikaufen konnten, während die Frau des Sultans, die Tochter des Emirs Tschaka von Smyrna, ohne Lösegeld zu Kilidsch Arslan weiterziehen durfte.

Über diese ritterliche Handlungsweise waren die Kreuzritter auf das tiefste empört: Nun war ihnen auch noch das schöne Lösegeld entgangen, aber auch die Hoffnung, in Nicäa auf eigene Faust noch ein wenig Beute zu machen, war zunichte. Kaiser Alexios, der seine Kreuzfahrer schon von Konstantinopel her kannte, ließ immer nur Gruppen zu zehn Pilgern unter Bewachung zur Besichtigung der Kirchen und zur Teilnahme an den Gottesdiensten in die Stadt.

Jetzt pochten die Ritter auf den Vertrag, der dem Kaiser zwar den Besitz der eroberten Städte, den Kreuzfahrern aber sämtliche Beute an Gold, Silber, Pferden und Hausgerät zusprach, und Kaiser Alexios begann, wie schon in Konstantinopel, großzügig aus der Schatzkammer des Sultans Geschenke zu verteilen, um die Gemüter zu beruhigen. Wir erfahren, daß Stephan von Blois wieder einmal völlig überwältigt war von dem Gold, das er bekam, während sich das einfache Fußvolk mit einer Lebensmittelspende zufriedengeben mußte.

Alexios, der so tat, als wenn er die Geschenke aus eigener Tasche bezahlte, nützte die Gelegenheit und ließ alle, die bisher nicht geschworen hatten, nun den Lehenseid leisten. Mit Gold und Silber in den Taschen fanden sich auch alle dazu bereit mit Ausnahme Tankreds, des Neffen Bohemunds, der seinerzeit extra bei Nacht und Nebel durch Konstantinopel gezogen war, um dem Eid zu entgehen. Er behauptete, allein seinem Onkel Bohemund Treue schuldig zu sein. Wenn Kaiser Alexios mit nach Jerusalem zöge, bedürfte es bei der gemeinsamen Aufgabe auch keines Eides. Das lehnte Alexios ab, und die Umstehenden erinnerten Tankred daran, daß man ihm dann wohl auch das Geschenk wieder abnehmen werde. Doch auch das half nichts, im Gegenteil. Tankred, »ein fleißiger Hörer des göttlichen Wortes« und durchaus nicht geldgierig, verlangt das Unmögliche: »Wahrlich, Alexios müßte mir dieses Zelt mit Kostbarkeiten jeder Art angefüllt und außerdem so viel schenken wie allen übrigen Fürsten zusammengenommen, wenn ich ihm deshalb Treue schwören sollte.«

Als daraufhin Georgios Paläologos, der Schwager des Kaisers, die Geduld verlor und ihm unverständigen Stolz und unnütze Hartnäckigkeit vorwarf, wäre es im kaiserlichen Zelt fast zum Blutvergießen gekommen. Tankred stürzte sich auf Paläologos, aber der Kaiser selbst griff ein. Bohemund wies seinen Neffen mit scharfen Worten zurecht. Das wirkte endlich: Tankred leistete den Treueid, den er allerdings später als Fürst von Galiläa und Regent von Antiochia wieder vergaß.

Kaiser Alexios hatte nun alles erreicht, was er wollte. Mit Drohungen einer Brandschatzung durch die Kreuzfahrer hatte er Nicäa und mit Geschenken, die ihn nichts kosteten, den Treueid des ganzen Heeres erkauft. Aber auch die Kreuzfahrer fühlten sich nun als Sieger. Der Kreuzzug hatte sich als erfolgreiches Unternehmen erwiesen, Nicäa, die altehrwürdige Konzilsstadt, war den Händen der Seldschuken entrissen.

Im Abendland wurde die Nachricht vom Fall Nicäas mit großer Begeisterung aufgenommen. Die Skeptiker schienen unrecht zu behalten, und viele, die sich bisher noch vorsichtig zurückgehalten hatten, meldeten sich jetzt zur bewaffneten Pilgerfahrt.

Das Kreuzfahrerheer selbst drängte nach mehr als siebenwöchiger Belagerung zum Aufbruch nach Jerusalem. Ende Juni 1097 begann es seinen Marsch durch das unwegsame Hochland Anatoliens, eine Strapaze, die allein vier Monate dauerte.

Der lange Marsch durch Kleinasien

Kilidsch Arslan und seine Seldschuken

Voller Zuversicht machten sich die Kreuzfahrer von Nicäa auf den Weg nach Süden. Voran die Barfüßigen auf der Suche nach Wurzeln und Kräutern, dahinter der riesige Haufe von Reitern und Fußgängern, eine Flut von Rittern, Landsknechten, einfachen Bauern mit Frauen, Kindern und Haustieren, darunter Fromme in weißen wallenden Gewändern und Krieger in schweren Eisenrüstungen oder Kettenhemd, den Kesselhelm mit seinen Sehschlitzen auf dem Kopfe und Schwerter, Lanzen und Bögen in der einen und den unförmigen Holzschild in der anderen Hand, dazwischen Geistliche, Prälaten und Bischöfe – ein riesiger Lindwurm, der sich durch die Täler und über die Berge, durch Städte und Dörfer wälzte, stets auf der Suche nach Beute.

Am 26. Juni, eine Woche nach dem Fall Nicäas, hatte sich der Menschenstrom in Bewegung gesetzt, und als sich nach zwei Tagen die letzten Pilger dem Ende des Zuges anschlossen, hatte die Spitze bereits den nächsten Treffpunkt, die etwa 25 Kilometer entfernte Brücke über den Blauen Fluß beim Dorf Leuke (heute der Fluß Sakarya in der Nähe von Osmaneli), erreicht. Hier teilte sich der riesige Menschenstrom in zwei Heerhaufen, die im Abstand von etwa einem Tag hintereinander herziehen sollten, um die Versorgung mit Lebensmitteln für diese Massen einigermaßen zu ermöglichen, denn nun ging es aus der fruchtbaren Ebene hinauf in die anatolische Berglandschaft mit ihren Pässen und einsamen Bergdörfern.

Bohemund und die französischen Normannen zogen voraus, Gottfried von Bouillon, Graf Hugo und Graf Raimund von Toulouse hinterher, und schon rannten die Kreuzfahrer beinahe in die nächste Katastrophe: Als Bohemunds Heerhaufen nach zwei Tagen Gebirgswanderung in der immerhin schon über 500 Meter hoch gelegenen Flußebene vor Doryläon (in der Nähe des heutigen Eskischehir) ankamen, lag dort Sultan Kilidsch Arslan am Ende des Engpasses im Hinterhalt, um Rache für die Eroberung seiner Hauptstadt Nicäa zu nehmen.

Bei Sonnenaufgang stürzten sich Kilidsch Arslan und seine Leute auf das Lager der Kreuzfahrer, die gerade noch Zeit hatten, Frauen, Kinder und Alte in der Mitte des Lagers bei den Wasserquellen zusammenzutreiben und sich selbst darumherum zum Kampf aufzustellen. In Windeseile war das Lager von einer Unzahl Seldschuken eingeschlossen. Fulcher von Chartres, der Chronist, berichtet von 360000 Türken, andere von 150000, aber keine der Zahlen stimmt, denn im Orient verliert sich schnell das Gefühl für Nullen hinter der Zahl.

Aber es ist in diesem Falle verständlich, wie dieser Irrtum zustande kam. Zum ersten Male erlebten die abendländischen Kreuzfahrer eine vollkommen neue und verwirrende Kampftechnik. Pausenlos stürmten Reiter auf schnellen Pferden gegen sie an, schossen Pfeile ab und verschwanden, um der nächsten Welle Platz zu machen, die heranschwirrte und ebenfalls wieder verschwand. Es war die Kampftechnik von Reiternomaden, die keine Schlachtordnung kennen, sondern die sozusagen aus dem Nichts auftauchen, angreifen und wieder verschwinden. Auch eine geringe Zahl von Bogenschützen kann auf diese Weise durch das ständige Vorwärts- und Rückwärtsstürmen eine große Heeresmacht vortäuschen, ohne sich dabei selbst dem Kampf zu stellen.

Die Kreuzfahrer jedenfalls waren hilflos, und Wilhelm von Tyros schrieb: »Beim ersten Ansturm schossen die Türken auf uns so dichte Pfeilmengen, daß weder Regen noch Hagel eine größere Dunkelheit hätten verursachen können, so daß viele von uns davon durchbohrt wurden. Und als die ersten ihre Köcher geleert und alles verschossen hatten, kam der zweite Schwarm, in dem es noch viel mehr Reiter gab, und fing an, noch viel dichter zu schießen, wie man es nicht glauben könnte. Diese Kampfesart war unseren Soldaten völlig unbekannt; sie konnten sie um so weniger mit Gleichmut aushalten, als sie jeden Augenblick ihre Pferde fallen sahen, die sich nicht verteidigen konnten. Sie selbst, unversehens getroffen und mit Verwundungen, die oft tödlich waren und denen zu entgehen ihnen unmöglich war, versuchten, ihre Feinde zurückzutreiben, indem sie sich auf sie stürzten und sie mit Schwert und Lanze trafen.«

Aber sie trafen sie eben nicht: Sofort fluteten die Seldschuken zurück, »um den ersten Anprall zu vermeiden, und da unsere Soldaten, in ihrer Erwartung getäuscht, niemanden mehr vor sich fanden, waren sie gezwungen, sich zurückzuziehen. Während sie so zurückwichen, ohne mit ihrem Vorstoß Erfolg gehabt zu haben, sammelten sich die Türken schnell und begannen wieder ihre Pfeile zu schießen, die wie ein Regen auf unsere Reihen fielen und fast niemanden ohne Verwun-

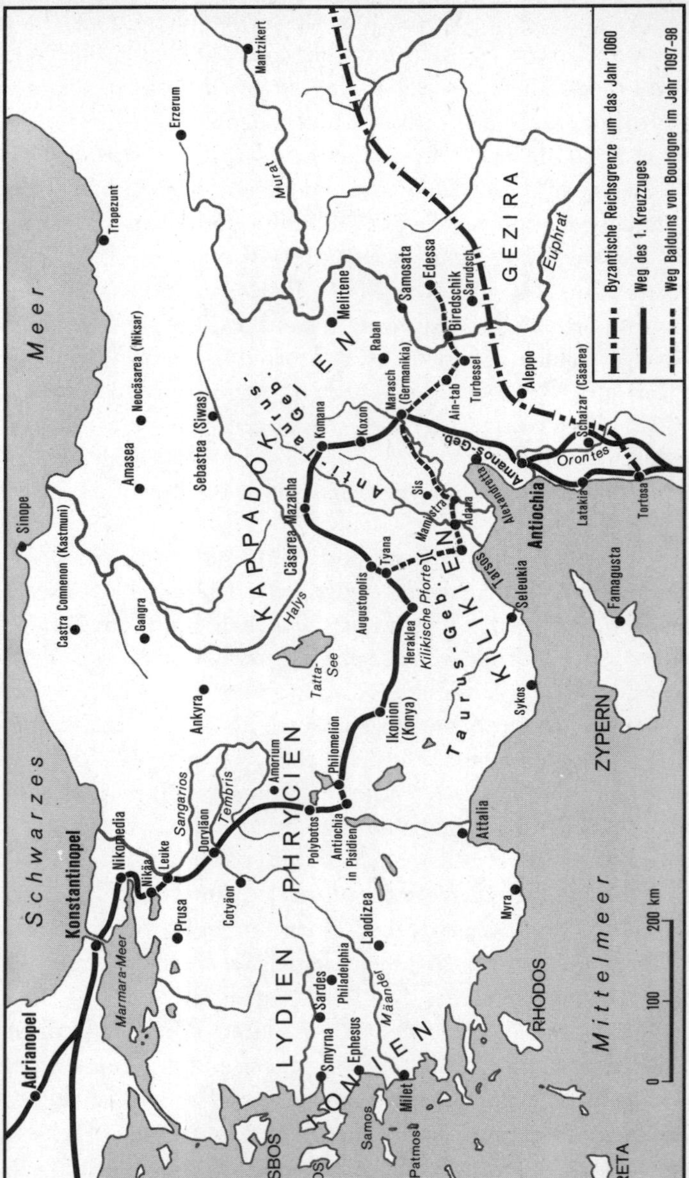

Kleinasien zur Zeit des Ersten Kreuzzuges

dung ließen. Beschützt von ihren Helmen, leisteten unsere Männer Widerstand, solange es ihnen möglich war . . .«

Zwei Welten stehen gegeneinander: hier der Ritter mit Helm, Panzer und Schwert, an den Kampf Mann gegen Mann gewohnt; dort Reiternomaden aus den weiten Steppen, die heranschwärmen, Pfeile schießen, auseinanderstieben und verschwinden – nach dem Ehrenkodex der Ritter »Feiglinge«, die sich nicht stellten, die aber siegten. »Aneinandergedrängt wie Hammel, die in einem Pferch eingeschlossen sind, zitternd und von Schrecken ergriffen, waren wir von allen Seiten von den Türken umzingelt und wagten um nichts in der Welt, auf irgendeinen Punkt vorzugehen«, schreibt Fulcher von Chartres. »Alle sangen und beteten unter Tränen, und eine Menge Menschen, die den baldigen Tod fürchteten, warfen sich zu Boden und bekannten ihre Sünden . . .«

Es muß ein grausames Gemetzel gewesen sein durch einen Gegner, der nicht zu fassen war. Wilhelm, der Bruder des Normannen Tankred, wurde getötet und Tankred selbst nur durch Bohemund vom Tode gerettet. Das Klima tat ein übriges. In der heißen Julisonne kamen die Kämpfer in ihren Rüstungen fast um, und die Frauen mußten ihnen Wasser in die Kampflinien bringen und sich dem Pfeilregen aussetzen.

Aber dann kam das »Wunder«: »Glücklicherweise versöhnt durch unser flehentliches Bitten, hob der Herr . . . nach und nach unseren Mut und schwächte immer mehr die Türken.« Das Wunder bestand darin, daß, durch Kuriere gedrängt, gegen Mittag Gottfried von Bouillon und Graf Hugo mit ihren Leuten auftauchten und sich mit Bohemunds Heer vereinigten, ohne daß die verdutzten Seldschuken eingriffen. Denn für Kilidsch Arslan war das Ganze ebenfalls ein Wunder: Er hatte bisher geglaubt, das ganze Kreuzfahrerheer vor sich zu haben, und nun war plötzlich ein neues Heer erschienen.

Die Kreuzfahrer formierten sich und gingen ihrerseits zum Angriff über. Darauf waren die Türken nicht vorbereitet, die inzwischen ihre Pfeile verschossen hatten. Trotzdem warfen sie noch dreimal den Angriff zurück, und sie hätten wohl auch gesiegt, wenn nicht die Nachhut der Kreuzfahrer unter Bischof Adhémar von Le Puy, dem päpstlichen Legaten, zufällig oder infolge eines strategischen Einfalls, plötzlich im Rücken der Türken aufgetaucht wäre. Das war zuviel für sie, die sich nun eingeschlossen fühlten. Panik kam auf, und die Seldschuken flohen in wilder Hast, von den Kreuzfahrern verfolgt, die wieder voller Mut waren: »Da stießen wir hinter ihnen laute Schreie aus, verfolgten sie durch Berge und Täler und hörten erst auf, sie vor uns herzutreiben, als unsere Vorhut bis zu ihrem Lager gelangt war.«

Damit war wieder einmal das Kriegsziel erreicht: »Dort lud ein Teil der unseren das Gepäck und sogar die Zelte des Feindes auf eine Menge Pferde und Kamele, die er in seinem Schrecken im Stich gelassen hatte«, und der gleiche Fulcher von Chartres, der eben noch den Jammer der Kreuzfahrer und ihre Tränen beschrieben hat, fährt im nächsten Satz fort: »Und bis zur Nacht stießen die anderen den Türken das Schwert in den Leib.« Das Ergebnis des Scharmützels: 2000 Tote unter den »Edlen« und 2000 »von geringerem Stand« bei den Kreuzfahrern, 3000 Tote bei Sultan Kilidsch Arslan, zusammen 7000.

Die Schlacht bei Doryläon war für die Geschichte jener Zeit von größter Bedeutung. Zum ersten Mal seit der von ihnen gewonnenen Schlacht von Manzikert, mit der vor 26 Jahren alles angefangen hatte, erleben die Turkstämme, die inzwischen ganz Anatolien besetzt haben, eine Niederlage.

Wozu das Kaiserreich von Byzanz nicht imstande gewesen war, die herbeigerufenen Kreuzfahrer aus dem Abendland, diese eigenartige Ansammlung von Soldaten, Abenteurern, Frauen und Kindern, die angesichts des Todes weinend ihre Sünden bekennen, sie schafften es in einem Tag und machten für Jahrzehnte und Jahrhunderte Anatolien als das große Durchzugsgebiet zwischen Ost und West wieder passierbar.

Hier waren 2000 Jahre vor der Zeitenwende die Hethiter eingedrungen und hatten ein Weltreich errichtet; waren um 1200 vor der Zeitenwende die »Seevölker« durchmarschiert und auf Ochsenkarren bis nach Ägypten gelangt; hatten die Meder und Perser ihrem Reich wichtige Provinzen zugefügt; hatte der legendäre König Midas gelebt, dem alles zu Gold wurde, was er anfaßte; und hier war Alexander der Große mit seinem Heer auf dem Wege nach Indien durchgezogen.

Die Kreuzfahrer hatten nun den Vorstoß der Turkstämme gestoppt, wenn auch nicht für immer. Erst lange nach den Kreuzzügen stießen die Türken ihrerseits nach Europa vor und standen 1683 vor Wien – eine Tatsache, der die Wiener die Bekanntschaft mit dem Kaffee und ihre Kaffeehäuser verdanken.

Im Jahre 1097 waren sich zum ersten Mal Europäer und Türken begegnet – und sie hatten sich fürchten und achten gelernt. Kilidsch Arslan erklärte seitdem, die Franken seien ihm und seinem Volk an Stärke und Zahl überlegen, während die Kreuzfahrer ihrerseits den Mut der Seldschuken lobten: »Fehlte den Türken nur nicht der rechte Glaube, so wären sie die ersten Krieger der Welt: Denn nur Franken und Türken sind von Natur Krieger und geboren für Kampf und Waffenspiel.«

Hunger und Durst

Der Weg durch Anatolien war frei, aber auch wenn sich Kilidsch Arslan mit seinen Leuten in die Berge zurückgezogen hatte: das eigentliche Ungemach begann erst jetzt, nur daß die Gegner diesmal Hitze und Hunger hießen.

Man muß sich dazu einmal auf der Landkarte den asiatischen Teil der Türkei ansehen. Es ist eine Halbinsel zwischen Schwarzem Meer und Mittelmeer, die von allen Seiten von hohen Gebirgen eingeschlossen ist. Im Norden wird Anatolien vom Schwarzen Meer durch das 1100 Kilometer lange und 150 Kilometer breite Pontische Gebirge abgeschirmt, im Süden durch das Taurusgebirge, das von Lykien im Westen bis zum Euphrat im Osten verläuft. Mit seinen über 4000 Meter hohen Bergen bildet es eine nahezu unüberwindliche Schranke, die nur an wenigen Stellen einen Zugang zum mediterranen Raum zuläßt. Im Osten treffen dann das Taurusgebirge und das Pontische Gebirge zusammen in ein ständig ansteigendes Hochgebirge, das in größeren Gebieten Höhen über 4000 Meter erreicht und zum Teil ganzjährig verschneit oder sogar vergletschert ist. Lediglich im Westen werden die Gebirgszüge zur Ägäis hin flacher.

In diesem riesigen Kessel ist das Anatolische Hochplateau eingeschlossen, das auch an seiner niedrigsten Stelle 500 Meter über dem Meeresspiegel liegt, aber meist auf 1000 und mehr Meter ansteigt und selbst wieder von Höhenzügen, Bergen und Gebirgen durchzogen ist, die meist in Ost-West-Richtung verlaufen. Das Anatolische Hochplateau hat dabei ein ausgesprochen kontinentales Klima mit sehr heißen Sommern und kalten, schneereichen Wintern in den Gebirgsregionen. Nur die Küstenstreifen weisen das typische Mittelmeerklima auf mit heißen Sommern und milden, regenreichen Wintern.

Als die Kreuzfahrer nach kurzer Rast von Doryläon aufbrachen und quer über die Gebirge nach Südosten zogen, bekamen sie bald die erbarmungslose Julihitze zu spüren. Und es waren nicht nur die Ritter in ihren Rüstungen, die zu leiden hatten. Zwar gab es in der Steppenlandschaft Brunnen und Zisternen, aber die Seldschuken hatten sie unbrauchbar gemacht, und das Wasser, das man im »toten Herzen Anatoliens« fand, war salziger als Meereswasser: es waren ausgesprochene Salzsümpfe und riesige Salzseen, die – ähnlich wie das Tote Meer – durch jahrtausendelange Verdunstung entstanden waren, weil die Flüsse keinen Abfluß ins Meer haben.

»Hunger und Durst bedrängten uns überall«, schreibt ein anonymer Chronist, »und wir hatten fast nichts mehr zu essen außer den Dornsträuchern, die wir ausrissen und zwischen den Händen zerrieben; das waren die Speisen, von denen wir jämmerlich lebten. Dort starb der größte Teil unserer Pferde, so daß viele unserer Ritter zu Fuß gingen. Aus Mangel an Reitpferden bedienten wir uns der Ochsen als Schlachtrosse, und Ziegen, Hammel und Hunde mußten in dieser äußersten Not unser Gepäck tragen.«

In diesem dürren und menschenleeren Land, aus dem die Bewohner vor den Kreuzfahrern geflüchtet waren, fanden die geplagten Pilger ihr Manna wie Moses in der Wüste: »Auf dem angebauten Land«, berichtet Fulcher, »fand man gewisse Pflanzen in Reife, die dem Schilf ähneln . . . wir verschlangen sie heißhungrig wegen ihres Zuckersaftes«: Es war Zuckerrohr, was die erstaunten Abendländer zum ersten Mal in ihrem Leben sahen.

»Aber sie halfen uns nur wenig«, erzählt Fulcher weiter, »Hunger, Kälte, Regengüsse, alle diese Übel und viele andere mußten wir um der Liebe Gottes willen ertragen. Da wir kein Brot hatten, aßen viele von uns Pferde, Esel, Kamele; und um das Unglück vollzumachen, wurden wir häufig durch scharfe Kälte und starke Regenfälle belästigt, ohne uns auch nur an der Wärme der Sonnenstrahlen trocknen zu können, wenn wir durchnäßt waren vom Wasser, das drei oder vier Tage nicht aufhörte, vom Himmel zu fallen. Ich habe viele unserer Leute an diesen kalten Schauern zugrunde gehen sehen aus Mangel an Zelten, die dagegen schützten.« Frauen kamen mitten im Lager nieder, »und sie gebaren nun vor aller Augen auf dem freien Feld und ließen die Frucht ihres Leibes auf der Erde liegen«.

Sechs Wochen dauerte die Steppenwanderung, bis der ganze Kreuzzug Ikonium erreichte, das nur etwa 250 Kilometer Luftlinie von

Doryläon entfernt lag. Es war für die Kreuzfahrer historischer Boden, auf dem sie ankamen, denn die Apostelgeschichte erzählt im 14. Kapitel von den Missionsreisen des Apostels Paulus in Kleinasien und schreibt: »Es geschah aber zu Ikonium, daß sie gleicherweise in die Synagoge der Juden gingen ...«

Dieses Ikonium – heute die Provinzhauptstadt Konya – war für die geschwächten Pilger das reine Paradies. In der fruchtbaren Ebene gab es reines Wasser, waren Felder und Obstgärten, die die geflüchtete Bevölkerung nicht hatte zerstören können: Endlich konnte man sich wieder einmal satt essen, aber der plötzliche Überfluß tat nicht jedem gut. Raimund von Toulouse wurde so schwer krank, daß man ihm schon das Abendmahl reichte, woraufhin er wieder gesund wurde.

Dafür trug man Gottfried von Bouillon schwer verletzt und ohnmächtig ins Lager, und zumindest die Legende erzählt wieder einmal eine edle Rittertat. Gottfried war abseits von den anderen ein wenig durch den Wald geritten, als er laute Hilferufe hörte. Es war, wie sich das gehört, ein armer Pilger, der von einem Bären angefallen worden war, als er Holz suchte. Gottfried von Bouillon galoppierte auf den Bären zu, aber bevor er ihn angreifen konnte, hatte der Bär sein Pferd bereits niedergehauen; Gottfried stürzte zu Boden und bohrte sich sein Schwert tief in den Schenkel. Trotz der Verwundung sprang er sofort auf, faßte den Bären mit der Linken und tötete ihn mit dem Schwert in der Rechten. Jetzt kam rechtzeitig Ritter Husekin vorbei und kümmerte sich um den blessierten Gottfried.

Soweit die Geschichte, die man lange Zeit als Legende abgetan hat, und sie erinnert ja in der Tat auch an einen Kraftakt im Stile Karl Mays. Auf der anderen Seite mag die Verwundung Gottfrieds ein Grund dafür gewesen sein, daß er kurz nach der Eroberung Jerusalems, kaum 40jährig, starb. Jedenfalls blieb man eine Zeitlang in Ikonium, bis sich Gottfried von Bouillon und Raimund von Toulouse etwas erholt hatten, und dann setzte das Heer gemeinsam, wie schon seit Doryläon, die Reise fort, teilte sich aber später wieder, um an verschiedenen Stellen das Taurusgebirge zu überqueren.

Es standen zwei Pässe zur Auswahl. Der »klassische« Übergang, auf dem die Hethiter nach Babylon und Alexander der Große mit seinem Heer nach Indien gezogen waren, war die Kilikische Pforte, eine Felsenschlucht durch das Gebirge, die an ihrer schmalsten Stelle kaum zehn Meter breit ist. Sie ist die kürzeste und geradeste Verbindung von

Europa in den Nahen Orient, aber sie hatte für die Kreuzfahrer auch Nachteile. Einmal mochte es strategisch falsch sein, mit einem so riesigen Heer durch einen solchen Felskamin zu ziehen, den eine Handvoll Seldschuken blockieren konnte; zum anderen lag Kilikien, also das Gebiet zwischen Taurusgebirge und Mittelmeer, teilweise in türkischer Hand, und zum dritten berichtete man den Kreuzfahrern, daß das Klima im September in Kilikien mörderisch sei – tatsächlich gehört Kilikien zu der heißesten Ecke des Mittelmeeres.

So zog nur der Querkopf Tankred mit seinen italienischen Normannen durch die Kilikische Pforte, während Gottfrieds Bruder Balduin mit einigen Flamen und Lothringern getrennt von Tankred über das Gebirge ziehen wollte – alles in allem nur ein paar tausend Mann.

Die Mehrzahl wählte den zweiten, viel längeren, ja mehr als dreifach so langen Weg weiter östlich über Cäsarea, Komana und Koxan nach Marasch, wo man wieder auf die Straße von der Kilikischen Pforte nach Syrien traf. Dieser Umweg hatte den Vorteil, daß er durch christliches Gebiet führte, also gefahrloser schien.

Aber wie schon die Bibel verhieß: Diejenigen, die auf dem schmalen Weg der Kilikischen Pforte wandelten, sollten besser davonkommen als die vielen, die den bequemen Weg eingeschlagen hatten.

Der Streit um Tarsus

Ohne Gefahren kam Tankred mit seinen Leuten durch die Kilikische Pforte nach Tarsus in Kilikien – dem Heimatort des Apostels Paulus –, wo er nach einigem Hin und Her die Übergabe der Stadt erreichte und die armenischen und griechischen Bewohner Tankreds Fahne hißten. In diesem Augenblick erschien auf den Höhen vor Tarsus plötzlich ein fremdes Heer. Tankred zog in voller Schlachtordnung gegen die vermeintlichen Feinde, die ebenfalls in Schlachtordnung vorrückten. Die Verblüffung war auf beiden Seiten groß, als man christliche Feldzeichen erkannte: Tankred war gegen Balduins Heer vorgerückt, das vom richtigen Wege abgekommen und durch die Gegend geirrt war. Balduin wiederum hatte Tankreds Heer für die bösen Türken gehalten.

Ein verständlicher Irrtum, der aber im nachhinein fast symbolische Bedeutung gewinnt: Hier an dieser Stelle begann der Kampf der

Kreuzritter gegeneinander. Zunächst zogen Tankred und Balduin noch gemeinsam zur Stadt und amüsierten sich über die Verwechslung. Sobald aber Balduin Tankreds Fahne auf den Mauern von Tarsus sah und begriff, daß die Normannen schnell und gewissermaßen nebenbei sich hier einen Privatbesitz zu schaffen hofften, fing er an, sie wüst zu beschimpfen, und verlangte, daß die Stadt entweder von ihm geplündert oder ihm zur Hälfte überlassen werden sollte.

Tankred aber kannte die Spielregeln besser: Nach den Abmachungen der Kreuzfahrer durfte derjenige seine Fahne aufpflanzen, der die Stadt erobert hatte. Von einer Teilung oder Plünderung könne daher keine Rede sein, »es sei denn, daß die nochmals befragten Bewohner ausdrücklich Balduin zum Herrn wählten«. Und nun spielt Tankred den Demokraten und läßt die Opfer darüber abstimmen, wem sie gehören wollen. Da die Bewohner von Tarsus schon allerhand von den Normannen, aber noch niemals etwas von einem Balduin, Herzog in Lothringen, gehört haben, stimmen sie nicht nur einmal, sondern immer wieder für Tankred.

Nun griff Balduin in die Trickkiste. Was ihm an Popularität und Macht fehlte, ersetzte er durch Prestige, und vielleicht auch ein bißchen Aufschneiderei. Jedenfalls zitiert hier der Chronist einen Satz Balduins, der ganze Historikergenerationen dazu gebracht hat, seinen Bruder Gottfried von Bouillon für den Anführer dieses Kreuzzuges zu halten: »Ihr haltet in törichter Unwissenheit Bohemund und diesen Tankred für die mächtigsten Fürsten des Heeres, da doch meinem Bruder von allen die oberste Leitung übertragen wurde ... Wahrlich, Bohemund und Tankred werden euch nicht vor der Strafe retten, welche jede Widersetzlichkeit gegen meine Befehle verdient; ja, sie werden bei eigner Schuld diese Strafe mit euch teilen müssen.«

Jetzt waren die Bewohner von Tarsus vollends eingeschüchtert und zogen Balduins Fahne auf, und die Tankreds warfen sie in einen Sumpf. Tankred zog beleidigt ab und eroberte sich eine andere Stadt in der Nachbarschaft, während Balduin nicht auffiel, daß er auf die gleiche unrechtmäßige Weise von Tarsus Besitz ergriffen hatte wie Tankred zuvor: Keiner wollte teilen, jeder wollte nur erobern und besitzen.

Doch das böse Ende kam noch nach und traf Unschuldige. Nachdem die Türken Balduins Leute in die Stadt gelassen hatten, beschlossen sie, bevor etwa noch mehr solcher Christen auftauchten, heimlich über Nacht mit Sack und Pack aus der Stadt zu verschwinden. Nun war an jenem Abend, bevor die Türken ihren Exodus vollzogen, tatsächlich noch eine Schar von 300 Pilgern aus Bohemunds Gefolge vor Tarsus eingetroffen, die in der Stadt übernachten wollten. Nach dem Streit mit Tankred dachte Balduin aber gar nicht daran, Normannen einzulassen oder auch nur zu verpflegen, schloß daher die Stadttore und ließ sie vor der Stadtmauer lagern.

Balduins Leute aber dachten milder. Sie ließen in Körben Lebensmittel über die Stadtmauer hinunter und »labten die Erschöpften«, die sich über den Streit der Führer wunderten, die Mildherzigkeit des Gefolges lobten und sich dann in vollstem Gottvertrauen auf die christliche Nachbarschaft zur Ruhe legten. Sie konnten nicht ahnen, daß in dieser Nacht die Türken von Tarsus die Stadt heimlich verließen. Diese wiederum benutzten die günstige Gelegenheit, ihren Zorn abzureagieren und erschlugen alle 300 normannischen Pilger, »daß auch nicht ein einziger entkam«.

Als das am nächsten Morgen bekannt wurde, kam es zu einem Aufstand gegen Balduin. Seine eigenen Leute gingen mit Pfeilen gegen ihn vor, so daß er sich in einen Turm retten mußte, und von nun an herrschte zwischen den einzelnen Pilgerheeren ein latentes Mißtrauen und Feindschaft. Zwar fand Balduin einige Ausreden und entschuldigte sich später förmlich, nachdem ihn sein Bruder Gottfried zurechtgewiesen hatte, aber auf allen Seiten blieb die Gier nach Besitz und Eroberungen lebendig. Man zog gemeinsam aus, um getrennt zu schlagen.

Ich übergehe hier einige Zwistigkeiten und kleinere private Eroberungszüge der einzelnen Heerführer und will nur das Kuriosum erwähnen, daß selbst Seeräuber aus Flandern, Holland und Friesland unter Führung von Guinemer aus Boulogne, einem Gefolgsmann Balduins, vom Kreuzzugsgedanken ergriffen wurden und rechtzeitig bei Tarsus landeten, um sich zunächst Balduin, dann dem Zug Tankreds anzuschließen und ihr Gewerbe zum höheren Ruhme Gottes an den Heiden des Orients auszuüben.

An der Eisernen Brücke

Inzwischen hatte viele Pilger, die den bequemen und breiten Weg gewählt hatten, ihr Schicksal ereilt und sie in die sprichwörtliche Tiefe gerissen. Es war Anfang Oktober, als das Hauptheer den östlichen Paß über den Antitaurus erreicht hatte. Der Herbstregen hatte in voller Stärke eingesetzt und die schmalen Saumpfade über das Gebirge in lebensgefährliche Rutschbahnen verwandelt, die mehr Todesopfer forderten, als die Türken bisher auf ihr Konto buchen konnten – nach vorsichtigen Schätzungen mehr als 4000 Menschenleben.

Nur mit Schrecken erinnert sich ein anonymer Chronist: »Wir drangen in das teuflische Gebirge ein, das so hoch und steil ist, daß an seinem Hang niemand wagte, vor den anderen den Aufstieg zu versuchen; die Pferde stürzten in die Schluchten, und jedes fallende Saumtier riß ein anderes mit. Überall zeigten die Ritter Trostlosigkeit, schlugen sich vor Schmerz und Traurigkeit an die Brust und fragten sich, was sie mit ihren Waffen anfangen sollten. Sie verkauften ihre Schilde und guten Panzerhemden mit den Helmen für drei bis fünf Dinare oder für gleichviel was. Diejenigen, die sie nicht hatten verkaufen können, warfen sie von sich für nichts und setzten dann ihren Weg fort.«

Von den Frauen, Kindern und Neugeborenen ist nicht die Rede, aber auch sie haben als Wallfahrer den Paß überquert, stürzten in den Abgrund, erfroren oder starben später. Wir erfahren nur, daß Godvere, Balduins Frau, im Sterben lag und daß ihre Kinder krank waren, als sie mit dem Hauptheer den Paß überquert hatten und in Marasch ankamen. Balduin ritt von Tarsus nach Marasch hinüber, um seine sterbende Godvere noch einmal zu sehen. Es war ein Abschied für immer – auch von seinen Kindern.

Nach Godveres Tod setzte Balduin seine streitbare Pilgerschaft fort, aber sie führte ihn nicht ins Heilige Land, sondern ostwärts an den Euphrat, wo er sich, weitab von Jerusalem, eine eigene Grafschaft zusammeneroberte und wieder heiratete.

Das übrige Heer brach Mitte Oktober von Marasch nach Süden auf und kam am 20. Oktober 1097 – fast zwei Jahre nach dem Aufruf zur Befreiung Jerusalems – an der Eisernen Brücke über den Orontes an, drei Marschstunden von Antiochia entfernt, der Hauptstadt des damaligen Syrien und dem schwersten Hindernis, das vor der Eroberung des Heiligen Landes lag.

Hier und zu diesem Zeitpunkt begann die erste außereuropäische Gebietserwerbung in der Geschichte des christlichen Abendlandes. Es ist eine Geschichte von ausgesuchter Grausamkeit, von Betrug, Unfähigkeit und unwahrscheinlicher Naivität. Antiochia, die Stadt, in der

der Apostel Petrus seine erste Gemeinde begründet hatte, wurde zum Prüfstein der Motive und Absichten der Kreuzfahrer aus Europa, noch ehe die zweihundert Jahre dauernde Kreuzzugsbewegung richtig begonnen hatte.

Fast ein Jahr sollten Belagerung, Einnahme und anschließender Streit dauern, bis die Kreuzfahrer Antiochia wieder verließen, um dann endlich nach Jerusalem weiterzuziehen.

IV

Der Kampf im Heiligen Land

Die Belagerung von Antiochia

Am nächsten Morgen, also dem 21. Oktober 1097, zogen die Pilger mit ungeheurem Geschrei und unter Trompetenklängen, als gälte es, die Mauern wie in Jericho zum Einsturz zu bringen, vor Antiochia auf und begannen die Stadt zu belagern. Es war strategisch ein vollkommen sinnloses Unternehmen, und man könnte besser von einer Sackgasse reden, in die die Kreuzfahrer geraten waren, als von einer Belagerung.

Antiochia, im Römischen Reich nach Rom und Istanbul die drittgrößte Stadt und »außergewöhnlich schön, vornehm und erlabend«, war von einer fast 14 Kilometer langen Mauer umgeben, die so dick war, daß auf ihr vierspännige Wagen fahren konnten. Außerdem war die Stadt durch über 400 Türme geschützt, die so dicht beieinander standen, daß die Bogenschützen jeden Punkt außerhalb der Mauer mit ihren Pfeilen erreichen konnten. Aber das allein machte noch nicht die Uneinnehmbarkeit der Stadt aus. Antiochia lag so zwischen einem hohen Bergrücken und dem Orontes, daß es höchst schwer zu umzingeln war. In der Betulichkeit des vorigen Jahrhunderts klingt das dann so:

»Bei Betrachtung dieser Lage Antiochiens bemerkten die Pilger sogleich, daß die mittägliche Seite der Stadt durch die Burg und den schroffen Abhang zweier Bergrücken geschützt und keineswegs zum Aufschlagen eines Lagers geeignet sey; aber selbst von den fünf anderen, nach der ebenern Seite gerichteten Thoren blieben zwei jenseits des Orontes . . . den Christen unzugänglich, und nur der größere Theil der Seiten gegen Morgen und Mitternacht ward eingeschlossen.«

Es ist verständlich, daß die Bewohner von Antiochia die ganze Angelegenheit mit Ruhe aufnahmen. Die Stadt konnte sich durch die beiden Tore jenseits des Orontes reichlich mit Waffen und Lebensmitteln versorgen lassen, während die Kreuzfahrer, die in der ersten Begeisterung sämtliche Vorräte aufgegessen und die fruchtbaren Felder und Obstgärten vor Antiochia zerstört hatten, bald Hunger litten.

Ein Vierteljahr verging, ohne daß die Kreuzfahrer die geringsten Fortschritte machten; im Gegenteil, um sich vor den Ausfällen der Belagerten zu schützen, verrammelten die Pilger eines der Tore mit großen Steinen, denn es waren schon Hunderte von ihnen von den ausfallenden Türken niedergemacht worden, die Antiochia zwölf Jahre zuvor durch Verrat an sich gebracht hatten.

An einen Angriff oder gar eine Eroberung durch die Kreuzfahrer war nicht zu denken. Sie mußten vielmehr alles daransetzen, selbst zu überleben. Die Lebensmittelpreise stiegen in unerschwingliche Höhen. Eine Nuß kostete einen Denar, ein Ei zehn Denare – ein Preis, wofür man sonst ein ganzes Schaf bekam. Aber Fleisch gab es schon lange nicht mehr. Die Kreuzfahrer begannen ihre Pferde aufzuessen, für die ebenfalls das Futter fehlte, so daß immer häufiger Raubzüge in die Umgebung unternommen werden mußten. Sogar vor Kannibalismus schreckten die frommen Pilger nicht mehr zurück. Vor allem waren es Flamen, die mit Peter dem Einsiedler zum Kreuzheer gestoßen waren und die sich nun an toten Türken satt aßen.

Das Klima tat das Seine dazu. Die Regenfälle verwandelten alles in einen Sumpf; und es war so kalt, daß Stephan von Blois verwundert an seine Adele schrieb, all das Gerede über die heiße Sonne Syriens sei gar nicht wahr, jedenfalls sei es hier im Winter genauso kalt wie zu Hause. Da die Regengüsse die Zelte unbrauchbar gemacht hatten, starben viele an Infektionen, und der Chronist berichtet, man habe nicht einmal mehr Platz gehabt, sie alle zu begraben: Jeder siebente Kreuzfahrer starb vor Antiochia an Entbehrungen, so daß, wie Stephan von Blois so tröstlich an seine Adele schrieb, »ihre Seelen zu den Freuden des Paradieses entführt wurden«.

Nach Weihnachten wurde die Lage so schlimm, daß Bohemund und Robert von Flandern sich mit etwa 20000 Mann auf den Weg machen mußten, um in weiter entfernten Gegenden Raubzüge zu unternehmen und soviel wie möglich an Nahrung ins Lager zurückzuschleppen. Raimund von Toulouse und Bischof Adhémar von Le Puy sollten inzwischen die Belagerung fortsetzen, während Gottfried krank daniederlag.

Es war für den türkischen Stadtherrn von Antiochia, Emir Jagi Sijan, eine ideale Gelegenheit, wieder einmal einen Ausbruch zu versuchen und die Kreuzfahrer zu überfallen. Ihm standen 6000–7000 Reiter und etwa 15000–20000 Mann an Fußvolk zur Verfügung, wobei schon die christliche männliche Bevölkerung der Stadt abgerechnet ist. Sie hatte Emir Jagi Sijan zu Beginn der Belagerung zu den Kreuzfahrern hinausgeschickt, ihre Frauen und Kinder aber als Pfand in der Stadt behalten. Behalten hatte der Emir auch den christlichen Patriarchen von Antiochia, den er von Zeit zu Zeit in einen Käfig sperren und zur Besichtigung über die Stadtmauer hängen ließ.

Emir Jagi Sijan brach also, von Spionen wohl unterrichtet, eines Nachts aus der Stadt aus, um die Kreuzfahrer zu überfallen. Der Angriff kam unerwartet, aber Raimund gelang es, in aller Eile ein paar Ritter um sich zu versammeln und nun seinerseits im Dunkeln über die Türken herzufallen, die auch kehrtmachten und über die Schiffsbrücke zum Herzogstor zurückfluteten. Raimund und seine Reiter drängten hinterher und waren schon auf der Brücke und bereits in der Stadt, bevor es den Türken gelungen war, die Stadttore zu schließen.

Das uneinnehmbare Antiochia stand vor seinem Fall, aber in diesem gefährlichen Augenblick wurde die Stadt von einem durchgehenden Pferd gerettet, das seinen Reiter abgeworfen hatte. Das nach allen Seiten ausschlagende Pferd brachte die Kreuzritter auf der Brücke vor dem Tor in die größte Verwirrung. In der Dunkelheit konnten die Nachdrängenden nicht erkennen, ob es die Türken waren, die wieder angriffen, da nun auch die Kreuzritter vor dem Pferd zurückwichen. Aus dem Zurückweichen wurde eine panikartige Flucht, die Türken konnten das Stadttor schließen. Antiochia war durch ein Pferd gerettet worden.

Inzwischen waren Bohemund und Robert von Flandern mit ihren Leuten weit über hundert Kilometer nach Süden gezogen, um Lebensmittel aufzutreiben. Nichtsahnend liefen sie dabei einem großen mohammedanischen Heer genau in die Hände, das Dukak, der Herrscher von Damaskus, ausgerüstet hatte und Antiochia zu Hilfe schickte. Am 30. Dezember lagen die Damaszener-Truppen bei Schaizar am Orontes und erfuhren, daß die Kreuzfahrer gleich vor ihnen lagerten, aber immer noch ahnungslos waren.

So fielen die Damaszener am nächsten Morgen beim Dorf Albara über die völlig Überraschten her. Es gelang den Kreuzfahrern sich zu behaupten, aber auf beiden Seiten waren die Verluste so schwer, daß sich die Heere unentschieden trennten. Die Damaszener zogen sich nach Hama zurück, die Kreuzfahrer, zu stark mitgenommen, um den Beutezug fortzusetzen, plünderten noch schnell ein oder zwei Dörfer, brannten eine Moschee nieder und kehrten fast ohne Beute ins Lager vor Antiochia zurück, das immer mehr unter Hunger und sintflutartigen Regenfällen litt.

Die Stimmung erreichte ihren Tiefpunkt, als nun auch noch die strafende Hand Gottes spürbar wurde. Einen Tag nach dem Kampf um das Stadttor von Antiochia wurden die Pilger durch einen schweren Erdstoß aufgeschreckt, der noch im 250 Kilometer entfernten Edessa registriert wurde, und am gleichen Abend zeigte sich am Himmel ein ungewöhnliches Phänomen: Über dem Mittelmeer stand ein funkelndes Nordlicht und erhellte die Nacht.

Es war deutlich, daß Gott mit seinen Kreuzespilgern, ihrem Hochmut, Streit und unsittlichen Lebenswandel unzufrieden war, und Bischof Adhémar von Le Puy ordnete feierlich eine dreitägige Fastenzeit an – mehr eine symbolische Anordnung, denn ob Fastenzeit oder nicht, die Leute hatten so und so nichts zu essen. Härter traf die Pilger schon die Tatsache, daß eine große Anzahl »liederlicher Dirnen« aus dem Lager verwiesen und das Würfelspiel verboten wurde.

Denn was beim Würfelspiel alles passieren konnte, erzählt uns der Chronist. Da hatte doch Adalbert, Graf von Lützelnburg, ganz sorglos in einem Wäldchen vor Antiochia in trauter Zweisamkeit mit einem »so edlen als schönen Weibe« gesessen und gewürfelt. »Dahin schlichen sich die Türken, hieben dem Grafen den Kopf ab und führten das Weib gen Antiochien. Sie mußte hier den Lüsten der Sieger frönen, litt dann den Tod, und man schoß ihr Haupt mit dem ihres Freundes in das christliche Lager.«

Solchen Sünden machte nun Adhémar von Le Puy ein Ende, ohne freilich eine strategische Wende herbeiführen zu können. Im Januar begannen eine Reihe von Kreuzfahrern zu desertieren und sich heimlich auf den Heimweg zu machen oder in reicheren Gegenden unterzutauchen. Unter ihnen auch Peter der Einsiedler, der sich – wie gesagt – nach dem schrecklichen Ende seines Kreuzzuges dem Kreuzfahrerheer angeschlossen hatte.

Wir wissen nicht, warum Peter der Einsiedler geflohen ist. Aber den Kreuzzugsführern konnte es nicht gleichgültig sein, daß sich nun schon die »Prominenz« absetzte. Es wurden also Truppen ausgeschickt, um Peter gefangenzunehmen, und mit Schimpf und Schande wurde er ins Lager zurückgebracht. Sein Kumpan, der mit ihm geflohen war, mußte zur Strafe eine Nacht lang aufrecht stehend in Bohemunds Zelt verbringen und wurde am nächsten Morgen abgekanzelt. Peter der Einsiedler durfte sich zwar zum Schlafen niederlegen, aber seit jener Nacht war es mit seinem Ruf und Ansehen auf längere Zeit vorbei.

Bohemunds Rechnung geht auf

Im Februar reiste Tatikios, der Vertreter von Kaiser Alexios, unvermittelt ab. Tatikios hatte das Kreuzfahrerheer seit Nicäa begleitet und ihm als Führer gedient. Offiziell wurde mitgeteilt, Tatikios wolle in Konstantinopel die Frage des Nachschubs regeln. In Wirklichkeit dürfte es so gewesen sein, daß Tatikios nicht mehr glaubte, daß das zusammengeschrumpfte und nahezu verhungerte Kreuzfahrerheer noch irgend etwas Vernünftiges ausrichten könne.

Entscheidend für den plötzlichen Aufbruch war aber wohl auch die Intrige Bohemunds, der eines Tages Tatikios zu sich rufen ließ und ihm erzählte, die übrigen Heerführer wollten ihn als Vertreter des Kaisers Alexios umbringen, weil alles so schief gelaufen sei. Das mag tatsächlich so gewesen sein; in solchen Situationen ist jedermann leicht versucht, einen Unschuldigen zum Sündenbock für das eigene Versagen zu machen. Aber möglicherweise hatte Bohemund das nur erfunden, um Tatikios loszuwerden: War kein Vertreter des byzantinischen Kaisers da, konnten Eroberungen auch nicht an den Kaiser übergeben werden, wie es abgemacht war. Denn kaum war Tatikios abgereist, verkündete Bohemund ganz entrüstet, wenn der Vertreter des Kaisers so feige in einer Notlage geflohen sei, brauche man wohl auch Antiochia nicht an den Kaiser abzutreten – womit ein größerer Anreiz gegeben war, sich nun wirklich intensiv für die Eroberung Antiochias einzusetzen.

Rein taktisch tat Bohemund allerdings das Gegenteil. Er brachte das Gerücht unter die Leute, auch er gedenke nun wieder nach Hause zu ziehen. Er habe schließlich Besseres zu tun, als hier nutzlos vor Antiochia herumzusitzen. Da Bohemund sich bisher als einer der führenden Köpfe des Feldzuges hervorgetan hatte, löste das gezielte Gerücht, er werde in dieser Notlage abreisen, einigen Schrecken aus, und man bat ihn, das Heer doch nicht zu verlassen. Bohemund dachte lange nach und deutete dann an, daß er durch seine Abwesenheit von Italien Einbußen erleide. Wenn man ihm freilich im Falle der Eroberung die Stadt Antiochia überlasse, wäre das ein gewisser Ausgleich für seine Verluste.

Durch diese großzügige Geste gewann er unter den Pilgern viel Sympathie, wenn auch seine Mitfürsten durchschauten, worauf Bohemund hinauswollte. Da sie aber selbst nicht imstande waren, Antiochia einzunehmen, allerdings auch nicht wußten, wie Bohemund das schaffen wollte, sagten sie nichts.

Dabei hatte Bohemund immer ganz originelle Einfälle, die nach Ansicht Groussets sogar »wie enorme Späße« wirkten. Hier kommt nun die Geschichte mit den gebratenen Spionen. Die Kreuzfahrer litten darunter, daß ihr Lager voller Spione steckte. Sie kamen zum Teil als »Abgesandte«, teils einfach als geflüchtete Griechen, Armenier oder Syrer, die sich ein wenig umhörten und dann nach Antiochia zurückkehrten, so daß den Türken alles bekannt war, was die Kreuzfahrer planten oder vorhatten. Die christlichen Fürsten wußten kein Mittel, wie man der Spionenplage Herr werden sollte, bis sich der Normanne Bohemund erbot, das Übel durch ein probates Mittel zu beseitigen. Er ließ eines Tages um die Abendbrotszeit zwei gefangene Türken töten und im Lager bei mittlerer Flamme am Spieß goldbraun rösten. Dazu ließ er verkünden, die Fürsten wünschten von nun an immer nur Spione zum Abendbrot serviert zu bekommen – was bei der entsetzlichen Hungersnot nicht einmal unplausibel klang. Aber dafür waren wiederum die Spione nicht zu haben, und in Kürze hatten sie das Lager verlassen und verbreiteten nun in der Stadt das Gerücht, die Christen plünderten und mordeten nicht nur, sie äßen auch Menschenfleisch.

Von nun an war es der Normanne Bohemund, der das Kreuzzugsunternehmen vor Antiochia praktisch leitete. Als man Anfang Februar 1098 erfuhr, daß sich etwa 40 Kilometer nordöstlich von Antiochia bei der Festung Harenc ein feindliches Heer versammelte, um Antiochia zu unterstützen, war es wieder Bohemund, der beim Kriegsrat in Bischof Adhémars Zelt den entscheidenden Vorschlag machte. Danach sollten die 700 kampffähigen Ritter – mehr waren nicht übrig – die Feinde überraschend angreifen, während das Fußvolk im Lager bleiben sollte, um mögliche Ausfallversuche aus Antiochien abzuwehren.

Bohemunds Vorschlag wurde angenommen, und am 8. Februar zogen die 700 Kreuzritter im Schutze der Nacht über die Eiserne Brücke nach Norden und postierten sich an einer schmalen Stelle zwischen dem Orontes und einem See, die die Türken passieren mußten. Es war eine strategisch günstige Stelle, weil sie der türkischen Taktik der anflutenden und zurückgehenden Pfeilregenwellen keinen Raum bot.

Als die Türken im Morgengrauen in die Falle gingen, begannen sie tatsächlich mit ihrem berüchtigten Pfeilregen, der unter den Kreuzrittern große Verluste anrichtete, aber die Türken hatten zwischen Fluß und See kein Hinterland, um sich zurückzuziehen und die nächste Welle heranfluten zu lassen. Und nun griffen die Kreuzritter die auf diese Weise Bedrängten mit ihren Schwertern an und trieben sie in die Flucht: 2000 Türken wurden getötet, tausend Pferde erbeutet.

Es war kein Sieg des Stärkeren, sondern ein Sieg der Kriegstaktik: So wie die Türken die Kreuzritter in den Weiten Anatoliens mit ihren Pfeilschwärmen in die Enge getrieben hatten, so war es diesmal den Kreuzrittern gelungen, die aus der Bewegung kämpfenden Türken im Nahkampf mit dem Schwert zu besiegen.

Inzwischen hatte Emir Jagi Sijan von Antiochia im Vertrauen auf das herannahende Hilfsheer aus Harenc einen Ausfall unternommen, war aber auf den erbitterten Widerstand des christlichen Fußvolkes gestoßen. Beide Seiten warteten nun verzweifelt auf Hilfe – die Christen auf die Rückkehr ihrer Reiter, die Türken auf ihre Ersatztruppen aus Harenc. Schließlich kamen die Langerwarteten, aber sie kamen per Katapult: Zweihundert abgeschnittene Türkenköpfe wurden von den Christen nach Antiochia hineingeschossen und verkündeten die türkische Niederlage.

Dieser Sieg der Kreuzfahrer stärkte zwar ihre Kriegsmoral, an der Lage der Dinge änderte er aber nichts. Die Belagerten hatten noch immer satt zu essen, während die Belagerer scharenweise vor Hunger umkamen, obwohl Bischof Adhémar von Le Puy fleißig Felder pflügen und besäen ließ, um Ausdauer zu dokumentieren: so schnell wuchs das Getreide nicht.

Immerhin war es nicht mehr ganz so schlimm wie vor Weihnachten. Allmählich funktionierte, durch dringende Briefe angeregt, die christliche Nächstenliebe, und aus dem nahegelegenen Zypern trafen Schiffe mit Lebensmitteln im Hafen von St. Symeon ein, keine zwanzig Kilometer von Antiochia entfernt. Da aber die Strecke zwischen dem Mittelmeerhafen und Antiochia von den Türken kontrolliert wurde, kam es zu regelrechten Schlachten um den Nachschub, so zum Beispiel, als Anfang März eine englische Flotte mit Pilgern aus Italien sowie Belagerungsmaterial und Mechanikern aus Konstantinopel eintrafen.

Bohemund und Raimund von Toulouse hatten sich mit einer Truppe zum Hafen aufgemacht, wurden aber auf dem Rückweg prompt von 4000 Türken aus Antiochia überfallen und kläglich in die Flucht geschlagen. Mindestens dreihundert Kreuzfahrer wurden getötet, die gesamte Schiffsladung erbeutet. Als diese Nachricht von der Niederlage zusammen mit dem Gerücht im Lager eintraf, auch Raimund und Bohemund seien erschlagen worden, machte sich Gottfried von Bouillon auf, um den besiegten Kreuzfahrern entgegenzuziehen und sie zu schützen. Weil aber die Türken in Antiochia zur gleichen Zeit auf die Idee kamen, ihrem Beutezug Geleitschutz zu geben, kam es vor der Stadt zum Kampf, und nun vollbrachte Gottfried von Bouillon, offenbar wieder gesund und bei Kräften, an jenem denkwürdigen 6. März des Jahres 1098 wieder eine balladenträchtige Tat, zumindest nach der uns überlieferten Legende. Als ihn ein Türke zu Pferd angriff, halbierte ihn Gottfried kurzerhand, »daß die obere Hälfte zur Erde fiel, die untere aber, auf dem Pferde sitzend, ein grauenvolles Schreckbild, zur Stadt sprengte«.

Ludwig Uhland, der schwäbische Dichter, hat dann im letzten Jahrhundert tatsächlich diese Heldentat in Verse gebracht, so daß die Moritat von ganzen Schülergenerationen heruntergeleiert werden konnte. Allerdings ist bei ihm der Held ein tapferer Schwabe, was übrigens historisch richtig ist, denn auch »Wigger, der Alemanne« hatte im Ersten Kreuzzug »einen Muselmann in seiner ganzen Länge gespalten«, aber dafür verlegte er die Heldentat historisch unrichtig in den Dritten Kreuzzug:

»Als Kaiser Rotbart lobesam
zum Heil'gen Land gezogen kam,
da mußt' er mit dem frommen Heer
durch ein Gebirge wüst und leer.
Daselbst erhob sich große Not,
viel Steine gabs und wenig Brot ...«

Die Ballade erzählt dann weiter, daß ein schwäbischer Kreuzfahrer zurückblieb, als plötzlich Türken hervorbrachen.

»Die huben an auf ihn zu schießen,
nach ihm zu werfen mit den Spießen.
Der wackre Schwabe forcht sich nit,
ging seines Weges Schritt für Schritt.«

Aber dann wird's dem wackren Schwaben doch zu bunt:

»Da faßt er erst sein Schwert mit Macht
er schwingt es auf des Reiters Kopf,
haut durch bis auf den Sattelknopf,
haut auch den Sattel noch zu Stücken
und tief noch in des Pferdes Rücken.«

Das Ergebnis ist ein wenig anders als bei Gottfried von Bouillon, aber dafür von schöner Übersichtlichkeit:

»Zur rechten sieht man wie zur linken
einen halben Türken niedersinken.
Da packt die andern kalter Graus;
sie flieh'n in alle Welt hinaus,
und jedem ist, als würd' ihm mitten
durch Kopf und Leib hindurchgeschnitten.«

Und in der Tat, wenn auch nicht allein durch diesen Kraftakt, gelang es Gottfried von Bouillon, zusammen mit Bohemund und Raimund, die Türken in die Stadt zurückzutreiben. Dann stürzten sich die Kreuzfahrer auf die Räuber, die ihnen eben das Belagerungsmaterial und die Lebensmittel abgenommen hatten, und machten sie bis auf den letzten Mann nieder: 1500 Tote soll es diesmal gegeben haben, darunter neun Emire.

So endete dieser Tag mit einem Sieg für die Kreuzfahrer, dem ersten Erfolg seit einem Monat. Während sie das Ereignis feierten, schlichen sich die Türken aus Antiochia hinaus und bestatteten ihre Toten auf dem mohammedanischen Friedhof am Nordufer des Orontes zur letzten Ruhe. Diese letzte Ruhe sollte nur ein paar Stunden dauern: Am nächsten Morgen schon begann die Leichenfledderei: Die christlichen Pilger gruben die Leichen alle wieder aus, um sie auf Gold- und Silberschmuck zu untersuchen und sich die prachtvollsten Gewänder anzueignen.

Nach diesem Sieg gelang es den Kreuzfahrern, Antiochia ganz einzuschließen, dessen Bewohner bisher noch ihre Herden vor der Stadtmauer hatten weiden lassen. Das hörte jetzt ebenso auf wie die Lebensmittelzufuhr, so daß die Bürger Antiochias Mangel zu leiden begannen, während es den Kreuzfahrern allmählich besser ging, denn es gelang, einige Proviantzüge abzufangen und die Versorgung von der See her zu verbessern, so daß man nun in Ruhe hätte abwarten können, bis die Stadt ausgehungert war.

Inzwischen aber hatte der türkische Feldherr Kerbogha, der Atabeg von Mossul (Atabeg = »Fürstenvater«, Titel des Regierungsverwesers einer Stadt), zusammen mit anderen Atabegen, Sultanen und Emiren, ein riesiges Heer zusammengebracht, um gegen die Kreuzfahrer vorzugehen. Über Edessa, das er drei Wochen lang belagert hatte, rückte Atabeg Kerbogha im Mai 1098 langsam auf Antiochia vor.

Da wurde die Lage für die Kreuzfahrer gefährlich. Wenn es nicht gelang, Antiochia vor der Ankunft Kerboghas einzunehmen, war nicht nur die Stadt für sie verloren, sondern auch der ganze Kreuzzug in Frage gestellt: sie saßen dann zwischen Antiochia und dem von Norden heranrückenden Kerbogha in der Falle.

Wie jedesmal, wenn Mut und Standhaftigkeit gefragt waren, gerieten die Kreuzfahrer auch jetzt in Panik und desertierten in ganzen Haufen. Unter ihnen war auch unser Freund Stephan von Blois, der eben noch seiner »vielgeliebten« Adele stolz geschrieben hatte, daß er »an Gold und anderen Reichtümern gegenwärtig zweimal soviel besitze, als was Eure Liebe mir mitgab, da ich Euch verließ«.

Zusammen mit einer großen Schar von Nordfranzosen verspürte Stephan von Blois jetzt die dringende Notwendigkeit, etwas für seine angegriffene Gesundheit zu tun und in zuträglichere Gegenden zu entweichen. Einmal auf dem Wege, war er dann unversehens ganz zu Adele zurückgefahren, die ihn aber, wie wir schon wissen, höchst ungnädig aufnahm und mit dem nächsten Kreuzzug wieder zurückschickte. In jedem Falle hatte der tapfere Stephan Pech. Am 2. Juni war er vor Antiochia desertiert. Vierundzwanzig Stunden später hätte er sich diese Blamage ersparen können: Am 3. Juni des Jahres 1098 war in Antiochia kein Türke mehr am Leben und die Stadt in der Hand der Kreuzfahrer.

Dieses Wunder hatte Bohemund zustande gebracht, dieser Normanne, den niemand mochte, den aber alle fürchteten. Er hatte das ganze Unternehmen gerettet – aber nur, weil es sein persönlicher Vorteil war.

Die Geschichte hatte schon mehrere Wochen vorher begonnen. Damals hatte der Atabeg Kerbogha eine Botschaft an die Kreuzfahrer geschickt und gefragt: »Warum zieht ihr einher verwüstend und blutvergießend? Dieses schickt sich nicht für Pilger. Wollt ihr friedlich nach Jerusalem wallfahrten, so soll euch nichts Böses geschehen, sondern jeder Bedarf gereicht werden; bei längerer Widersetzlichkeit trifft euch aber unabwendbares Verderben.«

Es war eine durchaus noble Botschaft, die aber auch zeigte, daß die Türken nicht begriffen hatten, daß die Christen auf einer »bewaffneten Pilgerschaft« waren, also praktisch einen Glaubenskrieg führten. Entsprechend überheblich, und als wenn sie Unschuldsengel wären, fiel denn auch die Antwort der Kreuzfahrer aus: »Die Christen, welche friedlich als Pilger hierher zogen, sind verspottet und mißhandelt worden; deshalb haben wir die Waffen ergriffen und werden mit Gottes

Hilfe Jerusalem erobern und alle diejenigen Länder, welche uns nach angestammtem Recht zustehen.«

Dabei wußten die christlichen Fürsten nicht einmal, wie sie Antiochia erobern sollten. In dieser Situation hatte Bohemund Gottfried von Bouillon, Raimund von Toulouse, Robert von Flandern und Robert von der Normandie heimlich zusammengerufen und ihnen ein Angebot gemacht: »Liebe Brüder«, sagte er, »ich sehe wie ihr in Sorgen seid über die Ankunft des feindlichen Heeres, wie ihr bald dies, bald jenes vorschlagt, ohne doch das Richtigste und Beste zu treffen. Denn wenn wir alle dem Feind entgegenziehen, so erobern die Antiochier das Lager, zerstören alle unsere Werke und erhalten Freiheit, jedem Bedürfnis abzuhelfen. Wenn wir dagegen im Lager eine Besatzung zurücklassen und nur die übrigen wider Kerbogha führen, so sind wir nach beiden Seiten geschwächt und müssen, da die ungeteilten Kräfte kaum die Antiochier abhalten konnten, sowohl im freien Felde als im Lager besiegt werden. Unvermeidlich ist das Verderben in jedem Falle – wenn wir nicht die Stadt vor der Ankunft Kerboghas erobern!« Und dann sagte Bohemund, dem ohnehin alle mißtrauten: »Es steht aber in meiner Gewalt, sie in jeder Stunde zu gewinnen – unter der . . . Bedingung . . . daß man mir und meinen Nachkommen die Stadt ausschließlich überlasse.«

Das war nun die reine Erpressung. Tausende von Kreuzfahrern waren in dem halben Jahr vor Antiochia gestorben, um die Stadt für die Christenheit zurückzugewinnen, und nun verlangte Bohemund die Stadt entgegen allen Abmachungen allein für sich. Den Fürsten blieb aber nichts anderes übrig, als auf Bohemunds Bedingungen einzugehen, auch wenn Raimund von Toulouse sich lange sträubte. Er, der als einziger dem Kaiser Alexios keinen richtigen Treueid geschworen hatte, bestand nun darauf, die Stadt, wie ausgemacht, an Byzanz zu übergeben. Schließlich überredete man ihn zu einem faulen Kompromiß: Wenn Kaiser Alexios wirklich einträfe, sollte die Stadt ihm überlassen werden. Damit war Bohemund zufrieden: Wann sollte schon der Kaiser von Konstantinopel nach Antiochia reisen, wo er doch gerade auf einem Feldzug in Kleinasien war und alle Hände voll zu tun hatte.

Und nun spielte Bohemund den großen Retter der christlichen Pilgerschaft, obwohl er die Stadt schon Wochen vorher hätte einnehmen können – nur wäre dann wohl niemand bereit gewesen, sie ihm allein zu überlassen. Seit Wochen nämlich kannte Bohemund einen Mann namens Firuz, offenbar ein zum Islam übergetretener Armenier, der in Antiochia unter Emir Jagi Sijan ein hohes Amt innehatte und der bereit war, die Stadt zu verraten, nachdem ihn Jagi Sijan wegen verbotener Getreidehamsterei bestraft hatte.

So kamen der Verräter und Bohemund durch Boten zusammen, wobei man darüber philosophieren kann, wie gerade Leute wie Bohemund immer auf die »richtigen« Leute stoßen und andere nicht. Vermutlich hätten doch auch die anderen christlichen Heerführer mit Vergnügen jede Gelegenheit ergriffen, die Stadt durch List oder Verräterei an sich zu bringen.

Bohemund schickte also am 2. Juni einen Boten an Firuz, und bald brachte Firuz' Sohn die Mitteilung, noch in dieser Nacht werde er die Kreuzzügler in die Stadt einlassen. Zum Schein sollte das Heer am Tage nach Osten aufbrechen und so tun, als wenn es gegen Kerbogha zöge. Und damit man in Antiochia nur ja begriff, daß das Kreuzfahrerheer zum Abmarsch rüste, ließ Bohemund am Nachmittag einen Herold durchs Lager laufen und lauthals verkünden, man werde bei Sonnenuntergang nach Osten gegen die Feinde ausziehen.

Das war allerdings den anderen Fürsten neu, denn noch immer hatte Bohemund mit keinem Wort verraten, wie und wann er Antiochia in seine Hand bringen wollte. Man kam zusammen, und erst jetzt, wenige Stunden vor dem Fall der Stadt, gab Bohemund Einzelheiten bekannt und schloß in frommer Andacht: »Heute nacht, wenn Gott uns gnädig ist, wird Antiochia in unsere Hand gegeben werden.« Daraufhin zogen die Kreuzfahrer zu Pferde und zu Fuß nach Osten über die Eiserne Brücke, und in Antiochia richtete man sich auf eine ruhige Nacht ein.

Kurz vor Tagesanbruch indessen waren sie wieder im Lager, und Bohemunds Truppen schlichen zum »Turm der zwei Schwestern«, dessen Bewachung Firuz übertragen war. Man legte eine Leiter an die Mauer, aber nun bekamen es die Herren Ritter mit der Angst: Wenn das eine Falle war? Doch ein Adeliger namens Fulcher hatte mehr Gottvertrauen. »Wie ein Adler, der seine Jungen zum Fliegen auffordert und über ihnen schwebt« stieg er voran und oben in das Turmfenster hinein. Die anderen folgten, besetzten die benachbarten Türme und öffneten das St.-Georgs-Tor: Antiochia war in den Händen der Kreuzfahrer.

Sämtliche Türken wurden umgebracht, aber auch viele Christen in der Stadt verloren ihr Leben. Das erste Opfer, das die Kreuzfahrer in jener Nacht erschlagen hatten, war ein junger Mann, der im »Turm der beiden Schwestern« nichtsahnend in einem Nebenraum schlief, als die Kreuzfahrer einstiegen. Es war der Bruder des Verräters Firuz.

Auch Emir Jagi Sijan fand ein unrühmliches Ende. Er floh mit 30 Pagen »wie von Sinnen« aus der Stadt, und Ibn al-Atir, ein arabischer Chronist, berichtet: »Bei Tagesanbruch gewann er seine Selbstbesinnung zurück, nachdem er vorher kopflos gewesen war, und wurde gewahr, daß er schon mehrere Farsah (1 Farsah etwa 6 km) zurückgelegt hatte. Er fragte seine Begleiter: ›Wo bin ich?‹ und sie antworteten: ›Vier Farsah von Antiochien entfernt.‹ Da bereute er, daß er sich in Sicherheit gebracht und nicht gekämpft hatte, um den Feind aus dem Land zu treiben oder zu sterben; er begann zu seufzen und zu klagen, daß er seine Frauen und Kinder und die Muslime verlassen hatte, und durch den heftigen Schmerz fiel er ohnmächtig vom Pferd. Seine Begleiter wollten ihn wieder in den Sattel setzen, aber er konnte sich nicht mehr aufrecht halten, denn er war dem Tode nahe; deswegen ließen sie ihn und zogen davon. Ein armenischer Holzfäller fand ihn, als er in den letzten Zügen lag, tötete ihn, hieb ihm den Kopf ab und brachte ihn den Franken nach Antiochia.«

Am Abend des 3. Juni 1098, nach 226tägiger Belagerung, war die drittgrößte Stadt der damaligen Welt geplündert und ausgeraubt. Tausende und aber Tausende von Leichen lagen auf den Straßen. Der Chronist nennt die Zahl von 10000 Toten. »Aber Antiochia war«, wie Runciman notiert, »wieder eine christliche Stadt.«

Gefangene Sieger

Mit dem Fall von Antiochia war der Weg frei nach Jerusalem, das nur zehn Tagereisen entfernt lag, aber es sollte noch einmal acht Monate dauern, bevor die Kreuzritter weiterzogen. Es war eine Zeit erbärmlicher Streitereien, erstaunlicher Hilflosigkeit und eines geradezu sträflichen strategischen Unvermögens.

Man hat durch die Jahrhunderte die »Kreuzzüge des Volkes« unter Peter dem Einsiedler und Walter Habenichts zu Pöbelhaufen herabgewürdigt, die nur gemordet und geplündert hätten und darum am Ende auch schmählich zugrunde gingen, zumal nur bescheidene Mönche und keine Ritter sie anführten. Aber dieser in die Historie eingegangene »Erste Kreuzzug« unter Führung von Grafen, Fürsten und Edlen hat keinen besseren Eindruck hinterlassen. Auch hier gab es gierigen Pöbel wie echte Fromme, hier wie da Mord und Totschlag und wieder Mildtätigkeit und Nächstenliebe, Plünderung und Unmenschlichkeit, Taten, die auch die Fürsten nicht verhindern konnten oder wollten. Schließlich war es der Bischof Adhémar von Le Puy, der päpstliche Legat selbst, der nach Mitteilung des Chronisten Guibert von Nogent zu Greueltaten aufforderte und sie auch noch belohnte: Um die Wut der Türken in Antiochia »auf die heftigste Weise zu erregen, befahl daher der Bischof von Le Puy durch einen Erlaß, den er während der Belagerung von Antiochia im ganzen Heer veröffentlichen ließ, man solle eine sofort auszuzahlende Belohnung von 12 Denaren jedem geben, der den Kopf eines Türken brächte; und als der Prälat einige Köpfe erhalten hatte, ließ er sie am Ende sehr langer Stangen vor den Mauern der Stadt aufpflanzen gerade unter den Augen der Feinde. Das verursachte ihnen immer den heftigsten Kummer und ließ sie vor Furcht erstarren.«

Ich will damit keine billige Entrüstung hervorrufen über abgeschnittene Türkenköpfe; wir besorgen das heute mit Sprengbomben und Napalm vielleicht fortschrittlicher, aber nicht weniger grausam. Auch wir führen heilige Kriege um Weltanschauungen und unterscheiden zwischen Kommunisten und Kapitalisten, wie man damals zwischen Christen und Heiden unterschied. Auch wir haben Geistliche, Historiker und Politiker, die Menschenopfer dann verteidigen, wenn sie ihrer Weltanschauung und ihren Zielen dienen, und die empört auffahren, wenn die andere Seite das gleiche tut.

Man kann Geschichte unter moralischen Gesichtspunkten darstellen, man kann Mord Mord nennen und muß eine Gaunerei nicht in strategische Genialität umstilisieren; man kann Geschichte, soweit das gelingt, wertfrei darstellen und sich dabei aus der Verantwortung eines notwendigen Urteils wegstehlen. Aber wir sollten uns davor hüten, die Vergangenheit vom Podest unserer Erfahrung und Überheblichkeit herab zu sehen, in der Annahme, wir machten das alles heute viel besser und uns könnten derartige Fehler nicht unterlaufen. Das freilich schließt Kritik nicht aus – allerdings oft weniger Kritik an der Geschichte als vielmehr an den Geschichtsschreibern.

Ich lese zum Beispiel nirgendwo in der Fachliteratur einen Vorwurf gegen Gottfried von Bouillon, Raimund von Toulouse, Bohemund oder gegen die anderen Fürsten, daß sie nur fünf Tage nach der Einnahme von Antiochia selbst durch ihren Leichtsinn zu Belagerten wurden. Da wird einfach als gottgegebenes Schicksal registriert, daß Kerbogha von Mossul am 7. Juni mit seinem Heer vor Antiochia aufmarschierte und die Stadt einschloß.

Es wird die rührende Geschichte erzählt, wie die Kreuzritter in der Ferne ein Heer heranziehen sahen und es gar für die Armee Kaiser Alexios' hielten, bis die bittere Enttäuschung kam. Kein Wort davon, daß auch nur ein einziger Späher dieser feindlichen Armee entgegengeschickt worden wäre, die man seit Wochen erwartete und deretwegen man vorher noch schnell Antiochia erobern mußte. Kein Wort davon, daß man etwa an der Eisernen Brücke, drei Stunden vor der Stadt, Verteidigungstruppen aufgestellt hätte, um Kerbogha aufzuhalten. Statt dessen wieder die zu Herzen gehende Geschichte, wie der schreckliche Kerbogha die arme, kleine Brückenwache überrannte. Man hätte auch erwarten können, daß einer der Fürsten angesichts des anrückenden Feindes versucht hätte, Lebensmittel oder Waffen vor der Plünderung durch die eigenen Leute zu retten: nichts dergleichen.

Als Kerbogha mit seinen Sultanen und Emiren vor Antiochia aufzog, war bei den Kreuzrittern die Verblüffung ebenso groß wie jahrhundertelang das Erstaunen bei den Historikern, wie denn ein solcher Schicksalsschlag aus völlig heiterem Himmel hatte niedertreffen können. Dabei hatten die Historiker genau das getan, was sie auch tun sollen: Sie hatten sich an die Quellen gehalten. Und selbstverständlich hatten die schreibenden Geistlichen wie Fulcher von Chartres und andere das Ganze als Schicksalsschlag hingestellt, was blieb ihnen als Hofberichterstattern anderes übrig. Aber ich sehe nicht ein, warum man sich ihrer Deutung anschließen sollte, wenn man in den gleichen Chroniken genügend Fakten zur eigenen Urteilsbildung findet.

Tatsache ist doch, daß es zumindest eine Nachlässigkeit war, wenn die Führer des Kreuzzuges von der Bewegung des Feindes keine Ahnung hatten. Mochte man dem »Pöbel« immerhin ein paar Tage Siegestaumel gönnen, man hätte ja beides miteinander vereinen können: Späher ausschicken und die Kriegsmoral durch die Plünderungserlaubnis stärken. Nur überraschen durfte man sich nicht lassen.

Aber genau das geschah. Als Kerbogha zwei Tage später angriff, wären die Kreuzritter fast überrannt worden – man hatte nicht einmal genug Leute beisammen, um die ganze Länge der Stadtmauer zu besetzen. Drei Tage nach der Ankunft Kerboghas und seines Heeres – also am 10. Juni – war ganz Antiochia eingekreist; die Kreuzfahrer hatten dazu fast fünf Monate gebraucht. Zwar machten sie nun den Versuch, die Belagerung durch Ausfälle zu sprengen, waren aber bald gezwungen, sich erfolglos hinter die Stadtmauern zurückzuziehen.

Die heilige Lanze

Dem Triumphtaumel des Sieges – eines Sieges, der durch Verrat, aber nicht durch eigene Kraft zustande gekommen war – folgte eine Phase tiefer Depression. Und wer eben noch Stephan von Blois verspottet hatte, der wenige Stunden vor der Einnahme Antiochiens ausgerissen war, beneidete ihn jetzt um seine Chance. Die Sieger von Antiochia, die sinnlos alles zerstört hatten, litten jetzt als Belagerte wieder entsetzlichen Hunger. Ein Huhn kostete fünf Byzantiner Goldmünzen, das sind weit über 40 Goldmark, also Hunderte von Mark nach heutiger Währung, ein Ei 15 Goldmark, ein kleiner Laib Brot einen Byzantiner in Gold. Die einfachen Pilger, also die Mehrzahl, kauten getrocknete Häute und dürre Baumblätter, um den ärgsten Hunger zu stillen.

Am 12. Juni, zwei Tage nach der Umklammerung von Antiochia und nur fünf Tage nach dem Eintreffen Kerboghas vor der Stadt, wäre ihm fast durch einen Angriff die Einnahme Antiochias gelungen, die die Kreuzritter erst nach monatelangem Warten und am Ende nur durch Verrat erreicht hatten. Es war wieder Bohemund, der die Lage rettete: Er brannte einfach ganze Stadtviertel nieder, um die übermüdeten Soldaten auf die Mauern zu treiben. Trotzdem war die Lage aussichtslos.

Da hatte nun ein Armenier namens Firuz durch seinen Verrat nur wenige Tage vor dem Eintreffen des Atabegen Kerbogha das Heer der Kreuzfahrer gerettet, indem er eine uneinnehmbare Stadt über Nacht auslieferte: Wenn jener Firuz das nicht getan hätte – wir würden heute in Spezialwerken vielleicht ein paar Zeilen über eine sogenannte Kreuzzugsbewegung lesen, die bald an ihrer Unfähigkeit zugrunde ging. Wir wüßten nichts von einem Königreich von Jerusalem und einer zweihundertjährigen Vorherrschaft der Europäer im Nahen Osten. Unsere Geschichte wäre einen anderen Weg gegangen.

Nun hatte aber Firuz, ein beleidigter Untergebener des Emirs Jagi Sijan, für einen Augenblick Geschichte gemacht – aber schon nach einer Woche wäre durch das sträfliche Ungeschick der Kreuzfahrer alles verloren und vertan gewesen, wenn nicht just in dieser prekären Situation genau das passiert wäre, was jedermann auf einem Kreuzzug erwartete: Wieder einmal griff Gott der Herr selbst ein, diesmal nicht durch Erdbeben, Meteore und Nordlichter, sondern durch eine Vision, die der provenzalische Bauer Peter Bartholomäus hatte.

Diesen Peter Bartholomäus plagte, so jedenfalls die Legende, seit Monaten schon – genauer seit dem Erdbeben vom 30. Dezember – die gleiche Erscheinung, ohne daß er den Mut oder die Gelegenheit fand, sie höheren Orts vorzutragen: Welcher Bauer drang damals schon bis zu einem Fürsten vor.

Jetzt aber, am Tage der Einschließung durch Kerbogha, nahm er sich ein Herz, ging zu Raimund von Toulouse und verlangte ihn und Bischof Adhémar von Le Puy zu sprechen. Diesmal ließ man ihn vor, und Peter Bartholomäus, »arm und geringer Herkunft, aber fromm«, erzählte, daß er einmal schlaflos in seinem Zelt gelegen und gebetet habe: »Herr hilf, Herr hilf!« Da seien zwei Männer in leuchtenden Kleidern zu ihm getreten, der ältere mit einem langen braunen Bart und schwarzen durchdringenden Augen, der jüngere schlanker und mit einem Gesicht, das man nicht beschreiben könne. Der mit dem braunen Bart habe gesagt: »Ich bin Andreas, der Apostel, fürchte dich nicht, sondern folge mir nach!« Da sei er aufgestanden und mit den beiden Männern mitgegangen, und sie hätten ihn über die Stadtmauer ins feindliche Antiochia und dort in die Kirche des heiligen Petrus geführt. Nur zwei Lampen hätten in dem weiten Gewölbe gebrannt, und doch sei es hell wie am Mittag gewesen. Der Apostel habe dort gesagt: »Warte ein wenig« und sei nach einer Weile zurückgekommen und habe eine Lanze in der Hand gehalten und zu ihm gesagt: »Siehe, mit dieser Lanze ist die Seite geöffnet worden, aus welcher das Heil geflossen für alle Welt. Gib acht, wo ich sie verberge, damit du sie nach der Einnahme Antiochiens dem Grafen von Toulouse nachweisen könnest; zwölf Männer müssen graben, bis man sie findet. Jetzt aber verkünde dem Bischof von Puy: Er möge nicht ablassen von Mahnung und Gebet, denn der Herr sei mit euch allen.« Danach habe der Apostel und sein Begleiter ihn wieder in sein Zelt zurückgeführt.

Die Reaktion auf diesen wundersamen Bericht war zwiespältig.

Bischof Adhémar von Le Puy, durchaus mit Wundern vertraut, glaubte dem Peter Bartholomäus kein einziges Wort und nannte ihn einen Scharlatan. Denn der Bischof hatte etwas gesehen, was der tumbe Bauer nicht wissen konnte: In Konstantinopel hatte man ihm schon einmal die einzige, echte und wahre Lanze gezeigt, mit der Christus am Kreuz in die Seite gestochen worden war. Graf Raimund von Toulouse aber war in seiner Naivität begeistert von dem sichtbaren Eingreifen Gottes und versprach, in fünf Tagen eine feierliche Suche nach der Lanze zu veranstalten.

In der Nacht vor der Grabung fuhr noch rechtzeitig als Fingerzeig Gottes ein Meteor über den Himmel, der auf das türkische Lager zu fallen schien, und voller Hoffnung wurde Peter Bartholomäus am nächsten Morgen von zwölf Männern, darunter Graf Raimund von Toulouse, in die Kathedrale von St. Peter geführt. Den ganzen Tag ließ man Arbeiter den Fußboden aufgraben, aber nirgendwo fand sich die heilige Lanze. Graf Raimund verließ enttäuscht die Kirche. Am Ende sprang Peter Bartholomäus, nur mit einem Hemd bekleidet, selbst in die Grube, ließ alle Anwesenden beten und fand, wer hatte es anders erwartet, tatsächlich die eiserne Lanzenspitze.

Bischof Adhémar von Le Puy blieb skeptisch, und wahrscheinlich war er der gleichen Meinung wie der arabische Chronist Ibn al-Atir, der Peter Bartholomäus einen »gerissenen Burschen« nannte, »der ihnen erklärte, eine Lanze des Messias sei im Qusjan (St. Peter) in Antiochia – einem großen Gebäude – vergraben. ›Wenn ihr sie findet, siegt ihr; wenn nicht, ist der Untergang sicher.‹ Er hatte vorher dort an einer Stelle eine Lanze vergraben und alle Spuren beseitigt; nun gebot er ihnen, drei Tage zu fasten und Buße zu tun, und ließ sie am vierten Tage alle zu dem Platz kommen, auch die Soldaten und Werkleute unter ihnen; sie begannen zu graben und fanden sie, wie er vorausgesagt hatte. Da rief er ihnen zu: ›Freut euch über den sicheren Sieg!‹«

Schwindel, Zufall, Frömmigkeit oder Trick – was auch immer: Nicht nur Raimund von Toulouse, sondern auch die Soldaten glaubten an das Wunder. Die Kreuzfahrer gerieten in eine euphorische Stimmung. Der Sieg war ihnen durch diese Reliquie versprochen – und sie siegten tatsächlich. Wenn man so will, war das das eigentliche Wunder.

Am 28. Juni, einem Montag, wagte Bohemund (Raimund, Graf von Toulouse, war inzwischen krank geworden) die Entscheidungsschlacht. Er ließ das Kreuzfahrerheer zum Gefecht antreten, und während Priester und Feldgeistliche auf der Stadtmauer Bittgottesdienste abhielten, zogen die vom Hunger geschwächten Kreuzfahrer aus der Stadt und gegen das Lager Kerboghas. Ihnen konnte ja nichts passieren, denn sie hatten die heilige Lanze bei sich. Und es passierte ihnen auch nichts; denn was nun geschah, widerspricht wieder einmal den naiven Aufrechnungen mancher Historiker, die Sieg und Niederlage nach der Mannschaftsstärke vorausberechnen oder nachträglich beweisen.

Da die Kreuzfahrer sich in sechs Heeresteile aufgespaltet hatten und gruppenweise aus dem Stadttor kamen, hätte Kerbogha sie leicht umzingeln und in Etappen niedermachen können. Und Ibn al-Atir erinnert sich, wie Kerbogha von seinen Leuten gemahnt wurde: »›Du sollst dich am Tor aufstellen und jeden töten, der herauskommt; jetzt, wo sie sich aufgespalten haben, ist es leicht, mit ihnen fertig zu werden.‹ Er entgegnete: ›Nein, wartet, bis alle herausgekommen sind: Dann töten wir sie‹, und er erlaubte ihnen nicht, sie durch einen sofortigen Angriff zu überraschen. Als einige Muslime dabei waren, eine Gruppe der Herausgekommenen zu töten, schritt er selbst ein, hielt sie zurück und verbot es ihnen.«

Kerboghas Taktik war natürlich nicht schlecht. Er wollte nicht riskieren, daß sich die Kreuzfahrer nach einem ersten Scharmützel zurückzögen, sondern er wollte sie erst einmal alle herauslocken und dann über sie herfallen. So beschreibt es auch Ibn al-Atir: »Als dann alle Franken herausgekommen waren und keiner von ihnen mehr in Antiochia war, eröffneten sie eine große Schlacht.«

Die Kreuzfahrer waren wieder einmal in die offene Falle gerannt. Kerbogha und seine Truppen zogen sich in unwegsames Gelände zurück, die Kreuzfahrer folgten, und schon wurden sie von dem üblichen Pfeilhagel überschüttet. Aber was bisher gewirkt hatte, blieb hier ohne Erfolg: die Kreuzfahrer ließen sich nicht aufhalten. Sie rückten weiter vor, und die türkischen Linien gerieten in Unordnung.

Denn Gott war durch die fürsorgliche Hilfe Adhémars mit den Kreuzfahrern: Am Berghang erschien nämlich eine Gruppe von Rittern auf weißen Pferden, die weiße Banner schwangen. In ihnen erkannten die Kreuzfahrer wunderbarerweise sofort den heiligen Georg, den heiligen Merkurius und St. Demetrius. Was immer auch die Kreuzritter auf dem Berghang gesehen hatten: Gott hatte, wie Peter Bartholomäus vorausgesagt hatte, in den Kampf eingegriffen und ihnen den Sieg gegeben.

Rein taktisch wirkte sich Gottes Wille so aus: Kerboghas Emire verloren die Lust an einer Sache, die sie nur widerwillig unterstützt hatten (ich werde im nächsten Kapitel zeigen, warum), und desertierten, wie schon viele andere Türken vor der Schlacht desertiert waren. Die Emire fürchteten, daß ein Sieg Kerboghas Macht allzusehr stärken und die ihre mindern würde. Die Türken, allen voran Dukak von Damaskus, zogen daher einfach aus der Schlacht ab und lösten damit eine Panik aus, gegen die auch Kerbogha nichts vermochte. In wilder Flucht löste sich das Türkenheer auf, und noch bevor sie die Eiserne Brücke erreichten, erschlugen die Kreuzfahrer »eine gewaltige Anzahl von ihnen«. Kerboghas Macht und Ansehen waren auf immer dahin, obwohl er heil nach Mossul zurückkehrte.

Der Sieg kam für die Kreuzfahrer so überraschend, daß sie es gar nicht begreifen konnten. Sie »glaubten an eine Kriegslist«, schreibt der arabische Chronist, »denn es hatte ja gar kein Kampf stattgefunden, aus dem zu fliehen gewesen wäre – und wagten nicht, die Verfolgung aufzunehmen, nur ein Trupp Glaubenskämpfer (also Moslems) leistete Widerstand und kämpfte um Gotteslohn und aus Verlangen nach dem Tode als Blutzeuge. Die Franken töteten sie zu Tausenden und erbeuteten, was an Lebensmitteln, Geld, Reittieren und Waffen im Lager war. So gingen sie gestärkt und neu gerüstet aus dem Treffen hervor.«

Die Kreuzfahrer hatten die Stadt 226 Tage belagert und besiegt, die Belagerung Kerboghas hatte nur 18 Tage gedauert und war mit einer fatalen Niederlage der Türken zu Ende gegangen. Der Weg nach Jerusalem war, dank der heiligen Lanze, endgültig frei.

Aber Peter Bartholomäus, dessen Vision den Kreuzfahrern wieder Mut gegeben hatte, dieser fromme Analphabet, sollte Jerusalem nicht sehen. Er starb zehn Monate später nach einem feierlichen Gottesgericht als – Scharlatan. Sein Fehler war gewesen, daß er in seine Visionen in zunehmendem Maße seine Sympathien und Antipathien einfließen ließ. Weil ihm Bischof Adhémar von Le Puy nicht geglaubt hatte, verkündete er nach dessen Tod die Vision, er habe ihn in der Hölle schmoren sehen; weil ihm Raimund von Toulouse geglaubt hatte, bekam er immer wieder neue Visionen, die meist die Pläne Raimunds unterstützten. Das führte zu Schwierigkeiten unter den Fürsten und zu Vorwürfen gegen Peter Bartholomäus, dem man Schwindelei vorwarf. Subjektiv fest von der Richtigkeit seiner himmlischen Eingebungen überzeugt, verlangte er daraufhin im Zorn die Feuerprobe.

Sie fand am Karfreitag des Jahres 1099, einem 8. April, statt. Zwei lange Holzstöße wurden nahe beieinander aufgebaut, von den Bischöfen gesegnet und dann angezündet. Peter Bartholomäus, wieder nur in seinem Hemd, lief zwischen den lodernden Holzstößen hindurch, die heilige Lanze in der Hand. Wenn er unversehrt aus den Flammen hervorkam, war alles gut. Aber Peter Bartholomäus tauchte mit entsetzlichen Brandwunden aus dem Feuer auf und wäre ohnmächtig in die Flammen zurückgefallen, wenn man ihn nicht herausgerissen hätte. Zwölf Tage später erlag er seinen Verletzungen, und von der heiligen Lanze war keine Rede mehr. Nur Graf Raimund von Toulouse hielt ihm die Treue und hob die heilige Lanze in seiner Kapelle auf – vielleicht, gegen alle Vernunft, der einzig »Fromme«.

Streit der Fürsten, Aufruhr der Pilger

Nun aber zurück nach Antiochia. Nach dem Kampf um die Stadt begann nun der Kampf um ihren Besitz. Obwohl Bohemund vor dem Sieg zugestanden worden war, daß die Stadt ihm gehören solle, fing nun alles noch einmal von vorne an. Graf Raimund von Toulouse bestand wieder darauf, Antiochia dem Kaiser von Byzanz zu übergeben, weil man sonst riskierte, daß Alexios die Nachschubwege durch Kleinasien sperren könnte. Dieser Ansicht schlossen sich die meisten anderen Fürsten an, aber Bohemund blieb hart. Schließlich einigte man sich darauf, einen Boten an Kaiser Alexios zu schicken, der sich nach letzten Meldungen auf einem Feldzug in Kleinasien befand, um ihn über den Fall Antiochias zu informieren. Damit hatte Graf Raimund erst einmal die Entscheidung hinausgeschoben, und Bohemund seinerseits konnte hoffen, daß der Kaiser gar nicht käme, um die Stadt in seinen Besitz zu nehmen, zumal ja sein Delegat, der Grieche Tatikios, abgereist war.

Aus diesem Grunde, und um nicht in der glühenden Sommerhitze durch Syrien und Palästina nach Jerusalem ziehen zu müssen, beschloß man, bis zum November in Antiochia zu bleiben und sich ein wenig zu erholen. Die edlen Herren amüsierten sich auf Raubzügen in der Umgebung, schlugen massenhaft den Türken die Köpfe ab oder verkauften sie in die Sklaverei. Bald hatten sie Veranlassung, sich nach gesünderen Gegenden umzusehen, als nämlich im Juli eine verheerende

Seuche ausbrach, wahrscheinlich Typhus. Eines der ersten Opfer war Bischof Adhémar von Le Puy, der päpstliche Legat, der am 1. August 1098 in Antiochia starb.

Mitte September, als die Seuche langsam abgeklungen war, traf man sich wieder in Antiochia, um nun endlich in einem gemeinsamen Schreiben dem »verehrten Herrn Papst« den Fall der Stadt und den Tod seines Legaten mitzuteilen und ihn gleichzeitig zu bitten, jetzt selbst die Leitung des Kreuzzuges zu übernehmen. In Antiochia, wo der Apostel Petrus das erste Bistum gegründet hatte, sollte der Nachfolger auf dem Stuhle Petri in seinem Amt als Herr der Christenheit bestätigt werden.

Es war eine symbolträchtige Einladung, aber da wohl keiner der Grafen damit rechnete, daß der Papst selbst kommen werde, bedeutete sie lediglich einen erneuten Aufschub. Noch war ja auch der Bote noch nicht zurückgekehrt, den man Kaiser Alexios auf seinem Heerzug in Kleinasien nachgesandt hatte – der Bote war, was die Kreuzfahrer nicht wissen konnten, um diese Zeit gerade in Konstantinopel angekommen, denn Kaiser Alexios hatte in Kleinasien den edlen, wenn auch flüchtigen Stephan von Blois getroffen, der ihm Fürchterliches über die Lage um Antiochia berichtete, und war daher eilig nach Hause zurückgekehrt.

Am 5. November endlich versammelten sich die Führer des Kreuzzuges in der Kathedrale von St. Peter, um über den Aufbruch nach Jerusalem zu beschließen. Aber es war nicht anders als im Juni: Bohemund verlangte Antiochia, weil Kaiser Alexios nicht gekommen sei, Graf Raimund wollte ihm die Stadt nicht zugestehen, da das gegen den Lehenseid verstoße. So stritt man sich einige Tage herum, bis das Volk vor der Kathedrale unruhig wurde. Von Peter Bartholomäus und seinen Visionen angestachelt, stellten die Pilger ein Ultimatum und verlangten den Weiterzug nach Jerusalem. Wenn die hohen Herren sich weiter um Antiochia zu streiten wünschten, so würde man die Stadt einfach niederbrennen, und das Problem wäre gelöst.

Während draußen das Volk aufgebracht umherzog, gab es in der Kathedrale dramatische Auseinandersetzungen, die aber immerhin zu einer Art Regelung führten. Zwar wurde die Frage nicht entschieden, wem denn nun Antiochia gehören sollte. Aber Graf Raimund erklärte, er werde sich einem späteren Beschluß des Fürstenrates beugen, vorausgesetzt, Bohemund schwöre, daß er den Zug nach Jerusalem begleiten werde. Und Bohemund mußte geloben, daß er den Kreuzzug nicht aus persönlichem Ehrgeiz aufhalten oder schädigen werde.

Nun hätte man aufbrechen können, aber nichts geschah. Jede Partei wartete auf ein Zeichen des Himmels, das den gordischen Knoten um den Besitz von Antiochia löste. Um die Pilger abzulenken, beschlossen die Heerführer, die Festung Maarat an-Numan, einige siebzig Kilometer südöstlich von Antiochia gelegen, anzugreifen. Nach wochenlanger Belagerung gelang es schließlich dem Heer des Grafen Raimund, nach einer der üblichen Visionen des Peter Bartholomäus, die Festung tatsächlich einzunehmen. Sofort ging der Streit um Maarat an-Numan los, nachdem inzwischen auch Bohemund aufgetaucht war.

Doch jetzt hatten die Kreuzfahrer endgültig genug von dem Zwist ihrer Führer, denn Raimund beanspruchte Maarat an-Numan für sich, und Bohemund wollte nicht abziehen. Die Pilger erklärten, sie würden jetzt denjenigen zum Führer des Kreuzzuges wählen, der den Aufbruch befehle. Graf Raimund geriet wieder in die Zwickmühle: Er war ja für den Aufbruch, aber konnte man wissen, ob Bohemund auch wirklich mitzog und nicht in Antiochia blieb? Mit riesigen Geldsummen versuchte er die anderen Fürsten zu bestechen, daß sie ihn als Führer proklamierten, aber das mißlang.

Inzwischen kam es zum Aufstand unter den hungernden Pilgern. Sie rissen die Mauern von Maarat an-Numan nieder und zerstörten die Stadt. Seit über einem halben Jahr hatten sie nutzlos in Antiochia gesessen, weil die edlen Herren sich um einen Besitz stritten, auf den sie gar keinen Anspruch hatten.

Graf Raimund von Toulouse begriff endlich, daß er handeln mußte. Am 13. Januar des Jahres 1099 zogen er und seine Truppen aus Maarat an-Numan aus, um das Heilige Grab in Jerusalem zu befreien. Wie es sich für eine Pilgerfahrt gehört, ging Raimund barfuß vor dem Zug her. Ihm folgten 350 Reiter und 10000 Mann zu Fuß.

Mehr als 14 Monate hatte das Kreuzfahrerheer in Antiochia verbracht, davon fast die Hälfte nur im sinnlosen Streit der Fürsten um den Besitz der eroberten Stadt. Denn als dann mit einem Monat Verspätung auch Gottfried von Bouillon un Robert von Flandern hinterherzogen, blieb Bohemund einfach in Antiochia. Graf Raimund von Toulouse war unbestrittener Anführer des Kreuzzuges. Aber Bohemund besaß Antiochia, das er von Anfang an gefordert hatte.

Doch Graf Bohemund von Tarent war nicht der einzige, der weit vor Jerusalem sein Kreuzzugsziel erreicht hatte. Still und unbemerkt und von niemandem bestritten, hatte sich Gottfrieds Bruder Balduin längst sein eigenes Fürstentum von Edessa zusammengeräubert. Balduin, wenig später der erste König von Jerusalem, war gar nicht dabei, als das Kreuzfahrerheer nach Jerusalem zog.

Balduin erobert Edessa

Wie ich schon erzählt habe, hatte sich Gottfrieds jüngerer Bruder Balduin bei der Einnahme von Tarsus im Jahre 1097 reichlich eigenartig benommen, als er gegen den Normannen Tankred antrat und der verschüchterten Einwohnerschaft einredete, sie müßten die Stadt ihm, Balduin, übergeben und nicht Tankred, der sie erobert hatte. Wir wissen auch schon, daß es gegen Balduin zu einem Aufstand der Pilger gekommen war, als durch seine Unfreundlichkeit 300 Pilger vor der Stadtmauer bleiben mußten und daraufhin von den Türken umgebracht wurden.

Nach dem Tode seiner Frau Godvere hatte sich Balduin dann wieder treu und brav dem Hauptheer angeschlossen, um zunächst von Marasch auf einer Parallelstraße zum großen Heer nach Süden zu ziehen. Bei Ain Tab jedoch bog Balduin plötzlich nach Osten ab und begann seinen Privatkreuzzug.

Er, der wenige Jahre später der erste König von Jerusalem werden sollte, hatte gar nicht vorgehabt, nach Jerusalem zu ziehen. Sein Ziel bestand schlicht und einfach darin, sich irgendwo möglichst bequem ein Fürstentum zu erobern, was er in seiner französischen Heimat, wo man ihn zum Geistlichen bestimmt hatte, nie bekommen hätte.

Mit Tarsus war die Sache schiefgegangen, und das war vielleicht auch ganz gut so. Abgesehen vom Klima lag Kilikien zu nahe an der Kilikischen Pforte und daher im Einflußbereich des byzantinischen Kaisers, um ein ruhiges Plätzchen sein zu können, außerdem hätte er in Kilikien ständig gegen eine mohammedanische Bevölkerung kämpfen müssen. Andererseits war die Aussicht gering, sich bei der Menge von Fürsten und Grafen unten in Palästina still und friedlich ein kleines Reich zu schaffen, wenn man sich schon um Tarsus stritt.

So war Balduin einfach nach Osten gezogen, dorthin, wo niemand das Christentum bedrohte und wo die Wasser des Euphrat Wohlstand und Bequemlichkeit verhießen. Vermutlich hatte er keinen genauen Plan. Er wußte nur, daß am Euphrat christliche Armenier saßen, so daß er sich den lästigen Kampf gegen Ungläubige ersparen konnte.

Das Verhalten der Bevölkerung schien ihm recht zu geben: Man empfing ihn mit Freuden und küßte den Kreuzfahrern die Füße, denn schon vor zwanzig Jahren hatten die Armenier den damaligen Papst

Gregor VII. um Hilfe für die armenische Sache gebeten, aber nichts war geschehen. In Balduin sahen sie daher den lange versprochenen Retter gegen die türkische Gefahr, und er stieß als »Befreier« mit seinem »Heer« von 200 Rittern bis zum Euphrat vor. Nicht einmal Fulcher von Chartres, der Chronist, wundert sich, was sie dort zu suchen hatten.

Dann rollte alles wie von selber ab. Es war Anfang des Jahres 1098, und Kerbogha von Mossul hatte begonnen, ein Heer gegen die Kreuzfahrer in Antiochia zu sammeln, und die Armenier bekamen es mit der Angst zu tun: auf dem Wege nach Antiochia konnte Kerbogha leicht das Gebiet um den Euphrat mit Krieg überziehen. Denn von Mossul aus gesehen, der Nachfolgesiedlung des alten Ninive am Tigris und heute das irakische Städtchen M'aussil, lag der Euphrat auf dem Wege nach Antiochia.

In dieser prekären Situation traf eine Botschaft aus Edessa (heute das Städtchen Urfa östlich des Euphrat) bei Balduin ein, worin ihn der armenische Herrscher Tholos von Edessa um Hilfe bat. Aber so billig ließ sich Balduin nicht einkaufen. Er wollte nicht helfen, er wollte herrschen und besitzen. Dem armen Tholos blieb in seiner Angst vor Kerbogha keine andere Wahl: Er bot Balduin an, ihn als seinen Sohn und Erben zu adoptieren und zum Mitregenten zu machen.

Jetzt zog Balduin mit ein paar Rittern über den Euphrat und traf am 6. Februar 1098 in Edessa ein, um weitab von Jerusalem eine Grafschaft in Besitz zu nehmen, die weder ihm noch dem Vasallen Tholos, sondern dem Kaiser von Byzanz gehörte, dem Balduin die Treue geschworen und sich verpflichtet hatte, alle Eroberungen zu überlassen.

Sofort nach seiner Ankunft nahm ihn Tholos feierlich an Kindes Statt an, nur daß Balduin kein Kind mehr war. Die armenische Sitte jener Zeit verlangte, daß das Adoptivkind den Oberkörper entblößte, während der Adoptivvater sich ein doppelt so weites Hemd anzog und es über den Kopf des Adoptivkindes stülpte, woraufhin dann Vater und »Sohn« die nackte Brust gegeneinander rieben. Balduin zog sich also das Hemd aus, schlüpfte unter das Hemd des greisen Tholos und vollzog den uralten Ritus: Das war die neue Grafschaft schon wert.

Nun stand da aber auch noch die Fürstin von Edessa, die angejahrte Frau des armen Tholos, und auch die neue Adoptivmutter hatte ein überweites Hemd an. Die Quellen berichten nur das Ergebnis, nämlich, daß Balduin auch mit ihr den uralten Ritus vollzog. So war alles in Ordnung und Balduin Mitregent von Edessa.

Seltsamerweise brach dann genau einen Monat später, am 7. März, eine Revolte gegen Tholos aus, und der treue Adoptivsohn Balduin riet seinem greisen Adoptivvater, sich in sein Schicksal zu ergeben. Tholos bat lediglich für sich und seine Frau um freien Abzug. Balduin verbürgte sich »bei den Erzengeln, Engeln und Propheten« für sein Leben, ließ ihn aber nicht frei. Als Tholos drei Tage später mit seiner Frau zu fliehen versuchte, wurde er von der Menge gefaßt und buchstäblich in Stücke gerissen. Anschließend »banden sie ihm einen Strick um die Füße und schleiften seinen Leichnam durch die Straßen«, der abgeschnittene Kopf des Tholos wurde auf eine Lanze gesteckt.

Am Tage darauf, also am 10. März 1098, wurde Balduin vom Volk aufgefordert, die Regierung von Edessa zu übernehmen. Für Balduin war der Kreuzzug zu Ende. Es war fast auf den Tag genau die Zeit, als Balduins Bruder Gottfried den bekannten Türken querkant halbierte, um im verzweifelten Kampf Antiochia einzunehmen.

Balduin nahm den Titel eines Grafen von Edessa an, und es gehört zu den Merkwürdigkeiten dieses Kreuzzuges, daß weder Papst noch Fürsten, noch der Kaiser Alexios von Byzanz etwas unternahmen. Dabei handelte Balduin gegen den Lehenseid in Konstantinopel und gegen das Kreuzzugsgelübde, das Heilige Grab Christi in Jerusalem von den Ungläubigen zu befreien.

Kein Chronist hat Balduin den gleichen Egoismus vorgeworfen, den sie allesamt gegen Bohemund in Antiochia vorbrachten, kein Historiker hat Balduin mit Bohemund auf eine Stufe gestellt. Dabei war Balduin, am Gelöbnis des Kreuzzuges gemessen, der erste Abtrünnige, der erste Verräter. Er hatte sein Heer geworben, um Jerusalem zu befreien, und er hatte es benutzt und mißbraucht, um sich im Orient eine Grafschaft zu erobern, die ihm zu Hause niemand geben wollte. Balduin hatte nicht das Kreuz genommen, um dem Herrn, sondern seinem persönlichen Nutzen zu dienen.

Ich kann mir nicht vorstellen, daß das weder Kreuzfahrer noch Chronisten gemerkt haben sollten. Schon der Stand der Sterne und der Sonne mußte selbst dem Ortsunkundigen gezeigt haben, daß Balduin in die falsche Richtung lief, erst recht mußte der völlig unbekannte Name Edessa selbst den Dümmsten auf die Idee gebracht haben, daß es sich nicht gut um einen biblischen Ort handeln konnte, wenn es schon nicht Jerusalem war.

Balduin gehört von vornherein zu den blamabelsten Erscheinungen dieses Kreuzzuges. Selbst unser liebenswerter Ausreißer Stephan von Blois mit seinen naiven Briefen an seine »vielgeliebte Adele« gewinnt wieder an Ansehen, wenn man bedenkt, was er erst einmal durchgemacht hat, bevor er sich aus dem Haufen streitender Edelleute entfernte.

Daß niemand von seinen Zeitgenossen das Verhalten Balduins monierte, kann nur daran liegen, daß dieser Egoist wenig später durch Zufall den für die Christenheit geradezu märchenhaften Titel eines Königs von Jerusalem erhielt. Denn weil Geschichte damals nur vom Standpunkt der Herrschenden geschrieben wurde, ist es verständlich, daß kein Chronist etwas Negatives über Balduin sagte. Das widersprach dem Menschenbild von damals. Wer einmal zu großer Ehre gelangte, war immer groß, und alles wurde danach ausgerichtet. Und wer später – wie Bohemund – ein paar Jahre von den Türken gefangengenommen werden konnte, war schon immer ein Schuft.

Balduin jedenfalls kommt in der Geschichtsschreibung der Kreuzzüge erstaunlich gut weg, obwohl gerade er den krassesten Egoismus an den Tag legt: Wer kann heute beurteilen, ob nicht Bohemunds Hartnäckigkeit in Antiochia sein Vorbild in Balduins unvorhergesehener Grafschaft von Edessa hatte?

Den einen verurteilt die Nachwelt, den anderen nicht. Geschichte wird vom Sieger geschrieben, ob er recht hat oder unrecht: Die Normannen gelangten am Ende weder auf den Thron von Jerusalem noch hatten sie kluge Geschichtsschreiber, die irgendwelche Berichte durch geschickte Aufzeichnungen für die Historiker späterer Jahrhunderte zu »Fakten« machten.

Andererseits scheuten manche Historiker nicht davor zurück, in nationalistischem Eifer Zensuren zu verteilen und damit die wahren Tatbestände zu verdrehen. So schrieb 1887 der Tübinger Historiker Bernhard Kugler: »Wie anders hätte alles kommen können, wenn die nordischen Recken, die Söhne Deutschlands und Nordfrankreichs . . . an der Spitze der Kreuzfahrerstaaten sich länger behauptet hätten! Unter den Deutschen und den in dieser Beziehung ihnen nahestehenden Nordfranzosen lebte ein höherer Heldensinn, der nicht so übergierig nach schnellem Erwerb ausschaute, der Kämpfe und Gefahren um ihrer selbst willen liebte.« Gelegenheiten zu »beispielloser Bereicherung« benutzten bei Kugler folglich nur »die Südeuropäer, die Provenzalen und Italiener«. Balduin aber war – Nordfranzose.

Der frischgebackene Graf von Edessa machte sich ans Regieren und Erobern und hatte bald solchen Erfolg, daß eine Anzahl von Rittern, die zur Verstärkung des Heeres nach Antiochia unterwegs waren, wie durch Zufall vom Wege abkamen und in Edessa auftauchten. Das konnte Balduin nur recht sein, da sein »Heer« nur aus 200 Mann, nach anderen Quellen sogar nur aus 80 Mann bestand. Balduin ermunterte die Herren Ritter, sich im Lande anzusiedeln und in den Landadel einzuheiraten. Selbst gerade Witwer geworden, ging Graf Balduin mit gutem Beispiel voran und heiratete Arda, die Tochter des reichen Stammesfürsten Tafnuz, die eine Mitgift von 60000 Byzantinern mitbrachte. Das war, in Goldmark von vor 1914 umgerechnet, die Kleinigkeit von 480000 Mark, die freilich Schwiegervater Tafnuz kurz nach der Hochzeit wieder mitnahm, als die Armenier gegen Ende des Jahres eine Verschwörung anzettelten. Sie wollten Balduin, der kaum ein dreiviertel Jahr regiert hatte, umbringen oder ihn zwingen, seine Herrschaft mit Tafnuz zu teilen.

Die Verschwörung wurde verraten, und Balduin machte kurzen Prozeß. Die Verschwörer wurden verhaftet, den beiden Anführern die Augen ausgestochen, den anderen die Nase oder die Füße abgehackt, viele mußten sich mit hohen Lösegeldern freikaufen. Obwohl man Tafnuz keine Verbindung zur Verschwörung nachweisen konnte, hielt er es für besser, wieder in seine Berge zurückzukehren.

Zurück blieb Graf Balduin von Edessa, vor einem Jahr noch der mittellose jüngste Sohn einer lothringischen Familie, jetzt der gefürchtete Herrscher einer orientalischen Grafschaft, der bereits jetzt mehr besaß, als die anderen Anführer des Kreuzzuges, die noch vor Antiochia lagen und sich um den Besitz der eroberten Stadt stritten.

Der Kampf um Jerusalem

Am Berge der Freude

Als die Kreuzfahrer im Januar des Jahres 1099 Antiochia nach 15 Monaten verließen, hofften sie bald in Jerusalem zu sein, und wie sich zeigte, verlief die Reise ohne größere Schwierigkeiten, auch wenn der Weg von »über hunderttausend mohammedanischen Leichen« gesäumt war, wie der arabische Chronist Ibn al-Atir schreibt.

Trotzdem dauerte es noch einmal fast fünf Monate, bis die Strecke von reichlich 600 Kilometern entlang der Mittelmeerküste zurückgelegt war. Das entsprach einer bescheidenen Marschleistung von vier bis fünf Kilometern pro Tag. Hervorgerufen wurde diese Verzögerung durch eine Reihe unnützer und zeitraubender Belagerungen sowie durch die üblichen Raubzüge, die die Versorgung sichern sollten.

Es kam wieder zum Streit zwischen Raimund, Gottfried und den anderen über die Heeresleitung, in die Peter Bartholomäus immer wieder störend mit seinen Visionen eingriff, bis sein Tod nach dem Gottesgericht am Karfreitag dieses Problem aus der Welt schaffte.

Jetzt war es Kaiser Alexios in Byzanz, der für Unruhe sorgte. Anfang April trafen Briefe von ihm ein, in denen er mitteilte, er werde nun doch nach Syrien kommen. Wenn die Kreuzfahrer bis zum Johannistag, also bis Mitte Juni warteten, würde er sie nach Jerusalem führen.

Nun aber verloren die Kreuzfahrer die Geduld. Sie waren allein bis hierher gekommen und würden ohne kaiserliche Führung Jerusalem erreichen. Auch konnten sich die Heerführer nicht dafür begeistern, zum Schluß des Unternehmens nun doch noch so offensichtlich unter die einstmals beschworene Lehenshoheit des byzantinischen Kaisers zu geraten.

Nur Raimund von Toulouse, der einzige, der keinen Treueid geschworen hatte, bestand darauf, auf den Kaiser zu warten. Er sah seinen Vorteil darin, daß der Kaiser ihn sicher in seiner Führungsrolle stärken würde. Aber Graf Raimund wurde überstimmt und konnte daraufhin nur noch mit Mühe davon abgehalten werden, sich den Libanon als Privatbesitz zu erobern.

Hätten die Kreuzfahrer auf Kaiser Alexios gewartet – sie säßen heute

Syrien und Palästina zur Zeit des Ersten Kreuzzuges

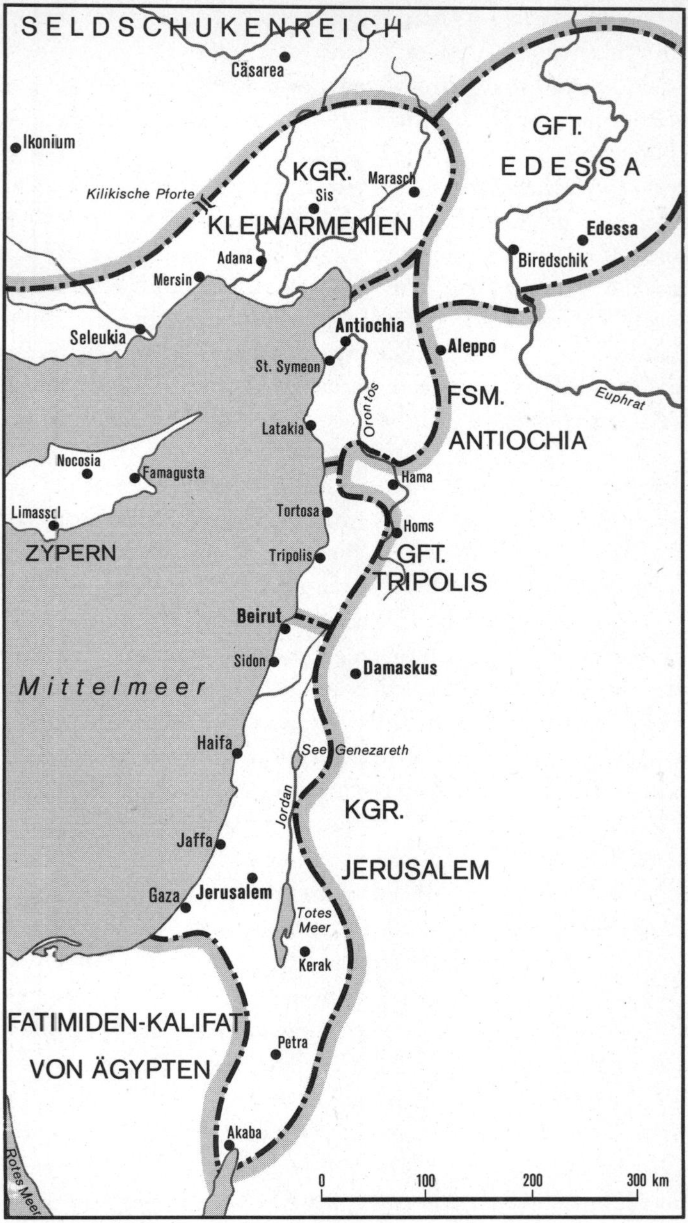

Die Staaten des südöstlichen Mittelmeerraumes

noch am Nordrande des Libanongebirges. Kaiser Alexios hatte offenbar nie vorgehabt, den Kreuzfahrern zu Hilfe zu kommen. Im Gegenteil: Er schrieb an die mohammedanischen Ägypter – also seine Gegner! –, er habe mit der ganzen Kreuzzugsbewegung nichts zu tun; die Ägypter hatten nämlich bei ihm angefragt, wie sie den Franken begegnen sollten.

Nach seinen Erfahrungen mit den Kreuzfahrern und nach den Berichten über das Gemetzel in Antiochia war die Haltung des Kaisers verständlich. Kaiser Alexios war Realist genug, um außerdem zu erkennen, daß Palästina nie wieder zu seinem Einflußgebiet gehören würde, auch wenn er noch so viel Anrecht darauf hätte. Er fühlte sich lediglich als Schutzherr der einheimischen Christen, und die waren seiner Ansicht nach unter der toleranten Herrschaft der mohammedanischen Ägypter besser aufgehoben als unter den fanatischen Kreuzfahrern.

Kaiser Alexios versuchte also, gut aus der Affäre herauszukommen. Er schrieb nach allen Seiten Briefe, unangenehm war dabei nur, daß den Kreuzfahrern später die kaiserlichen Briefe an die Ägypter in die Hände fielen. Die Kreuzfahrer waren über die Treulosigkeit des Kaisers empört, wobei ihnen gar nicht auffiel, daß sie mit ihren Privaträubereien als erste die Abmachungen gebrochen hatten und daß die Haltung des Kaisers nur eine Reaktion auf ihre eigene Treulosigkeit war.

Für die Kreuzfahrer war dieser Briefwechsel aber eine gute Entschuldigung dafür, ihre Eroberungen von nun an ohne alle Gewissensbisse auf ihr Privatkonto zu verbuchen, wie es Balduin und Bohemund schon vorher mit Edessa und Antiochia getan hatten.

Am 24. Mai 1099 kamen die Kreuzfahrer vor Akkon an (der heutigen nordisraelischen Stadt Akko), dessen Statthalter sich nach dem Beispiel Beiruts die Schonung seiner Felder und Obstgärten vor der Stadt durch freizügige Lebensmittelspenden erkaufte. Wenige Tage später waren die Kreuzfahrer an Haifa und dem Berge Karmel vorbeigezogen und hatten sich vier Tage vor Cäsarea gelagert, um dort das Pfingstfest feierlich zu begehen, an dem der herniedersteigende Heilige Geist seit alters her durch eine Taube symbolisiert wird.

Hier mußten nun die Pilger erleben, wie über dem Lager ein Habicht eine Taube erfaßte und in der Luft tötete. Es war kein gutes Omen, zumal die Taube tot in der Nähe des Zeltes des Bischofs von Apt zu Boden fiel. Auch diesmal erhielten die Pilger Briefe, die nicht für sie bestimmt waren: Die Taube war eine Brieftaube des Statthalters von Akkon, der sich selbst ganz friedlich verhalten hatte, aber nun die Mohammedaner Palästinas zum Widerstand gegen die Kreuzfahrer aufrief: »Suche dem dummen, zänkischen, zuchtlosen Geschlechte soviel zu schaden als möglich. Es wird dir leicht werden, sobald du nur willst!«

Um so begeisterter waren die Kreuzfahrer, als sie dann, zwischen dem heutigen Tel Aviv und Jerusalem, in die rein mohammedanische Stadt Ramla einzogen und sie menschenleer vorfanden. Auf diesem leicht eroberten mohammedanischen Gebiet mitten im Heiligen Land setzten sie sofort einen Bischof ein und zogen dann weiter.

Gleich danach hatten sie noch ein erhebendes Erlebnis. Als sie durch das Dorf Emmaus zogen, in das Jesus nach seiner Auferstehung unerkannt mit zwei Jüngern hingewandert war, die ihn dann nur an der Art des Brotbrechens erkannten – genau an dieser heiligen Stelle trafen sie auf Boten der christlichen Stadt Bethlehem, die sie um die Befreiung vom mohammedanischen Joch baten.

Das war nun endlich einmal so, wie man sich einen Kreuzzug vorgestellt hatte. Mit hundert ausgewählten Reitern ritt Tankred sofort in der Nacht durch das judäische Gebiet nach Bethlehem, der Geburtsstadt Christi, nur wenige Kilometer südlich von Jerusalem.

Im Morgengrauen kamen sie an, und in feierlicher Prozession zogen die Bewohner von Bethlehem mit sämtlichen Reliquien, darunter einige Windeln Jesu, und den Kreuzen aus der Geburtskirche singend ihren Befreiern entgegen, um ihnen weinend die Hände zu küssen. Die Kreuzfahrer knieten an der Geburtsstätte Christi nieder und beteten. Dann ritten sie hinüber zu der Stadt, in der der Herr gestorben war und wo sich das Heilige Grab befand, das zu befreien sie vor drei Jahren ausgezogen waren.

Am Dienstag, dem 7. Juni des Jahres 1099, erreichte das Kreuzfahrerheer Jerusalem. Von einem Hügel aus, den sie später Montjoie – Berg der Freude – nannten, sahen sie zum ersten Mal die Türme der Heiligen Stadt.

»Als sie den Namen Jerusalem vernahmen«, berichtet der Chronist, »konnten sie sich der Tränen nicht enthalten, warfen sich auf die Knie und dankten Gott, daß er ihnen verstattet habe, das Ziel ihrer Pilgerfahrt zu erreichen, die Heilige Stadt, wo unser Heiland die Welt hat retten wollen. Es war ergreifend, das Schluchzen all dieser Leute zu hören! Sie rückten noch so weit vor, bis sie die Mauern und Türme der Stadt deutlich erkennen konnten, hoben dankend die Hände gen Himmel und küßten demütig den Erdboden.«

Fatimiden und Sunniten

Noch am gleichen Tage begann die Belagerung Jerusalems, aber die Kreuzfahrer, die ausgezogen waren, die Seldschuken zu vertreiben, fanden einen ganz anderen Gegner vor. Es gehört zur Ironie der Geschichte, daß die Anhänger Mohammeds das inzwischen unter sich besorgt hatten. Denn die Anhänger des Islam waren in zwei feindliche Richtungen gespalten, die sich gegenseitig sogar mit der Waffe bekämpften, da die Glaubensunterschiede allmählich auch zu politischen Gegensätzen geführt hatten.

Vereinfacht: Die arabischen Mohammedaner, die in Afrika und bis hinauf nach Palästina saßen, betonten besonders die Stellung des Propheten Mohammed und die Zugehörigkeit zum Stamm der Haschemiten, der Sippe Mohammeds, nach dessen Tochter Fatima sie sich Fatimiden und als Anhänger der Dynastie des Ali auch Schiiten (aus Schia Ali, Anhänger Alis) nannten.

Diesen schiitischen Fatimiden standen die Sunniten gegenüber, für die nicht allein der Koran des Mohammed maßgebend war, sondern auch die »Sunna«, der allmählich herausgebildete »Brauch«, die Tradition. Dieser Lehrunterschied spielte aber zunächst keine Rolle: Schließlich waren ja gerade auch die Tochter Fatima und Mohammeds Enkel die besten Kenner des Brauches, der Sunna.

Der Unterschied zwischen beiden Richtungen war vielmehr volksmäßig und politisch begründet: In der Praxis waren die arabischen Mohammedaner schiitische Fatimiden, während die Turkstämme, also auch die Seldschuken, Sunniten waren, die sich trotz des gemeinsamen Glaubens an Allah und seinen Propheten genausowenig mochten wie später bei uns die Katholiken und die Protestanten und die auch Kriege gegeneinander führten wie die Christen Europas während des Dreißigjährigen Krieges.

Der Grund ist einleuchtend: Die arabischen Fatimiden sahen in den türkischen Sunniten weniger die Glaubensbrüder als die Eindringlinge, die Eroberer, die sich nur durch ihren Glauben von den anderen Eindringlingen, den europäischen Kreuzfahrern, unterschieden. Für die Kreuzfahrer wiederum waren diese Unterschiede unwesentlich. Sie nannten ihre Gegner, ganz gleich, ob es nun Türken waren oder Araber, einfach Sarazenen, obwohl damit ursprünglich einmal nur die Araber gemeint waren.

Dieser Uneinigkeit zwischen Sunniten und Fatimiden und ihren ständigen Kämpfen gegeneinander verdankten es die Kreuzfahrer, daß sie überhaupt bis ins Heilige Land gekommen waren. Hätten sich alle Anhänger des Islam zusammengeschlossen, um die Franken zu bekämpfen, so wäre spätestens in Antiochia das Kreuzfahrerheer mit Glanz und Gloria vernichtet worden.

Aber das Gegenteil war der Fall: Während die Kreuzfahrer die seldschukischen Sunniten in Antiochia belagerten, kam aus Kairo eine Delegation der arabischen Fatimiden angesegelt und schlug den Kreuzfahrern vor, gemeinsame Sache gegen die Türken zu machen. Der Wesir von Kairo machte den Vorschlag, das Seldschukenreich aufzuteilen: Die Franken sollten Syrien und die Fatimiden Palästina besetzen.

Dieser Vorschlag machte aber auch deutlich, daß die Moslems das Wesen und das Ziel des Kreuzzuges überhaupt nicht begriffen hatten: Wegen der Befreiung Palästinas waren die Kreuzfahrer ja gekommen, und sie dachten gar nicht daran, das Heilige Land den Ungläubigen zu überlassen, ganz gleich, ob Sunniten oder Schiiten. Trotzdem hatte man in Antiochia die arabische Delegation sehr freundlich empfangen und ihr einmal sogar 300 prachtvolle Türkenköpfe geschenkt.

Als es zu keiner Abmachung kam, reisten die Araber wieder ab, und in der Folge fingen die arabischen Fatimiden an, Palästina auf eigene Faust zu erobern. So vertrieben sie auch wieder die Seldschuken aus Jerusalem und hatten die Heilige Stadt schon ein Jahr lang in Besitz, als dann endlich die Kreuzfahrer vor den Mauern auftauchten.

Zwar hatte der Papst zum Kreuzzug aufgerufen, weil die Seldschuken Jerusalem besetzt hatten – mohammedanisch war es ja auch schon jahrhundertelang vorher –, aber das spielte nun für die Kreuzfahrer keine Rolle. Sie waren gekommen, das Heilige Grab zu befreien, und sie würden es befreien, ganz gleich, ob es nun tatsächlich in Gefahr war oder nicht.

Und es war nicht in Gefahr: Der Islam, der Erzvater Abraham und Jesus zu seinen Propheten rechnet – streckenweise liest sich der Koran wie die Bibel –, war gegenüber Andersgläubigen außerordentlich tolerant. Es war erst das Vorgehen der Christen, das im Laufe der Zeit auch bei den Mohammedanern eine harte und unversöhnliche Haltung hervorrief.

Die Belagerung

Für die Kreuzfahrer waren das alles Ungläubige und folglich Feinde, und so begannen sie die Heilige Stadt zu belagern, die zu den großen Festungen des Mittelalters gehörte, obwohl das mittelalterliche Hierosolima nicht einmal einen Quadratkilometer Stadtfläche mit seinen Mauern umfaßte und damit wesentlich kleiner war als Antiochia.

Dank der starken Festungsmauern, die später Suleiman der Prächtige noch ausbaute, ist das Jerusalem der Kreuzfahrer bis auf den heutigen Tag in gleicher Ausdehnung durch die Jahrhunderte erhalten geblieben. Erst als im letzten Jahrhundert das moderne Jerusalem außerhalb der Mauern im Westen hinzukam, wurde das historische Jerusalem zur »Altstadt« und damit zu einem Stadtteil des heutigen Jeruschalajim.

Jerusalem, eine alte Jebusiterfestung, die dann König David eroberte und zu seiner Stadt machte, ist an drei Seiten von Tälern umgeben, von denen das Kidrontal im Osten und das Gehennatal im Südosten heute noch erhalten sind. Ein ebenso tiefes Tal lag früher im Westen; es ist aber im Laufe der Zeit eingeebnet und von der modernen Stadt zugebaut worden. Lediglich im Norden und im Südwesten, wo die Mauer über den Berg Zion lief, war die Stadt angreifbar. Obwohl Jerusalem keine eigenen Quellen besitzt, gab es genügend Zisternen, und eine Wasserleitung aus der Römerzeit, die auch heute noch in Gebrauch ist, versorgte die Einwohner mit frischem Wasser.

Wie überliefert ist, war Jerusalem mit 40 000 Verteidigern für den Angriff gerüstet. Noch bevor die Pilger auftauchten, hatte Iftikhar ad-Daula, der fatimidische Statthalter, Tausende von Christen aus Jerusalem ausgewiesen, rund um die Stadt alle Brunnen zugeschüttet oder vergiftet und einen Boten nach Ägypten gesandt und um Hilfe gebeten. Die Kreuzfahrer litten daher in der Sommerhitze auf den kahlen und baumlosen judäischen Bergen rund um Jerusalem unter entsetzlichem Durst und mußten sich Wasser im Umkreis von Meilen mühsam beschaffen. Dabei wurden sie immer wieder von umherstreifenden Arabern überfallen.

Auch militärisch stand es für die Kreuzfahrer schlecht. Ohne Rammböcke und Belagerungstürme war nichts zu machen, und eben die konnten sie nicht bauen, weil sie weder Nägel noch Stricke hatten und es außerdem im weiten Umkreis keine Bäume gab.

So wurde wieder einmal ein Fingerzeig Gottes nötig, und der erschien auch in Gestalt eines greisen Einsiedlers auf dem Ölberg, wohin die Fürsten am 12. Juni zur inneren Erbauung gegangen waren. Der Einsiedler befahl ihnen, die Mauern am nächsten Tag anzugreifen, wobei den Fürsten der herrliche Überblick zustatten kam, den man vom Ölberg aus auf das tiefer liegende Jerusalem hat. Auf den Hinweis, daß man keine Belagerungsgeräte habe, erklärte der Einsiedler, wenn sie nur den richtigen Glauben hätten, müßte Gott ihnen den Sieg verleihen.

Mit Feuereifer griffen die Kreuzfahrer am nächsten Morgen die Nordmauer an, aber entweder war ihr Glaube nicht stark genug oder der Einsiedler hatte sich geirrt: Nach stundenlangem Kampf sahen sie ein, daß sie ohne genügend Leitern und Belagerungstürme nichts ausrichten konnten, und zogen sich bitter enttäuscht zurück.

Die Lage war hoffnungslos. Ein heißer Wüstenwind, der Chamsin, kam noch hinzu, und ganze Viehherden, die die Kreuzfahrer zusammengetrieben hatten, verdursteten, schon wurden Kommandos bis an den Jordan geschickt, um aus 40 Kilometer Entfernung Wasser heranzuschaffen.

Da kam wenige Tage später die Nachricht, eine christliche Flotte mit sechs Schiffen sei in Jaffa gelandet, und sie waren mehr oder weniger zufällig die Retter aus der Not: Sie hatten Lebensmittel, Nägel, Bolzen und Seile an Bord.

Inzwischen hatten Tankred und Robert von Flandern rund 80 Kilometer nördlich von Jerusalem in Samaria einen Wald entdeckt, und die Kreuzfahrer konnten darangehen, Bäume zu fällen und Belagerungsmaschinen zu bauen. Die Strapazen müssen ungeheuer gewesen sein, denn jetzt, so unmittelbar vor dem Ziel, verließ viele Kreuzfahrer der Mut. Sie zogen an den Jordan hinab, ließen sich noch einmal an der Stelle taufen, wo auch Jesus die Taufe empfangen hatte, und zogen dann palmwedelschwingend an Jerusalem vorbei nach Jaffa, um nach Hause zu segeln. Vielleicht war da auch schon die Nachricht eingetroffen, daß ein großes Heer aus Ägypten unterwegs war, um die Kreuzfahrer vor Jerusalem anzugreifen.

Die Sache war wieder so aussichtslos, daß nur die Autorität einer göttlichen Vision helfen konnte, die zum Glück auch der Priester Peter Desiderius hatte; ihm war schon früher einmal der tote Bischof Adhémar von Le Puy erschienen. Jetzt hatte sich Adhémar wieder gemeldet und befohlen, die Fürsten sollten ihre Streitereien aufgeben – man stritt sich schon wieder um den Besitz von Bethlehem –, eine Fastenzeit abhalten und barfuß eine Prozession um Jerusalem veranstalten. Wenn dies geschähe, würden sie Jerusalem binnen neun Tagen einnehmen.

Das war ein Angebot. Sofort wurde das Fasten angeordnet und am 8. Juli, einem Freitag, zogen sämtliche Kreuzfahrer barfuß und Kreuze und Reliquien tragend in feierlicher Prozession um Jerusalem, während die Mohammedaner oben auf den Mauern zusammenliefen und sich lustig machten. Dann zog das Heer auf den Ölberg und hörte zwei Predigten, die eine von Peter dem Einsiedler gehalten. Begeistert und mit erhobenem Herzen zog das Heer wieder durch das Kidrontal vor die Mauern Jerusalems zurück: Gott würde sie nicht verlassen.

Acht Tage später war Jerusalem in den Händen der Christen: Gott hatte sie tatsächlich nicht verlassen.

Das Blutbad

Der Angriff begann in der Nacht vom 13. zum 14. Juli, als 12000 Mann Fußvolk und 1200–1300 Ritter Meter um Meter die inzwischen gebauten schweren hölzernen Belagerungstürme an die Mauern heranrollten. »Aber zwischen dem Turm und der Mauer lag ein Graben, und man ließ ausrufen, jeder, der drei Steine in den Graben trüge, solle einen Denar erhalten. Um ihn anzufüllen, brauchte es drei Tage und drei Nächte. Endlich war der Graben voll, man führte den Turm gegen die Mauer. Die Verteidiger im Innern schlugen sich kräftig mit den unsrigen, wobei sie (griechisches) Feuer und Steine verwendeten.«

Dieses sogenannte griechische Feuer – schon in vorchristlicher Zeit bekannt – war eine unheimliche Sache. Schoß man es in Fässern mit Katapulten durch die Luft, »so machte es ein Geräusch wie Donner, und es glich einem durch die Luft fliegenden Drachen. Sein brennender Schweif hatte die Länge eines gewaltigen Schwertes. Es gab so viel Licht ab, daß es in unserem Lager taghell war«, berichtete einmal ein Chronist. Das wahrhaft Unheimliche war, daß es sogar auf dem Wasser brannte, weshalb man es bei Seeschlachten verwendete, und daß man es mit Wasser nicht löschen konnte: Wasser machte die Sache nur noch schlimmer.

Diese Wunderwaffe bestand aus einer Mischung von Erdöl, Schwefel, Harz, Salz und gebranntem Kalk, die in Verbindung mit Wasser ein brennendes und explosibles Gemisch bildete und nur mit Essig gelöscht werden konnte. Dieses antike Napalm regnete also auch auf die Kreuzfahrer herab, als man am Freitagmorgen, dem 15. Juli, zum Sturm auf Jerusalem ansetzte.

Gottfried von Bouillon und sein Bruder Eustachius befehligten einen Turm an der Nordmauer in der Nähe des Blumentores (heute das Herodestor), aber der Angriff blieb stecken. »Wir waren bestürzt und in großer Furcht«, heißt es in einer Chronik, doch der Kampf ging weiter. Es kam darauf an, von einem Belagerungsturm aus eine Brücke zur Stadtmauer zu schlagen und dann einzudringen, bevor die Belagerten den hölzernen Turm mit Steinen und Feuer zerstörten. Doch dann war es soweit: »Als dann die Stunde kam, in der Unser Herr Jesus Christus es zuließ, daß Er für uns den Kreuzestod erlitt (3 Uhr also), schlugen sich hitzig unsere auf dem Turm aufgestellten Ritter, unter anderen Herzog Gottfried und Graf Eustachius, sein Bruder. In diesem Augenblick erkletterte einer unserer Ritter mit Namen Lietaud die Stadtmauer. Bald nachdem er hinaufgestiegen war, flohen alle Verteidiger von den Mauern durch die Stadt.«

Nachdem einmal eine Bresche geschlagen war, konnten die Kreuzfahrer nun über Sturmleitern in die Stadt einsteigen. Die Tore wurden geöffnet und mit dem Ruf »Gott will es, Gott hilft!« stürzten die Christen in die Straßen Jerusalems.

Und nun begann ein schauerliches Gemetzel unter den Flüchtenden. »Die Unsren folgten ihnen und trieben sie vor sich her, sie tötend und niedersäbelnd, bis zum Tempel Salomons, wo es ein solches Blutbad gab, daß die Unsrigen bis zu den Knöcheln im Blut wateten ... Nachdem die Unsrigen die Heiden endlich zu Boden geschlagen hatten, ergriffen sie im Tempel eine große Zahl Männer und Frauen und töteten sie oder ließen sie leben, wie es ihnen gut schien.«

Kein Haus blieb verschont. Die Kreuzfahrer nahmen Rache an drei Jahren Entbehrung. Nur töten war ihnen nicht genug: Alte Männer, Frauen und Kinder wurden nicht einfach erschlagen. Einige zwang man, von Türmen herabzuspringen, andere warf man zum Fenster hinaus, daß sie mit gebrochenem Genick liegen blieben; die Kreuzfahrer rissen Kinder von den Brüsten der Mütter und schleuderten sie gegen Wände und Türpfosten, daß das Gehirn herumspritzte, manche wurden langsam an Feuern geröstet, manchen schnitt man den Bauch auf, um zu sehen, ob sie nicht Gold oder Edelsteine verschluckt hatten.

Es gab, so fand der Geistliche Raimund von Agiles, »wundersame Dinge zu sehen. Zahllose Sarazenen wurden enthauptet . . . andere mit Pfeilen erschossen oder über die Zinnen der Türme in die Tiefe gestürzt; wieder andere wurden tagelang gefoltert und dann den Flammen überantwortet. Auf den Straßen konnte man haufenweise abgehauene Köpfe, Hände und Füße sehen. Überall mußte man sich seinen Weg durch Pferde- und Menschenleiber bahnen.«

Es entging keiner dem Gemetzel. Die Juden, die in die Hauptsynagoge geflüchtet waren, wurden eingeschlossen und die Synagoge angezündet, so daß sie alle in den Flammen umkamen.

Nur Iftikhar ad-Daura, der Statthalter, und seine Leibwache kamen gegen ein hohes Lösegeld frei und blieben am Leben. Alle anderen, und die Chronisten nennen Zahlen zwischen 40000 und 70000 Menschen, kamen an einem Tag in Jerusalem durch die Hand christlicher Pilger im Namen des Kreuzes ums Leben.

»Die Stadt bot das Bild einer solchen Schlächterei, eines solchen Blutbades unter den Feinden dar, daß sich selbst die Sieger entsetzt und angeekelt abwandten«, notierte Erzbischof Wilhelm von Tyros, und ein anderer Chronist schreibt: »Niemand hat jemals von einem ähnlichen Blutbad unter dem heidnischen Volk gehört oder es gesehen.« Und nachdem dieser Chronist alle Plündereien und Morde aufgezählt hat, schreibt er im nächsten Absatz: »Dann, glücklich und vor Freude weinend, gingen die Unsrigen hin, um das Grab Unseres Erlösers zu verehren, und entledigten sich ihm gegenüber ihrer Dankesschuld. Am folgenden Tag erkletterten die Unsrigen das Dach des Tempels, griffen die Sarazenen, Männer und Frauen, zogen das Schwert und schlugen ihnen die Köpfe ab.«

Ich muß gestehen, daß ich nicht die Kaltblütigkeit des Chronisten habe und auch keinen Glauben, der diese Handlungsweise der Kreuzfahrer verstehen könnte. Ich weiß nur, daß es billig und ungerecht wäre, das Christentum von heute mit Beispielen aus dem Jahre 1099 kritisieren zu wollen. Trotzdem ist es die Frage wert, was eigentlich eine Religion erreicht hat, die schon seit tausend Jahren die Nächsten- und Feindesliebe predigte, und ob sie nach dieser fatalen Zwischenbilanz in den nächsten tausend Jahren entscheidend weitergekommen ist.

»Wir haben Blut in die strömenden Tränen gemischt, und nicht ist uns Raum für Mitleid geblieben«, schrieb damals Abu 'l-Muzaffar, ein arabischer Dichter, nach dem Fall Jerusalems: ». . . Wieviel Blut ist schon vergossen, wie viele liebreizende Mädchen verbergen voll Scham ihr schönes Antlitz in den Händen! . . . Söhne Islams, vor euch liegen Kämpfe, die die Köpfe vor die Füße rollen lassen. Sie haben scharfe Schwerter in den Händen der Heiden entblößt: Sie werden wieder verschwinden in die Scheiden ihrer Hälse und Schädel.«

Zweihundert Jahre sollte das Zeitalter der Kreuzzüge und Kämpfe im Osten nach der Einnahme Jerusalems dauern. Aber es war kein Sieg. Gewalt und Mord ruft Gewalt und Mord hervor, ob unter dem Zeichen des Kreuzes, des Halbmondes oder einem anderen Symbol.

Seit dem Aufruf des Papstes Urban II. zur Befreiung des Heiligen Grabes in Jerusalem hatten in der knapp dreieinhalbjährigen Kreuzzugsbewegung bereits mehr als 137000 Menschen das Leben verloren, wenn man vorsichtig rechnet: mehr als 76000 Christen und mehr als 61000 Türken und Araber.

Immerhin: Nach 489 Jahren fremder Herrschaft war Jerusalem wieder eine christliche Stadt, doch Papst Urban II. erlebte diesen Triumph nicht mehr. Noch bevor ihn die Siegesnachricht erreichte, starb er zwei Wochen nach der Eroberung Jerusalems am 29. Juli 1099 in Rom.

V

Das Königreich Jerusalem

Der Beschützer des Heiligen Grabes

Das Ziel des Kreuzzuges war erreicht: Am 39. Tag seiner Belagerung war Jerusalem in den Händen der Christen, das Heilige Grab in der Hand der Franken, »die von Kopf bis Fuß mit Blut bedeckt waren«, wie der Chronist schaudernd notiert.

Und triumphierend sangen sie ein Siegeslied, das ein Sänger nach dem Fall Jerusalems gedichtet hatte:

Von Blut viel Ströme fließen,
indem wir ohn Verdrießen
das Volk des Irrtums spießen –
Jerusalem frohlocke!
Des Tempels Pflastersteine
bedeckt sind vom Gebeine
der Toten allgemeine –
Jerusalem frohlocke!
Stoßt sie in Feuersgluten!
oh, jauchzet auf, ihr Guten,
dieweil die Bösen bluten –
Jerusalem frohlocke!

Aber nun zeigte sich, daß die Kreuzfahrer ohne jede Vorstellung davon aus Europa aufgebrochen waren, was denn mit einem eroberten Jerusalem anzufangen sei. Wie im Rausch waren sie dem Ruf »Gott will es!« gefolgt, hatten unter unsäglichen Mühen die Heilige Stadt erreicht und eingenommen, aber niemand konnte sagen, was Gott jetzt wollte. Weder Papst Urban II. noch irgend jemand sonst hatte sich Gedanken gemacht, daß es mit einer Befreiung allein ja nicht getan war. Gehörte Jerusalem jetzt dem Papst, dem byzantinischen Kaiser Alexios oder den Kreuzfahrern?

Es war absolut nichts geklärt, und was auch immer die Kreuzfahrer taten: es war falsch. Entweder sie wurden dem Lehenseid von Konstantinopel untreu, oder sie wählten ihren König und verärgerten den Papst. Oder sie taten gar nichts und stritten sich weiter, während die ägyptische Armee gegen Jerusalem vorrückte.

In dieser verzwickten Situation kamen die Fürsten zwei Tage nach der blutigen Eroberung der Stadt zum ersten Mal in Jerusalem zusammen. Aber statt nun zu beraten, wie es weitergehen sollte, geriet man

Palästina zur Zeit der Kreuzzüge

gleich wieder über die Frage aneinander, ob der Normanne Tankred den Tempelschatz und die acht riesigen silbernen Lampen behalten durfte, die er aus dem Felsendom gestohlen hatte.

Gerade noch konnte man sich auf die Anordnung einigen, »wegen des unsäglichen Gestanks« alle Toten aus der Stadt zu schaffen, sie in »häuserhohe Haufen« aufzuschichten und zu verbrennen. Als aber dann jemand fragte, ob man nicht einen König von Jerusalem wählen sollte, brach der Konflikt aus – nicht nur unter den Fürsten, sondern auch zwischen der geistlichen und der weltlichen Gewalt.

Die Geistlichkeit bestand darauf, daß erst ein Patriarch gewählt werden müsse, bevor ein weltliches Oberhaupt eingesetzt werden konnte. Es war die Kirche, die Könige krönte – erst recht auf einem Kreuzzug, der unter der Schirmherrschaft des Papstes stand.

Nun hätte sich der Konflikt vielleicht vermeiden lassen, wenn Bischof Adhémar von Le Puy, der Vertreter des Papstes, noch gelebt hätte oder sein Nachfolger schon in Jerusalem eingetroffen wäre. So aber konnten sich die geistlichen Herren auf keinen Patriarchen einigen, und die Fürsten stürzten sich natürlich auf die Gelegenheit, auch ohne geistlichen Segen zu Amt, Ehren und Landbesitz zu gelangen.

So kam es unmittelbar nach der Einnahme Jerusalems zu einem beschämenden Intrigenspiel zwischen Graf Raimund von Toulouse und Gottfried von Bouillon, die als erste unter den Fürsten für eine Thronanwärterschaft in Frage kamen. Raimund empfahl sich durch seinen Reichtum, sein Alter und durch seine Leistung als Führer des Kreuzzuges seit Antiochia – Gottfried durch seine Frömmigkeit.

Aber beide hatten ihre Widersacher. Raimund galt als überheblich, Gottfried dagegen mußte sich fragen lassen, was er denn überhaupt für den Kreuzzug getan hatte – immerhin war Graf Raimund der erste weltliche Herrscher gewesen, der sich dem Papst als Kreuzfahrer zur Verfügung gestellt hatte.

In dieser Situation tat das Wahlmännergremium – wir wissen leider nicht, wie es zusammengesetzt war – etwas sehr Demokratisches: Es befragte die Untergebenen. Die Leute Raimunds, vielleicht aus Angst, dann auf immer im Heiligen Lande bleiben zu müssen, sagten wenig Gutes über Raimunds »Sitten und häuslichen Wandel«, während Gottfrieds Dienerschaft sich beschwerte, er bliebe nach den Gottesdiensten noch so lange in der Kirche, daß das Essen kalt würde.

So viel Tugend, zusammen mit der Tatsache, daß Gottfried von

Bouillon genauso gut deutsch wie französisch sprach, gab den Ausschlag. Nachdem Raimund nun beleidigt die Königswürde ausgeschlagen hatte, wählte man am 22. Juli, kaum eine Woche nach der Einnahme Jerusalems, unter Protest der Geistlichkeit Gottfried von Bouillon einstimmig zum König von Jerusalem und – erlebte den nächsten Reinfall. Auch Gottfried von Bouillon nahm die Krone von Jerusalem – dieses Traumsymbol des christlichen Mittelalters – nicht an.

Aber was bei Graf Raimund gekränkter Ehrgeiz war, das war bei Gottfried von Bouillon reine und naive Frömmigkeit. Dieser Mann, der sich ehrenwert von Europa bis Jerusalem durchgestritten, mit wilden Bären gekämpft und Türken halbiert hatte, verzagte plötzlich vor dem Anspruch der Macht: Wie konnte er, Gottfried von Bouillon, in einer Stadt König sein, in der Jesus als König der Juden gekreuzigt worden war? Hier gewann der sonst so harmlose Mann seine ganze Größe, indem er auf Ruhm verzichtete. Als König von Jerusalem hätte er dem Papst Paroli bieten können, er wäre auf der ersten großen Expedition des Abendlandes der große Triumphator gewesen, der König einer Stadt, von der das Heil und die Erlösung ausgegangen waren, viel früher als von Rom.

Doch Gottfried von Bouillon wollte keine goldene Krone haben, wo Jesus eine Dornenkrone getragen hatte. Als man ihn am 22. Juli 1099 – ein Jahr vor seinem Tode – in der Grabeskirche zum ersten König von Jerusalem krönen wollte, verweigerte er die Zustimmung. Ohne feierliche Salbung und ohne den Segen eines Patriarchen wollte er nur der »Advocatus Sancti Sepulchri«, der »Beschützer des Heiligen Grabes« sein.

Vielleicht hatte Gottfried von Bouillon in seiner Naivität mehr vom christlichen Geist begriffen als die Historiker nach ihm, die ihn nicht zu den Herrschern des Königreichs von Jerusalem zählten, sondern erst mit seinem Nachfolger Balduin I. anfingen, der sich geistlich weihen ließ und sich dann König nannte. Im Grunde aber war Gottfried, jener Herzog von Niederlothringen, auch ohne Titel und Krone, zweitausend Jahre nach König David der erste christliche König von Jerusalem.

Sicherlich war Gottfried von Bouillon weder der ideale Heerführer noch ein idealer König, und ein Teil seiner Ruhmestaten werden nachträglich von der Legende erfunden worden sein; aber er, der zur Verblüffung der arabischen Scheiche auch weiterhin seine Gäste bescheiden auf einem Strohsack sitzend empfing, verkörperte mit seiner geradlinigen Einfachheit die Idee des Kreuzzuges, jenes unreflektierte Streben nach Christlichkeit, das zu Anfang viele erfaßt haben mochte und das erst später in Habgier, Raub und Mord pervertiert worden war.

Kampf, Streit und Abschied

Der Beschützer des Heiligen Grabes bekam bald zu tun. Noch keine drei Wochen waren seit der Eroberung Jerusalems mit viel Streit und Beleidigtsein vergangen, als man zufällig Kunde davon erhielt, daß das ägyptische Heer unter der Führung des Wesirs El-Afdal schon fast in Askalon stand, um Jerusalem zurückzuerobern. Die Kreuzfahrer nahmen ihre Zuflucht zu Gesang und Gebet, während Gottfried von Bouillon Späher aussandte, um das Gerücht zu überprüfen.

Es stand schlimmer, als man geahnt hatte: Der Wesir El-Afdal war mit 100000 Reitern und 40000 Mann zu Fuß aufgetaucht, während die Kreuzfahrer nach Gottfrieds eigenen Angaben nur 5000 Reiter und 15000 Mann Fußvolk zur Verfügung hatten.

Eilig zog Gottfried am 9. August zusammen mit Robert von Flandern aus Jerusalem aus, während Raimund, noch immer beleidigt, am Jordan saß und abwartete. Das Heer kam bis nach Joppe, dem heutigen Jaffa, am Mittelmeer und kampierte dort die erste Nacht: Mit dem feierlichen Versprechen, erst nach einem vollständigen Sieg über die »Sarazenen« mit dem Plündern zu beginnen, legte man sich zufrieden zur Ruhe, während Peter der Einsiedler mit einer winzigen Besatzung in Jerusalem saß und für einen guten Schlachtausgang betete.

Das war auch nötig, denn der Feldherr Gottfried von Bouillon, offenbar in völliger Unkenntnis, daß Askalon und das feindliche Heer kaum 40 Kilometer entfernt waren, schickte keinerlei Späher aus. So war am nächsten Morgen die Aufregung groß, als man am Horizont eine riesige Staubwolke heranziehen sah. Gottfried von Bouillon stellte die Kreuzfahrer eilig in Schlachtordnung auf und erwartete den Feind.

Als die Staubwolke näherkam, hätte Don Quichotte, dieser Ritter von der traurigen Gestalt, seine große Stunde gehabt, denn statt der bösen Sarazenen tauchten Ochsen, Kamele und Pferde auf, bewacht von einigen Hirten. Das Kreuzfahrerheer hatte sich mit Stangen und

Spießen aufgestellt, um nichts weiter zu fangen als friedliche Viehherden, die die Ägypter als Marschverpflegung mitgebracht und vor sich hergetrieben hatten: Auch Wesir El-Afdal hatte offensichtlich auf Späher verzichtet, da er sich ohnehin nicht vorstellen konnte, daß die paar Kreuzfahrer gegen sein riesiges Heer antreten würden.

Als die Kreuzfahrer – inzwischen hatte sich auch Raimund mit seinen Leuten herbeibequemt – mit vereinten Kräften am 12. August über das Heer der Ägypter herfielen, waren diese so überrascht, daß sie gar nicht erst an Widerstand dachten. In wenigen Minuten befand sich das ägyptische Heer in wilder Flucht.

Für die Kreuzfahrer war dies das Signal zur Plünderung, obwohl sie ja eben noch gelobt hatten, damit bis nach dem vollständigen Sieg zu warten. Das Ergebnis zeigte sich bald: Die Sarazenen kehrten plötzlich um und brachten die Kreuzfahrer in höchste Bedrängnis, und es hätte nicht viel gefehlt, so wäre diese entscheidende Schlacht am Ende noch verloren worden – wenn nicht am Horizont hinter den Kreuzfahrern ebenfalls eine riesige Staubwolke erschienen wäre, die die Ägypter verständlicherweise für ein zweites Kreuzfahrerheer hielten.

Nun war es mit dem Mut der Ägypter vollkommen vorbei, und sie wandten sich zur kopflosen Flucht. Sie konnten nicht ahnen, daß sie vor eben jener Viehherde ausrissen, gegen die am Tag zuvor das Kreuzfahrerheer so tapfer und voller Todesmut Aufstellung genommen hatte. Gottfried von Bouillon, gestern noch selbst von der Staubwolke genarrt, hatte pfiffigerweise den Spieß umgedreht, indem er die Ochsen und Kamele auf Askalon zutreiben ließ – und damit die Schlacht gewonnen.

Tausende von Ägyptern wurden buchstäblich ins Meer getrieben, wo sie ertranken, von den Bäumen heruntergeschossen, auf die sie sich geflüchtet hatten, und dann »geköpft, wie man Tiere köpft auf dem Markt«, oder in einem Sykomorenhain bei lebendigem Leibe verbrannt. In wenigen Stunden hatten die Kreuzfahrer – mehr durch Glück als durch Kriegskunst – die Araber, ihre letzten Gegner, in die Flucht geschlagen und damit den Besitz von Jerusalem auf Jahrzehnte hinaus gesichert.

Mit der Schlacht von Askalon war der Erste Kreuzzug zu Ende und die Geschichte des Königreiches von Jerusalem begann.

Sie begann, wie hätte es anders sein können, mit Streit, der fast zum Kampf zwischen Gottfried von Bouillon und Graf Raimund geführt hätte. Wieder einmal ging es um Macht und Besitz. Gottfried wollte nach der Schlacht die Hafenstadt Askalon für seine Herrschaft einnehmen, aber Raimund von Toulouse fand, endlich sei nun auch er einmal an der Reihe, wenn er schon nicht König geworden sei. Er beanspruchte Askalon für sich, versprach aber, dem Herrscher von Jerusalem den Lehenseid zu leisten.

Damit wäre alles in Ordnung gewesen, aber Gottfried von Bouillon mißtraute derartigen Versprechungen, womit er Raimund von Toulouse so in Wut brachte, daß er die Bewohner von Askalon zum hartnäckigen Widerstand gegen Gottfried aufforderte und dann mit seinem Heer abzog. Als Gottfried das hörte, wollte er das Lager Raimunds überfallen. Diese Zwistigkeiten verärgerten wiederum Robert von Flandern und Robert von der Normandie, und sie brachen ebenfalls auf. So stand Gottfried von Bouillon nun allein vor Askalon, zu schwach, um die Stadt einzunehmen, die sich vorher freiwillig Raimund hatte ergeben wollen.

Askalon, wie die ganze Küste, blieb daraufhin ein halbes Jahrhundert im Besitz der fatimidischen Araber. Die Chance, dem Königreich Jerusalem einen Hafen zu verschaffen, war auf lange Zeit vertan: Das Königreich Jerusalem bestand, wie in einem Märchen, vorläufig nur aus der Stadt selbst.

Dorthin zogen die Kreuzfahrer, überreich mit Beute beladen, am 13. August 1099 von Askalon zurück. Zwei Tage später, am 15. August, einem Montag, feierten sie in der Heiligen Stadt das Fest Mariä Himmelfahrt. Genau drei Jahre war es her, daß der Kreuzzug im fernen Europa begonnen hatte. Drei Jahre hatte es gedauert, bis das Ziel erreicht und das Heilige Grab befreit war: Das Gelübde war erfüllt.

Robert von Flandern und Robert von der Normandie beschlossen heimzukehren, sie hatten ihrer Christenpflicht genügt und wollten über Konstantinopel nach Europa zurückreisen. Graf Raimund von Toulouse und sein Heer schlossen sich an – allerdings nicht um heimzukehren, sondern um sich irgendwo in Syrien ein Reich zu erobern.

Als sie Anfang September 1099 aufbrachen, blieben Gottfried von Bouillon und der Normanne Tankred mit einer kleinen Schar in Jerusalem zurück – alles in allem kaum 300 Reiter und 2000 Mann Fußvolk: Größer war das Königreich Jerusalem nicht.

Zu Abertausenden waren sie auf Abenteuer ausgezogen, zur Kolonisation blieben nur wenige. Es gehört zu den Merkwürdigkeiten der

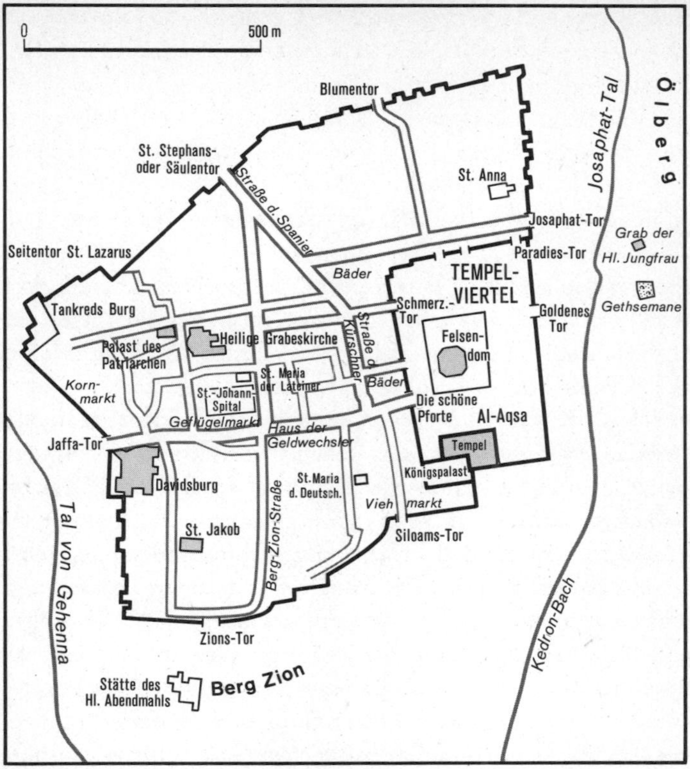

Stadtplan von Jerusalem zur Zeit der Kreuzzüge

Kreuzzüge, daß diese kleine Zahl ausreichte, um für eine zweihundert Jahre dauernde Herrschaft der Franken im Nahen Osten den Grundstein zu legen.

Als die Kreuzfahrer in Jerusalem Abschied nahmen, war Gottfried von Bouillon, der »Beschützer des Heiligen Grabes«, niedergedrückt. Trotz aller Streitereien und trotz aller Feindschaft flehte er sie an, um Gottes Willen in Europa neue Pilger und neue Krieger zu werben, die bereit wären, ins Heilige Land zu ziehen und dort zu bleiben.

Der Ruf traf auf ein großes Echo. Auf die Nachricht von der Eroberung Jerusalems hin brachen in Europa nach zeitgenössischen Angaben rund 200000 Menschen ins Heilige Land auf, an der Bevölkerungszahl des damaligen Europa gemessen, ein ganzes Volk, das sich auf Wanderung begab. Sie haben ihr Ziel nie erreicht; sie kamen fast alle vorher um, und Gottfried von Bouillon blieb mit seinen 300 Rittern allein in der weiten, feindlichen Wüstenlandschaft, um das Königreich Jerusalem zu schützen.

Der herrschsüchtige Patriarch Dagobert

48 Jahre, fast ein halbes Jahrhundert, konnte das Abendland seine Herrschaft im Nahen Osten halten und ausbauen, bevor es sich zu einem zweiten Kreuzzug entschloß, um die inzwischen verlorengegangene Grafschaft Edessa zurückzugewinnen.

Aber die Zeit dazwischen war keine Zeit des Friedens, und man könnte Hunderte von Seiten mit Schlachtberichten, Kämpfen und Intrigen vollschreiben, ohne vom Thema der »christlichen Kreuzzüge« abzukommen. Aber selbst wenn es mir gelänge, meine Abneigung gegen Schlachten mit starken linken oder rechten Flügeln, gegen reine Eroberungspolitik und die Unterdrückung anderer Völker zu überwinden, glaube ich nicht, daß dies etwas einbrächte.

Denn das, was einmal als großer Aufbruch stattfand und sich in zwei Jahrhunderten in mehreren Kreuzzügen wiederholte, wurde regelmäßig durch reine Macht- und Kolonisationspolitik unterbrochen, die man an beliebigen Stellen der menschlichen Geschichte wiederholt findet. Man braucht nur andere Namen einzusetzen, und man könnte damit die Geschichte des britischen Empire, der deutschen Kolonien oder die Spaltung der Welt in zwei Lager nach dem Zweiten Weltkrieg beschreiben mit all ihren Verwicklungen, menschlichen Unzulänglichkeiten und dramatischen Höhepunkten.

Wer es also bis ins ermüdende Detail wissen will, sollte ohnehin die Fachliteratur lesen, die z. B. Runciman in seiner Geschichte der Kreuzzüge verarbeitet hat. Ich würde dagegen vorschlagen, daß wir uns nach der ausführlichen Darstellung des Beginns nun auf die wesentlichen Entwicklungen beschränken, die jene nahezu unerklärliche Welle von zweihundert Jahre andauernden Kreuzzügen ausgelöst und weitergetrieben hat.

In den ersten fünfzig Jahren des Königreichs Jerusalem bedeutete das eine fast parallele Entwicklung auf drei Gebieten. Zum ersten mußten Gottfried von Bouillon und seine Nachfolger überhaupt erst einmal mit ihrem winzigen Heer von 300 Reitern versuchen, ein Königreich zusammenzubekommen, das etwas größer war als das, was die Stadtmauer von Jerusalem umfaßte. Zum zweiten mußten sich römische Kirche und weltliche Herrschaft arrangieren und die Frage klären, wer denn, so weit weg von Rom, wen einsetzte und wer von wem abhängig war. Und zum dritten mußten sich die Grafen in langen und blutigen Auseinandersetzungen einigen, wer überhaupt was besaß.

Balduin hatte Edessa im Norden, Bohemund saß noch in Antiochia, Gottfried herrschte in Jerusalem. Aber manche, die ausgezogen waren, das Heilige Grab zu befreien, hatten noch gar nichts: Weder Tankred noch auch Raimund von Toulouse hatten bisher einen irdischen Lohn bekommen, und sie alle waren fest entschlossen, ihr eigenes Reich zu errichten.

Es waren fünfzig Jahre Mord und Totschlag, nur diesmal nicht unter dem Vorzeichen eines religiösen Eroberungskrieges, sondern der Kolonisation. Es machte den Kreuzrittern nichts aus, all das für sich zu behalten, was sie nach dem feierlichen Lehenseid eigentlich dem Kaiser von Byzanz hätten überlassen müssen. Sie waren gekommen, um dem christlichen Byzanz gegen die Türken beizustehen, und dachten dann nur noch an sich. Schließlich kam es so weit, daß sich die Kreuzfahrer mit den »Heiden« verbündeten und gegen ihre eigenen Glaubensbrüder kämpften.

Der Streit begann gleich nach dem Abmarsch Raimunds aus Jerusalem, als er im September 1099 vor der syrischen Hafenstadt Laodicea eintraf, dem heutigen Latakia – dem Historiker durch seine früher blühende Wollindustrie, dem guten Christen durch seine frühchristliche Gemeinde und dem zünftigen Pfeifenraucher durch seinen schwarzen Tabak vertraut, der wie schon einmal geraucht aussieht.

Raimund hatte Laodicea ein Jahr zuvor eingenommen und feierlich an Byzanz übergeben, obwohl er ja als einziger niemals einen Treueid in Konstantinopel geleistet hatte. Er traute daher seinen Augen kaum, als er jetzt Laodicea belagert fand – nicht etwa von den bösen Sarazenen oder Türken, sondern von Bohemund, dem selbsternannten Fürsten von Antiochia.

Bohemund hatte sich, während die anderen das Heilige Grab befreiten, häuslich in Antiochia niedergelassen, aber bald bemerkt, daß er wegen des Nachschubs unbedingt noch einen Seehafen brauchte. So war er vor das etwa 100 Kilometer südlich liegende Laodicea gezogen, um es noch einmal, und diesmal für sich selbst, zu erobern. Allein hätte er dies nie geschafft, aber zu seinem Glück war gerade eine ansehnliche Flotte aus Pisa aufgetaucht, die den neuen päpstlichen Legaten, den Erzbischof Dagobert von Pisa, ins Morgenland begleitete. Die Pisaner waren reine Seeräuber, die ihren Privatkrieg gegen Byzanz führten und daher sofort einverstanden waren, zusammen mit Bohemund Laodicea den Byzantinern wieder wegzunehmen, und Erzbischof Dagobert hatte nichts dagegen.

Erzbischof Dagobert, eitel, ehrgeizig und korrupt, überschaute offenbar gar nicht, was er tat. Als Graf Raimund von Toulouse mit seinem Heer zornbebend auftauchte, umarmte der Erzbischof »hoch und niedrig mit Freudentränen« und hielt eine fromme, aber sehr unpassende Rede: »Ich grüße euch, ihr Söhne und Freunde des lebendigen Gottes, die ihr Familie, die ihr Hab und Gut verlassen, die ihr nicht gezögert habt, so weit von der Heimat euer Leben daran zu wagen, mitten unter so viel barbarischen Völkern, und alles allein zum Ruhme Gottes. Nie hat ein christliches Heer solche Heldentaten vollbracht!«

Die Antwort Graf Raimunds war weniger fromm, aber passend. »Wenn Eure Gefühle so christlich sind«, fragte er den Erzbischof, »warum habt Ihr Euch dann an der Belagerung einer christlichen Stadt beteiligt?«

Erzbischof Dagobert, nach einer ziemlich kräftigen Beschimpfung durch Raimund und die beiden heimziehenden Roberts schnell von Begriff, ließ von der Belagerung des christlichen Laodicea ab, zumal die beiden Roberts ein recht gutes Argument hatten: Sie wollten mit ihren Kreuzfahrern über Anatolien und Konstantinopel ins Abendland zurückziehen und waren auf das Wohlwollen von Kaiser Alexios angewiesen. Wenn man nun Laodicea als die einzig rechtmäßig an Byzanz zurückgegebene Stadt vorher gegen alle Regel wieder besetzte, konnte es Schwierigkeiten geben.

Gedämpften Mutes zog sich Erzbischof Dagobert von Pisa zu Bohemund zurück, der sich in dem ganzen Streit gar nicht hatte sehen lassen, obwohl er doch der Anlaß dazu war, aber nun die Belagerung von Laodicea aufgab. Die beiden Roberts zogen mit ihren Heeren über Konstantinopel nach Hause zurück, während Raimund von Toulouse, noch immer ohne Land, den Winter über in Laodicea blieb.

Inzwischen hatte der rührige neue Erzbischof beschlossen, in Jerusalem nach dem Rechten zu sehen, und da weder Bohemund in Antiochia noch Balduin in Edessa bisher Zeit gefunden hatten, ihr Gelübde einer Wallfahrt nach der Heiligen Stadt zu erfüllen, reisten sie selbdritt mit einem großen Aufgebot von 25 000 Kreuzfahrern nach Jerusalem, wo sie zu Weihnachten ankamen.

Mit der frommen Pilgerpflicht verband jeder von ihnen ein recht praktisches Anliegen. Bohemund und Balduin wollten die Lage in Jerusalem erkunden, da Gottfried von Bouillon kränklich und ohne Erben war. Und der Erzbischof Dagobert fand, daß der nach dem Fall Jerusalems etwas hastig eingesetzte Patriarch Arnulf Malecorne aus Rohes durchaus nicht der richtige für diesen Posten war, zumal über seinen Lebenswandel Spottverse gesungen wurden. Dagobert setzte den Patriarchen Arnulf daher einfach ab und sich selbst ein, obwohl auch er keinen idealen bischöflichen Charakter aufwies und Gerüchte umliefen, er habe seine Ernennung durch reichliche Geschenke an Bohemund und Gottfried erkauft.

Rein äußerlich entsprach nun alles endlich dem gewohnten Bild: Der Papst hatte seinen Legaten geschickt, der Legat war zum Patriarchen von Jerusalem bestimmt worden, und es war der Patriarch, der nun Bohemund und Gottfried mit den Gebieten belehnte, die dem Kaiser von Byzanz gehörten und die die Fürsten ohne Hilfe der Kirche erobert hatten: Bohemund kniete nach der Einsetzung Dagoberts zum Patriarchen sofort nieder und ließ sich als »Fürst von Antiochia« mit Antiochia belehnen, während Gottfried kniend das Königreich Jerusalem empfing. Balduin von Edessa huldigte als einziger dem Patriarchen nicht.

Am Neujahrstag des Jahres 1100 brachen Bohemund und Balduin auf, um in ihre Gebiete zurückzukehren. Ein Teil ihrer Kreuzfahrer blieben allerdings in Jerusalem zurück, um Gottfrieds kleines Königreich zu unterstützen. Nun konnte Gottfried von Bouillon fortfahren, das Umland zu erobern. Das Königreich Jerusalem bestand um das Jahr 1100 zunächst nur aus der Stadt selbst, dem Hafen von Jaffa und den Orten Lydda, Ramla, Bethlehem und Hebron, das die Kreuzfahrer in St. Abraham umbenannt hatten, weil dort der Erzvater begraben lag. Erst allmählich gelang es Gottfried von Bouillon, sein Einflußgebiet auch auf das Flachland zwischen den befestigten Orten auszudehnen, während sich Tankred nach Galiläa aufmachte und sich hier seine eigene Herrschaft eroberte; er nannte sich stolz »Fürst von Galiläa«, auch wenn er das Gebiet offiziell als Lehen von Gottfried von Bouillon empfangen hatte.

So hatte sich nun jeder ein Herrschaftsgebiet erobert – bis auf Raimund von Toulouse, der noch immer in Laodicea saß und die Stadt für den Kaiser von Byzanz bewachte. Im Frühjahr erhielt er von Kaiser Alexios als Dank eine Einladung, ihn in Konstantinopel zu besuchen. Raimund brach auf, aber der Dank des Kaisers war gering: Raimund von Toulouse war und blieb der einzige, der nichts erhielt außer freundliche Worte.

Inzwischen hatte Patriarch Dagobert ebenfalls Geschmack am Herrschen gefunden, und da er kein Land besaß, nahm er es Gottfried von Bouillon einfach weg. Erst forderte er ein Viertel der Stadt Jaffa, dann die Zitadelle von Jerusalem, schließlich ganz Jaffa und ganz Jerusalem – und Gottfried stimmte zu. Allerdings gestattete der Patriarch dem Beschützer des Heiligen Grabes gnädig, das Gebiet auf Lebenszeit zu verwalten – nur daß eben diese Spanne leider recht kurz bemessen war.

Gottfried von Bouillon stirbt

Im Juni des Jahres 1100 erfuhr Gottfried von Bouillon, daß eine venezianische Flotte in Jaffa angekommen war. Möglicherweise in der Hoffnung, durch die Flotte Verstärkung gegen Erzbischof Dagobert zu finden, reiste er nach Jaffa, brach dort aber zusammen. Das Gerücht kam auf, bei einem Gastmahl mit einem Emir habe er vergiftete Früchte gegessen, aber in Wirklichkeit war Gottfried von Bouillon wohl an Typhus erkrankt. Am nächsten Tag erholte er sich so weit, daß er den Befehlshaber der venezianischen Flotte empfangen konnte, ließ sich aber dann in das kühlere Jerusalem hinauftragen. Dort verhandelte er mit den Venezianern und sicherte ihnen ungehinderten Handel zu, wenn sie dem Königreich bis Mitte August zur Eroberung von Städten zur Verfügung stünden.

Als erstes beschloß man daraufhin, Akkon zu erobern, und machte sich auf den Weg, begleitet von Erzbischof Dagobert, der die eroberten Städte als kirchliches Lehen vergeben wollte, um dadurch zu zeigen, wer der eigentliche Herr im Lande war.

Gottfried blieb krank in Jerusalem zurück, ein ungefährlicher, schwacher alter Mann. Fünf Tage nachdem die Kreuzfahrer nach

Akkon aufgebrochen waren, starb Gottfried von Bouillon, Herzog von Lothringen und Beschützer des Heiligen Grabes, am 18. Juli 1100 in Jerusalem. Fünf Tage lang lag er feierlich aufgebahrt, dann wurde er als erster Herrscher Jerusalems in eben jener Grabeskirche beigesetzt, deren Heiliges Grab der Anlaß zum Kreuzzug gewesen war. Auf seinem Grabstein standen die einfachen Worte:

»Hier liegt Gottfried von Bouillon, welcher das ganze Land dem Christentum gewann.

Seine Seele ruhe in Christo!«

Der erste König von Jerusalem

Der Streit um den Thron

Von allen wegen seiner Bescheidenheit, seiner Tapferkeit und seiner Frömmigkeit hochgeachtet, war Gottfried von Bouillon trotzdem ein schwacher und weniger kluger Herrscher gewesen. Eher ein »Haudegen« als ein Führer, war ihm das Amt eines Advocatus Sancti Sepulchri zugefallen, das er redlich, aber ohne jede Konzeption ausfüllte. Nicht nur, daß er den Forderungen des Patriarchen nach Landbesitz nachgegeben hatte – auf dem Sterbebette vermachte er ihm noch einmal feierlich die Stadt Jerusalem.

Wäre der ehrgeizige Patriarch Dagobert in Jerusalem geblieben, statt in Akkon den großen Mann zu spielen, wäre Jerusalem mit dem Tode Gottfrieds volles Kircheneigentum geworden, das der Patriarch nach eigenem Gutdünken hätte vergeben können. Tatsächlich hatte er auch vor, Bohemund als Nachfolger Gottfrieds einzusetzen.

Aber wenn schon Gottfried dem Patriarchen nachgegeben hatte, seine lothringischen Gefolgsleute dachten nicht daran, sich unter geistliche Herrschaft zu stellen. Sie schickten unmittelbar nach seinem Tode einen Boten nach Edessa zu Gottfrieds Bruder Balduin, damit er seine Thronansprüche geltend machen könnte, und verweigerten in Jerusalem dem Beauftragten des Patriarchen die Übernahme der Zitadelle.

Jetzt kam Patriarch Dagobert in Schwierigkeiten, denn allein konnte er seine Ansprüche auf Jerusalem nicht durchsetzen. Er verbündete sich deshalb mit Tankred, der Balduin wegen des Streits um Tarsus vor drei Jahren nicht ausstehen konnte, und schrieb außerdem an Bohemund, er solle als Fürst von Antiochia an Balduin schreiben und ihm verbieten, ohne Erlaubnis des Patriarchen nach Palästina zu kommen. Wenn Balduin trotzdem Anstalten dazu machte, solle er ihn mit Gewalt zurückhalten.

Das hieß mit anderen Worten, daß Patriarch Dagobert, der inzwischen sein kleines Jerusalemer Patriarchat selbstbewußt »die Mutter aller Kirchen und die Herrin der Nationen« nannte, den christlichen Fürsten von Antiochia aufforderte, dem christlichen Grafen von Edessa den Krieg zu erklären, wenn es nicht nach den Plänen des Patriarchen ginge.

Doch Dagobert hatte kein Glück. Zu der Zeit, als Gottfried von Bouillon starb, war Bohemund, dieser christliche Raubritter, bei einem Kriegszug in türkische Gefangenschaft geraten und saß im Verlies einer kleinasiatischen Burg hoch oben im Norden Anatoliens. Niemand konnte also Balduin aufhalten, der am 12. September 1100 erfuhr, daß sein Bruder zwei Monate zuvor in Jerusalem gestorben war. »Geziemend betrübt über den Tod seines Bruders, aber noch mehr erfreut von der ihm zugefallenen Erbschaft«, machte sich Balduin mit 400 Rittern und 1000 Mann Fußvolk am 2. Oktober nach Jerusalem auf.

Aber auch wenn Bohemund ihn nicht aufhielt, war es doch ein gefährlicher Marsch. Am Nahr el-Kelb, einer Felsnase des Libanon, die wenige Kilometer vor Beirut bis ans Meer vorstößt, wurden Balduin und sein Heer von Mohammedanern überfallen, und der Chronist Fulcher von Chartres notiert: »Oh, wieviel lieber wäre ich in Chartres oder Orléans gewesen! Und ich war nicht der einzige ...«

Durch eine List gelang es Balduin, die Türken zu besiegen, und am 9. November traf er in Jerusalem ein, wo ihm die Bevölkerung mit Hymnen und Lobgesängen entgegenzog und ihn als »ihren Herrn und König« begrüßte.

Patriarch Dagobert sah seine Hoffnungen schwinden und zog sich beleidigt, aber auch aus Angst vor Rache, aus seinem Palast in ein Kloster auf dem Berge Zion zurück, wo er sich »mit Beten beschäftigte und ganz für sich in seine Bücher schaute«.

Balduin aber kümmerte sich überhaupt nicht um den Patriarchen. Zwei Tage nach seiner Ankunft, am St.-Martins-Tag, dem 11. November des Jahres 1100, nahm er unter allgemeiner Begeisterung des Volkes den Titel eines Königs von Jerusalem an, ohne daß die Kirche ihren Segen dazu gegeben hätte.

Und während Dagobert weiter in seine Bücher schaute, unternahm Balduin als erstes einen pompösen Heerzug gegen die Araber durch das Innere Judäas bis an die Südspitze des Toten Meeres, wo auch der frömmste Pilger zwangsläufig zum neugierigen Touristen wird und damals wie heute der Versuchung nicht widerstehen kann, von seinem Wasser zu kosten: »Ich selbst, Fulcher von Chartres«, schrieb der Chronist, »habe die Probe gemacht; denn ich bin am Ufer dieses Sees von meinem Maultier gestiegen und habe das Wasser gekostet, das ich bitterer fand als Nießwurz. Deshalb kann nichts in diesem See, den man das Tote Meer nennt, leben, und es hält sich dort kein Fisch ...«

Nach diesem wunderlichen Erlebnis stieß Balduin bis zum Wadi Musa, dem »Mosestal« in der Peträischen Wüste, vor. Sein Ziel war nicht nur, Beute zu machen, sondern von vornherein den Mohammedanern als neuer Herrscher durch Härte und Grausamkeit zu imponieren. Wer sich ihm in den Weg stellte, wurde rücksichtslos erschlagen, und auch diejenigen, die man erst durch freundliche Geschenke angelockt hatte, büßten ihr Zutrauen mit dem Tode. Denn: ». . . Du mußt jetzt etwas Außergewöhnliches und Bedeutsames unternehmen«, hatten die Ritter und Fürsten dem Balduin befohlen, »das die Heiden des Landes vor Schrecken erstarren läßt, und daß sie sich nicht mehr damit begnügen, dich zu bewundern.«

So berichteten ihm einmal seine Kundschafter von einem großen arabischen Zeltlager mit Frauen, Kindern, Pferden, Kamelen und allerhand Beute. Selbstverständlich zog Balduin sofort in einem ausgetrockneten Wadi in die Nähe des Lagers und fiel in der Nacht über die ahnungslosen Beduinen her. Es entstand riesiges Gemetzel.

Da entdeckte Balduin auf einem Kamel eine junge Araberin, offenbar von vornehmer Herkunft, die hoch schwanger war. Und während die Kreuzfahrer sonst Frauen »nur« mit dem Schwert durch den Bauch zu stechen pflegten, verwandelt sich die Szene inmitten des Mordens in eine Geschichte aus Tausendundeiner Nacht: Balduin läßt sie vom Kamel heben, stellt ihr ein prachtvolles Zelt mit weichen Polstern zur Verfügung, nimmt mit großer Geste seinen Mantel ab und legt ihn der jungen Beduinenfrau um. Er überläßt ihr Wasser, Lebensmittel, Dienerinnen und zwei Kamelstuten, damit das Neugeborene Milch zu trinken habe – verneigt sich und geht.

Als die Kreuzfahrer dann mit ihrer Beute weitergezogen sind, kehrt der Scheich des Lagers zurück und sucht voller Angst nach seiner jungen Frau; er ist auf das höchste erstaunt, sie so »königlich« versorgt zu finden. In seiner Freude schwört er dem fränkischen Herrscher ewige Dankbarkeit – ein Schwur, der wenig später Balduin in einer verzweifelten Lage das Leben retten sollte: Ritterlichkeit gegen Ritterlichkeit.

Als König Balduin nach einem Monat von seiner Expedition zurückkehrte, sah Patriarch Dagobert ein, daß er es hier mit einem anderen Mann zu tun hatte, als Gottfried von Bouillon gewesen war. Balduin saß nicht bescheiden auf Strohsäcken und ließ sich alles wegnehmen; hier war jetzt ein Mann, der stets in feierlich wallenden Gewändern auftrat und sich selbst nahm, was er haben wollte.

So erklärte sich Dagobert schließlich bereit, Balduin von Boulogne am Weihnachtstag des Jahres 1100 in der Geburtskirche zu Bethlehem zum König zu salben, und Balduin erschien in majestätischer Pracht in einem goldgestickten Burnus und langem Patriarchenbart, während ein goldener Schild feierlich vor ihm hergetragen wurde.

So war der mittellose jüngere Sohn des Grafen von Boulogne aus der Nähe des heutigen Brüssel als Balduin I. der erste gekrönte und gesalbte christliche König von Jerusalem geworden – und bis auf den heutigen Tag hat sich sein Name im belgischen Königshaus fortgesetzt, nur daß aus dem mittelalterlichen Bald-win (»kühner Freund«) inzwischen ein Baudouin geworden ist.

König Balduins wichtigste Aufgabe war es nun, sein kleines Königreich nach außen hin zu sichern und die Verbindungen zu den Frankenstaaten von Antiochia und Edessa auszubauen, denn von Antiochia und Edessa war das Königreich Jerusalem durch einen großen Gebietsstreifen getrennt, in dem rivalisierende mohammedanische Stämme herrschten.

Für Antiochia drohte die Hauptgefahr aber nicht von den Arabern, sondern von Byzanz. Jederzeit konnten Streitkräfte aus Konstantinopel auftauchen und die Stadt für sich beanspruchen, die nach der Gefangennahme Bohemunds von dessen Neffen Tankred regiert wurde. Dagegen war Edessa in viel höherem Maße den Angriffen der mohammedanischen Stämme ausgesetzt: Die Grafschaft Edessa besaß weder eine natürliche Grenze, noch hatte sie eine einheitliche Bevölkerung, und daß sich dieser labile Staat fast fünfzig Jahre lang halten konnte, lag lediglich an der Zerstrittenheit der Mohammedaner.

Trotzdem waren pausenlos Kämpfe nötig, um das Gebiet zu halten und nach Möglichkeit auszuweiten. Die Kreuzfahrer entwickelten dabei keinerlei einheitliche Strategie oder gar ein gemeinsames Oberkommando, im Gegenteil: Auch sie waren unter sich zutiefst zerstritten und dachten überhaupt nicht daran, sich gegenseitig zu helfen. In ihrer Habgier versuchten sie sogar, einander Land wegzunehmen. Schließlich kam es so weit, daß Tankred gegen Balduin regelrecht Krieg führte, wobei jede Seite mohammedanische Hilfstruppen hatte.

Wenige Jahre nach der »Befreiung« des Heiligen Landes von den Seldschuken und Sarazenen war diese Verkehrung der Fronten eine Perversion des Kreuzzugsgedankens, wie man sie sich schlimmer nicht vorstellen kann: ein christlicher Bruderkrieg mit mohammedanischen

Alliierten. Aber diese Entwicklung zeigt nur um so deutlicher, was der Kreuzzug für die Grafen und Barone im Grunde von Anfang an gewesen war: ein reiner Eroberungskrieg unter frommem Vorzeichen. Das einfache Kreuzfahrervolk, das an die sündentilgende Kraft der Pilgerschaft geglaubt hatte, war mißbraucht worden – den Gewinn hatten nur einige wenige.

Ein Kreuzzug scheitert

Aber auch bei dem einfachen Pilgervolk kann man sich fragen, ob »die Einheit des christlichen Abendlandes, das Gut und Blut für eine religiöse Idee opferte«, hier ihren »großartigsten Ausdruck« fand. Denn kaum war die Kunde von der Eroberung Jerusalems nach Europa gedrungen, als sich im Sommer 1100 Zehntausende von Frauen, Kindern und Männern auf den Weg ins »Morgenland« machten. Sie kamen diesmal vor allem aus den Elendsgebieten der norditalienischen Lombardei, aber auch aus Deutschland und Frankreich. Es war ein ungeordneter und chaotischer Haufen, wie der Kreuzzug des Volkes unter Peter dem Einsiedler, nur von wenigen Geistlichen und Adligen begleitet.

Unter ihnen befand sich auch wieder unser lustloser Held, Graf Stephan von Blois, dem seine resolute Adele nach seiner vorzeitigen Rückkehr aus dem Heiligen Lande auch »in der Vertraulichkeit des ehelichen Schlafgemachs« so pausenlos seine Schande vorgehalten hatte, daß er wieder das Kreuz nehmen mußte.

Wieder wälzten sich Zehntausende von Menschen – der Chronist Albert von Aachen gibt die Zahl von 200000 an – die Donau entlang nach Konstantinopel, um ins Gelobte Land zu ziehen; und wieder wurden Städte und Dörfer geplündert, Kirchen ausgeraubt und Kornspeicher zerstört. Als Kaiser Alexios, nun erneut von Kreuzfahrern geplagt, nach alter Methode die Lebensmittellieferungen sperrte, um das Volk zum Weiterzug zu bewegen, kam es sogar in Konstantinopel zum Sturm auf den kaiserlichen Palast, wobei einer der Lieblingslöwen des Kaisers getötet wurde.

Nur mühsam gelang es, den wilden Haufen zu beruhigen. Eine mäßigende Rolle spielte dabei Graf Raimund von Toulouse, der noch immer ohne Land und ohne Aufgaben als Gast des Kaisers in Konstantinopel herumsaß und sich nun zum allgemein anerkannten Führer des Kreuzzuges bestimmen ließ.

Im Frühjahr 1101 machten sich die Kreuzfahrer in drei Kolonnen auf den Weg durch Kleinasien. Aber statt nun dem Weg des Heeres aus dem Jahre 1097 zu folgen, den Raimund von Toulouse kannte, kam plötzlich die Idee auf, Bohemund zu befreien, der seit einem Jahr als Gefangener der Türken in der Festung Neocäsarea (dem heutigen Niksar) im Pontischen Gebirge nahe dem Schwarzen Meer saß.

Es war heller Wahnsinn, durch die bergige Einöde zu ziehen, wo es weder Städte noch Dörfer gab, aber die Lombarden hatten sich in den Kopf gesetzt, den von ihnen verehrten Bohemund zu befreien, und so zog der Haufen gegen den Willen Raimunds statt nach Südosten in nordöstlicher Richtung durch Kleinasien und entfernte sich immer mehr von seinem eigentlichen Ziel.

Sie befreiten weder Bohemund, noch kamen sie ins Heilige Land. Von Anfang an von turkmenischen Pfeilschützen bedrängt, halbverhungert und entkräftet, kamen sie bis in die Gegend von Amasia, wo dann die Seldschuken über sie herfielen. Zwar kämpfte Raimund von Toulouse mit Franzosen und Deutschen bis zuletzt, aber die Lombarden waren längst auf der Flucht. Sie wurden zu Tausenden erschlagen oder von den Türken in die Gefangenschaft abgeführt. Nur wenige, unter ihnen Graf Raimund, erreichten die Hafenstadt Sinope am Schwarzen Meer und schifften sich nach Konstantinopel ein.

Die zweite Kolonne unter Graf Wilhelm II. von Nevers nahm den üblichen Weg, wurde aber bei Konya von türkischer Reiterei umzingelt und vernichtend geschlagen. Ähnlich erging es dem dritten Zug unter Wilhelm IX. von Poitiers und Welf IV. von Bayern. Auch sie kamen bis Konya, fanden aber keine Lebensmittel und litten großen Durst. Als sie einen Fluß erreichten und sich in wildem Durcheinander die Böschung hinabstürzten, tauchten von allen Seiten türkische Bogenschützen auf, die auf die Eingeschlossenen ihren Pfeilhagel niedergehen ließen. Es war ein Gemetzel sondergleichen, und der Chronist berichtet von 60000 Toten; nur wenige Ritter entkamen.

Mit diesem Blutbad am 5. September 1101 hatte dieser Kreuzzug der Lombarden – den die Historiker noch zum Ersten Kreuzzug rechnen, wenn sie ihn auch gern zur Unterscheidung den »Zug des Jahres 1101« nennen – auf ebenso tragische Weise geendet wie die Volksheere zu Beginn der Kreuzzugsbewegung. Nur wenige schlugen sich nach dem

Debakel bis ins Heilige Land durch, unter ihnen Stephan von Blois, nur, um wenig später bei sinnlosen Kämpfen im Heiligen Land zu sterben. Aber Adeles Schande war getilgt: im zweiten Anlauf war ihr Herr Gemahl doch noch bis nach Jerusalem gekommen.

Rund dreißig Jahre später, genauer im Jahre 1135, kann die mannhafte Adele dann sogar einen wirklichen Triumph feiern: Stephan, der Sohn unseres unheldischen Helden, wird König von England. Aber Glück hat auch er nicht. In einem langjährigen Bürgerkrieg muß er gegen Mathilde, die Enkelin Wilhelms des Eroberers, kämpfen, und es ist Mathilde, die durch Heirat siegt: Sie heiratet Gottfried, den Sohn eines Grafen Fulko von Anjou, den wir später als König von Jerusalem wiedertreffen werden, während das Haus Anjou-Plantagenet nach Stephans Tod dann die Herrschaft in England übernimmt.

Graf Raimund vor Tripolis

Ähnlich tragisch war auch das weitere Schicksal des Grafen Raimund von Toulouse. Bisher war ihm nichts gelungen, was er sich vorgenommen hatte: Er, der als erster das Kreuz genommen und den Kreuzzug von Antiochia bis nach Jerusalem geführt hatte, war weder zum König von Jerusalem gewählt worden, noch hatte er Askalon bekommen, noch irgendein anderes Land; und die Tatsache, daß er Laodicea für den Kaiser von Byzanz gerettet hatte, wurde ihm lediglich mit einer freundlichen Einladung nach Konstantinopel vergolten. Sein zweiter Versuch, das Kreuzfahrerheer der Lombarden zu führen, hatte mit einem Desaster und einer blamablen Flucht geendet.

Aber Graf Raimund von Toulouse ließ nicht locker. Er wollte nun endlich auch sein Land haben und fuhr erneut in den Nahen Osten: Er hatte beschlossen, Tankred Antiochia wegzunehmen, aber schon wartete die nächste Demütigung auf ihn. Sein Schiff wurde abgetrieben und lief unvermutet in den Hafen von Tarsus ein, und dort passierte eine undurchsichtige und mysteriöse Geschichte.

Als Graf Raimund in Tarsus an Land ging, trat ein Ritter namens »Bernhard der Fremde« auf ihn zu, als wenn er ihn schon immer hier erwartet hätte, und nahm den Grafen mit der Begründung gefangen, er habe durch seine Flucht vor Amasia die Christenheit verraten. Die

Leibgarde Raimunds war zu schwach, um sich gegen den Abenteurer durchzusetzen, der nun den Grafen gegen Lösegeld an Tankred auslieferte. Statt Antiochia dem Tankred wegzunehmen, stand Graf Raimund nun als Gefangener vor ihm, und Tankred ließ ihn erst frei, als er versprochen hatte, ein für allemal auf Antiochia zu verzichten.

Wieder war für Graf Raimund eine Hoffnung geschwunden. Aber nun entsann er sich, daß ihm seinerzeit die Gegend von Tripolis (heute Tripoli im Norden des Staates Libanon) recht gut gefallen hatte. Er zog also an der Küste entlang nach Süden und begann im Frühjahr 1102 mit seinen kaum 400 Mann die Hafenstadt Tripolis zu belagern – ein geradezu unsinniger Versuch, denn das damalige Tripolis lag halbinselartig im Meer und war nur über einen leicht zu verteidigenden Landzugang erreichbar. Ohne Seestreitkräfte war die Stadt uneinnehmbar, zumal die ägyptische Flotte Tripolis von der Seeseite her versorgte.

Doch obwohl Graf Raimund kein einziges Schiff besaß, war er fest entschlossen, das Unmögliche zu erzwingen, und wenn er die Stadt ewig belagern müßte. Zum Zeichen seiner Entschlossenheit baute er daher gegenüber von Tripolis auf dem Festland eine Felsenburg, die er Mont Pèlerin, den Pilgerberg, nannte. Zwei Jahre später, am 28. Februar des Jahres 1105, starb Graf Raimund von Toulouse auf seinem Pilgerberg, ohne auch nur das geringste erreicht zu haben. Seine Burg aber überdauerte die Zeiten: Die Festung Mont Pèlerin ist, allerdings mehrfach umgebaut, noch heute die Zitadelle der libanesischen Stadt Tripoli. Und was sonst keinem Kreuzzugsführer geschehen war: Die Mohammedaner nannten die Festung nach seinem Lieblingsschloß, das »Raimund von Saint-Gilles« auch im Namen führte: Kalat Sandschil.

Erst sein Sohn Bertrand erreichte, was Raimund versagt geblieben war: Als sich Tripolis im Jahre 1109 ehrenvoll ergab, erhielt er Tripolis von König Balduin zum Lehen und nannte sich Graf von Tripolis.

Bohemund verliert Antiochia

Zu diesem Zeitpunkt, als die Grafen von Toulouse endlich zu ihrem orientalischen Besitz kamen, hatte Bohemund, der Normanne, das Fürstentum Antiochia schon längst wieder verloren.

Er war – wie bereits erwähnt – im Jahre 1100 bei einer der unendlich vielen Streitereien und Kriegszüge von den Türken gefangengenommen und in Neocäsarea im Norden von Kleinasien eingekerkert worden, wo ihn die Lombarden vergeblich zu befreien versucht hatten. So saß Bohemund noch immer gefangen. Bei der ganzen Sache ging es um Lösegeld, und Emir Malik Gazi Gümüschtekin von Siwas gedachte, ganz schön daran zu verdienen. Kaiser Alexios hatte schon die unglaublich hohe Summe von 260000 Byzantinern (2470000 Goldmark!) geboten, um auf diese Weise den verhaßten Bohemund in seine Hand zu bekommen, und Emir Gümüschtekin hätte sich wohl auf diesen Handel eingelassen, wenn nicht der Seldschukensultan Kilidsch Arslan davon erfahren hätte. Nun aber verlangte Kilidsch Arslan die Hälfte des Lösegelds für sich, woraufhin Gümüschtekin die Lust an dem Geschäft verlor.

Dafür gelang es Bohemund, selbst im kärglichsten Verlies noch ein Charmeur, den guten Emir Gümüschtekin zu einem Verlustgeschäft zu überreden, bei dem der im Rechnen schwache Emir bare 30000 Byzantiner verlor: Bohemund versprach ihm, privat 100000 Byzantiner zu zahlen und zusätzlich mit ihm ein Bündnis gegen die Seldschuken abzuschließen. Daraufhin ließ Gümüschtekin Bohemund im Frühjahr 1103 nach fast dreijähriger Gefangenschaft frei. Das Lösegeld zahlten Bohemunds Angehörige in Italien und verschiedene Kreuzfahrer – nur sein Neffe Tankred gab keinen Pfennig, wohl in der Hoffnung, Bohemund werde die Summe nicht zusammenbekommen und noch recht lange im Gefängnis sitzen, so daß er – Tankred – noch auf geraume Zeit Herrscher von Antiochia sein konnte. Und Tankreds Befürchtungen trafen ein: Bohemund kehrte nach Antiochia zurück, dankte Tankred öffentlich, daß er das Fürstentum in seiner Abwesenheit so gut verwaltet hatte und – schickte ihn fort.

Aber Bohemund kam nicht zur Ruhe. Sofort kam es im syrischen Gebiet um Edessa wieder zu Kämpfen, und Bohemund mußte eingreifen, mit dem Ergebnis, daß die Türken ihm den größten Teil seines Besitzes östlich des Orontes wegnahmen und die Byzantiner sich in Laodicea festsetzten. Die Lage war ernst, und Bohemund hatte kein Geld mehr, um seine Truppen zu bezahlen. Er beschloß daher, Hilfe aus dem Abendland zu holen.

Vor seiner Abreise hielt er in der Basilika von St. Peter in Antiochia noch einmal eine Rede an seine Leute, in der er die Lage schilderte: »Ein

Sturm hat sich gegen uns erhoben, der so stark ist, daß wir verloren sind, wenn wir nicht handeln. Wir sind umzingelt. Im Osten sind vom Binnenlande her die Türken eingebrochen. Im Westen sind vom Meer her die Griechen (Byzantiner) gelandet. Wir sind nur eine Handvoll Männer und werden immer weniger. Wir brauchen große Verstärkung aus Frankreich. Von dort kommt unsere Rettung oder von nirgendher. Diese Verstärkung will ich holen.«

Nach diesem dramatischen Appell fuhr er Ende 1104 nach Italien und von da nach Frankreich und blieb, als sei es überhaupt nicht eilig, zwei Jahre fort. In Frankreich angekommen, tat er erst einmal etwas fürs Herz: Nach einem feierlichen Empfang bei König Philipp I. heiratete er im September 1105 sozusagen vom Fleck weg dessen Tochter Constanze und ließ dessen jüngste uneheliche Tochter, Cäcilie mit Namen, an Tankred schicken, der sie dann, inzwischen wieder Herrscher in Antiochia, »mit sehr großer Freude« ehelichte.

Durch so viel Glück innerlich gestärkt, war Bohemund dann ein Jahr darauf, im Herbst 1107, wieder auf dem Wege ins Morgenland. Dabei kam er auf den unsinnigen Einfall, Dyrrhachium zu belagern, offenbar um sich an Kaiser Alexios zu rächen, der ihm mit der Einnahme von Laodicea bei seinem Kampf gegen die Türken in den Rükken gefallen war.

Aber Bohemund hatte kein Glück mehr. Die byzantinische Armee umzingelte ihn und sein Heer, Bohemund mußte sich Kaiser Alexios ergeben; und nun bestand Kaiser Alexios auf der Erfüllung des Lehenseides, den Bohemund fast zehn Jahre vorher in Konstantinopel geleistet, aber nie erfüllt hatte. Der Kaiser zwang ihn, sich voll und ganz als sein Vasall zu bekennen und ihm das Fürstentum Antiochia und alle zukünftigen Eroberungen zu übergeben.

Nach Recht und Gesetz hatte der Kaiser gesiegt, aber die Auslieferung Antiochias wurde nie vollzogen, denn Bohemund, in seinem Stolz zutiefst gedemütigt und gekränkt, hatte nicht mehr den Mut, im Morgenland zu erscheinen. Er, der hochfahrende, listenreiche, aber auch überaus fähige und geniale Heerführer war nun ein gebrochener Mann. Der einst so stolze Normanne zog sich auf seine apulischen Ländereien zurück und starb dort unbeachtet und vergessen im Jahre 1111 als unbedeutender italienischer Kleinfürst, der seinen zwei kleinen Söhnen aus der Ehe mit der französischen Königstochter Constanze seine ohnehin verlorenen Rechte auf Antiochia weitervererbte.

Balduin bleibt Sieger

Nur Balduin I., König von Jerusalem, herrschte unangefochten, wenn auch nicht ungefährdet. Seit seiner Krönung zu Weihnachten 1100 hatte er ständig Scharmützel und Kämpfe zu bestehen, aber ein Großteil davon waren auch einfach Raubzüge.

Erst als im Frühjahr wieder die Ägypter auftauchten, wurde es Ernst, denn mit seinem winzigen Heer konnte Balduin naturgemäß nicht viel Eindruck machen.

Als es dann im September 1101 bei Ramla südöstlich von Jaffa zur Schlacht kam, stellte Balduin seine Soldaten vor die einfache Alternative: »Fallt ihr im Kampf, tragt ihr die Märtyrerkrone; siegt ihr, tragt ihr unsterblichen Ruhm. Flucht nützt nichts: Frankreich ist weit!«

In ihrer Angst siegten die Kreuzfahrer gegen eine erdrückende Übermacht und wurden leichtsinnig. Denn als ein Jahr später die Ägypter wieder bei Ramla aufmarschierten, rückte Balduin ohne jede Sicherung vor und mußte bald einsehen, daß alles verloren war. Mit dem Mut der Verzweiflung griffen die Kreuzfahrer zwar an, daß die Gegner »ganz verdutzt waren«, aber als die Ägypter merkten, daß die angebliche Vorhut der Kreuzfahrer die ganze Heeresstreitmacht darstellte, blieb Balduin nichts weiter übrig, als sich schleunigst in Ramla zu verschanzen; nur die hereinbrechende Nacht verhinderte die Katastrophe, aber es war nur ein kurzer Aufschub: am nächsten Morgen würde das Schicksal des Königtums von Jerusalem besiegelt sein.

Da erschien gegen Mitternacht vor der Stadtmauer von Ramla ein Araber und verlangte König Balduin zu sprechen. Vorsichtig und argwöhnisch ließ man den Heiden herein, weil er angeblich eine wichtige Botschaft hatte. Und nun empfing der erstaunte Balduin den Lohn seiner Ritterlichkeit: Der geheimnisvolle Fremde war jener Scheich, dessen junge Frau Balduin im Beduinenlager in seinen Mantel gehüllt und gerettet hatte. Nun war der Scheich gekommen, um seinen Schwur wahrzumachen und seinerseits Balduin aus Dankbarkeit zu retten: Ritterlichkeit gegen Ritterlichkeit – ein Rezept, das die christlichen Kreuzfahrer allerdings nur allzu selten anwandten.

Balduin beriet sich mit seinen Vertrauten und beschloß, die Flucht zu wagen. Auf seinem Pferd, das wegen seiner Schnelligkeit Gazelle hieß, jagte der König von Jerusalem auf Anraten des Scheichs in der Nacht aus Ramla hinaus durch das feindliche Lager, aber seine Flucht wurde sofort bemerkt und eine Schar von Arabern verfolgte ihn.

Kurz darauf erschienen arabische Reiter vor Jaffa, wo Balduins Frau Arda saß, und schwenkten triumphierend den abgeschnittenen Kopf Balduins durch die Luft. Die Trauer war allgemein, bis am Horizont ein Schiff auftauchte, das Balduins Banner gehißt hatte. Als das Schiff einlief, war es »wie der Morgenstern, der das Nahen des Tages verkündet« – denn Balduin I., König von Jerusalem, stieg leibhaftig und lebendig an Land.

Und nun löste sich das Rätsel: Während Balduin nach seiner Flucht zwei Tage im Gebirge herumgeirrt war und schließlich das Schiff eines englischen Korsaren namens Goderic gefunden hatte, das ihn durch die feindliche ägyptische Flotte nach Jaffa bringen wollte, hatten die ägyptischen Truppen das Kreuzfahrerheer in Ramla am Morgen nach der Belagerung überrannt und alles niedergemacht oder gefangengenommen – und es war hier, wo der geplagte Held Stephan von Blois von seiner kriegerischen Adele zur ewigen Ruhe erlöst wurde. Unter anderen hatten die Araber ihrer Meinung nach aber auch Balduin I. umgebracht, ohne zu ahnen, daß es sein Doppelgänger Gerbod von Winthic war.

Das Erstaunen über die rasche Auferstehung Balduins war daher ebenso allgemein wie erst die Trauer und wirkte auf die erstaunten Sarazenen demoralisierend, zumal gerade um diese Zeit eine christliche Flotte von 200 Schiffen mit englischen, deutschen und französischen Rittern in Jaffa landete, die das ägyptische Heer am 27. Mai 1102 im Gegenzug besiegten.

Im Vollgefühl dieser unerwarteten Glückssträhne nahm Balduin dann im Mai 1104 die wichtige Hafenstadt Akkon ein – jene Stadt, die schließlich einmal unter dem Ansturm der Mameluken die letzte Bastion der Kreuzfahrer werden sollte, bevor sie nach fast zweihundertjähriger Herrschaft das Heilige Land verließen – und besiegte am 27. August 1105 endgültig das ägyptische Heer, das sich wieder einmal bei Ramla gesammelt hatte.

Auch diesmal war es nicht die Überlegenheit der christlichen Truppen oder die Zahl, die den Sieg brachte, sondern der Mut des einzelnen. Trotz des Kriegsrufes der Franken »Christus vincit, Christus regnat, Christus imperat« – »Christus siegt, Christus herrscht, Christus regiert« – wären die Kreuzfahrer wieder einmal im Pfeilhagel untergegangen, wenn nicht Balduin dem Schildknappen ungeduldig die Fahne entrissen und sich im wilden Galopp, das Banner schwingend, auf die Gegner gestürzt hätte. Das gab den Ausschlag. Das feindliche Fußvolk ließ sich tapfer erschlagen, und nur die arabische Reiterei konnte sich retten: Die abendländischen Invasoren hatten endgültig gesiegt.

Sechs Jahre nach der Einnahme Jerusalems war der Bestand des Kreuzfahrerstaates nun einigermaßen gesichert. Die »Ägypter«, also die fatimidisch-schiitischen Araber, waren geschlagen und gaben Ruhe, obwohl sie die wichtigen Küstenstädte verloren hatten. Das war nicht nur ein militärischer Prestigeverlust, sondern hatte auch seine wirtschaftlichen Folgen. Denn nachdem der innerarabische Handel jahrhundertelang über die Küstenstraßen abgewickelt worden war, wo es Wasser, Häfen und Städte gab, mußten sich die Karawanen jetzt neue Wege durch die Wüstengebiete suchen, um nicht mit den Franken zusammenzutreffen.

Doch auch diese Straßen spürten die christlichen Raubritter bald auf, wenn sie »im Schatten und Schweigen der Nacht« am Jordan lagerten. Dann galoppierte Balduin, durch Späher benachrichtigt, mit 60 Reitern von Jerusalem die 40 Kilometer ins tiefste Tal der Erde hinab und machte Beute, die der Chronist genau notierte: »Elf Kamele mit Zucker beladen, vier Kamele mit Pfeffer, siebzehn mit Öl und Honig.«

Die Überfälle auf die Karawanen wurden bald zur beliebten Beschäftigung, auch wenn man nicht immer gleich eine Karawane mit 4000 Kamelen überfallen konnte, wie es einmal dem englisch-normannischen Kreuzritter Wilhelm Cliton gelang, einem Enkel Wilhelm des Eroberers.

Verständlicherweise rächten sich die Araber durch Gegenraubzüge und Überfälle. So fingen sie einmal – es war im Jahre 1108 – Gervasius von Basoche, den christlichen Herrscher des galiläischen Tiberias, brachten ihn nach Damaskus und boten ihn im Austauch gegen die Städte Tiberias und Akkon an. Aber Balduin blieb hart und opferte lieber seinen Lehensmann als ein Stück Land: »Geld, soviel ihr wollt, über hunderttausend Besam (Byzantiner), wenn es sein muß! Aber hieltet ihr auch meine ganze Familie und alle fränkischen Fürsten gefangen – ich gäbe euch als Lösegeld nicht die kleinste unserer Städte.«

So blieb den Arabern nichts anderes übrig, als ebenfalls Härte zu zeigen. Gervasius wurde auf dem großen Platz von Damaskus mit Pfeilen erschossen. Dann skalpierte man ihn, band seine Kopfhaut an einen Spieß und trug die wehenden weißen Haare dem Heer voran. Doch Balduin reagierte auch diesmal nicht. Er gab lediglich den Titel eines Fürsten von Galiläa an Tankred zurück, der dann, kurz nach seinem Onkel Bohemund, im Jahre 1112 im Alter von kaum 36 Jahren starb.

Von den Kreuzfahrern der ersten Stunde war nur noch Balduin übrig, der mißratene geistliche und mittellose Bruder des Gottfried von Bouillon: Alle anderen waren gestorben oder nach Europa zurückgekehrt. Nur er, der als allererster entgegen jeder Kreuzzugsidee nach Besitz gestrebt und das ferne, für das Christentum völlig unwichtige Edessa für sich erobert hatte, überdauerte als König von Jerusalem. Nach der Unlogik des Ganzen ist es nahezu logisch, daß später der Verlust von Edessa den Zweiten Kreuzzug auslöste, dessen eklatanter Mißerfolg das Papsttum in eine Krise stürzen sollte.

Patriarch Dagobert gibt nach

Aber es waren nicht nur die »Sarazenen«, gegen die Balduin zu kämpfen hatte. Außer den »Heiden« hatte der König von Jerusalem noch einen anderen großen Gegenspieler, gegen den er sich durchsetzen mußte: den Patriarchen.

Im Gegensatz zu dem weicheren und frömmeren Gottfried von Bouillon war es für Balduin wichtig, die Kirche unter seine Oberaufsicht zu bekommen, zumal Patriarch Dagobert den Eindruck erweckte, er und sein Jerusalemer Patriarchat seien etwas Besseres selbst als der römische Papst.

Beide überhäuften sich gegenseitig mit Vorwürfen, und als gar noch Dagoberts Wahl zum Patriarchen angefochten wurde, war es so weit, daß der Papst Paschalis den Kardinal-Bischof Moritz von Porto nach Jerusalem entsandte, um die Sache zu überprüfen. Der kam zu Ostern des Jahres 1101 in Jerusalem an und verbot als erstes dem Patriarchen Dagobert, an den Osterfeierlichkeiten teilzunehmen, bis die Vorwürfe geklärt seien – und Anklagen gab es genug: Meineid, Verrat am König, der Versuch, ihn ermorden zu lassen, und schließlich sollte Dagobert sogar ein Stück vom wahren Kreuze Christi verkauft haben – eine recht aparte Anklageliste für einen Patriarchen.

Da bekam es Dagobert mit der Angst zu tun, ging zu Balduin, warf sich ihm unter Tränen zu Füßen und bat um Vergebung. Doch Balduin blieb hart – bis er den verschreckten Dagobert murmeln hörte, er könne jetzt gerade zufällig 300 byzantinische Goldmünzen entbehren. Das warf sofort ein neues Licht auf die Sachlage, denn Geld konnte Balduin immer gebrauchen.

Und so versöhnten sie sich denn über dem Geschäft, während Kardinal Moritz von Porto in dem frommen Bewußtsein lebte, er sei es gewesen, der die beiden Widersacher im christlichen Geiste versöhnt habe. Nun waren aber die 300 Byzantiner nach ein paar Monaten aufgebraucht, und König Balduin begann, seinen Patriarchen zu erpressen. Er ging zu ihm und verlangte wieder Geld – und erhielt es auch. Unter Wehklagen gab ihm Dagobert »sein letztes Geld«. Es waren 200 Silbermark, wobei eine Silbermark etwa 64 Goldmark entsprach.

Leider aber war Dagobert so unvorsichtig, ein paar Tage später ein großartiges Prunkmahl für Kardinal Moritz zu geben. Als König Balduin erfuhr, daß der so verarmte Patriarch offenbar doch noch etwas Geld besaß, marschierte Balduin in den Festsaal und schrie den Patriarchen an: »So verbringt ihr also eure Zeit mit Schlemmen, während wir Tag und Nacht für die Verteidigung der Kirche unser Leben in die Schanze schlagen. Ohne euch um das Elend unserer Soldaten zu kümmern, verpraßt ihr miteinander die Opferspenden der Gläubigen.«

Dagobert protestierte zwar und meinte, die Kirche könne mit ihrem Geld machen, was sie wolle, und der Patriarch sei nicht der Untergebene des Königs – aber das Ergebnis war, daß der Patriarch von nun an bereit war, ein Reiterregiment zu finanzieren. So wäre die Erpresserei vermutlich noch lange weitergegangen, wenn der Patriarch nicht tatsächlich heimlich eine Spende von 1000 Byzantinern für sich behalten hätte, die ausdrücklich zwischen Kirche, Krankenpflege und König geteilt werden sollte. Aufgrund dessen wurde er abgesetzt, und der hocherfreute Balduin bekam nicht nur seinen Spendenanteil, sondern auch gleich noch einmal 20000 Byzantiner, die der Patriarch versteckt gehalten hatte.

Dagobert verzog sich nach Antiochia zu seinem Freund Tankred, ließ sich von einem Kirchenkonzil wieder als Patriarch von Jerusalem einsetzen, nur um vom nächsten Konzil endgültig abgesetzt zu werden. Aber der streitbare Patriarch gab nicht auf. Beleidigt fuhr er nach Rom, wo Papst Paschalis seine Absetzung für ungültig erklärte. Aber »glücklicherweise«, schreibt Runciman, »wurde die Torheit des Papstes durch die Hand Gottes berichtigt«: Gerade als Dagobert triumphierend auf seinen Patriarchenstuhl nach Jerusalem zurückkehren wollte, starb er am 15. Juni 1107 in Messina.

Jetzt begann erneut der Kampf um das Patriarchat. Man reiste zwischen Rom und Jerusalem hin und her und beschuldigte sich gegenseitig so lange, bis Papst Paschalis gänzlich den Überblick verlor und den steinalten Erzbischof von Arles, Gibelin von Sabran, als seinen Legaten ins Heilige Land schickte.

Gibelin kam und setzte nun seinerseits erst einmal den inzwischen ernannten Patriarchen, einen einfachen und vollkommen nichtssagenden Priester, wieder ab und ließ sich auf Vorschlag Balduins selbst zum Patriarchen wählen. Balduin hoffte nämlich, der alte Herr werde bald in die ewige Seligkeit eingehen, und er behielt recht: Nach vier Jahren starb Gibelin in biblischem Alter.

Und nun wurde jener Mann Patriarch von Jerusalem, der schon einmal Patriarch gewesen, aber von Dagobert verjagt worden war: Arnulf Malecorne. Der 1112 wieder eingesetzte Patriarch Arnulf war für Balduin der ideale Mann, denn Arnulf ließ, dem König treu ergeben, nun endgültig die ursprüngliche Idee der Kreuzfahrer fallen, wonach Jerusalem eine Theokratie, also ein von der Kirche regierter Staat werden sollte, in dem der weltliche Monarch lediglich die Funktion eines militärischen Beschützers gehabt hätte.

Damit hatte König Balduin nach zwölf Jahren in dem verworrenen Verhältnis von Staat und Kirche in Palästina Ordnung geschaffen und den Grund für ein geregeltes Nebeneinander gelegt.

König Balduin heiratet zum dritten Mal

Und nun, nachdem Balduin den Bestand seines Königreiches gesichert und den Anspruch der Kirche zurückgedrängt hatte, begann er seine privaten Verhältnisse auf eigenwillige Weise zu ordnen. Da ihm seine Frau Arda, die armenische Fürstentochter aus dem Taurusgebirge, in Jerusalem wenig nützte, wo es keine Armenier gab, und weil er ja mit ihr auch schon 14 Jahre verheiratet war, trennte er sich von ihr auf sehr einfache Weise: »Aus eigener Machtvollkommenheit schickte er sie ins

Kloster«, berichtet der Chronist, »und machte sie zur Nonne in der Kirche der Heiligen Anna.«

Der frühere Domherr Balduin, von jeher jedem Liebesabenteuer zugetan, was er aber, wie die Chronisten lobend vermerkten, sehr dezent betrieb, genoß nun wieder sein Junggesellendasein, aber auch die Nonne Arda verspürte nach einer Zeit der Beschaulichkeit in dem Jerusalemer Kloster zur Heiligen Anna den Drang zur Rückkehr in die Welt. Sie bat Balduin, zu ihren Verwandten nach Konstantinopel reisen zu dürfen, um von ihnen eine Schenkung fürs Kloster entgegenzunehmen, und Balduin willigte ein. Aber auch die Nonne Arda war keine Heilige: Jenseits der Grenze zog sie das Nonnengewand schleunigst aus und »gab ihren Leib Dienern hin und anderem Volk«.

König Balduin konnte das nicht aufregen, denn er hatte inzwischen eine höchst erfreuliche Nachricht erhalten: Adelheid von Salona, die beste Partie Europas, sah sich nach einem neuen Gatten um, nachdem ihr Herr Gemahl, der normannische Graf Roger I. von Sizilien, vor über einem Jahrzehnt gestorben war.

Gräfin Adelheid war unermeßlich reich, und schon warb der bald 60jährige, stets um Geld verlegene Balduin um ihre Hand. Die Gräfin fühlte sich bei dem Gedanken geschmeichelt, Königin von Jerusalem zu werden, und sagte zu, der Ehevertrag wurde geschlossen, im Sommer 1113 fuhr die reiche Witwe mit solchem Gepränge aus Sizilien ab wie Kleopatra elfhundert Jahre zuvor, als sie Mark Anton abholte.

Als Adelheids Flotte vor Akkon auftauchte, waren die Kreuzfahrer wie geblendet. Der Bug ihrer Galeere war mit Gold und Silber beschlagen, der Mast war bis oben hin vergoldet, Adelheid selbst ruhte auf einem Teppich aus gewirktem Gold, bewacht von sizilianischen Bogenschützen in blendend weißen Burnussen. Ihrer Galeere folgten sieben Schiffe, bis oben hin gefüllt mit ihren persönlichen Schätzen.

Am Ufer – man möchte schon sagen: Gestade – erwarteten sie Balduin und der Hofstaat bei Trompetenklang in gleicher Pracht und Herrlichkeit, kostbar in Seide gekleidet, die Maultiere mit Purpur und Gold behangen, die Straßen mit schönsten Teppichen ausgelegt, die Fenster mit purpurnen Bannern geschmückt. Nach einer prunkvollen und feierlichen Prozession nach Jerusalem traute Patriarch Arnulf dann das Paar, und Balduin konnte endlich seinen Soldaten die längst überfällige Löhnung zahlen – hatte er doch nun endlich die Mitgift der reichen Witwe.

Aber nun erinnerte sich das fromme Volk, allerdings etwas verspätet, daran, daß König Balduin ja gar kein trauernder Witwer war, denn noch lebte ja seine Ehefrau Arda, und wenn man's genau besah, lebte Balduin also in Bigamie.

Adelheid fiel aus allen Wolken und erregte sich auf das höchste, auch wenn es seltsam erscheinen muß, daß sie von Arda nichts gewußt haben sollte. Aber den Schaden hatte zunächst nicht Balduin, sondern der Patriarch, denn er konnte ja nicht vergessen haben, daß Arda noch lebte: Er hätte also Balduin und Adelheid nicht trauen dürfen.

Eine Kirchensynode unter Vorsitz eines päpstlichen Legaten setzte daraufhin den Patriarchen Arnulf ab, aber der fuhr im Winter 1115 nach Rom und verstand es, durch gut ausgewählte Geschenke und Reden den Papst Paschalis und seine Kardinäle auf seine Seite zu bringen, was bei Paschalis nicht schwer war, weil der noch immer keinen Überblick besaß und jedem Einfluß erlag. Papst Paschalis, gewohnt, alle wieder einzusetzen, die man in Jerusalem abgesetzt hatte, setzte daher auch prompt Arnulf wieder als Patriarchen ein und ernannte ihn zu allem Überfluß auch noch zum Erzbischof.

Allerdings hatte Arnulf versprechen müssen, daß er König Balduin befehlen werde, seine Adelheid zu verstoßen. König Balduin aber stellte sich ein Jahr lang taub. Erst als er im Jahre 1117 schwer erkrankte und Angst haben mußte, im Stande der Sünde zu sterben, gab er dem Drängen des Patriarchen nach.

Als er wieder zu Kräften kam, gab er dann selbst die Ungültigkeit seiner Ehe mit Gräfin Adelheid bekannt und verstieß sie. Der Entschluß fiel ihm nun leicht, denn die Stimme seines Gewissens hatte ihn just zu dem Zeitpunkt getroffen, als die gesamte Mitgift der reichen Witwe ausgegeben war.

Völlig verarmt, fast ohne Begleitung und zornerfüllt segelte Adelheid nach Sizilien zurück, von wo sie vor vier Jahren mit Gold- und Silberschätzen ausgezogen war, um Königin von Jerusalem zu werden – das tragische Opfer eines korrupten Patriarchen, der daraufhin Erzbischof wurde, und eines geldgierigen Königs.

Doch nun nahm die himmlische Gerechtigkeit für jedermann sichtbar ihren Lauf: Kurz darauf, am 16. Juni 1117, verfinsterte sich der Mond und am 11. Dezember gleich noch einmal, fünf Tage später flakkerte Nordlicht über den palästinensischen Himmel, von alters her ein seltenes und böses Zeichen: jedermann wußte, daß das den Tod hochgestellter Persönlichkeiten bedeutete, zumal dem in den Jahren zuvor eine Heuschreckenplage und zwei Erdbeben vorausgegangen waren.

Und die Zeichen hatten nicht gelogen: Am 21. Januar 1118 starb in Rom Papst Paschalis, am 16. April die gedemütigte Königin Adelheid, und der Patriarch Arnulf überlebte sie nur um zwölf Tage. Am 5. April waren Sultan Mohammed in Iran, am Tag darauf der Kalif Mustazhir in Bagdad und am 15. April 1118 Kaiser Alexios, der größte Herrscher des Ostens, gestorben.

Aber das Omen hatte auch für König Balduin gegolten. Von einem Zug nach Ägypten kehrte er im Frühjahr 1118 fieberkrank zurück. Soldaten trugen den Sterbenden zur Grenzfestung von el-Arisch in der Nähe von Askalon, und dort starb er, knapp jenseits seines Königreiches, am 2. April des Jahres 1118.

Am Palmsonntag, dem 7. April, wurde er neben seinem Bruder Gottfried in der heiligen Grabeskirche beigesetzt:

»hic est balduwinus, alter Judas Machabaeus
spes patriae, decus ecclesiae, virtus utriusque.
quem formidabant, cui dona tributa ferebant
Cedar et Aegyptus, Dan ac homicida Damascus,
Pro dolor! in modico clauditur hoc tumulo!«

– schrieb man auf sein Grab.

(Hier ruht Balduin, ein zweiter Judas Makkabäus;
Er war die Hoffnung seines Vaterlandes, die Zierde der
Kirche und die Stütze beider.
Der von allen Gefürchtete, dem Cedar (Libanon) und Ägypten,
Griechenland und das mörderische Damaskus Geschenke als
Tribut darbrachten,
Oweh! In diesem unansehnlichen Hügel ist er nun
eingeschlossen.)

Man kann ihm Roheit, Habgier und Heuchelei vorwerfen, aber auch seine Geduld, seine Begeisterung und seine Ausdauer hervorkehren – doch wie man auch immer diesen zwiespältigen Charakter beurteilen will, den die Mohammedaner noch jahrhundertelang »den furchtbarsten aller Feinde des Islam« nannten: es war dieser Balduin, dem nach dem planlosen und enthusiastischen Aufbruch ins Heilige Land die Schaffung des ersten außereuropäischen Staates der Abendländer gelang und der in seiner achtzehnjährigen Regierungszeit den Grundstein für eine zweihundertjährige Tradition der Kreuzfahrerstaaten legte.

Auf dem Höhepunkt der Macht

Balduin II: König aus Zufall

Der König ist tot – es lebe der König! Nur hatte Balduin I. keinerlei Vorsorge getroffen, wer denn nun König werden sollte. Balduins Kinder aus erster Ehe waren gestorben, und weder mit Arda noch mit Adelheid hatte er Kinder gehabt, und die Frage war nun: Fiel jetzt das Königtum an die Familie zurück, oder mußten die palästinensischen Grafen und Fürsten aus ihrer Mitte einen neuen König wählen?

In dieser verzwickten Lage kam der neue König von Jerusalem buchstäblich durch Zufall angelaufen. Es war der Graf von Edessa, Balduin von Bourg, ein Vetter des verstorbenen Balduin I. und seit 1102 dessen Nachfolger in Edessa.

Dieser Balduin von Bourg war ein frommer Mann – er hatte vom vielen Beten sogar dicke Hornhaut auf den Knien – und war eigentlich nur aufgebrochen, um wieder einmal in Jerusalem seine Andacht zu verrichten. Er kam am gleichen Tage an, als Balduin I. zu Grabe getragen wurde, und geriet so in die Beratung des Kronrates über die Nachfolge. Die einen meinten, man müsse den Thron nun Eustachius, dem Bruder Balduins I., antragen, während die anderen fanden, man könne nicht so lange warten, bis Eustachius aus dem fernen Lothringen hergereist war. Da stand Joscelin von Courtenay, als Fürst von Galiläa das einflußreichste Mitglied des Rates, auf: »Dem Zufall werde kein Einfluß verstattet. Der Graf von Edessa, gerecht, tapfer, löblich in jeder Beziehung, ist hier gegenwärtig; nie können wir in fernen Landen einen besseren Herrscher finden . . .«

Niemand widersprach, und so wurde der zufällig anwesende etwa 60jährige Balduin von Bourg als Balduin II. von Jerusalem zum König gewählt. Genau eine Woche später, am Ostersonntag, dem 14. April 1118, setzte ihm der Patriarch Arnulf die Krone aufs Haupt.

Dreizehn Jahre sollte Balduin II. zusammen mit seiner armenischen Gattin Morphia, mit der er eine vorbildliche Ehe führte, über Jerusalem herrschen, auch wenn er alles andere als eine beherrschende Führernatur war. Aber im Gegensatz zu seinem Vorgänger war er umgänglich, freundlich und einfachen Scherzen zugetan, auf der anderen Seite aber auch verschlagener, zugeknöpfter und kleinlicher als Balduin I.

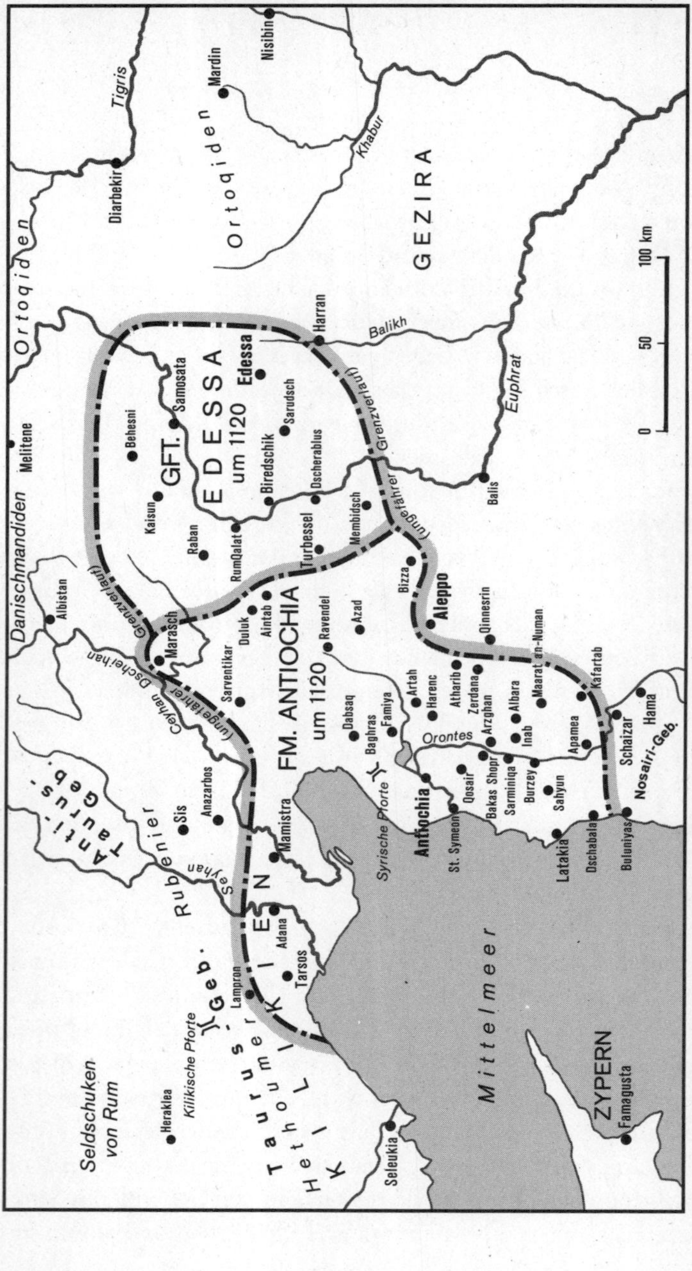

Das nördliche Syrien im 12. Jahrhundert

Zu erwähnen ist in jedem Falle sein langer, etwas dünner blonder Bart, mit dem er sich einmal 30000 byzantinische Goldstücke von seinem Schwiegervater Gabriel ergaunert hatte. Es war noch zu Zeiten, als Balduin von Bourg Graf von Edessa war, und wie alle Grafen war er ständig in Geldnot, da die Besoldung der Ritter über seine finanziellen Mittel ging. Nun war sein Schwiegervater ein reicher Mann, aber Balduin mochte ihn nicht geradeheraus anpumpen.

So ließ er sich einmal mit seinen Rittern zu seinem Schwiegervater nach Melitene einladen, und »Schwiegersohn und Schwiegervater waren ein Herz und eine Seele«, berichtet der Chronist. Eines schönen Tages erschienen – wie vorher verabredet – die Ritter und verlangten in Gegenwart Gabriels von Balduin nun endlich ihren Sold »oder die Auslieferung des Pfandes«. Balduin stellte sich verzweifelt, Schwiegervater Gabriel war beunruhigt, und schließlich gestand Balduin, für den Fall, daß er nicht zahlen könne, habe er seinen Bart verpfändet – und er könne nicht zahlen.

Balduin hatte richtig spekuliert. Der treffliche Gabriel geriet vor Schrecken aus der Fassung, »denn bei den Armeniern ist es wie bei den Griechen Sitte, den Bart so voll wie möglich zu tragen, und sie halten sich für entehrt, wenn man ihnen auch nur ein Haar ausrupft«. Und schon brachte Gabriel, um die furchtbare Schande von seinem Schwiegersohn abzuwenden, einen Sack mit 30000 Goldstücken, ließ aber Balduin vorsichtshalber schwören, niemals wieder seinen Bart zu verpfänden – »was Balduin leichten Herzens beschwor«, wie der Chronist hinzufügte.

Mit ähnlichen Scherzen hatte Balduin II. übrigens seinerzeit auch Joscelin von Courtenay von seinem Lehen Edessa vertrieben, mit dem er ihn nach seiner Wahl zum König von Jerusalem wieder großmütig belehnte.

Auch die Regierungszeit Balduins II. war durch ständige Kämpfe gekennzeichnet. Ein Jahr nach seinem Regierungsantritt waren die Türken mit großer Heeresmacht nach Antiochia einmarschiert, nachdem Roger, der Fürst von Antiochia, versucht hatte, Aleppo einzunehmen. Durch ihren Leichtsinn gerieten die meist normannischen Kreuzfahrer dabei in eine Falle, und von den 700 Rittern und 3000 Mann Fußvolk konnten sich nur 140 retten, bevor Balduin mit seinen Leuten eintraf.

Alle übrigen wurden mit Peitschenhieben nackt in die Weinberge von Sarmeda getrieben, wo sie in der glühenden Hitze vor Durst umkamen, während sie buchstäblich Sisyphusqualen litten: Die Türken hatten überall in Reichweite große Wasserkrüge aufgestellt, aber wer trinken wollte, wurde niedergemacht.

Nach dieser »Schlacht auf dem Blutacker« am 27. Juni 1119 gelang es Balduin II. zwar, die Türken zurückzudrängen, aber auch die süditalienischen Normannen hatten in den Kreuzfahrerstaaten an Einfluß verloren. Von nun an überwog eindeutig das französische Element. König Balduin II. von Jerusalem war als Lehnsherr von Tripolis und Edessa und als Regent von Antiochia nunmehr der Beherrscher des gesamten sogenannten »lateinischen Ostens«.

Die Abendländer werden zu Orientalen

Zum ersten Mal in der Geschichte der Kreuzfahrerstaaten konnte Balduin II. jetzt die Geistlichen und die wichtigsten Lehensleute des Königreiches zu einer gemeinsamen Ratsversammlung zusammenrufen, die im Jahre 1120 im samaritanischen Neapolis (dem heutigen Nablus) abgehalten wurde.

Dieses sogenannte Konzil von Nablus war so etwas wie die erste gesetzgebende Versammlung der Kreuzfahrerstaaten, die nun in 25 Beschlüssen Rechtsgrundsätze und Strafen für die Schuld des Zehnten, Diebstahl, Raub, Ehebruch, entlaufene Mönche, Vielweiberei und Beischlaf mit sarazenischen Sklaven und Sklavinnen aufstellte. Immerhin war Jerusalem nun schon vor zwanzig Jahren eingenommen worden, ohne daß man bisher die abendländischen Rechtsgrundsätze den neuen Verhältnissen angepaßt hatte.

Nun aber durfte man das nicht länger hinausschieben, denn mit dem veränderten Lebensstil in Palästina gab es auch neue Probleme, deren wichtigstes Gustav Freytag mit den züchtigen Worten umschrieb, daß der christliche Rittersmann »gar mit ungläubigen Türkinnen koste«. Weder Papst Urban noch sonst jemand hatte sich überlegt, wie man in einer »ungläubigen« Umgebung einen christlichen Staat errichten und erhalten sollte, solange man nur Krieger zur Verfügung hatte. Die aber durften keine »Ungläubigen« heiraten.

Nachdem der Volkskreuzzug des Jahres 1101 kläglich gescheitert war, der ja ganze Familien ins Land gebracht hätte, hatte schon Gottfried von Bouillon geraten, christliche Syrerinnen zu heiraten. Zwar kamen immer wieder Pilgerzüge auf Schiffen – im Jahre 1113 waren es im August sogar 16000 Menschen –, aber nur die wenigsten blieben da, und es waren kaum Frauen darunter.

So heirateten die Franken syrische Frauen, und durch sie wurde Arabisch die Umgangssprache der einfachen Christen, während man sonst französisch sprach. Gelegentlich aber kamen auch »fränkische Damen«, und eine solche Schiffsladung beschreibt Imad ad-Din al-Isfahani, der Sekretär des Sultan Saladin, treffsicher und mit orientalischer Blumigkeit:

»Mit einem Schiff kamen dreihundert schöne fränkische Frauen im Schmucke ihrer Jugend und Schönheit, die sich jenseits des Meeres gesammelt und der Sünde verschrieben hatten. Sie hatten ihr Vaterland verlassen, um in der Fremde Weilenden zu helfen; sie hatten sich gerüstet, die Unglücklichen glücklich zu machen . . . Sie brannten vor Lust auf das Zusammensein und die fleischliche Vereinigung. Alle waren zügellose Dirnen, hochfahrend und spöttisch, die nahmen und gaben, fest im Fleisch und sündig, Sängerinnen und kokett, öffentlich auftretend und anmaßend, feurig und entbrannt, gefärbt und bemalt, reizend und begehrenswert, erlesen und anmutig, die zerrissen und flickten, durchrissen und nähten, auf Abwege führten und Augen warfen, entkräfteten und raubten, trösteten und hurten; verführend und schmachtend, begehrt und begehrend, Freude gebend und nehmend, vielseitig und erfahren, trunkene junge Mädchen, die nach Liebe verlangten und sich verkauften, unternehmend und glühend, leidenschaftlich und voller Liebe, rot im Gesicht und schamlos, schwarz- und großäugig, mit vollen und schlanken Körpern, mit näselnder Stimme und festen Schenkeln, mit blauen und grauen Augen, außergewöhnlich und dümmlich.«

Und dann beschreibt Imad ad-Din al-Isfahani mit genießerischem Abscheu die Verruchtheit dieser fränkischen Damen: »Sie verteilten sich auf die Zelte, die sie errichtet hatten, andere schöne junge Mädchen kamen dazu, und sie öffneten die Pforten der Genüsse, weihten als Opfer, was sie zwischen den Schenkeln hatten, ließen der Zügellosigkeit freien Lauf, wandten sich zur Ruhe, entfernten alles, was sie hinderte, sich zu verschenken; sie betrieben lebhaften Handel mit ihren Ausschweifungen, vernähten die sich spaltenden Schlitze, tauchten in die Quellen der Zügellosigkeit, schlossen sich ein im Gemach unter dem erregten Zudrang der Männer, boten den Genuß ihrer Ware an, luden die Unzüchtigen zur Umarmung ein, ritten Brust an Kruppe, schenkten ihre Ware dem Bedürftigen, brachten die Spangen ihrer Fesseln nahe an die Ohrringe, wollten hingestreckt sein auf den Teppich des Liebesspiels.

Sie waren Ziel der Pfeile, erlaubten alles, was verboten ist, boten sich den Stößen der Lanzen dar, erniedrigten sich ihren Freunden. Sie öffneten das Zelt, lösten die Gürtel nach geschlossenem Einverständnis; sie waren der Ort, an dem man Zeltpflöcke einschlägt, sie luden die Schwerter in ihre Scheiden ein, ebneten ihr Land zum Pflanzen, ließen die Speere sich gegen die Schilde erheben, ermunterten die Pflüger zu pflügen, gaben den Schnäbeln zu suchen, gewährten den Hochgemuten Einlaß in die Vorhallen, liefen unter den Sporen derer, die sie ritten. Den Seilen gaben sie den Weg frei hinab in den Brunnen, setzten die Pfeile auf die Bogen, zerrissen die Gürtelbänder, prägten die Münzen, ließen die Vögel in die Nester ihrer Schenkel, fingen in den Netzen die Hörner der stößigen Widder; sie hoben jede Sperre vom Beschützten, entledigten sich des Schleiers dessen, was verborgen ist.

Sie flochten Bein mit Bein, stillten den Durst der Liebenden, vermehrten die Eidechsen in den Löchern, ließen die Ruchlosen ihr Innerstes kennenlernen, wiesen den Schreibrohren den Weg ins Tintenfaß, den Bergwassern in den Talgrund, den Bächen zum Teich, den Schwertern in die Scheide, den Barren in die Schmelztiegel, den Gürteln der Ungläubigen den Weg zur weiblichen Zone, dem Holz den Weg in den Ofen, den Angeklagten in die tiefen Kerker, den Geldwechslern zum Dinar, den Hälsen zu den Bäuchen, den Dornen den Weg ins Auge. Sie stritten sich um den Baumstamm, wetteiferten darin, die Frucht zu sammeln. Das hielten sie für ein frommes Werk, dem kein anderes gleichkomme, besonders gegenüber denen, die fern von ihrem Heimatland und von den Frauen weilten.«

Aber nicht nur die arabischen Chronisten schildern das, was man im letzten Jahrhundert noch »Verwilderung des geschlechtlichen Lebens« von »Lüderlichen beiderlei Geschlechts« nannte. Es versteht sich, daß vor allem die christlichen Berichterstatter reichlich Stoff zur Entrüstung fanden.

Besonders in den Hafenstädten nahm später die Prostitution derart zu, daß der Papst den Klerus warnen mußte, an Dirnen zu vermieten, denn – so Bischof Jakob von Bitry – »da die Dirnen hohe Mieten zahlen, vermieten nicht nur Laien, nein, sogar Geistliche und Mönche in allen Stadtvierteln ihre Häuser an notorische Huren«.

Und Bischof Jakob von Bitry mußte es wissen, denn er war der Bischof von Akkon. Und so klagt er auch, daß »kaum einer unter tausend seine Ehe ernst nimmt. Sie halten Ehebruch nicht für eine Todsünde. Sie sind von Kind auf verzogen und fleischlichen Lüsten hingegeben, während sie nicht gewohnt sind, Gottes Wort zu hören, das sie mißachten ... fast täglich werden Menschen offen oder heimlich ermordet. Männer erwürgen nachts ihre Frauen, weil sie ihrer überdrüssig sind; Frauen bedienen sich der uralten Methode des Giftmischens, um ihre Männer umzubringen, damit sie andere heiraten können.«

Nach den Schilderungen der Chronisten war es das reinste Sodom und Gomorrha, ja »selbst die Priester wälzten sich gleichsam im Kot und schreckten auch vor den ärgsten Sünden nicht zurück«, notierte Matthäus von Edessa voller Abscheu.

In Wirklichkeit wird es halb so schlimm gewesen sein, denn in Sachen Moral hatten die christlichen Chronisten immer ein schärferes Auge als bei Mord und Totschlag, Grausamkeiten, Wortbrüchen und Ungerechtigkeiten. Daß Köpfe abgeschlagen, Leichen geschändet und Frauen und Kinder umgebracht wurden, hat jedenfalls niemanden zu einem Bußgebet veranlaßt, wohl aber waren das Würfelspiel und die »Sünden des Fleisches« oft genug Anlaß zu Fastentagen, Klagerufen und sittlichen Entrüstungen.

Allerdings darf man nun nicht annehmen, daß diese Chronisten nur den engen Kirchturmshorizont der Abendländer gehabt hätten. Das Heilige Land war durch die Landsknechte der Kreuzfahrerheere tatsächlich zu einem Sammelpunkt rauher Gesellen geworden, zumal das Abendland ja seine Verbrecher selbst zur Buße ins Heilige Land schickte. »Ich habe hier Fremde getroffen«, schreibt Jakob von Vitry, »Desperados, die aus ihrer Heimat geflohen sind wegen verschiedener furchtbarer Sünden, die sie begangen haben. Diese Menschen ohne Gottesfurcht verderben die ganze Stadt mit ihren Schandtaten und ihrem schlechten Beispiel.«

Im ganzen gesehen waren aber die Franken in Palästina nicht schlechter, sie waren nur anders als zu Hause, indem sie sich einfach dem Klima und der neuen Umgebung anglichen. Bald konnte man Franken und Mohammedaner auf der Straße nicht mehr unterscheiden, denn auch die Abendländer trugen nun Turban und wallende lockere

Gewänder, und Tankred ließ sogar Münzen schlagen, auf denen er im Ornat eines mohammedanischen Fürsten mit Turban abgebildet war und sich »Großemir Tankridus« nannte.

Die Abendländer kauften bei den »Ungläubigen« ein, jüdische und mohammedanische Ärzte wurden gern von den Christen in Anspruch genommen, so daß ein arabischer Reisender die Hoffnung aussprach, daß die »Ungläubigen« – und diesmal sind damit die Christen gemeint – allmählich von der höheren Zivilisation, zu der sie gekommen seien, profitieren würden, auch wenn beklagenswerterweise Akkon »voller Schweine und Kreuze« sei.

Und Usama ibn Munkid, ein anderer arabischer Chronist, berichtet: »Es gibt unter den Franken einige, die sich im Lande angesiedelt und begonnen haben, auf vertrautem Fuß mit den Muslimen zu leben. Sie sind besser als die anderen, die gerade neu aus ihren Heimatländern gekommen sind . . .« Und dann erzählt er, was einem seiner Freunde in Antiochia passiert ist. Sein Gastgeber hatte ihn aufgefordert: »›Ein fränkischer Freund hat mich eingeladen. Komm doch mit, da siehst du ihre Bräuche.‹ Ich ging mit, erzählte mein Freund, und wir kamen zu dem Hause eines der alten Ritter, die mit dem ersten Zug der Franken gekommen waren. Er hatte sich von seinem Amt und Dienst zurückgezogen und lebte von den Einkünften seines Besitzes in Antiochia. Er ließ einen schönen Tisch bringen mit reinlichen und vorzüglichen Speisen. Als er sah, daß ich nicht zulangte, sagte er: ›Iß getrost, denn ich esse nie von den Speisen der Franken, sondern habe ägyptische Köchinnen und esse nur, was sie zubereiten. Schweinefleisch kommt mir nicht ins Haus‹ – ich aß also . . .«

Im großen und ganzen kommen die Franken aber in der Beurteilung der Araber ziemlich schlecht weg. »Bei den Franken – Gott schicke sie ins Verderben – gibt es keine treffliche Eigenschaft der Menschen, die sie schätzen, außer Tapferkeit im Kampf«, schreibt Usama ibn Munkid, und: »Bei den Franken findet man keinerlei Ehrgefühl oder Eifersucht. Wenn einer von ihnen mit seiner Frau auf der Straße geht und einen anderen trifft, nimmt der die Frau bei der Hand und zieht sie beiseite, um mit ihr zu sprechen, während ihr Mann dabei steht und wartet, bis sie ihre Unterhaltung beendet haben« – ein deutliches Beispiel dafür, wie die Unkenntnis anderer Sitten zu falschen Beurteilungen führen kann. Arabische wie christliche Chronisten haben sich hier nichts vorzuwerfen.

In dieser Ausrüstung brach der Ritter mit seinen Kriegsknechten zum Ersten Kreuzzug auf (Abbildung aus dem 19. Jahrhundert).

Papst Urban II. predigt auf der Synode zu Clermont (1095) den Kampf für die Befreiung des Heiligen Grabes von der Herrschaft der Ungläubigen.

Der Wandermönch Peter aus Amiens, der »Einsiedler« genannt, glühend in Eifer und Überzeugungskraft, wirbt für die Kreuzzugsidee und schart die Massen um sich zu einem »Kreuzzug des Volkes« (nach einem Gemälde von N. de Keyser).

Die Führer des Ersten Kreuzzuges: Gottfried von Bouillon, Raimund IV. Graf von Toulouse, Bohemund von Tarent und Tankred von Hauteville, mit ihrem Kriegsgefolge auf dem Weg ins Heilige Land (Zeichnung von A. de Neuville).

In der Kirche zu Antiochia wird die heilige Lanze entdeckt, mit der die Seite Christi am Kreuz durchbohrt wurde (Holzschnitt nach einer mittelalterlichen Darstellung).

Die Kathedrale von Tartus in Syrien gilt als reinstes Beispiel kirchlichen Baustils zur Zeit des Zweiten Kreuzzuges (1147/49).

Sultan Saladin (1138–1193), König von Ägypten und Oberherr über Syrien, der 1187 Jerusalem belagert und erobert.

Bernhard von Clairvaux überredet König Konrad III. von Hohenstaufen zur Teilnahme am Zweiten Kreuzzug (nach einem Fresko).

Der Holzschnitt von G. A. Vavassore aus dem 16. Jahrhundert zeigt die Stadtanlage von Konstantinopel zur Zeit des ausgehenden Mittelalters.

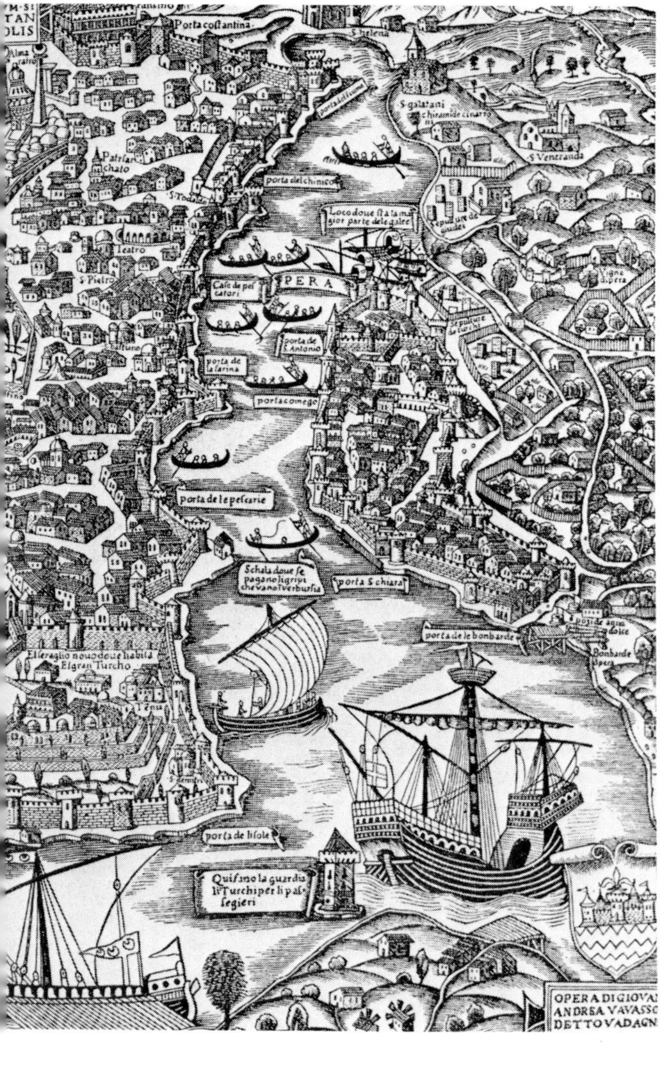

Porta costantina
S. helena
S. galatani
S. Venerãda
Patriarchato
porta del chinico
Teatro
S. Pietro
PERA
Case de pescatori
porta de S. Antonio
porta de la farina
porta de le pescarie
porta S. chiara
porta de le bonbarde
porta de lisole
OPERA DI GIOVA
ANDREA VAVASSO
DETTO VADAGN

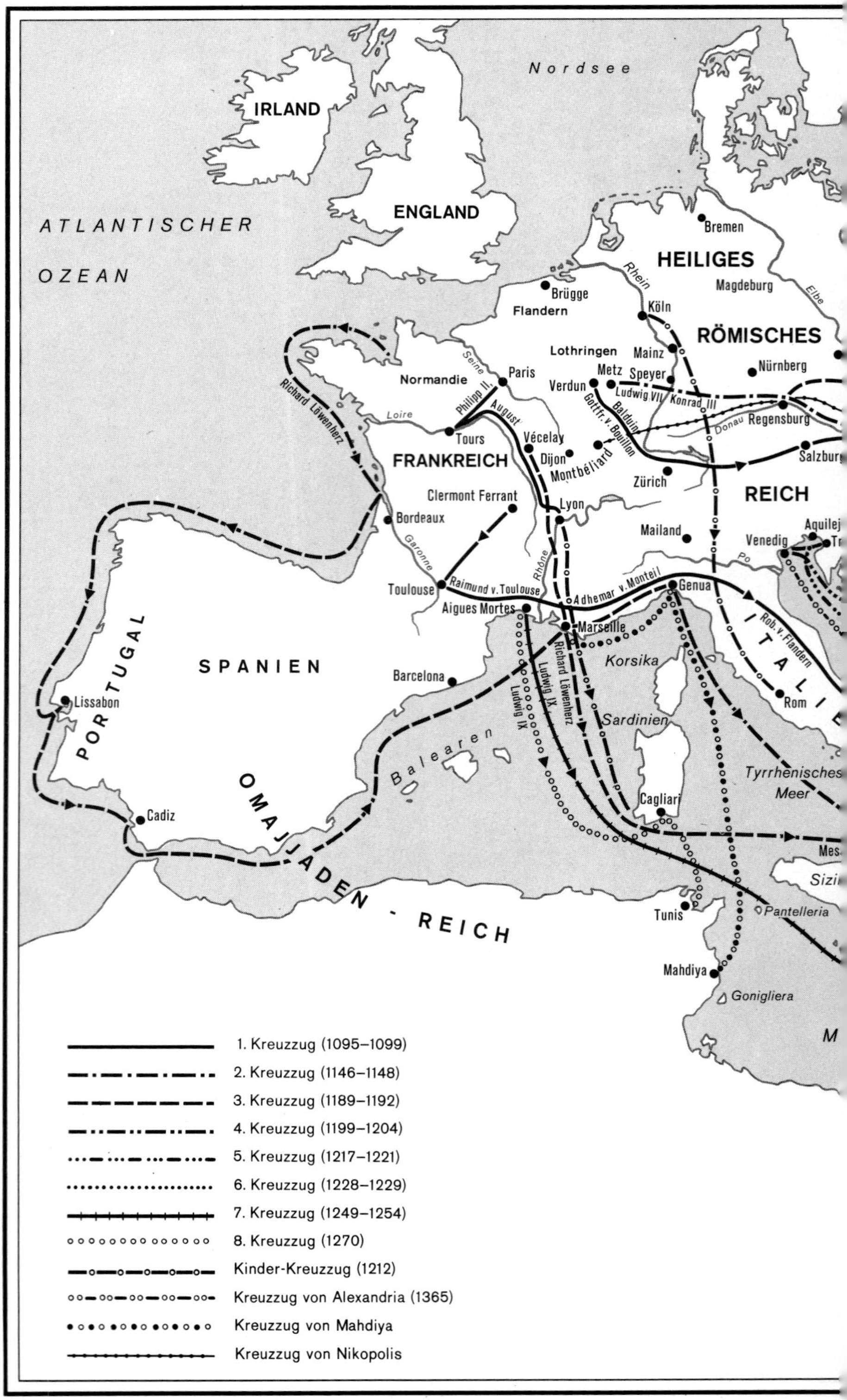

Nordsee
IRLAND
ENGLAND
ATLANTISCHER
OZEAN
Bremen
HEILIGES
Magdeburg
Rhein
Elbe
Brügge
Flandern
Köln
RÖMISCHES
Lothringen
Mainz
Seine
Paris
Metz
Speyer
Nürnberg
Normandie
Verdun
Ludwig VII
Konrad III
Richard Löwenherz
Philipp II. August
Gottfr. v. Bouillon
Balduin
Donau
Regensburg
Loire
Tours
Vécelay
Dijon
FRANKREICH
Montbéliard
Salzburg
Zürich
Clermont Ferrant
Lyon
REICH
Bordeaux
Mailand
Aquilej
Venedig
Garonne
Rhône
Po
Toulouse
Raimund v. Toulouse
Adhemar v. Monteil
Genua
Aigues Mortes
Marseille
Rob. v. Flandern
ITALIE
Korsika
SPANIEN
Barcelona
Ludwig IX
Lissabon
Rom
PORTUGAL
Sardinien
Balearen
Tyrrhenisches Meer
OMAJJADEN - REICH
Cadiz
Cagliari
Tunis
Pantelleria
Mahdiya
Gonigliera
1. Kreuzzug (1095–1099)
2. Kreuzzug (1146–1148)
3. Kreuzzug (1189–1192)
4. Kreuzzug (1199–1204)
5. Kreuzzug (1217–1221)
6. Kreuzzug (1228–1229)
7. Kreuzzug (1249–1254)
8. Kreuzzug (1270)
Kinder-Kreuzzug (1212)
Kreuzzug von Alexandria (1365)
Kreuzzug von Mahdiya
Kreuzzug von Nikopolis

Die Kreuzzüge

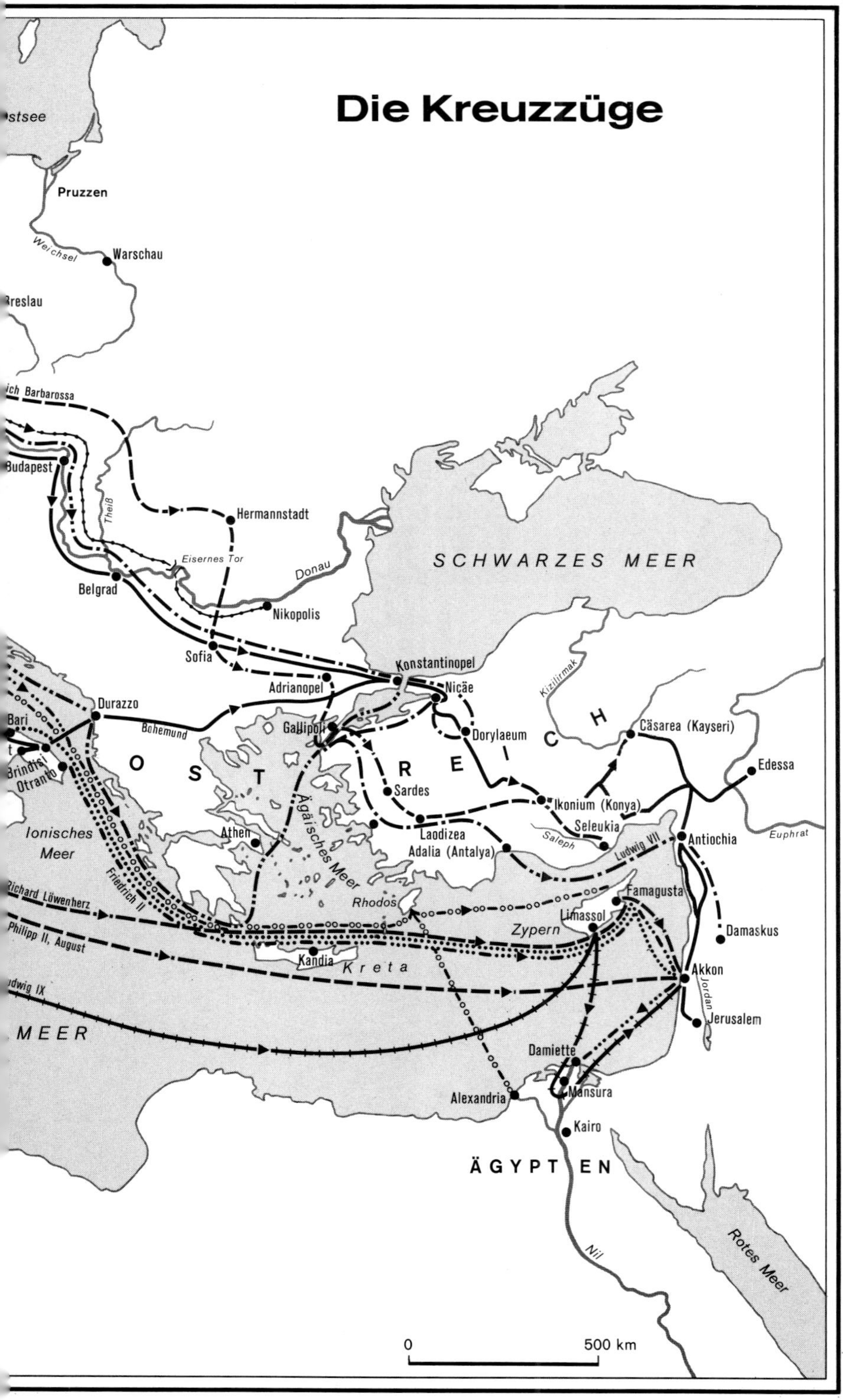

Kreuzfahrersiegel aus dem 12. Jahrhundert. Umrahmt von den Lettern des »Heiligsten Grabes« (sepulchri sanctissimi) die über der Grabstätte errichtete Kirche.

So schildert Ibn al-Atir ein Gespräch zwischen Roger und seinen Gefährten von Antiochia: »›Beim Evangelium‹, sagten sie, ›das ist gut für uns und für sie. So wird das Land für das Christentum gewonnen.‹ Roger hob dazu ein Bein, ließ einen lauten Wind fahren und sagte: ›Bei meinem Glauben, dies ist mehr wert als eure Überlegungen‹ . . .«

Im ganzen gesehen haben die Sieger mehr von den Besiegten, also die Franken von den Arabern gelernt, und Fulcher von Chartres schreibt: »Aus Abendländern sind wir Bewohner des Orients geworden. Der Italiener oder der Franzose von gestern ist hierher verpflanzt und heute ein Galiläer oder Palästiner. Der Mann aus Reims oder Chartres hat sich in einen Syrer oder einen Antiochier verwandelt. Schon haben wir unsere Heimat vergessen. Hier besitzt man Haus und Häuslichkeit und das so sicher, als habe man es hierzulande seit unvordenklichen Zeiten ererbt. Mancher hat schon eine Syrerin geheiratet oder eine Armenierin oder gar eine getaufte Sarazenin, und seine ganze große Familie besteht aus Eingeborenen. Wir bedienen uns abwechselnd der verschiedenen Landessprachen. Aus dem Ansiedler ist ein Eingeborener geworden, der Eingewanderte hat sich dem Einwohner angepaßt.«

Und wer nun ins Morgenland zieht, kommt nicht mehr als Kreuzfahrer. Nicht das Heilige Grab lockt mehr, sondern der Reichtum: »Und in der Tat«, schreibt Fulcher von Chartres weiter, »wer drüben arm war, lebt hier üppig, wer ein paar Heller hatte, besitzt hier ein Vermögen. Wer in Europa nur ein Dorf sein eigen nannte, wird im Morgenland Herr einer ganzen Stadt. Warum sollten wir nach dem Westen zurückkehren, wenn der Orient unsere kühnsten Wünsche erfüllt?«

Es ist ein verräterisches Zitat, und wenn es nach mir ginge, müßte es als Motto in Büchern über die Kreuzzüge auf der ersten Seite stehen und in Schulbüchern abgedruckt werden, denn es ist damit gar nichts Despektierliches gesagt, sondern nur die Wirklichkeit beschrieben, die schon die erste Generation von Kreuzfahrern erlebt hat und die zweihundert Jahre lang weitergegeben wurde. Gewinn und Bewahrung von Besitz – das und nichts anderes – bestimmt seitdem, ungeachtet der ständigen Kämpfe an den Grenzen, die Politik und das Handeln der Könige von Jerusalem.

Die Besitzverhältnisse waren im Königreich Jerusalem von Anfang an und bis zum Ende der Kreuzfahrerstaaten in Lehensverhältnissen geordnet. Dabei unterschied man unmittelbare Lehensleute des

Königs, mittelbare und solche, die erst von den mittelbaren ihr Lehen bekommen hatten. Oberster Lehnsherr war und blieb dabei der König. Niemand durfte ohne seine Zustimmung Lehen verkaufen oder weiterverleihen, wohl aber innerhalb der Familie weitervererben. Dabei wurde streng darauf geachtet, daß niemand ein Lehen erbte, der in Europa lebte; wurde ein solches Lehen nicht innerhalb eines Jahres in Besitz genommen, fiel es an die Krone zurück.

So praktisch dieses Lehenssystem auch war, um das Land, wenigstens theoretisch, in einer Hand und unter Kontrolle zu halten und Privatbesitz zu vermeiden, so sehr trug die Weitergabe der mittelbaren Lehen an Arme und Unbemittelte dazu bei, die Leibeigenschaft zu fördern. Denn bei Schulden durfte man sich bei den Begüterten nur an deren Lehensbesitz, nicht aber an die Person halten. Bei den Armen aber, die nichts besaßen, konnte man auch direkt Hand auf die Person legen. Das heißt: auf dem Umweg über Verschuldungen kam es zur Leibeigenschaft, die sich von der Sklaverei in nichts unterschied, und niemandem fiel es damals ein, in einem Land, wo einmal allen Erlösung und Freiheit versprochen worden war, die Sklaverei abzuschaffen – nicht einmal die Klage eines Leibeigenen auf Freiheit war möglich.

Neben der Orientalisierung der Kreuzfahrer und neben dem Lehenswesen gab es aber noch eine dritte Stütze, die schon zu Zeiten Balduins II. zur Sicherung des noch kaum zwanzigjährigen Königtums beitrug und die den Untergang der Kreuzfahrerstaaten um Jahrhunderte überleben sollte: die Ritterorden.

Mönche mit dem Schwert

Während das Königreich Jerusalem nur die Wiederholung eines abendländischen Gedankens im Orient war, waren die Ritterorden eine eigenartige, zugleich aber charakteristische Neuschöpfung. In einer einmaligen Mischung aus Mönchsorden und straff organisiertem Militär gab es hier kämpfende Mönche unter der unmittelbaren Verantwortung des Papstes – obwohl sonst kein *Priester* das Schwert ergreifen durfte, weil er nach dem Wort der Bibel durch das Schwert umkommen würde (weshalb damals manche Kirchenfürsten nur mit einer Keule in die Schlacht zogen, mit der sie ja kein Blut vergossen).

Als »arme Ritter Christi« hatten sie sich zunächst auch ganz andere Aufgaben vorgenommen. »Einige fromme, gottliebende Ritter«, so heißt es in einer Chronik, »wurden Christi Knechte und verpflichteten sich durch feierlichen Profeß und Gelübde, die Pilger vor den Räuberbanden zu schützen und die öffentlichen Straßen zu bewachen.«

Als Gründer dieser Pilgerwache, die um 1120, also in den ersten Regierungsjahren Balduins II., entstand – gilt der burgundische Ritter Hugo von Payens, der sich mit sieben oder acht Genossen zu einer mönchischen Gemeinschaft zusammenschloß, die sich den drei klassischen Gelübden der Armut, Keuschheit und des Gehorsams verpflichteten, als viertes Gelübde aber den Schutz der Pilger hinzufügten – »uff daz sie die bilgram vor den obgemelten rewbernn und mördern beschirmtenn«, heißt es in einer Urkunde aus dem 16. Jahrhundert, und: »die offenn stroszenn reynigetten«. Sie erhielten die Erlaubnis, sich in einem Flügel des Jerusalemer Königspalastes niederzulassen, nämlich der früheren El-Aksa-Moschee auf dem Tempelplatz, nach dem sie seitdem die »Templer« genannt wurden.

Diese Templer waren aber nicht die ersten, die geistliche und kriegerische Pflichten vermischten. Schon Jahrzehnte vor dem Ersten Kreuzzug hatten einige fromme Kaufleute aus Amalfi in Jerusalem nahe der Grabeskirche ein Mönchskloster zu Ehren der Jungfrau Maria gegründet, das den Regeln der Benediktiner folgte, bald darauf mit Erlaubnis des ägyptischen Kalifen auch ein Nonnenkloster zur Heiligen Maria Magdalena gebaut und schließlich auch noch ein Gästehaus für Pilger, das sie das »Hospital zum Heiligen Johannes« nannten. In dieser Pilgerherberge wurde jedermann ohne Ansehen der Person aufgenommen, beköstigt und verpflegt – in ihrer Blütezeit 2000 Menschen täglich.

Die Selbstlosigkeit der Hospitalbrüder, die man dann kurz »die Johanniter« nannte, war so bekannt, daß eine Legende sogar erzählt, Sultan Saladin sei einmal verkleidet ins Spital gekommen, um die Freigebigkeit und Demut der Brüder zu prüfen, die jedem Pilger Wein und weißes Brot gaben, aber selbst nur grobe Kost aßen und Wasser tranken. Vor der Eroberung Jerusalems im Jahre 1099 waren die Johanniter als Christen aus der Stadt verwiesen worden; ihre Ortskenntnis half aber den Kreuzfahrern derart, daß Gottfried von Bouillon dem Hospital Stiftungen zukommen ließ und seinen Grundbesitz durch Schenkungen erweiterte.

Um das Jahr 1118 fanden die Johanniter, es sei nicht mehr genug, sich lediglich der Betreuung der Pilger zu widmen, sondern sie sollten sich auch dem Kampf gegen die Heiden zuwenden, um die Pilgerstraßen offenzuhalten. Entscheidend bei dieser Neuorientierung war jedoch, daß die Johanniter – angetan mit schwarzem Mantel und weißem achtspitzigem Kreuz – neben der militanten Sicherung der Pilgerstraßen auch weiterhin ihre karitativen Aufgaben wahrnahmen.

Die Templer aber, als Konkurrenzunternehmen zu den Johannitern gegründet, waren von Anfang an ein rein militärischer Mönchsorden. Der Orden gliederte sich, im Gegensatz zu einer wirklichen Mönchsgemeinschaft, auch von vornherein nach Ständen: Die eigentlichen Ritter, die alle dem Adel entstammen mußten, die waffentragenden Bediensteten aus mittlerem Stand und die Reitknechte und Hausbesorger. Aufgabe der Templer war es, die Straße zwischen Mittelmeer und Jerusalem von Wegelagerern freizuhalten; bald nahmen sie an jedem Feldzug teil und gewannen schnell als strafforganisiertes Ritterheer einen solchen Ruf, daß Balduin II. diesem militärischen Orden seine volle Unterstützung angedeihen ließ, obwohl sie ihm in keiner Weise unterstanden, sondern allein dem Papst zur Treue verpflichtet waren.

Nun hatten die Templer keine eigenen Ordensregeln, die den tatsächlichen Verhältnissen entsprochen hätten. Die Regeln des heiligen Benedikt, denen sie bisher gefolgt waren, deckten den militanten Auftrag in keiner Weise: Den Templern fehlte also eine »Verfassung«, und so kam es, daß König Balduin II. sich neun Jahre nach Gründung des Templerordens höchstselbst um eine Ordensregel bemühte.

Er schrieb an Bernhard von Clairvaux, den einflußreichsten religiösen Führer seiner Zeit: »Balduin II., durch die Gnade Jesu Christi König von Jerusalem und Fürst von Antiochien, dem ehrwürdigen Vater Bernhard, Abt von Clairvaux, ehrerbietigen Gruß. Die Tempelbrüder, die Gott berufen hat zur Verteidigung Unseres Landes und denen er besonderen Schutz gewährt hat, wünschen apostolische Approbation und ihre eigenen Ordensregeln zu erhalten . . . Die Ordensregel der Templer möge so sein, daß sie für Männer paßt, die in den Wirren des Krieges leben, und doch auch wiederum so, daß sie für die christlichen Fürsten, die für den Orden wertvolle Verbündete sind, annehmbar sind. Soweit es an dir liegt und soweit es Gott gefällt, führe diese Sache zu einem schnellen und glücklichen Ausgang.«

Der Orden erhielt seine Ordensregel und auf der Kirchenversammlung von Troyes im Jahre 1128 den päpstlichen Segen und sein Ordensgewand: einen weißen Mantel, die Unschuld symbolisierend, auf den ein einfaches Kreuz in roter Farbe aufgenäht war, die für den Märtyrertod und die Feindschaft gegen die Ungläubigen stand.

Die Ordensregel selbst war ein wunderliches Gemisch aus mittelalterlicher Frömmigkeit und Brutalität. Abt Bernhard befahl den Tempelrittern, »sich selten zu waschen«, »das Haar kurzgeschnitten zu tragen«, und verbot ihnen unter anderem, Briefe zu schreiben und zu empfangen, sich mit Hilfe eines Knappen an- oder auszuziehen, an Falkenjagden teilzunehmen (Löwen durften dagegen gejagt werden), Brett- und Würfelspielen zu frönen und irgend etwas von Wert zu besitzen: Wer einen Heller besitzt, ist selbst keinen Heller wert.

Es sind Regeln bis ins Detail: »Die Chorhemden sollen aus Wolle sein, aber wegen der großen Hitze in den östlichen Ländern darf jeder, der will, ein leinen Chorhemd tragen, von Ostern bis Allerheiligen; das leinene Chorhemd wird jedoch nur ›aus Barmherzigkeit‹, nicht aber von rechts wegen gestattet.«

Neben diesen und vielen anderen Anordnungen für den inwendigen Menschen schrieb der heilige Bernhard aber auch Sätze in die Ordensregel, die uns heute geradezu blasphemisch vorkommen: »Der Christ«, so heißt es da, »der den Ungläubigen im Heiligen Krieg tötet, ist seines Lohnes sicher; noch sicherer, wenn er selbst den Tod findet.« Oder: »Der Christ frohlockt über den Tod des Heiden, denn er gereicht Christus selbst zum Ruhme.«

Eine solche Ideologie, als geistliche Ordensregel verfaßt, war ein idealer Freibrief für alle Untaten; und es ist verständlich, daß die Templer dem Herrscher von Jerusalem wie ein Geschenk des Himmels vorkommen mußten. In den ersten Jahren war eine solche ständig einsatzbereite Militärtruppe von größtem Wert, zumal sie für die weltliche Macht kämpfte, das Erkämpfte aber nicht für sich behielt, sondern an die Krone gab. Ihr Vorteil lag auch in dem ständigen Nachschub aus Europa, der verhinderte, daß die Templer und Johanniter in den orientalischen Schlendrian gerieten.

Erst im Laufe der Jahre zeigten sich auch die Nachteile der kämpfenden Orden, die konsequenterweise auch nicht von Äbten, sondern von »Großmeistern« im Range eines Fürsten geleitet wurden: Durch ihre Privilegien und Regeln bildeten sie allmählich einen Staat im Staate, der seine eigene Politik verfolgte und daher manchmal König und Bischöfen recht unbequem wurde, zumal sie ja dem Papst unterstanden und von sonst niemand zur Rechenschaft gezogen werden konnten.

Große wirtschaftliche Macht kam hinzu. Es galt als verdienstvoll, den Ritterorden Geld und Land zu vermachen – so vermachte zum Beispiel Pakoslaw der Ältere, ein kleiner Landedler in Schlesien, das Dorf Udorz dem Heiligen Land –, so daß die »armen Ritter Christi« zuletzt zwar persönlich noch immer arm waren, aber auf ihren Ritterburgen in der Gemeinschaft prachtvoll lebten. Sie waren es auch, die überall im Nahen Osten und auf ihren Stützpunkten im Mittelmeer die noch heute als Ruinen imposanten Kreuzritterburgen bauten. Der Reichtum wiederum brachte es mit sich, daß die Ritterorden auf dem Finanzmarkt zu einem wichtigen Faktor wurden und den Handel weithin beherrschten, obwohl die Orden zahlenmäßig nicht groß waren.

Für das Jahr 1180 wird die Zahl der Johanniter mit 300 und die der Templer mit 600 angegeben. Dabei muß man allerdings berücksichtigen, daß die Ordensritter in den Kämpfen sehr hohe Verluste hatten: Die Orden zahlten zunächst für gefangene Ritter kein Lösegeld, weshalb die Gefangenen der Einfachheit halber gleich umgebracht wurden – eine Regel, die die Orden auf die Dauer nicht durchhalten konnten, wenn sie am Leben bleiben wollten.

Erwähnt sei jetzt schon, daß im Jahre 1190 noch ein dritter militanter Orden dazukam, der in der Nähe von Akkon sein Hospital einrichtete: Es war der von Deutschen in Palästina und Europa gegründete Deutschritterorden, der später seine Kolonisationsaufgaben im deutschen Osten sah – Grund genug für ein großes Geschichtswerk über die Kreuzzüge, im Jahre 1885 eine klare, wenn auch verwegene Beziehung zwischen den Kreuzzügen und dem Deutschen Reich herzustellen, »weil ohne die Kreuzzüge das heutige Deutsche Reich nicht bestehen würde, denn die Kreuzzüge haben den deutschen Ritterorden geschaffen, dieser den preußischen Staat und dieser das neue Deutsche Reich und damit die lange umsonst ersehnte deutsche Einheit und das Ansehen Deutschlands nach außen«.

Von solchen unsinnigen Schlußfolgerungen abgesehen, haben die Ritterorden der Kreuzzugsbewegung und damit dem Abendland tatsächlich genützt. Sie haben einem leichtfertig und naiv begonnenen, wenn auch gutgemeinten Eroberungszug Bestand verliehen, weil Anpassung an veränderte Verhältnisse und straffe Ordnung zusammentrafen. Sie haben die Katastrophe, die eines Tages kommen mußte, hinausgeschoben, ja, die Ritterorden, die unter der Verantwortung des Papstes entgegen der Bibel Evangelium und Schwert miteinander verbanden, überdauerten den christlichen Kreuzfahrerstaat.

Der König in Gefangenschaft

Wie stark die Kreuzfahrerstaaten nach kaum zwanzigjährigen ununterbrochenen Kämpfen waren, wurde deutlich, als Joscelin von Courtenay, der Graf von Edessa, und König Balduin II. von den Türken mehr als ein Jahr gefangengehalten wurden und von den vier fränkischen Fürsten nur noch Graf Pons von Tripolis an der Spitze seines Staates stand. Trotzdem ging überall das öffentliche Leben normal weiter, ja, es gelang sogar in dieser Zeit, die Hafenstadt Tyros zu erobern und einzunehmen. Die Verwaltung funktionierte unter der festen Hierarchie des Seneschalls (des Landeshauptmanns), des Konnetable (Feldherrn), des Marschalls und des Oberkammerherrn auch ohne Fürsten und König weiter.

Zu der merkwürdigen Situation war es im September 1122 gekommen, als Graf Joscelin von Edessa etwa 50 Kilometer südwestlich seiner Stadt bei dem Ort Sarudsch, also auf seinem eigenen Gebiet, mit einer kleinen Reitertruppe unvermutet auf das Heer des türkischen Fürsten Balak ibn-Bahram stieß, umzingelt wurde und sich gefangengeben mußte. Joscelin wäre sofort freigelassen worden, wenn er Balak die Stadt Edessa übergeben hätte. Verständlicherweise weigerte sich der Graf und wurde daraufhin im Norden in die taurische Gebirgsfestung Karput gebracht (das türkische Karput in der Nähe der heutigen ostanatolischen Stadt Elazig).

König Balduin II. von Jerusalem mußte nun wohl oder übel auch die Verwaltung der Grafschaft Edessa übernehmen, und als er im nächsten Frühjahr dorthin zog, wollte er sich bei Sarudsch die Stelle ansehen, wo Joscelin gefangengenommen worden war. Am 18. April 1123 schlug er am Euphrat ein Lager auf und machte sich gerade zu einer vergnüglichen Falkenjagd auf, als der gleiche Emir Balak ibn-Bahram unvermutet über ihn und seine Mannschaft herfiel und diesmal den König selbst gefangennahm. In den Verliesen von Karput – im wilden Kurdistan – trafen sich Balduin und Joscelin wieder.

Und was nun geschieht, ist eine höchst romantische und abenteuerliche Geschichte, voll von »ganz herrlichen Wundern«, wie der Chronist Fulcher von Chartres berichtet: »Nachdem sie lange Zeit geschmachtet hatten, begraben in dieser Burg, jeder Hilfe beraubt und grausamen Schmerzen zur Beute, begannen die Unglücklichen, tausend Pläne zu schmieden und zu überlegen, ob sie nicht durch einen geschickten Streich entkommen könnten. Sie hörten nicht auf, die Vermittlung treuer Boten zu verwenden, um an allen Orten, wo sie Freunde hatten, dringend Hilfe zu erbitten.

In der Umgebung ihres Gefängnisses wohnten einige Armenier; die Boten bemühten sich, diese Leute zu gewinnen und sie dazu zu überreden, ihre Flucht zu unterstützen, falls es ihnen gelingen würde, die Hilfe ihrer Freunde von draußen zu erhalten. Mittels einiger Geschenke und vieler Versprechungen kam es zu einem Vertrag, der von der einen und von der anderen Seite mit einem Eid beschworen wurde. Dann schickte man von der Stadt Edessa ungefähr fünfzig unbekannte Soldaten, um an der Befreiung der Gefangenen zu arbeiten.

Diese Soldaten verkleideten sich als arme Leute, luden Waren auf ihren Rücken, und beim Verkauf derselben benutzten sie eine günstige Gelegenheit und drangen bis zu den inneren Toren der Burg vor. Während der Hauptmann der Wachen törichterweise mit einem der unseren Gefangenen ergebenen Männern Schach spielte, traten die Soldaten unauffällig näher, als wollten sie eine Klage vorbringen wegen einer Beschimpfung, die ihnen, wie sie sagten, angetan worden war. Dann warfen sie plötzlich alle Furcht ab, zogen ohne Zögern die Messer aus der Scheide, erschlugen den Mann in weniger Zeit, als man braucht, es auszusprechen, bemächtigten sich der Lanzen, die sie dort fanden und beeilten sich, alles, was ihnen begegnete, zu treffen und zu töten.

Laute Schreie ertönten, drinnen und draußen waren alle in Verwirrung. Die am schnellsten zu dem Ort des Tumultes eilten, wurden am schnellsten umgebracht. Ungefähr hundert Türken kamen in diesem Durcheinander um. Die Tore wurden auf der Stelle geschlossen und der König und die anderen Gefangenen wurden aus dem Gefängnis geholt. Einige, noch mit den Ketten an den Füßen, stiegen auf Leitern zum Mauerrand, pflanzten auf dem höchsten Punkt der Zitadelle das Banner der Christen auf und taten so vor aller Augen die Wahrheit kund von dem, was soeben geschehen war.«

Das war im Sommer des Jahres 1123. Wenige Monate nach der

Gefangennahme Balduins II. war Balaks Festung in der Hand der beiden Franken und ihrer Gefolgsleute – eine Nachricht, die Emir Balak mit Schrecken hörte, denn in der Festung von Karput »befand sich diejenige der Frauen des Balak, die er allen anderen vorzog«.

Aber noch bevor Balak heranmarschieren konnte – er war wieder auf einer seiner »Razzien« im Syrischen –, hatten die Türken aus der Umgebung die Burg umzingelt. Balduin und Joscelin waren zwar Herren der Burg, gleichzeitig aber Gefangene. Endlich beschlossen sie, Hilfe von außen zu holen, dazu aber mußte einer den Wall der Belagerer durchbrechen, und Joscelin übernahm die Aufgabe: »Er empfahl sich dem Schöpfer des Alls«, erzählt der Chronist weiter, »und schlich sich mit dreien seiner Diener aus der Burg, und mit nicht weniger Schrecken als Kühnheit brachte er es bei dem hellen Mondschein fertig, mitten unter die Feinde zu gelangen. Einmal außer Gefahr, sandte er sogleich einen seiner Diener zum König zurück mit dem Auftrag, Balduin seinen Ring zu übergeben und ihn dadurch wissen zu lassen, wie es zuvor von ihnen vereinbart worden war, daß er den Türken, die die Burg belagerten, entschlüpft sei.«

Und nun folgt eine abenteuerliche Flucht aus dem Gebirge hinunter an den Euphrat. »Abwechselnd fliehend und sich verbergend, mehr des Nachts als am Tag gehend, kam er mit zerrissenem Schuhwerk und fast barfüßig zum Fluß Euphrat. Da er dort kein Schiff fand, zögerte er keinen Augenblick, zu tun, was die Furcht, verfolgt zu werden, befahl. Wozu entschloß er sich also? Durch starkes Hineinblasen in zwei Schläuche« – also Tierhäute –, »die er mitgenommen hatte, gelang es ihm, sie aufzublähen. Er setzte sich darauf und stieß sich in den Fluß. Da er nicht schwimmen konnte, halfen ihm seine Gefährten geschickt und brachten ihn mit Gottes Fügung unversehrt ans Ufer. Zerschlagen von der Anstrengung des ungewohnten Marsches, erschöpft durch Hunger und Durst und heftigen Leiden zur Beute, atmete er nur noch mit Mühe. Doch niemand erbot sich, ihm helfend die Hand zu reichen. Überwältigt von Müdigkeit, entschloß er sich, seinen von so groben Mühsalen mitgenommenen Gliedern etwas Ruhe zu gönnen, deckte sich mit Ästen und Gestrüpp zu, um nicht bemerkt zu werden, und legte sich unter einen Nußbaum, den er am Ufer fand, nieder.«

Aber nun fängt das romantische Märchen erst richtig an. Einer der Gefährten geht inzwischen unauffällig auf die Suche nach etwas Eßbarem und trifft bald darauf einen armenischen Bauern, der gerade wilde

Feigen und Weintrauben geerntet hat und nach Hause tragen will. Er kann den Bauern dazu bewegen, zu dem schlafenden Joscelin mitzukommen. Doch schon passiert es: »Kaum war der Bauer näher getreten, als er Joscelin erkannte, ihm zu Füßen fiel und sagte: ›Sei gegrüßt, edler Herr Joscelin!‹

Bei diesen Worten, die der Graf lieber nicht gehört hätte, antwortete er, ganz erschrocken, aber doch freundlich: ›Ich bin nicht der, den du soeben genannt hast, aber möge der Allerhöchste ihm helfen, wo er auch sei!‹ Da erwiderte der Bauer: ›Ich beschwöre dich, suche mir nicht zu verbergen, wer du bist; ich erkenne dich sehr genau; erkläre mir lieber, welches Unglück dir in dieser Gegend zugestoßen ist und wie es geschah. Ich bitte dich, fürchte nichts!‹

Der Graf entgegnete: ›Wer du auch seist, erbarm dich meiner, laß meine Feinde nicht mein Mißgeschick wissen, ich erbitte es von dir als Gunst. Führe mich an einen Ort, wo ich in Sicherheit sein kann; dann wirst du dir als Belohnung dieses Goldstück verdienen. Mit der Gunst Gottes bin ich soeben dem Gefängnis entflohen, wo mich Balak gefangenhielt in einer Burg, die Kartapete heißt, in Mesopotamien, jenseits des Euphrat. Jetzt irre ich flüchtig umher. Wenn du mir in dieser äußersten Not hilfst, wirst du ein gutes Werk tun und verhindern, daß ich von neuem in die Hände Balaks falle und elend umkomme. Falls du mit mir kommen willst in meine Burg Turbessel, wirst du dort alle Tage, die dir zu leben verbleiben, im Glück verbringen. Sage mir, welches Gütchen du in dieser Gegend besitzest und wieviel es wert ist; und wenn du wünschst, werde ich Sorge tragen, dir ein Beträchtlicheres in meinem Gebiet zu geben.‹«

Und nun kommt die Moral der schönen Geschichte und der Lohn der guten Tat. Das arme Bäuerlein wehrt ab: »›Ich fordere nichts von dir, o Herr‹, sagte er, ›und werde dich unversehrt führen, wohin du willst; einstmals, dessen entsinne ich mich, hast du gütig von deinem Brot gegeben, um mich essen zu lassen; deshalb bin ich bereit, dir desgleichen zu tun . . . ich habe ein Schwein, das werde ich dir auf die eine oder andere Weise hierherbringen.‹ – ›Tu das nicht, Bruder‹, antwortete der Graf, ›du pflegst nicht ein Schwein in einer einzigen Mahlzeit zu verzehren, du darfst nicht den Argwohn deines Nachbarn durch irgend etwas Ungewohntes wecken!‹« Doch der Bauer will dem edlen Herrn helfen – und beschließt auf der Stelle auszuwandern: »›Ich habe‹, fügte er hinzu, ›eine Frau, ein kleines Kind, zwei Brüder, eine Eselin und zwei Ochsen; ich vertraue mich völlig dir an, der du ein kluger Mann bist und von großer Weisheit. Ich gehe mit dir und führe alles mit, was mir gehört.‹«

Und sofort geht der Bauer nach Hause und taucht nach kurzer Zeit mit seiner Familie, der Eselin, den zwei Ochsen und dem Schwein auf. »Der Graf, der sonst gewohnt war, ein prächtiges Maultier zu reiten, bestieg die Eselin des Bauern und hielt vor sich das Kind, das ein Mädchen und kein Knabe war. Die, die zu zeugen, ihm nicht gegeben war, ist ihm gegeben, um sie in den Armen zu halten, als ob er ihr Vater sei; die, die ihm nicht gehört als aus seinem Blut geborene Tochter, trägt er mit so viel Sorgfalt, als trage er die sichere Hoffnung auf die Zukunft seines Geschlechtes.«

Man sieht den edlen, aber tochterlosen Grafen vor sich, wie er ein Bauernkind schützend trägt – ein Bild der Ritterlichkeit ebenso wie der geschickten Tarnung. Aber schon verwandelt sich das hehre Bild in Komik: »Bald jedoch fing das Kind an, den Grafen mit seinem Weinen und Schreien zu belästigen«, erinnert sich der Chronist, und: »Er wußte nicht, wie er es beruhigen sollte, die Brust dieser Amme hatte keine Milch, und Joscelin hatte nicht die Kunst erlernt, ein Kind durch Liebkosungen zu besänftigen. Er dachte also daran, eine Reisegefährtin, die ihm so schaden konnte, zu verlassen, um allein sicherer zu gehen. Als er aber bemerkte, daß dieses Vorhaben dem Bauern mißfiel, fürchtete er, ihn zu verärgern, und er trug von neuem die Belästigung, die er sich aufgeladen hatte, bis sie . . . in Turbessel ankamen.«

Ende gut, alles gut: »Die Gattin beglückwünscht sich, den erlauchten Lebensgefährten wiederzuhaben, die Diener triumphieren über die Rückkehr eines so mächtigen Gebieters«: »Tränenströme« fließen und »liebevolle Seufzer« werden gehaucht und »was den Bauern betrifft, so erhielt er ohne Verzug die gerechte Belohnung für seine demütige Ergebenheit, und zu dem einen Gespann von Ochsen, das er besaß, erhielt er zwei . . .«

So endete die abenteuerliche Geschichte von der Flucht Joscelins wie im Märchen, doch für den frommen Joscelin blieb noch eins zu tun: Er ritt im Gewaltmarsch nach Jerusalem. Dort brachte er als erstes seine Ketten am Altar von Golgatha dar. Erst dann rief er den Kronrat zusammen, berichtete von seiner Flucht und dem Schicksal Balduins und zog, mit dem Wahren Kreuz Christi an der Spitze, mit einem Heer in größter Eile nach Turbessel zurück.

Aber Joscelin und sein Heer kamen zu spät: Balak hatte die Festung Karput zurückerobert. Zuvor hatte er Balduin freien Abzug und sicheres Geleit nach Jerusalem angeboten, aber Balduin hatte abgelehnt; wir wissen nicht, warum. Danach begann Balak, seine eigene Festung zu stürmen, indem er einen Stollen in den Kreidefelsen trieb und die angeblich uneinnehmbare Burg in Windeseile wieder in seinen Besitz brachte. Balaks Heer drang ein, und keiner wurde geschont. Balaks Harem, das Heiligtum des frommen Moslem, war geschändet worden, und Franken, Armenier und Haremsdamen wurden ohne Unterschied über die Burgmauer in die Tiefe geworfen. Nur König Balduin und zwei Edelleute wurden am Leben gelassen und nach Harran, einer Burg südöstlich von Edessa, gebracht.

Gegen Harran anzugehen, fühlte sich Joscelin zu schwach, so daß er sein Heer nach Hause schickte und auf Gottes Fügung vertraute. So saß König Balduin II. noch ein volles Jahr in Gefangenschaft. Inzwischen war Balak im Mai 1124 von einem verirrten Pfeil tödlich getroffen worden, und nun leitete der Emir von Schaizar die Verhandlungen über ein Lösegeld für Balduin II. ein.

Der Preis war hoch, aber Joscelin mußte zustimmen. Danach sollte Balduin 80 000 Dinare zahlen, mehrere Städte herausgeben und bei der Unterwerfung eines Beduinenführers Hilfe leisten. Ende Juni 1124 wurde Balduin II. endlich gegen Geiseln freigelassen, brach aber sofort sein Versprechen, gab die Städte nicht heraus, verbündete sich mit eben jenem Beduinenfürsten, den er unterwerfen sollte, gegen die Türken und vor allem – zahlte kein Geld.

Dabei hatte er nicht beliebige Geiseln stellen dürfen, deren Leben er leichtfertig riskieren konnte: er hatte seine vierjährige Tochter Joveta (Yvette), den elfjährigen Sohn und Erben Joscelins und zehn andere adlige Kinder übergeben müssen.

Doch der Emir von Schaizar gab die Hoffnung nicht auf, doch noch etwas von dem Lösegeld zu bekommen, und er sollte recht behalten. Balduin war ja redlich bemüht, sich die 80 000 Dinare zu beschaffen. Er zog ein Jahr im Königreich Edessa umher, kam dann nach zweijähriger Abwesenheit im April 1125 sogar wieder einmal nach Jerusalem, um gleich darauf erneut auf irgendwelche Kriegs- und Beutezüge auszuziehen, deren detaillierte Darstellung nur ein kampfgewohnter Historiker aushalten kann.

Aber nun endlich hatte Balduin Glück: Er und seine Ritter schlugen bei einem dieser Kämpfe die Türken vernichtend und machten reiche Beute. Er zwang seine Ritter, ihm einen Anteil von ihrer Beute auszuhändigen – und schon bezahlte König Balduin II. mit dem Geld, das er den Türken abgenommen hatte, den Türken die Lösesumme von 80000 Dinaren, bekam seine Geiseln wieder und meinte, er habe am Ende doch noch den wichtigsten Teil des Vertrages eingehalten.

Dann ging es gegen Damaskus, denn, wie der Chronist schreibt, war Balduin »gewiß nicht faul«: »Bei Sonnenaufgang gaben die Trompeter das Zeichen zum Aufbruch. Man bricht die Zelte ab, man beeilt sich. Die Esel schreien, die Kamele schreien ihr charakteristisches Blabla, die Pferde wiehern. Dann dringt das Heer, von Kundigen geführt, in das feindliche Land ein . . .«

Outremer – »das Gebiet in Übersee« –, wie die Franken das Königreich im Nahen Osten nannten, kannte keinen Frieden. Mit und ohne Grund – und sehr oft ohne – zogen die Franken auf Razzien aus und nutzten die Uneinigkeit der Araber und Türken, die auch zwanzig Jahre nach der europäischen Invasion noch nicht begriffen hatten, daß sie die paar tausend Franken mit Leichtigkeit hätten schlagen und vertreiben können: Sie hatten die fünffache Überzahl im besetzten Gebiet, sie besaßen die erdrückende Mehrheit in den Gebieten rund um das Königreich Jerusalem und die Gebiete Antiochia, Tripolis und Edessa – aber sie waren die Unterlegenen.

Nun sind zwanzig Jahre im Laufe der Geschichte keine Zeit, und es wird sich zeigen, daß der anfängliche Sieg der christlichen Kreuzfahrer sich am Ende ins Gegenteil verkehrte. Aber es bleibt ein Phänomen, daß Eroberer im ersten Ansturm sich Dinge erlauben können, die unter normalen Bedingungen an der Kampfkraft ihrer Gegner, der Überlegenheit von deren Waffen oder ihrer eigenen mangelnden Vertrautheit mit der neuen Umgebung gescheitert wären.

Es ist bis heute ein Rätsel, wie die »Seevölker« 1200 Jahre vor der Zeitenwende mit simplen Ochsenkarren, die noch nicht einmal das Speichenrad kannten, von Norden her bis nach Ägypten vordringen und ganze Reiche zerstören konnten, die ihnen an Kampfkraft und Kultur weit überlegen waren. Es ist ein Rätsel, wie Nordvölker, über deren Einfalt sich die Römer eben noch lustig machten, wenige Jahrhunderte später in der Völkerwanderung das Imperium Romanum bedrohen und Rom vernichten konnten. Mit den Hunnen und den Scharen des Dschingis-Khan ging es später nicht anders.

Vielleicht gibt es ein Gespür dafür oder einen unsichtbaren Waagebalken, daß Ideen und Völker immer dann in fremde Gebiete und andere Kulturen vorstoßen, wenn dort, äußerlich vielleicht noch nicht sichtbar, ein Vakuum entstanden ist. Zumindest offenbarte der Vorstoß der Seldschuken die Schwäche des byzantinischen Reiches; und daß die Kreuzfahrer trotz aller internen Streitigkeiten in wenigen Jahren die einstmals so starke islamische Macht aufsplittern konnten, die im Jahre 732 bei Tours und Poitiers Europa bedroht hatte, zeigt doch, daß die »Stunde« richtig gewählt war.

An der besseren Kampfausrüstung der Kreuzfahrer lag es jedenfalls nicht. Es waren die Kreuzfahrer, die erst allmählich das Kettenhemd von den Arabern übernahmen, die Armbrust und den Schutz ihrer Pferde gegen den Pfeilhagel, den kleineren, besser zu handhabenden Schild und die leichteren Pfeile und Spieße aus Bambusrohr. Es waren also die Sieger, die sich anpaßten, nicht die Unterlegenen, und es waren wiederum die Unterlegenen, die das Geheimnis des verheerenden griechischen Feuers kannten, und nicht die Kreuzfahrer.

Allerdings lernten die christlichen Kreuzfahrer bald, den Finten der muslimischen Krieger auszuweichen, die aus sicherer Entfernung ihren Pfeilhagel abschossen und dann in die Weite der Wüstenlandschaft auseinanderstoben und überraschend wiederkehrten, so daß die Schlachtordnung des abendländischen Heeres ihren Sinn verlor – es gab Schlachten, nach denen die Kreuzfahrer Tote aus ihren Reihen beerdigen mußten, die bis zu 40 Pfeile im Körper stecken hatten. Und trotzdem siegten die Kreuzfahrer mit ihren Nahkampfwaffen wie Schwertern und Lanzen, die gar nicht in diese Landschaft paßten, und mit ihren ungefügen Schilden aus lederüberspanntem Holz.

Aber auch hier sollte sich erweisen, daß es gar nicht die Waffen waren, die am Ende den Ausschlag gaben, sondern das psychologische Moment der Überraschung, die den Gegner in die Defensive drängt. Allmählich jedoch erholten sich die Angegriffenen im gleichen Maße von ihrem Schrecken, wie die Sieger sich in Sicherheit wiegten und daher bequemer wurden.

Unter Balduin II. stand der Waagebalken im Gleichgewicht. Seine ständigen Kriegszüge brachten zwar wenig ein, aber er konnte damit doch die andrängenden Araber und Türken zurückhalten. Zu keiner Zeit in seiner Geschichte war das Gebiet der Kreuzfahrerstaaten so groß und unangefochten wie unter der Herrschaft der beiden Balduins.

Sorgen um die Nachfolge

Nun aber entstand das Problem, die Erbfolge zu sichern. Balduin II. hatte keine Söhne, dafür aber vier Töchter: Melisende, Alice, Hodierna und Joveta (Yvette, Jutta), die er jetzt möglichst nutzbringend an den Mann bringen mußte.

Eine schöne Gelegenheit ergibt sich, als im Oktober 1126 mit einem Geschwader von 24 Schiffen ein großer blonder Jüngling von 18 Jahren mit »hochgeborenem Gehabe« und »sanften, lieblichen Gesichtszügen« aus Sizilien vor Antiochia eintrifft, um das Erbe seines Vaters anzutreten: Es ist Bohemund II., der Sohn des Eroberers von Antiochia, der 15 Jahre nach dem Tode seines Vaters zum ersten Mal ins Heilige Land kommt, um sein angestammtes Fürstentum in Besitz zu nehmen – ein Fürstentum, das er nie zuvor gesehen hat.

Aber König Balduin II. hatte schon vorgesorgt, daß der junge Fürst in allem gut zurechtkam und von vornherein das richtige Verhältnis zum König von Jerusalem als seinem obersten Lehnsherrn fand: Balduin hatte seine zweitälteste Tochter Alice mit zur Begrüßung nach Antiochia gebracht und sofort mit Bohemund II. verheiratet.

Nun ging es darum, die Nachfolge für den Thron in Jerusalem zu sichern. Balduin sah sich also nach einem Mann für seine älteste Tochter Melisende um und bat den französischen König Ludwig VI., einen geeigneten Thronfolger auszusuchen. Der konnte auch gleich eine gute Partie vorschlagen: den Grafen Fulko von Anjou, einen Mann von etwa 40 Jahren, der zu den reichsten Männern Frankreichs gehörte und mit dem englischen Königshaus verwandt war; sein Sohn Gottfried hatte die englische Thronfolgerin Mathilde geheiratet, gegen die Stephan von Blois, der Jüngere, als Gegenkönig antrat.

Im Mai des Jahres 1129 landete Fulko von Anjou in Akkon, und noch im gleichen Monat wurden er und Melisende mit üppiger Pracht in Jerusalem getraut. Alle waren begeistert, nur Melisende nicht – sie mochte den kleinen, rothaarigen und drahtigen Witwer im mittleren Alter nicht, der so »übel gebaute Füße« hatte, daß er ganz eigenartige Schuhe trug, die dann weltweite Mode wurden: Schnabelschuhe. »Sie richten sich«, schrieb ein Schriftsteller jener Tage, »wie Schlangenschwänze oder Skorpione in die Höhe, oder winden sich wie Widderhörner hin und her, welche Umgestaltung der göttlichen Werke für eine Lästerung zu achten ist.«

Mit Melisendes Heirat nimmt ein Melodrama von Mord und Totschlag seinen Anfang. Aber vorerst passierte noch ein anderes Drama in Antiochia. Bohemund II. wurde vier Jahre nach seiner Heirat mit Alice auf einem Kriegszug von den Türken überfallen und mit seinem gesamten Heer niedergemacht. Wie sich das gehörte, schlug man Bohemund den Kopf ab, balsamierte ihn ein und schickte ihn als Geschenk an den Kalifen.

Sofort übernahm Fürstin Alice von Antiochia anstelle ihrer zweijährigen Tochter Konstanze die Herrschaft, obwohl sie ihr nicht zustand, denn es war Sache des Königs von Jerusalem, also ihres Vaters, einen Regenten zu ernennen. Balduin II. machte sich also von Jerusalem auf den Weg nach Antiochia, um die Regentschaft zu regeln, erfuhr aber schon unterwegs, daß seine Tochter Alice, ebenso eigenwillig und herrschsüchtig wie ihre Schwestern, nicht die geringste Absicht hatte, sich zu unterwerfen. Seine Truppen hatten zufällig einen reitenden Boten aufgegriffen; er war auf dem Wege nach Aleppo zum Atabeg Zengi, der sich als schärfster Gegner der Franken erweisen sollte. An diesen Seldschukenfürsten Zengi hatte Alice eine Botschaft geschickt und ihn um Hilfe gegen ihren Vater bitten wollen.

Voller Zorn ließ Balduin den Boten am nächsten Baum aufhängen, als wenn er etwas für Alices Widerspenstigkeit gekonnt hätte, und ritt nach Antiochia weiter. Dort erlebte er den zweiten Schock: Seine Tochter verweigerte ihm das Betreten der Stadt – die Tore Antiochias waren fest verschlossen.

Vater Balduin begann nun seine eigene Tochter zu belagern, aber weil die fränkischen Adligen in Antiochia gegen die Herrschaft einer Frau waren, ließen sie Balduin heimlich in die Stadt ein, und Alice verbarrikadierte sich nun in einem Festungsturm. Erst als die Adligen ihr Leben garantierten, verließ sie den Turm, und es kam zu einer dramatischen Begegnung zwischen Vater und Tochter. Schließlich bat Alice ihren Vater auf den Knien und unter Tränen um Gnade. Balduin verzieh ihr den Aufstand gegen ihn, verbannte sie aber nach Laodicea und übernahm selbst die Regentschaft über Antiochia.

1130 kehrte Balduin nach Jerusalem zurück, mußte aber das tragische Ende Alices und das Schauerdrama Melisendes nicht mehr erleben. Ein Jahr später lag er im Sterben. Er, der große Beter, ließ sich in den Palast des Patriarchen tragen, um so nahe wie möglich am Grab von Golgatha seine Seele auszuhauchen. Er segnete seine Tochter Melisende und seinen Schwiegersohn Fulko, dann legte er, um »in Armut zu sterben«, die Mönchskutte an. Am 21. August 1131 starb Balduin II. als Mönch.

Auch sein Vetter Joscelin von Edessa starb kurz darauf auf einem Kriegszug an einer Verletzung, aber noch im Sterben kämpfte er gegen die Türken weiter. Er ließ sich in einer Sänfte an der Spitze seines Heeres in den Kampf tragen – eine Geste, die die erschreckten Türken in die Flucht trieb. Dann ließ Joscelin die Sänfte hinsetzen, um zu beten: »Großer Herre Gott, ich danke euch aus ganzem Herzen und ganzer Seele, weil ihr es zugelassen habt, daß mich am Ende meiner Tage, mich den Halbtoten, der ich krank bin und fast schon ein Leichnam, die Feinde so fürchten, daß sie nicht gewagt haben, mich auf dem Schlachtfeld zu erwarten, sondern bei meinem Namen geflohen sind. Großer Herre Gott, ich weiß wohl, all das kommt von eurer Güte und eurer Ritterlichkeit.« Dann verließen ihn die Kräfte, und er starb am Straßenrand.

Mit ihm ist, mehr als 30 Jahre nach der Eroberung Jerusalems, der letzte Kreuzzugsführer dahingegangen, der mit dem Ruf »Gott will es« ins Heilige Land aufgebrochen war. Eine neue Generation übernahm die Macht in Outremer, in Übersee.

Der Anfang vom Ende

Der Aufstand der Fürsten

Drei Wochen nach dem Tode Balduins II. wurden am 14. September 1131 König Fulko und Königin Melisende in der Grabeskirche gekrönt. Er war der rechtmäßige, vom Jerusalemer Kronrat anerkannte Nachfolger auf dem Thron, aber er war gleichzeitig auch der erste König von Jerusalem, der nicht aus der Kreuzzugsbewegung stammte, sondern von außen eingeheiratet hatte.

Das gab sofort Schwierigkeiten. Die Grafschaft Edessa zum Beispiel hatte Balduin II. dem Joscelin persönlich als Lehen vermacht. Nun war auch Joscelin gestorben, und sein Nachfolger, Joscelin II., bezweifelte, ob er als Erbe nun auch automatisch zum Vasallen des Königs von Jerusalem geworden war. Ähnlich war die Lage in Tripolis. Dort hatte sich Graf Bertrand dem König von Jerusalem unterworfen, aber sein Sohn Pons von Tripolis dachte nicht daran, sich als Vasall zu fühlen, als er die Herrschaft übernahm. Schließlich Antiochia: Bohemund I. hatte sich von Anfang an für selbständig gehalten, sein Sohn, Bohemund II., hatte nach seiner Hochzeit mit Balduins Tochter Alice den Lehenseid geschworen; Alice aber, ehrgeizig und herrschsüchtig, hatte nach ihres Vaters Tod nicht die geringste Absicht, in der Verbannung zu bleiben und jemanden anderen in Antiochia regieren zu lassen.

Alice tat sich deshalb mit Joscelin II. von Edessa und Pons von Tripolis zusammen, um selbst das Regiment in Antiochia zu ergreifen. Den Baronen von Antiochia paßte das allerdings nicht, und sie waren es, die König Fulko in Jerusalem über die drohende Revolte unterrichteten. Fulko zog sofort nach Norden und mußte erleben, daß sich ihm Pons von Tripolis in den Weg stellte. Es kam zur Schlacht zwischen König und Vasall, und König Fulko siegte. Demonstrativ zog er mit tripolitanischen Gefangenen in Antiochia ein und war damit Herr der Lage: Die anderen unterwarfen sich.

Der Vorfall zeigt aber an, daß die mühsam erkämpfte Einigkeit der Gründergeneration, wie sie unter Balduin II. noch bestand, recht labil war. Vielleicht spielte hier auch bereits das levantinische Element eine Rolle: Sowohl Alice als auch Joscelin II. hatten fränkische Väter, aber syrische Mütter.

Jedenfalls hatte Joscelin II. nichts von seinem Vater. Klein, schwarz, fett und häßlich, war er nicht nur ein großer Feigling, der vom gefährdeten Edessa ins gemütliche Turbessel (eigentlich Tel-Bascheir) am Euphrat umgezogen war, er war auch ein solcher Don Juan, daß man sich selbst in dieser Umgebung mit ihren lockeren Sitten über ihn aufregte. Der Wegzug von Edessa und das, was man in alten Büchern so schön »Buhlschaften« nennt, sollte dann 13 Jahre später zur Katastrophe führen, die den Zweiten Kreuzzug auslöste.

Bald nach dem Aufstand der Fürsten aber war alles wieder in schönster Ordnung, das heißt, die Herren führten ständig Krieg, gerieten in Not, mußten sich von Fulko aus der Patsche helfen lassen, teilten ihre Beute und feierten anschließend Versöhnung.

Schauerdrama in Jerusalem

In diesen fränkischen Alltag, ein Jahr nach der Krönung Fulkos, fiel nun jenes Schauerdrama am Hofe zu Jerusalem, das alles überschattete. Wie bei jedem guten Drama fing auch hier die Sache anscheinend ganz zufällig an.

1. Akt: Hugo von Le Puiset, ein französischer Feudalherr aus der Gegend von Orléans, ein Vetter Balduins II., wandert mit seiner Frau Mabilla und seinem Sohn Hugo nach Palästina aus, nachdem ihm der französische König 1118 sein Schloß zerstört und sein Lehen entzogen hat. Der Sohn Hugo wird unterwegs krank, bleibt in Italien bei Bohemund II., die Eltern reisen weiter und erhalten von Balduin II. die Herrschaft über Jaffa. Graf Hugo und Mabilla sterben, ehe Sohn Hugo nachgereist kommt.

2. Akt: Hugo der Waisenknabe kommt im Alter von 16 Jahren im Heiligen Land an, König Balduin II. nimmt ihn mitleidig an seinem Hof auf. Die »vorzüglichste Gefährtin und Gespielin« ist dort, wie auch neuere Historiker die Liaison des Sechzehnjährigen dümmlich umschreiben, die Prinzessin Melisende. Schürzung des Knotens.

3. Akt: Retardierendes Moment. Der schöne Jüngling Hugo heiratet die Witwe Emma, eine reiche Dame in mittleren Jahren. Emma ist von dem jugendlichen Gatten entzückt, ihre beiden Zwillingssöhne Eustach und Walter sind es weniger: der Stiefvater Hugo ist kaum älter als sie.

4. Akt: Auch Melisende heiratet. Es ist der drahtige Witwer Fulko, aus dem sie sich nichts macht. Auch nach der Königskrönung setzt sie ihren vertrauten Umgang mit Hugo fort. Am Hof kommt Klatsch auf, Fulko wird eifersüchtig. Bald ist der gesamte Adel des Königreichs in zwei Parteien gespalten. Die einen schützen die Romanze zwischen Königin und Vasall, die anderen zeigen Entsetzen: So kann die Sache nicht weitergehen.

5. Akt: Die Peripetie, die Lösung des Konflikts. An einem Spätsommertag des Jahres 1132, als alle Grundherren im Königspalast versammelt sind, erhebt sich Walter, der Zwillingssohn Emmas, und beschuldigt öffentlich seinen Stiefvater Hugo der Verschwörung gegen den König von Jerusalem; er fordert ihn zum Zweikampf. Hugo bestreitet, nimmt die Herausforderung an, erscheint aber nicht zum Duell.

Vielleicht hat Emma ihm abgeraten – sie mußte bei dem Duell ja ihren Mann oder ihren Sohn verlieren. Vielleicht war es auch Melisende, die ihren Liebhaber behalten wollte. Vielleicht hatte Hugo Angst vor diesem Gottesgericht – kein Chronist hat es aufgeschrieben. Tatsache ist aber, daß Hugo schuldig gesprochen wurde, weil er sich dem Zweikampf nicht gestellt hatte: Jetzt verlor er den Kopf und begab sich in den Schutz der feindlichen Ägypter, was die Sache nicht besser machte, da ihn die Ägypter auslieferten. Die Strafe war mild, schließlich war Königin Melisende seine Freundin: drei Jahre Verbannung in Italien.

Hugo und Melisende fügen sich in ihr Schicksal, doch bevor das Schiff abfährt, kommt Hugo noch einmal nach Jerusalem, um Abschied zu nehmen. Als er eines Abends in der Kürschnergasse beim Würfelspiel auf der Straße sitzt, sticht ihm ein bretonischer Ritter sein Messer in den Rücken und in den Kopf. Blutend wird Hugo weggetragen.

Der Verdacht für diesen Mordanschlag fällt sofort auf König Fulko, aber Fulko handelt, ob nun schuldig oder nicht, genau nach Plan: Er läßt den bretonischen Ritter dem obersten Gerichtshof zur Verurteilung übergeben, und der Ritter gesteht, er habe aus eigenem Antrieb gehandelt, um sich bei dem König einzuschmeicheln. Er wird zum Tode verurteilt durch Abschlagen der Gliedmaßen und des Kopfes.

Die Hinrichtung fand vor der Öffentlichkeit statt. Als man dem Ritter bereits beide Beine und beide Arme abgeschlagen, aber noch gnädigerweise Kopf und Zunge verschont hatte, zwang man das Opfer, sein Schuldgeständnis zu wiederholen. Des Königs Ansehen war gerettet, der Kopf des Ritters fiel in den Sand.

Melisende, die Königin, war »wie von Sinnen«, und die Gegner Hugos wagten monatelang nicht, ohne Wachmannschaften durch die Straßen zu gehen. Auch König Fulko, der seine Melisende liebte, hatte lange Zeit Angst, sie würde ihn aus Rache ermorden.

Hugo überlebte zwar den Mordanschlag, aber bald darauf starb er in Sizilien. Zurück blieb eine versteinerte Melisende.

Tragödie in Antiochia

Und schon beginnt das nächste Drama, in dem nun die beiden Schwestern Alice und Melisende die Hauptrollen übernehmen. Melisende erbettelt von Fulko, der immer noch um die Liebe seiner Frau wirbt und ihr nichts abschlagen kann, die Rückkehrerlaubnis ihrer Schwester nach Antiochia, wo Fulko zwar nominell Regent bleibt, Alice aber wieder die Herrschaft übernimmt. Doch ihre Stellung ist noch unsicher, und um vielleicht nun auch das nördliche Syrien besser gegen die Türkeneinfälle schützen zu können, schickt sie einen Abgesandten nach Konstantinopel und trägt dem jüngsten Kaisersohn Manuel die Ehe mit ihrer Tochter Konstanze an.

Die fränkischen Edlen, entsetzt darüber, daß Byzanz durch eine Heirat Mitspracherecht in Syrien bekommen soll, suchen nun ihrerseits verzweifelt nach einem Mann für die neunjährige (!) Konstanze. Man findet ihn in Raimund von Poitiers, dem jüngsten Sohn des Herzogs Wilhelm IX. von Aquitanien, der sich gerade am englischen Hof aufhält. Raimund, immerhin schon 37 Jahre alt, kommt 1136 in Antiochia an. Fürstin Alice, die von alledem keine Ahnung hat, erkundigt sich, wer der Herr sei, und man erzählt ihr, Raimund sei gekommen, um sie, Alice, zu heiraten. Da Raimund ein schöner Mann von ungewöhnlichen Körperkräften, wenn auch geringen Geistesgaben ist, fühlt sich die etwa 30jährige Alice geschmeichelt. Aber während sie aufgeputzt in ihrem Palast sitzt, um ihren Zukünftigen zu empfangen, wird die neunjährige Konstanze in die Kathedrale entführt, wo sie der Patriarch in großer Hast und Eile mit Raimund verheiratet. Gegen den rechtmäßig angetrauten Mann einer Thronerbin ist Alice machtlos. Sie glaubt, vor Wut und Enttäuschung sterben zu müssen, und geht nach Laodicea zurück, wo sie bald darauf tatsächlich stirbt.

Gleichzeitig mit Antiochia bekam auch die Grafschaft Tripolis einen neuen Herrscher. Graf Pons von Tripolis war im März 1137 im Kampf gegen die Türken gefallen, sein Sohn, Raimund II., wurde sein Nachfolger.

So waren in wenigen Jahren die Männer der neuen Generation den »alten Kämpfern« auf dem Thron gefolgt, und ein neues Kapitel in der Geschichte der Kreuzfahrerstaaten begann: Es war bereits der Anfang vom Ende. Denn nun begannen Türken und Byzantiner gleichzeitig gegen die Kreuzfahrerstaaten vorzugehen.

Türken und Byzantiner greifen an

Kaiser Johannes von Byzanz, seit 1118 der Nachfolger des Kaisers Alexios, hatte beschlossen, wieder die Gebiete in seinen Besitz zu bringen, die sein Vater von den Kreuzfahrern zwar zu beanspruchen, aber nicht erhalten hatte. Johannes, dem niemand etwas Böses nachsagen konnte – man nannte ihn sogar Kalioannes – Johannes den Guten –, war vor allem Feldherr. Klein, schmal, mit dunklen Haaren und Augen und einer sehr dunklen Gesichtsfarbe, war er ein fähiger Verwalter, ein guter Soldat und seiner in Irene umgetauften ungarischen Frau Piriska ein guter Ehemann.

In den ersten Jahren seiner Herrschaft hatte er in Anatolien Ordnung geschaffen, im Jahre 1137 dann jenseits des Taurusgebirges Kilikien wiedererobert und war nach Antiochia hinuntergezogen, das er dann im August des gleichen Jahres zu belagern begann. Raimund von Poitiers bat König Fulko um Hilfe, aber Fulko war in einer echten Zwickmühle, denn gleichzeitig hatte auch Raimund II., der Herrscher von Tripolis, um dringende Hilfe gebeten: Ihn hatte der Atabeg von Aleppo und Mossul, der energische türkische Heerführer Zengi, angegriffen.

Es ist der gleiche Imad ed-Din Zengi, an den sich Alice um Hilfe gegen ihren Vater Balduin gewandt hatte, und es ist jener Atabeg Zengi, dessen Eroberung Edessas den Zweiten Kreuzzug auslösen wird. Zengi war Feldhauptmann unter Sultan Mahmud, und ihm hatte der Sultan sein Heer unterstellt. Von seinem Vater Aksonkor (»weißer Falke«) hatte er das hohe Amt des Atabeg von Aleppo übernommen, als ihn der Sultan auch noch zum Atabeg von Mossul machte. Zengi empfand sich als der Hauptstreiter des Islam gegen die Franken, und tatsächlich gelang es ihm für kurze Zeit, die zerstrittenen Stämme in einzelnen Schlachten gegen die Kreuzfahrer zu vereinen.

König Fulko hielt den Atabeg Zengi für gefährlicher als Johannes von Byzanz und beschloß, diesen Angriff zuerst abzuwehren. Er bat sogar Raimund von Antiochia um Hilfe, und dieser, obgleich selbst von den Byzantinern bedroht, war bereit, dem König zu helfen, denn »seine Ehre gebot ihm, den König zu retten«.

Der Sieger aber war Zengi, der die Festung Montferrand (nordöstlich von Tripolis) einnahm und behielt. Die gefangenen fränkischen Ritter, darunter den Grafen von Tripolis, ließ er frei und sicherte ihnen einen ehrenvollen Abzug – eine Tatsache, die die westlichen Chronisten fassungslos registrierten.

Nun konzentrierten sich die Franken auf Antiochia, das inzwischen von byzantinischen Truppen belagert wurde. Raimund von Poitiers gelang es zwar, den Ring der Belagerer zu durchbrechen und in seine Stadt einzurücken, aber auf den Ratschlag von König Fulko hin erklärte er sich bereit, dem byzantinischen Kaiser den Vasalleneid zu leisten und damit die Stadt an Byzanz zu übergeben. Das gleiche hatte schon einmal ein Menschenleben zuvor der Normanne Bohemund dem Kaiser Alexios versprochen, aber nicht gehalten. Kaiser Johannes, sein Sohn, nahm nun im kaiserlichen Lager vor Antiochia die Huldigung des Herrschers von Antiochia entgegen, der vor ihm niederkniete. Das Banner von Byzanz wurde auf dem Wachtturm von Antiochia aufgepflanzt, aber Kaiser Johannes verzichtete zunächst darauf, die Stadt auch zu besetzen.

Daß König Fulko die Unterwerfung unter die byzantinische Lehenshoheit angeraten hatte, hatte seinen guten Grund: Fulko sah darin die Möglichkeit, daß Franken und Byzantiner zum ersten Mal gemeinsam gegen die Türken und damit gegen Atabeg Zengi vorgehen konnten.

Es wurde ein blamabler Feldzug, bei dem das gemeinsame Heer der Franken und Byzantiner zwar im Frühjahr 1138 im Gebiet von Aleppo ein paar Städte einnahm, aber dann nicht vermochte, Aleppo selbst zu stürmen, die Hauptstadt des Atabeg Zengi. Statt dessen belagerte das westliche Heer die strategisch wichtige Stadt Schaizar, gute hundert Kilometer nordöstlich von Tripolis. Aber während Kaiser Johannes

»im Panzer und die Sturmhaube auf dem Kopf« mitkämpfte, saßen der Fürst von Antiochia und der Graf von Edessa »mit seidenen Gewändern angetan in ihren Zelten, würfelten oder spielten Schach und machten sich über die Dummköpfe lustig, die ihr Leben wagten«.

Nun verlor Kaiser Johannes die Lust, brach die Belagerung ab und ritt hoch zu Roß in Antiochia ein, das – nun allen sichtbar – unter byzantinischer Herrschaft stand. »Wie lange er dort mit seinen Höflingen blieb, weiß ich nicht«, erzählt der Chronist, »sie erholten sich von den Anstrengungen des Krieges und vergnügten sich mit Bädern und Schwitzbädern, wie es bei diesen Leuten üblich ist.« Tatsächlich zog Kaiser Johannes nach einiger Zeit ab, nachdem er sich mit den Franken zerstritten hatte. Die Chance, verlorene Gebiete gemeinsam zurückzuerobern und die immer stärker andrängenden Türken unter Zengi zurückzuschlagen, war ein für allemal durch die Kurzsichtigkeit und den Egoismus der fränkischen Herrscher vertan.

König Fulko schaffte es wenigstens noch, die mohammedanische Stadt Damaskus auf seine Seite zu bringen, als er ihr gegen Zengi zu Hilfe kam. Unur, der Regent von Damaskus, besuchte daraufhin sogar Fulko in Akkon und bekam einen »großen Falken mit dreizehn Federn im Schwanz« geschenkt, den er bewundert hatte. Der Umgang zwischen den Emiren und Rittern wurde sogar so herzlich, daß sich ein fränkischer Adliger erbot, den »ungläubigen« Sohn des Emirs Usama aufzunehmen, »um ihn in der Kenntnis des Rittertums zu erziehen«, und Emir Usama zeigte sich beeindruckt von der Inbrunst der Mönche, die er bei einer Messe beobachtet hatte.

Das aber hielt nur so lange an, wie König Fulko am Leben war. Er hatte jetzt friedlichere Tage mit seiner versteinerten Melisende. Die edle Frau war inzwischen fromm und mildtätig geworden. Da machte ein sinnloser Zufall seiner Regierung ein Ende. Es war im Herbst des Jahres 1143, am 7. November, als Königin Melisende den Wunsch verspürte, sich auf den Wiesen rund um Akkon »an den Quellen« zu ergehen. Fulko begleitete sie, aber bei der Verfolgung eines Hasen stolperte sein Pferd, er stürzte, erlitt einen Schädelbruch und starb, ohne das Bewußtsein wiedererlangt zu haben, drei Tage später. Er hinterließ den dreizehnjährigen Sohn Balduin und den erst siebenjährigen Amalrich. Die »edle Frau« Melisende übernahm die Herrschaft.

Der Fall von Edessa

Genau ein Jahr später fiel Edessa. Joscelin II., längst von dieser gefährdeten Stadt ins bequeme Turbessel umgezogen, hatte die Zeit mit »Trunk und Schwelgereien« zugebracht und immer weniger Sold für die Besatzung in Edessa übrig gehabt, so daß die meisten Soldaten davongelaufen waren.

Als Zengi mit einem großen Heer Edessa am 28. November 1144 einschloß, mußte der Erzbischof die Verteidigung der Stadt organisieren, aber die Lage war aussichtslos. Zwar hätte Raimund von Poitiers, der Fürst von Antiochia, leicht der Stadt Edessa zu Hilfe kommen können. Aber da sich Joscelin II. gerade mit Raimund zerstritten hatte, antwortete dieser nur höhnisch auf alle Hilferufe und freute sich auf die Niederlage des Joscelin – ohne sich klarzumachen, daß der Fall von Edessa auch ihn in des Teufels Küche brachte: als nächstes würden die Türken ihn angreifen. So geschah es, und Joscelin starb in türkischer Gefangenschaft.

28 Tage belagerte Zengi Edessa, bis es ihm gelang, die Mauern an einigen Stellen zu untergraben, so daß sie einstürzten. »Die Stadt wurde erstürmt am Sonnabend, dem 26. Gumada II (23. Dezember 1144) in der Morgenfrühe«, erinnerte sich der arabische Chronist Ibn al-Kalasani.

»Es begannen Plünderungen und Gemetzel, Gefangennahme und Raub, und die Hände (der Sieger) füllten sich mit Geld und Gut, Reittieren, Beute und Gefangenen in solchen Mengen, daß sie frohen Sinnes wurden und die Herzen jubelten.«

Es war ein riesiges Blutbad, und Tausende wurden getötet. Die Überlebenden wurden zusammengetrieben und in Aleppo auf dem Basar verkauft: »Man zog Männern und Frauen die Kleider aus und zwang sie mit Stockhieben, nackt vor den Pferden herzulaufen. Wer zusammenbrach, dem schlitzten die Türken den Bauch auf. Die Straßen waren mit Leichen bedeckt ...«

Die Eroberung Edessas war Zengis letzte große Tat. Er wurde am 14. Dezember 1146 aus Rache im Schlaf von einem Eunuchen ermordet, der aus Zengis Weinglas getrunken hatte und deswegen bestraft worden war.

Das Fürstentum Edessa, das der Kreuzfahrer Balduin noch vor der Einnahme Jerusalems für sich erobert hatte, war auch das erste Fürstentum, das wieder verlorenging. Der Fall dieser Stadt, die überhaupt nicht zum Heiligen Land im eigentlichen Sinne gehörte, löste aber dann jene blamable Strafexpedition des christlichen Abendlandes aus, die man nach herkömmlicher Zählung den Zweiten Kreuzzug nennt.

VI

Der Zweite Kreuzzug: Aufmarsch der Könige

Der lustlose Aufbruch

Ein honigfließender Abt

Manche Historiker behaupten, der Fall von Edessa habe das christliche Abendland so erregt, daß es sofort zu einer neuen Kreuzzugsbewegung gekommen sei. Nichts davon ist wahr: Der Fall erregte Aufsehen, mehr aber auch nicht. Fast fünfzig Jahre nach dem ersten großen Aufbruch war ohnehin jede Spontaneität erloschen.

Erst ein volles Jahr später, im Dezember 1145, kam es zu zwei Kreuzzugsaufrufen, die beide ohne jedes Echo blieben. Der eine Aufruf stammte von Papst Eugen III., verhallte aber wirkungslos. Die Franzosen hatten im Orient ein Stück ihrer Kolonie verloren, aber das Heilige Grab war nicht in Gefahr: Es gab keinen Grund, erneut das Kreuz zu nehmen – es sei denn, die Franzosen wollten das verlorene Gebiet durch eine Strafexpedition zurückerobern.

Tatsächlich hatte auch der 25jährige französische König Ludwig VII. zu Weihnachten des Jahres 1145 verkündet, er wolle eine bewaffnete Pilgerfahrt unternehmen, aber die Gelehrten streiten sich, ob König Ludwig damit dem Aufruf des Papstes folgte oder ob die Aufrufe unabhängig voneinander erfolgten, ja ob nicht der französische König zuerst zum Kreuzzug aufgerufen hatte und Papst Eugen nur nachzog, um das Unternehmen unter seine Regie zu bringen: Die Quellen sind hier nicht eindeutig.

Wie dem auch sei: Auch die zu Weihnachten um König Ludwig VII. versammelten Edlen des Landes zeigten keinerlei Begeisterung, so daß dem König nichts anderes übrigblieb, als die Entscheidung auf Ostern 1146 zu verschieben und die Sache inzwischen der beherrschenden Gestalt des politischen und religiösen Lebens jener Tage sozusagen als »göttlichem Orakel« vorzulegen: dem 55jährigen Abt Bernhard von Clairvaux.

Wie der Orakelspruch ausfallen würde, war nicht schwer zu raten, nachdem Bernhard den Tempelrittern bereits ihre Ordensregeln geschrieben hatte. Als dann der Abt am 31. März 1146 im burgundischen Pilgerort Vézelay in der gerade fertig gebauten riesigen Kathedrale zum Volk sprechen wollte, waren so viele Menschen gekommen, daß man – wie fünfzig Jahre zuvor in Clermont – aufs freie Feld umziehen mußte. Und dort, unter diesen Massen, fiel es Bernhard von Clairvaux nicht schwer, jene Begeisterung zu wecken, die Papst und König nicht hatten hervorrufen können, denn nicht umsonst nannte man ihn wegen seiner Beredsamkeit »Doctor Mellifluus«, den »honigfließenden Doktor«.

In der Massenhysterie einer solchen riesigen Versammlung blieb es nicht aus, daß dem Rufe »Kreuze, gebt uns Kreuze!« immer mehr folgten. Bald waren alle Stoffstreifen, die man vorher bereitgelegt hatte, aufgebraucht, und Abt Bernhard ließ daraufhin seine Obergewänder in Streifen schneiden, und bei Sonnenuntergang waren er und seine Helfer noch immer beim Nähen.

Als erster hatte König Ludwig VII. von Frankreich das Kreuz genommen und danach alle seine Vasallen, die sich zu Weihnachten noch so schwerhörig gestellt hatten: Was blieb ihnen anderes übrig. Und so konnte Bernhard wenige Tage später an den Papst schreiben: »Ich öffnete meinen Mund, ich sprach – und alsbald vermehrte sich die Zahl der Kreuzfahrer endlos.« Und dann schrieb Bernhard von Clairvaux noch einen Satz an den Papst, dessen nahezu kabarettistische Formulierung auf schreckliche Weise Wirklichkeit werden sollte: »Überall gewahrt man Witwen, deren Ehemänner noch unter den Lebenden sind . . .«

Papst Eugen und Abt Bernhard konnten zufrieden sein, und auch König Ludwig: Sie hatten ihr Ziel erreicht, und wäre nichts dazwischengekommen, wäre dieser Kreuzzug eine rein französische Angelegenheit geblieben, als die er auch geplant war.

Nun nahm aber unglückseligerweise im Rheinland ein Zisterziensermönch den Aufruf zum Kreuzzug wieder einmal zum Anlaß, um die Bevölkerung zu Massenmorden an den Juden aufzuputschen. Abt Bernhard eilte daher aus Flandern nach Deutschland und befahl dem Mönch, wieder ins Kloster zurückzukehren. Aber weil er nun einmal da war und damit sich die Reise lohnte, begann Abt Bernhard plötzlich auch unter den Deutschen den Kreuzzug zu predigen.

Er traf auf wenig Gegenliebe, denn um die Heiden zu bekämpfen, brauchten die Deutschen nicht erst ins Heilige Land zu ziehen: In Pommern und Brandenburg saßen noch genug heidnische Slawen, an deren Bekehrung und Domestizierung den deutschen Grundherren mehr lag. So kam es mit Billigung des Papstes im Jahre 1147 zu einem deutschen Kreuzzug gegen die Slawen östlich von Oldenburg. Er war ein einziges Fiasko, der trotz der Zwangstaufen nur dazu beitrug, die Christianisierung der Slawen hinauszuzögern.

Aber der beredsame Abt ließ nicht locker. Wenn er im Norden keinen Erfolg hatte, dann vielleicht weiter im Süden. Bald darauf predigte er in Süddeutschland den Kreuzzug, und weil es in jenem Jahr eine Mißernte gegeben hatte und Hungersnot herrschte, hatte er bald Erfolg unter dem einfachen Volk. Die Leute glaubten auch diesmal, der Zug nach Jerusalem werde alle Probleme lösen.

Es fehlte nur noch ein deutscher Anführer. König Konrad III. von Hohenstaufen weigerte sich beharrlich, an einem Kreuzzug teilzunehmen. Als aber Bernhard von Clairvaux am Weihnachtstage des Jahres 1146 auf dem Reichstag in Speyer predigte und den König direkt von der Kanzel herunter mit der Frage ansprach, wie er denn am Jüngsten Tage nachweisen wolle, daß er seine Christenpflicht getan habe, und mit Donnerstimme, als ob er der Auferstandene selbst wäre, ihm zurief: »Mann, was noch hätte ich für dich tun sollen, das ich nicht bereits getan habe!« – da hatte der honigfließende Doktor König Konrad von Hohenstaufen überredet. Er und viele Adlige nahmen das Kreuz, darunter auch Konrads Neffe Herzog Friedrich von Schwaben. Dieser damals noch bartlose Jüngling sollte 42 Jahre später als Kaiser Rotbart noch einmal an einem Kreuzzug ins Heilige Land teilnehmen.

Der Untergang des deutschen Heeres

Ende Mai 1147 – fast zweieinhalb Jahre nach dem Fall von Edessa – marschierte der deutsche Kreuzzug aus Regensburg ab und machte sich auf den Weg nach Ungarn.

In ihrer Begeisterung verloren die Chronisten wieder einmal das Verhältnis zu den Nullen und schreiben von einer Million Teilnehmer, andere von 100000, während moderne Historiker die Zahl auf kaum 20000 schätzen. Aber von diesen 20000 ist wieder nur ein geringer Teil brauchbare Kämpfer. Der Rest waren genau diejenigen, die Abt Bernhard mit dem Sündenerlaß gelockt hatte, den die Teilnahme an einem Kreuzzug mit sich brachte. »Denn einzig dies ist's, eine erlesene und allein für Gott auffindbare Gelegenheit der Rettung, wenn nun die Allmacht Totschläger, Räuber, Ehebrecher, Meineidige und Verbrecher aller Art, als hätten sie immer das rechte getan, ihres Dienstes zu erinnern geruht. Mißtraut nicht, ihr Sünder, gütig ist der Herr!«

Und so sind sie alle wieder dabei, die auch schon auf dem Kreuzzug Peters des Einsiedlers für Chaos, Plünderung und Schlägereien gesorgt hatten, auch diesmal überzeugt, das Himmelreich auf Erden zu finden, denn der heilige Bernhard hatte es ja versprochen: »Bist du ein kluger Kaufmann, ein Mann des Erwerbs in dieser Welt: Einen großen Markt sage ich dir an; sieh zu, daß er dir nicht entgeht. Nimm das Kreuzeszeichen, und für alles, was du reuigen Herzens beichtest, wirst du auf einmal Ablaß erlangen ...« So zogen die Deutschen plündernd und brandschatzend und jeder Sündenvergebung gewiß bis nach Konstantinopel, wo sie im September ankamen.

Kaiser Manuel I. von Byzanz, seit 1143 Nachfolger des Kaisers Johannes, war wenig erbaut. Niemand hatte die Kreuzfahrer gerufen, am wenigsten er. Und obwohl Bertha von Sulzbach, die Schwägerin des deutschen Königs, mit dem Kaiser von Byzanz verheiratet war, kam es nicht einmal zu einer Begegnung der beiden Herrscher. Im Gegenteil: Kaiser Manuel schloß mit den Seldschuken, die er, wie seine Vorgänger, bekämpfte, schnell Frieden, um gegen die Kreuzfahrer gewappnet zu sein – eine Tatsache, die ihm zeitgenössische Chronisten als Verrat am Christentum ausgelegt haben. Schließlich war man ja vor fünfzig Jahren ausgezogen, um die Seldschuken zu vertreiben, nicht um mit ihnen Frieden zu schließen. Auf die Idee, daß die Kreuzfahrer viel mehr Schaden anrichteten, kamen die Chronisten offenbar nicht.

Kaiser Manuel sorgte dafür, daß die Kreuzfahrer möglichst schnell nach Kleinasien übergesetzt wurden, denn schon ein paar Wochen später, am 4. Oktober, trafen die Franzosen unter König Ludwig VII. mit Gemahlin Eleonore von Aquitanien nebst Hofdamen, Minnesängern und Gefolge ein. Auch die Grafen von Flandern und Toulouse hatten ihre Damen und die wieder eine Unmenge von Kisten und Koffern mit Kleidern für alle erdenklichen Wechselfälle des Lebens mitgebracht.

Die Franzosen kamen verärgert an, denn die Deutschen vor ihnen hatten alles ausgeraubt und geplündert, so daß das Heer der Franzosen durch leere Geisterstädte hatte ziehen müssen und Hunger gelitten hatte. In Konstantinopel kamen einige auf die Idee, zum Ausgleich gleich Konstantinopel zu stürmen, da der Kaiser ja ohnehin mit den Seldschuken Frieden geschlossen hatte und damit zum Feind des Christentums geworden sei. Nur die Tatsache, daß der Papst eine Expedition gegen Konstantinopel nicht autorisiert hatte, hielt am Ende die Scharfmacher ab. Aber sie waren die geistigen Väter jener entsetzlichen Plünderung Konstantinopels durch christliche Kreuzfahrer, das fünfzig Jahre später Ziel eines anderen Kreuzzuges werden sollte.

Als sich die Überfahrt der Franzosen nach Kleinasien immer wieder verzögerte, fand Kaiser Manuel ein wirksames Mittel, um die lästigen Abendländer loszuwerden: Er streute das Gerücht aus, die Deutschen hätten in Kleinasien schon einen großen Sieg errungen. Daraufhin setzten die Franzosen eilig über den Bosporus aus Angst, ihnen könnte irgendeine Beute entgehen.

Die Befürchtungen waren vollkommen unbegründet: Das deutsche Kreuzfahrerheer existierte nicht mehr. Als die Franzosen Anfang November nach Nicäa kamen, das die Kreuzfahrer fünfzig Jahre vorher unter Gottfried von Bouillon mit abgeschlagenen Seldschukenköpfen bombardiert hatten, trafen sie auf den jungen Friedrich von Schwaben, der als einer der wenigen die Katastrophe überstanden hatte.

Die Deutschen hatten am 15. Oktober 1147 Nicäa mit einem byzantinischen Führer verlassen und waren dem Weg Gottfrieds von Bouillon nach Doryläon gefolgt. In der ersten Woche kamen sie gut voran und hatten genug zu essen, obwohl sie sich hinterher beschwerten, die Byzantiner hätten ihnen Kreide ins Mehl gemischt. Als sie aber ins türkische Gebiet gelangten, fehlte es an Lebensmitteln und Wasser.

Als die erschöpften Kreuzfahrer daher in der Nähe von Doryläon an den kleinen Fluß Bathys kamen, drängten sich alle ans Wasser. In diesem Augenblick fielen die türkischen Reiter blitzschnell mit ihrem Pfeilhagel über sie her, wichen zurück, kamen wieder. Konrad versuchte, so etwas wie eine Abwehr zustande zu bringen, aber es war aussichtslos. Als der Abend des 25. Oktober 1147 kam, lebte von zehn Deutschen nur noch einer. Fast an der gleichen Stelle, an der vor einem halben Jahrhundert das erste Kreuzzugsheer die Seldschuken besiegt hatte, lagen, wenn man die geringste Schätzung zugrunde legt, 18000 tote Kreuzfahrer, die im Gottvertrauen auf irdischen Reichtum und Vergebung der Sünden nach Jerusalem aufgebrochen waren; die anderen waren in panischer Angst geflohen. König Konrad hatte bei diesem Gemetzel sein ganzes Feldlager verloren, und noch lange wurde die Beute bis nach Persien hinein in den Basaren gehandelt.

Der König hatte sich retten können, und er und Ludwig VII. beschlossen nun, gemeinsam durch Anatolien zu ziehen und den kläglichen Rest der deutschen Wallfahrer mit dem französischen zu vereinigen. Diesmal marschierten die Franzosen voraus und die Deutschen als angeblich zu langsam hinterher. Aber die Mißhelligkeiten blieben nicht aus: Deutsche und Franzosen rieben sich ständig aneinander, und Odo von Deuil, der Kaplan des französischen Königs, notierte in seinem Tagebuch: »Die Deutschen waren unerträglich, selbst für uns.«

Mißtrauen gegen Kaiser Manuel

So zogen sie mühsam an der Küste entlang um Anatolien herum, ständig von den Türken angegriffen, die in der meist betrunkenen und von Durchfall geplagten deutschen Nachhut gute Beute machten. In Ephesus an der Westküste Anatoliens wurde Konrad so krank, daß er zurückbleiben mußte. Und nun zeigte sich Kaiser Manuel plötzlich als fürsorglicher Verwandter. In Konstantinopel hatte er König Konrad nicht empfangen, aber nun schickte er teure Geschenke, ließ ihn nach Konstantinopel zurückbringen und pflegte ihn persönlich in seinem Palast gesund. Konrad war zutiefst gerührt, blieb den Winter über in Konstantinopel und handelte aus, daß sein Halbbruder, der Herzog Heinrich von Österreich – nach seinem ständigen Spruch »Ja, so mir Gott helfe!«, als »Heinrich Jasomirgott« bekannt –, die Kaisernichte Theodora heiraten sollte, wenn er vom Kreuzzug zurückkehre: Wozu ein Durchfall gut ist.

Inzwischen zog der französische König mit dem ganzen Haufen weiter. Es kam zu einzelnen Schlachten, die man, abgesehen von den Hunderten von Toten, gar nicht zu erwähnen brauchte, wenn nicht die Türken in byzantinischen Burgen Zuflucht gefunden hätten.

Für die Kreuzfahrer brach eine Welt zusammen: Erst hatte Kaiser Manuel mit den Seldschuken Frieden geschlossen, was schon gottlos war; dann hatten die Byzantiner Kreide ins Mehl gemischt und nicht für Wasser gesorgt, und nun flüchteten die Türken sogar vor den Abendländern zu den Byzantinern in ihre Festungen. Vom Standpunkt der Kreuzfahrer aus war das verständlicherweise Verrat, und so schildern es die Chronisten mit gutem Recht.

Auf der anderen Seite muß man heute sehen, daß der Kaiser von Byzanz viel leichter mit den Seldschuken einen Waffenstillstand abschließen konnte – denn mehr war es nicht –, als sich in einen möglichen Zweifrontenkrieg mit den ungebärdigen Kreuzfahrern und den Türken einzulassen. Die Kreuzfahrer zogen vorbei, und wenn sie vorbei waren, konnte Kaiser Manuel die Türken weiter bekämpfen.

Die Kreuzfahrer aber, mit der Überheblichkeit ihres göttlichen Auftrages, verstanden dies nicht. Wenn man östlich der Elbe Kreuzzüge gegen heidnische Slawen unternahm, durfte auch ein christlicher Herrscher anderswo heidnischen Türken keinen Unterschlupf gewähren. Wer dies doch tat, war nicht besser als die »Heiden«: Und wieder entstand Mißtrauen gegen Byzanz, das fünfzig Jahre später zu dessen Eroberung führen sollte.

Dabei war ein Großteil des Mißgeschicks auf die Unbedarftheit der Kreuzfahrer zurückzuführen, die die unmöglichsten Lagerplätze aussuchten und sich dann über türkische Angriffe wunderten. Einmal kam es so weit, daß König Ludwig von Frankreich sein »kleines, aber erlauchtes Gefolge« verlor, »behende und kraftvoll die Zweige eines Baumes« ergreifen mußte, »den Gott zu seiner Rettung dorthin gestellt hatte«, und er glücklicherweise imstande war, »mit dem blutigen Schwert seinen Fels und seine Freiheit verteidigend, Hände und Köpfe vieler Feinde abzuschlagen«.

Derartige Geschichten können nicht darüber hinwegtäuschen, daß dieser Kreuzzug mit der gleichen Unkenntnis und Naivität unternommen wurde wie der erste, dem man immerhin zubilligen muß, daß er eben der erste war. Weder der weit über 50jährige deutsche König Konrad noch der 26jährige Ludwig VII. hatten auch nur irgend etwas aus den Erfahrungen anderer gelernt. Sie hatten den Kreuzzug als Landpartie zu einem etwas weiter entfernten Gnadenort aufgefaßt, als Vergnügungsfahrt mit Damen, die dann in Sänften schlotternd vor Kälte über das vereiste Taurusgebirge getragen wurden und schworen, nie wieder im Leben eine solche Prüfung auf sich zu nehmen.

Die Helden im Heiligen Land

Als dann die tapferen Kreuzfahrer am Mittelmeer ankamen, gaben sie sich so erschöpft, daß sie darauf bestanden, den Rest der Reise per Schiff fortzusetzen. Schiffe waren aber schwer zu beschaffen und außerdem recht teuer. So kam es, daß König Ludwig von Frankreich mit Hofstaat, Damen, Minnesängern und soviel Berittenen wie möglich, aber dafür ohne Heer, am 19. März 1148 vor Antiochia landete, um Edessa zurückzuerobern. Als man dann freilich nach einigen erholsamen Wochen daranging, die Feldzugspläne zu besprechen, fiel es König Ludwig gerade noch rechtzeitig ein, daß ihn sein Kreuzfahrergelübde verpflichtete, zuallererst nach Jerusalem zu pilgern, bevor er an ein kriegerisches Unternehmen denken dürfe.

Der Graf von Antiochia, Raimund von Poitiers, und Graf Joscelin, der sich mühsam in Turbessel hielt, fielen aus allen Wolken. Beide hatten sich von dem neuen Kreuzzug große Dinge versprochen, zumal die Lage wirklich ernst war und die Türken unter Zengis Sohn, dem Atabeg Nureddin (Nur ed-Din = »Licht des Glaubens«) von Aleppo aus inzwischen eine fränkische Festung nach der anderen eroberten.

Trotzdem zog König Ludwig mit seinem inzwischen eingetroffenen Heer nach Jerusalem, wo König Konrad mit seinem kleinen Haufen schon längst wartete. Aber was der französische König an Kämpfen mit Sarazenen vermieden hatte, das hatte er jetzt mit seiner Eleonore auszufechten. Die Königin hatte ihm nämlich schlichtweg mitgeteilt, er solle ruhig allein nach Jerusalem reisen, sie werde in Antiochia bleiben und ihre Scheidung in die Wege leiten.

Das wiederum gab den Gerüchten Auftrieb, daß die langen Gespräche, die die junge Königin mit ihrem Onkel, dem Fürsten Raimund von Antiochia, zu halten pflegte, weit über das Verwandtschaftliche hinausgingen, zumal Eleonore von Aquitanien in allem ihrem Onkel Raimund zustimmte, aber nicht ihrem königlichen Gemahl. Daraufhin hatte Ludwig seine Eleonore gewaltsam aus dem Palast ihres Onkels entführt und unter Eheszenen mit auf die Reise nach Jerusalem genommen. Aber der Gewaltakt rettete seine Ehe nicht: Vier Jahre später ließ die lebenslustige Dame ihre Ehe für ungültig erklären, heiratete den späteren Heinrich II. von England und wurde zur Abwechslung Königin von England und Mutter von Richard Löwenherz.

Nachdem nun alle Kreuzfahrer im Heiligen Land eingetroffen und in Jerusalem gewesen waren, rief Königin Melisende und König Balduin die Edlen auf, sich am 24. Juni 1148 zu einer großen Ratstagung in Akkon zusammenzufinden. Dort traf sich alles, was Rang und Namen hatte: Königin Melisende, König Balduin, der Patriarch, die Erzbischöfe, die Großmeister der Ritterorden, die Prälaten und Barone des Königreichs von Jerusalem sowie die Könige von Deutschland und Frankreich mit ihrem Gefolge, um nun endlich, ein Vierteljahr nach der Ankunft, über einen Feldzug gegen die Sarazenen zu beraten. Mehrere Möglichkeiten standen offen: Man konnte nach Edessa ziehen und es zurückerobern oder nach Aleppo, um den Atabeg Nur ed-Din anzugreifen; man konnte auch in mehreren kleineren Aktionen vorgehen und hoffen, daß der Gegner sich verzettelte. Statt dessen beschloß die Versammlung nach einigem Hin und Her, mit der gesamten christlichen Streitmacht Damaskus anzugreifen.

Das war jedoch das Unsinnigste, was man überhaupt beschließen konnte. Es ist nicht einwandfrei auszumachen, aus welchem Grunde man in Akkon diesen unsäglich törichten Beschluß faßte, aber fast sieht es so aus, als ob sich die beiden abendländischen Könige weder unter Edessa noch unter Aleppo etwas vorstellen konnten, wohl aber Damaskus aus der Bibel kannten und nun darauf versessen waren, die heilige Stätte, an der aus einem Christenverfolger Saulus der Apostel Paulus geworden war, für die Christenheit zurückzugewinnen.

Nun wäre die Eroberung von Damaskus natürlich ein großer Gewinn gewesen. Aber nachdem Damaskus weit und breit die einzige Stadt war, mit der die Kreuzfahrerstaaten durch die 1139 geschlossene Allianz in Frieden und Freundschaft lebten, und dadurch verhindert wurde, daß sich Damaskus mit dem Aleppo Nur ed-Dins zusammentat, war ein Angriff auf diese Stadt geradezu sträfliche Dummheit und grenzte an Selbstmord.

Aber sicher traf die Schuld nicht nur die beiden naiven Könige aus dem Abendland. Die ortsansässigen Grafen, Fürsten und Barone, die ja wissen mußten, was sie da riskierten, hatten offensichtlich zugestimmt, vermutlich aus reiner Beutegier nach der reichen Stadt.

Die Blamage vor Damaskus

So zog das christliche Heer – das größte, das jemals im Heiligen Land beisammen war – Mitte Juli gegen Damaskus und erreichte die Stadt am 24. Juli des Jahres 1148.

Und so töricht der Beschluß war, so grotesk war nun seine Ausführung. Zunächst zog das stolze Kreuzfahrerheer im Süden in die Obstgärten vor Damaskus ein und hackte, statt die Stadt einzuschließen, die Bäume um und baute Palisaden. Am nächsten Morgen rückte das Heer dann bis an die Stadtmauer vor, und die Bewohner von Damaskus, die bis zuletzt nicht glauben konnten, daß sie von ihren eigenen Freunden angegriffen würden, bereiteten sich in aller Eile auf die Verteidigung vor, indem sie die Straßen verbarrikadierten, Hilfe von den Nachbarstädten und von Nur ed-Din erbaten.

Am zweiten Tag der Belagerung unternahmen die Damaszener einen kleinen Gegenangriff, und schon zog sich das große christliche Heer aus den gefährlichen Obstplantagen zurück, in denen man sein Leben einbüßen konnte. Statt dessen verlegte man am 27. Juli das gesamte Heer nach Südosten in eine Ebene, nur um zu entdecken, daß der neue Lagerplatz keine Wasserstelle hatte, und damit war der Kreuzzug am nächsten Tag bereits aus. Niemand kam auf den gefährlichen Einfall, wieder in die schattigen Plantagen ans Wasser zurückzukehren, wo sich inzwischen die Feinde eingenistet hatten. Und als gar noch das Gerücht aufkam, Nur ed-Din sei auf dem Anmarsch, packten die Kreuzfahrer am Morgen des 28. Juli, fünf Tage nach Beginn der »Belagerung«, in aller Eile ihre Zelte ein und marschierten auf dem kürzesten Weg nach Hause.

Sicher war das Debakel durch die »Halsstarrigkeit, Unwissenheit und unfähige Torheit« der beiden abendländischen Könige zustande gekommen, wie der Historiker Runciman schreibt. Auf der anderen Seite ist ebenso sicher, daß die christlichen Barone Palästinas auf ihre Weise zu retten versuchten, was zu retten war. Wenn sie schon mit nach Damaskus gezogen waren, so war ihnen doch inzwischen aufgegangen, daß ein Kampf gegen Damaskus mehr Schaden als Nutzen bringen konnte. Um nun einen ernsthaften Kampf mit Damaskus zu verhindern, hätten sie, so meinen manche Historiker, den beiden naiven Königen eingeredet, das Lager in der wasserlosen Ebene aufzuschlagen: ein Kompromiß, der weder Angriff noch Niederlage bedeutete und das freundliche Verhältnis zu Damaskus retten konnte.

Vermutlich liegt die Wahrheit aber in einem anderen Gerücht. Es war die Rede von ungeheuren Summen, die Damaskus heimlich an Jerusalem gezahlt hatte. »Aber«, so schreibt ein Chronist, »wie Gott zuweilen auch hier gerecht richtet, so hatten die von Jerusalem nicht Ursache, sich über die unrechtmäßige Annahme so großer Summen zu freuen. Denn die viele getäuscht hatten, wurden selbst bei diesem Gelde getäuscht, statt des Goldes empfingen sie zum größten Teil vergoldetes Kupfer, und zu spät reute sie, daß sie so vieles Christenblut um so schnöden Preis verkauft hatten.«

Denn das eigentliche Blutvergießen kam erst noch. Tagelang verfolgten die Damaszener die abziehenden Kreuzfahrer mit ihrem Pfeilhagel. Der Rückweg war übersät mit getöteten Menschen und Pferden, deren Gestank noch monatelang in der Luft lag.

Ernüchterung im Abendland

Nun hätte man denken können, daß das Kreuzzugsheer der beiden Könige wenigstens noch einen bescheidenen Versuch unternahm, um irgendwelche kriegerischen Erfolge vorweisen zu können. Beispielsweise war man ja losgezogen, um die Grafschaft Edessa von den Türken zu befreien. Aber nichts dergleichen geschah. Nach dem Kraftakt einer fünftägigen Belagerung von Damaskus war der gesamte Kreuzzug schlichtweg zu Ende.

Konrad III. von Hohenstaufen verließ am 8. September 1148 verbittert das Land, Ludwig VII. von Frankreich folgte ihm erst zu Ostern 1149, um seine Scheidung möglichst hinauszuschieben, die dann doch 1152 wegen des »fleischlichen Umgangs« seiner Eleonore vollzogen wurde.

In den Geschichtsbüchern steht daher, der Zweite Kreuzzug habe von 1147 bis 1149 gedauert. In Wirklichkeit bleiben magere fünf Tage im Juli 1148 übrig, an denen die Kreuzfahrer im Heiligen Land zu kämpfen bereit waren und auf das erbärmlichste versagten.

Für diese fünf Tage, die dem Königreich Jerusalem mehr schadeten als jahrelange Kämpfe, hatten unterwegs Zehntausende ihr Leben gelassen, weil ein junger König ein Abenteuer unternehmen wollte und ein alter König durch die Seelenmassage eines Abtes zu einem Abenteuer gezwungen wurde, das er nicht vorhatte und nie wollte. In nicht ganz fünf Tagen hatten die Kreuzfahrer ein Ansehen verspielt, das sie ein halbes Jahrhundert lang hatten aufbauen und bewahren können. »Von dieser Zeit an«, bemerkte der Chronist Wilhelm von Tyros hellsichtig, »verschlechterte sich die Situation der Lateiner im Osten sichtbar.«

Nur ed-Din war und blieb, wie vorher sein Vater, die größte Gefahr für den Kreuzfahrerstaat. Kurz darauf eroberte er die letzten Festungen der Kreuzfahrer am Orontes und tötete Raimund von Poitiers, den Fürsten von Antiochia.

Der einzige Erfolg dieses großartigen Kreuzzuges bestand, und das paßt zur Groteske des Ganzen, in der Einnahme von – Lissabon, Tausende von Kilometern vom Heiligen Land entfernt, und das fiel ihnen gewissermaßen in den Schoß.

Noch während die Könige von Frankreich und Deutschland 1147 umständlich ihre Reisevorbereitungen trafen, waren ein paar Engländer, Flamen und Friesen dem Aufruf zum Kreuzzug gefolgt und mit Schiffen aufgebrochen. Schlechtes Wetter zwang sie, an der portugiesischen Küste Zuflucht zu suchen, und dort erfuhren sie zu ihrer Freude, daß man nicht erst nach Palästina segeln müsse, um etwas gegen die Ungläubigen zu tun: Noch immer war, und das seit 400 Jahren, die Stadt Lissabon in den Händen der mohammedanischen Mauren, die im Jahre 732 zwar in Frankreich bei Tours und Poitiers zurückgeschlagen worden waren, die aber seitdem immer noch auf der Iberischen Halbinsel saßen. Übrigens eine Tatsache, die jahrhundertelang keinen Papst aufgeregt hatte.

Die Flamen und Friesen waren sofort bereit, sich hier geistliche Verdienste und fruchtbares Land zu erwerben; nur die Engländer zögerten, am Ende zogen sie aber alle nach Lissabon und belagerten es vier Monate lang. Dann ergab sich die Stadt gegen die Zusicherung, Gut und Leben der Bewohner zu schonen – ein Versprechen, das die Flamen und Friesen sofort brachen.

Damit wäre die Geschichte dieses blamablen Kreuzzuges zu Ende, aber es ist noch einiges nachzutragen.

Als König Konrad auf seiner Heimfahrt mit dem Schiff in Thessaloniki (heute Saloniki) ankam, fand er eine Einladung des Kaisers Manuel vor, Weihnachten in Konstantinopel zu verbringen. Das war ein Angebot, und schon reiste König Konrad mit seinem Gefolge wieder Hunderte von Kilometern nach Osten, wo ihn der freundliche Manuel ein Jahr zuvor eigenhändig gesund gepflegt hatte. Außerdem war die Gelegenheit günstig, das Eheversprechen zwischen seinem Halbbruder Heinrich »Jasomirgott« und Manuels Nichte Theodora mit größtem Pomp in die Wirklichkeit umzusetzen. So waren am Ende trotz der entsetzlichen Verluste der deutschen Kreuzfahrer in Anatolien Byzantiner und Deutsche vollkommen ausgesöhnt, obwohl ein byzantinischer Hofdichter damals schrieb, daß die liebreizende Theodora nun »dem Ungeheuer aus dem Westen als Opfer dargebracht« worden sei.

Die französische Reaktion auf den mißlungenen Kreuzzug war dagegen ganz anders. Die Franzosen hatten ja schon auf ihrem Wege nach Palästina Mißtrauen gegen die Byzantiner gezeigt und gemeint, Kaiser Manuel habe das Christentum verraten. Als nun König Ludwig das Heilige Land im Frühjahr 1149 an Bord eines sizilianischen Schiffes wieder verließ, wurde dieses Mißtrauen gegen Byzanz verstärkt: Die Flotte der sizilianischen Normannen, die die Franzosen an Bord hatten, wurde unterwegs von byzantinischen Schiffen angegriffen. Das lag ganz einfach daran, daß Byzanz und die Sizilianer wieder einmal Krieg gegeneinander führten. Der Angriff hörte denn auch sofort auf, als Ludwig eine französische Fahne hissen ließ. Aber das zweite Schiff, das keine französische Fahne bei sich führte, wurde von den Byzantinern gekapert, und es dauerte Monate, bis Kaiser Manuel das Schiff mit Gepäck und Menschen wieder freigab.

Als König Ludwig in Italien landete, war für ihn klar, daß der Kaiser von Byzanz an allem schuld war. So erzählte er überall von dem Verrat der Byzantiner und der Notwendigkeit, sie zu bestrafen. Papst Eugen lehnte zwar ab, gleich wieder einen neuen Kreuzzug auszurufen, aber König Ludwig fand genügend Anhänger in der Kurie. So festigte sich der Gedanke einer Rache an Byzanz immer mehr, bis er ein halbes Jahrhundert später im Vierten Kreuzzug Wirklichkeit wurde.

Dagegen brachte der verheerende Mißerfolg des Zweiten Kreuzzuges der Kirche herbe Kritik ein. Man sprach offen davon, daß der Kreuzzug ein Werk des Teufels und des Antichrist gewesen sei, und stellte die Frage, wie der Papst als Stellvertreter Christi auf Erden zu einem solchen Kreuzzug hatte aufrufen können.

Eine geradezu tragische Rolle spielte dabei aber Bernhard von Clairvaux, der wie kein anderer den Kreuzzug gefördert hatte. Er hatte geglaubt, eine gottwohlgefällige Sache zu propagieren, und mußte erleben, daß zwischen Gottes unerforschlichem Ratschluß und den Absichten der Päpste und Könige offenbar eine erschreckend große Kluft bestehen konnte. Bernhard litt sehr unter den Vorwürfen, ein »falscher Prophet« zu sein, der die Christenheit ins Verderben gelockt habe, hatte aber nicht den Mut, seinen eigenen Fehler einzugestehen, sondern schob anderen die Schuld zu: »Die Übereilung der Fürsten und die schlechten Sitten der Kreuzfahrer haben das Unglück herbeigeführt, und ich maßte mir, bloß den Weisungen des Apostolischen Stuhles gehorsam, nie an, Gottes Ratschlüsse zu bestimmen oder die Veränderlichkeit des Glückes zu leugnen. Aber auch die Widerwärtigkeiten kommen von oben herab, und lieber will ich die Vorwürfe tragen, als daß Tadel und Hohn gegen Gott ausgesprochen werde.«

Das hindert den heiligen Bernhard nicht, sich gleich wieder für einen Kreuzzug gegen den byzantinischen Kaiser als den eigentlichen Verräter einzusetzen – aber vergebens. Das christliche Abendland hatte das Vertrauen in die Kreuzzüge verloren, die Stimmung war umgeschlagen, wie es das rührende Gedicht einer Unbekannten aus jenen Tagen zeigt:

»Jerusalem, du bereitest mir tiefen Schmerz,
nahmst du mir doch, den ich am meisten geliebt.
Wisse, du wirst mir nie gefallen,
denn nichts erfreut mich mehr als er.
Oft bin ich so betrübt und voll Zorn,
daß ich Gott anklage,
daß er mir meine größte Freude nahm.
Süßer Freund jenseits des salzigen Meeres,
wie kannst du es zulassen, daß ich so leide?
Niemand kann den Schmerz ermessen, der mein Herz quält,
wenn ich mir dein liebes Antlitz in Erinnerung rufe,
das ich so oft liebkost und geküßt.
Wäre es ein Wunder, wenn ich den Verstand verlöre?«

VII

Kreuz und Halbmond

König Balduin und die Sarazenen

Die Tyrannei der Witwen

Die Ernüchterung im christlichen Abendland war offensichtlich größer als im Königreich Jerusalem. Zwar blieb Edessa, das Ziel des gescheiterten Kreuzzuges, verloren, zwar eroberte Nur ed-Din, der Herrscher von Aleppo, noch während des Zweiten Kreuzzuges die wesentlichen Festungen Antiochias am Orontes. Zwar war das Ansehen der Kreuzfahrer nach der erbärmlichen Belagerung von Damaskus nahezu ruiniert – aber für die Kreuzfahrerstaaten, die ja in einem jahrzehntelangen Kleinkrieg an den Grenzen lagen, war dies nur eine von vielen Etappen.

Dabei kann man sich lebhaft vorstellen, wie enttäuscht die Herrscher im Königreich Jerusalem über den sinnlosen Pilgerausflug der Könige Konrad und Ludwig gewesen sein müssen. Es gab eine Menge Unkosten, viel Aufwand, keinen Erfolg und nichts als Prestigeverlust.

Darüber führen die Chronisten zwar keine Klage, aber es ist nun verständlich, daß sich das Königreich von Jerusalem in seinem Kampf gegen die Mohammedaner nach neuen Verbündeten umsah und sie genau dort fand, wo das Abendland den Verräter vermutete: in Byzanz. Waren die abendländischen Ritter nicht imstande gewesen, Edessa und das Nordreich zu befreien, so sprach jetzt vieles dafür, es zwischen dem byzantinischen Reich und den Kreuzfahrerstaaten in die Zange zu nehmen.

Wie notwendig ein solcher Schritt war, zeigte sich in der wachsenden Stärke der mohammedanischen Welt, die sich nun, fünfzig Jahre nach dem Überfall durch die Kreuzfahrer, zu sammeln begann. Zengi hatte den Anfang gemacht und Edessa erobert. Nur ed-Din – sein zweiter Sohn, der dem ermordeten Vater eilig den Hoheitsring vom Finger gerissen und sich damit in Aleppo zum Herrscher ausrufen ließ, während sein älterer Bruder nach Mossul zog – setzte die Einigungsbewegung gegen die Christen fort und wurde zum gefährlichsten Gegner Jerusalems – eine Entwicklung, die in der beherrschenden Stellung des Sultans Saladin gipfeln sollte, der dann 1187 Jerusalem eroberte und damit den Dritten Kreuzzug auslöste.

Sofort nach dem Abzug des Kreuzzugsheeres war Nur ed-Din im

Sommer 1149 nach Antiochia gezogen und hatte die Festung Inab belagert. Raimund von Poitiers, der Fürst von Antiochia, rückte gegen Nur ed-Din aus, wurde aber am 29. Juni 1149 mit seinem Heer vernichtend geschlagen und kam selbst in der Schlacht ums Leben. Es war der spektakulärste Sieg, den Nur ed-Din jemals gegen die Franken errang und durch den er zum Führer der islamischen Welt wurde. Fünf Jahre später, also 1154, zog er sogar kampflos in Damaskus ein, das damit den Kreuzfahrerstaaten als immer noch stiller Verbündeter verlorenging.

Die Kreuzfahrerstaaten waren machtlos. Raimund, der Fürst von Antiochia, war tot; Joscelin II. von Edessa war im Frühjahr 1150 durch Zufall in die Hände Nur ed-Dins gefallen, der ihn blenden und in Aleppo ins Gefängnis werfen ließ, wo er neun Jahre später starb; und Balduin III., König von Jerusalem, der Sohn König Fulkos, der bei der Hasenjagd tödlich verunglückt war, war noch minderjährig.

Statt dessen regierten Witwen: in Antiochia die kaum zwanzigjährige Konstanze, die von Raimund von Poitiers schon vier Kinder hatte, bevor der Kopf ihres Gemahls in Silber gefaßt an den Sultan geschickt wurde; ihr stand der Patriarch Amalrich zur Seite. In Jerusalem herrschte Melisende, die sich von der levantinischen Krimhild über die edle Dame inzwischen zur herrschsüchtigen Regentin entwickelt hatte, so daß Balduin III. nichts weiter übrigblieb, als sich 1152 heimlich ohne sie krönen zu lassen und seine Mutter in der Zitadelle von Jerusalem so lange zu belagern, bis sie aufgab und beleidigt verschwand.

Balduin III. war der erste König von Jerusalem, der auch im Heiligen Lande geboren war, Sohn eines Franzosen und einer halbarmenischen Mutter. Die Chronisten schildern ihn als hochgewachsenen jungen Mann mit blondem Haar und Bart, als lustigen Gesellschafter und großen Plauderer, als eifrigen Würfelspieler und – Erzbischof Wilhelm von Tyros vermerkt es mit Schmerz – als so galant, daß er sogar einige verheiratete Frauen verführt habe. Im übrigen war Balduin III. auch der erste gebildete Fürst auf dem Thron Jerusalems, der »gerne las und es liebte, sich die Erzählungen der Geschichtsschreiber vorlesen zu lassen. Auch schätzte er die Gesellschaft der Gelehrten.«

Auf ihn geht eine Gesetzessammlung zurück, die bestehende Rechtsunsicherheiten des Königreiches regelte. Schließlich wird auch noch sein Gedächtnis gerühmt: »Ein so ausgezeichnetes Gedächtnis hatte er, daß er immer die Leute zuerst erkannte, sogar die einfachsten, und er begrüßte sie sofort mit ihrem Namen.«

Kurz vor der Krönung schon hatte der junge, noch unverheiratete König einen Ehestreit zwischen seiner Tante Hodierna und ihrem Mann, Raimund II. von Tripolis, zu schlichten, die ebenso lebenslustig und halsstarrig wie ihre Schwestern Alice und Melisende war (die vierte Schwester Yvette hatte man rechtzeitig in ein Kloster gesteckt, wo sie in jungen Jahren als Äbtissin herrschte). Aber während Balduin noch auf seine Tante Hodierna einredete, wurde Raimund II. von Tripolis draußen vor der Stadt aus unbekannten Gründen von Mitgliedern einer fanatischen fatimidischen Sekte ermordet, die sich durch Haschisch in Rausch zu versetzen pflegten. Wir kennen diese »Haschischi-jun«, diese Haschisch-Esser als »Assassinen«, ein Wort, das bis heute in romanischen Sprachen »Mörder« bedeutet.

Und schon übernahm, vom Ehekonflikt überraschend befreit, die nächste Witwe die Herrschaft: Gräfin Hodierna führte die Regentschaft für ihren zwölfjährigen Sohn. Vorher schon war Balduin III. nach Antiochia zu seiner Kusine gereist, der Witwe Konstanze, um sie nach Möglichkeit wieder standesgemäß zu verheiraten. Aber Konstanze, ebenso störrisch wie ihre Mutter Alice und ihre Tanten Melisende und Hodierna, dachte überhaupt nicht daran. »Die Fürstin«, erzählt ein Historiker, »wußte aus Erfahrung zu gut, wie lästig es ist, einem Ehemann gehorchen zu müssen, und wie wenig Freiheit man Damen läßt, wenn sie einen Herrn haben.«

Aber wie es dann so geht: Ein Jahr später verliebte sich Konstanze Hals über Kopf in einen mittellosen Abenteurer, und diese Romanze zwischen dem armen Ritter und der schönen Gräfin führt vor den Traualtar: Antiochia hat wieder einen Herrscher – aber was für einen.

Der Strauchritter Rainald von Châtillon

Rainald von Châtillon, der jüngere Sohn eines französischen Grafen, war nach dem Zweiten Kreuzzug in Palästina geblieben, weil er zu Hause keine Zukunftsaussichten hatte. Rainald war ein feuriger und schöner Jüngling und ein mutiger Krieger dazu, gleichzeitig aber von hemmungsloser Brutalität und abenteuerlichem Raubrittertum. Rainald war bald das enfant terrible, das nie die Folgen seines Handelns überblickte.

So ließ er nach seiner Heirat im Jahre 1153 den Patriarchen Amalrich ins Gefängnis werfen, weil er ihm kein Geld geben wollte, ließ ihm dort den Kopf blutig schlagen und die Wunden mit Honig einschmieren, um ihn dann nackt an einen Pfahl gebunden einen vollen Tag in die glühende Sonne zu setzen, wo er ein Opfer unzähliger Insekten wurde. Aber Rainald erreichte seinen Zweck: Der zerstochene Patriarch zahlte noch am Abend und verschwand nach Jerusalem, wo man mit Empörung von Rainalds Benehmen Kenntnis nahm.

Doch das rührte Rainald nicht, er hatte noch Größeres vor. Im Frühjahr 1156 landete er plötzlich – mitten im tiefsten Frieden – auf der byzantinischen Insel Zypern. Es war ein reiner Raubzug: Franken und Armenier zogen kreuz und quer durch die Insel, plünderten jedes Gebäude, verbrannten die Felder, schnitten den Priestern Nasen und Ohren ab, vergewaltigten die Frauen und durchhieben mit ihren Säbeln Kindern und alten Männern die Kehlen. Zum Schluß mußte sich jeder überlebende Zypriot freikaufen. Nach drei Wochen zog Rainald, überreich mit Beute beladen, wieder ab. Die Insel hat sich nie wieder ganz von diesem Vandalismus erholt, zumal ein Jahr darauf ein schweres Erdbeben ausgedehnte Verwüstungen anrichtete.

Während Rainald von Antiochia alles tat, um die Kreuzfahrerstaaten systematisch um ihren Kredit zu bringen, gelang Balduin III. eine spektakuläre Eroberung: Askalon, die »Braut Syriens«, die über 50 Jahre den Kreuzfahrern widerstanden hatte, fiel nach einer halbjährigen Belagerung am 19. August 1153 in die Hände des Königs von Jerusalem. Damit gehörte zum ersten Mal die gesamte syrisch-palästinensische Küste den Franken.

Aber der Sieg brachte nichts außer einer riesigen Beute: Askalon war zwar gewonnen und damit der Weg nach Ägypten frei, jedoch ging ein Jahr darauf Damaskus an Nur ed-Din und damit ein Stück Einflußgebiet im Osten verloren. Nur ed-Din stand auf der Höhe seiner Macht: Das mohammedanische Syrien war zu einer bedrohlichen Einheit geworden.

Die Allianz mit Byzanz

Und nun, knapp sechzig Jahre, nachdem die Kreuzfahrer Palästina für Byzanz erobert, aber dann für sich behalten hatten, bot Balduin III.

von Jerusalem dem Kaiser von Byzanz huldvoll eine Allianz an, um Nur ed-Din in die Zange zu nehmen, aber auch, um einer Strafexpedition Kaiser Manuels gegen den Raubritter Rainald wegen seines Überfalls auf Zypern zuvorzukommen.

Im Sommer 1157 schickte König Balduin III. daher eine Gesandtschaft nach Konstantinopel, um für sich eine Gemahlin aus der kaiserlichen Familie zu erbitten, und nach einigen Verhandlungen über die Mitgift (100000 Hyperperi – eine byzantinische Münze mit 4,5 g Goldgehalt –, dazu 10000 Hyperperi für die Hochzeitsfeierlichkeiten und Geschenke im Wert von 30000 Hyperperi) suchte Kaiser Manuel seine Nichte Theodora aus und schickte sie auf die Reise.

1158 landete Theodora mit einem märchenhaften Gefolge und Kisten voll Gold, Edelsteinen, Schmuck und kostbaren Stickereien in Tyros, eine junge Dame mit weißer Haut, blondem Haar, sehr groß, sehr schön – aber erst 13 Jahre alt. »Zur großen Freude des ganzen Landes« traute Patriarch Amalrich die 13jährige mit dem 27jährigen König, und zufrieden kann Erzbischof Wilhelm von Tyros bemerken, daß der König seiner jungen Gattin bis zu seinem Tode in treuer Liebe ergeben war – was freilich keine große Anstrengung bedeutete, denn er starb viereinhalb Jahre darauf.

Im Herbst 1158 brach auch Kaiser Manuel nach Süden auf, um außer mit seiner Nichte Theodora dem König von Jerusalem auch noch mit Waffen auszuhelfen. Er besiegte auf dem Wege die völlig überraschten Armenier in Kilikien, und als Rainald so vom Vormarsch des Kaisers hörte und ahnte, daß jetzt die Strafe für seinen Vandalismus auf Zypern auf ihn zukam, wartete er dessen Ankunft vor Antiochia gar nicht erst ab, sondern zog dem Kaiser gnadesuchend entgegen.

Er schickte zunächst eine Gesandtschaft und bot ihm an, die Zitadelle von Antiochia einer byzantinischen Besatzung zu übergeben, aber dem Kaiser war dies nicht genug: Er verlangte die demütige Unterwerfung – und Rainald unterwarf sich. Im Büßergewand zog er nach Mamistra in Kleinasien, wo sich der Kaiser gerade aufhielt.

»Barhaupt, barfuß, die Arme bis zum Ellenbogen entblößt, sein Schwert an der Spitze haltend, um dem Kaiser den Griff zu bieten«, zog Rainald ins kaiserliche Lager ein und warf sich dann vor allen Hofleuten und fremden Botschaftern vor dem Podest des Kaisers in den Staub. Aber der Kaiser beachtete ihn gar nicht. Minuten vergingen, während Rainalds Leute mit flehentlich erhobenen Armen dastanden.

Dann erst geruhte der Kaiser den Grafen von Antiochia zu seinen Füßen zu bemerken.

Es war eine Demütigung sondergleichen. Sie endete mit einer Vergebung, doch dafür mußte Rainald die Oberhoheit des Kaisers über Antiochia anerkennen. Am Ostersonntag, dem 12. April 1159, ritt dann Kaiser Manuel mit großem Triumph in Antiochia ein, trug aber zur Vorsicht unter seinem Kaisermantel einen Kettenpanzer. Und auch hier mußte Rainald zeigen, daß er Untertan war: Während alle hohen Herren ritten, mußte er zu Fuß das kaiserliche Pferd am Zaumzeug in die Stadt führen.

Die großen Zeiten dieses Strauchritters waren vorbei. Als er ein Jahr später bei einem der ewigen Kleinkriege in Gefangenschaft geriet, wurde er in Aleppo eingekerkert und saß volle 15 Jahre im Gefängnis, denn niemand war bereit, für ihn ein Lösegeld zu zahlen. Doch seine Geschichte ist noch nicht zu Ende. Wir werden ihn später bei seiner üblichen Beschäftigung wiederfinden, friedliche Karawanen zu überfallen. Und es sollte dieser Rainald von Châtillon sein, dessen Raubüberfälle schließlich Sultan Saladin auf den Plan riefen und damit zum Fall von Jerusalem führten – ein Beispiel dafür, daß es nicht immer die Großen sind, die Geschichte machen, sondern ebenso oft auch die kleinen Lumpen, die Einzelgänger, die unbekannten Idealisten oder Fanatiker, die etwas auslösen, auf das die Großen nur reagieren.

Nach der Unterwerfung Rainalds trafen dann auch Kaiser Manuel und Balduin III. zum ersten Mal zusammen, und der Kaiser zeigte sich entzückt von seinem angeheirateten Neffen. »Zehn Tage verbrachten sie miteinander«, erzählt der Chronist, »und mit jedem Tag wuchs die Zuneigung des Kaisers zu Balduin, dessen frühgereifte Klugheit und Höflichkeit er schätzte. Seitdem liebte er ihn wie einen Sohn.«

Und der Kaiser, Krankenpfleger aus Passion, fand auch bald Gelegenheit, sich um Balduin zu kümmern wie seinerzeit um den kranken König Konrad in Konstantinopel: Bei einem Jagdunfall stürzte Balduin vom Pferd und verletzte sich am Arm, und Kaiser Manuel, ganz in seinem Element, »half den Ärzten, wenn sie den Verband wechselten, so zart, daß er es bei seinem eigenen Sohn nicht hätte besser machen können«.

Für Balduin war die Allianz mit dem Kaiser von Byzanz ein großer Prestigegewinn, aber trotz allem blieb eine gelinde Enttäuschung zurück: Kaiser Manuel war nicht bereit, große Kriegszüge zu unternehmen und etwa Aleppo zu erobern. Im Gegenteil: Er schloß mit Nur ed-Din einen Waffenstillstand ab und fuhr wieder nach Konstantinopel zurück.

Die Franken gingen nicht soweit, das Verhalten des Kaisers Verrat zu nennen, aber verstanden haben sie seine Motive nicht. Dabei lag Manuel an einer Kräftebalance, die seinem Reich am ehesten den Frieden sicherte: Wäre er mit den Kreuzfahrerstaaten gegen Nur ed-Din vorgegangen, wären am Ende die Franken zu stark geworden. Hätte er zugelassen, daß Nur ed-Din ständig über die Franken herfiel, so wären die Mohammedaner zur Gefahr geworden. So brachte Kaiser Manuel ohne unnütze Schlachten und Menschenopfer in Nordsyrien ein Gleichgewicht der Kräfte zustande, das tatsächlich fast zwanzig Jahre hielt.

Nur ed-Din unternahm nichts Ernsthaftes, weil er fürchten mußte, daß sonst Kaiser Manuel an der Seite der Franken eingegriffen hätte, und König Balduin III. war zu schwach, um Nur ed-Din gefährlich werden zu können. So blieb es also beim ständigen Kleinkrieg, wie er für die zweihundert Jahre fränkischer Vorherrschaft im Nahen Osten typisch war.

Als 1159 Kaiser Manuels Frau, die Kaiserin Irene, eine gebürtige Bertha von Sulzbach aus Deutschland, starb, ersetzte er bald darauf die fehlende militärische Hilfe durch ein neues Ehebündnis. Statt sich in Europa eine neue Frau zu suchen, schickte Manuel im folgenden Jahr eine Gesandtschaft nach Jerusalem, um sich von dort eine heiratsfähige Braut zu erbitten.

König Balduin III. konnte zwei Schönheiten des Landes vorweisen: seine Kusine Maria, eine Tochter der Konstanze von Antiochia, und seine andere Kusine Melisende, die Tochter Raimunds II. von Tripolis. Aus altem Mißtrauen gegen Antiochia empfahl er Melisende von Tripolis, und Raimund stürzte sich sofort in ungeheure Unkosten, um seiner Tochter eine angemessene Mitgift mitgeben zu können. Aber Kaiser Manuel ging nicht darauf ein, ja, er lehnte Melisende schlichtweg ab.

Melisende, die ein Jahr lang daran geglaubt hatte, Kaiserin von Byzanz zu werden, vertrug diese Enttäuschung nicht und starb bald, während Raimund wütend Ersatz für die Aussteuer verlangte, und, als er sie nicht erhielt, Zypern überfiel und dort Beute machte.

Inzwischen erfuhr Balduin, daß kaiserliche Unterhändler in Antiochia aufgetaucht waren und bereits einen Ehevertrag mit Maria von

Antiochia ausgehandelt hatten. Maria fuhr stolz nach Konstantinopel und wurde dort im Dezember 1161 feierlich in der Hagia Sophia von drei Patriarchen dem Kaiser von Byzanz angetraut.

Es wurde ein tragisches Schicksal. Zwanzig Jahre später, nach dem Tode Manuels, zwang man ihren elfjährigen Sohn Alexios III., das Todesurteil über seine Mutter zu unterzeichnen. Das Urteil lautete auf Tod durch Erdrosseln, und Kaiserin Maria, die ungeliebte »Lateinerin«, wurde erdrosselt.

Balduin III. hat dies nicht mehr erlebt. Auf einer Durchreise durch Tripolis erkrankte er kurz darauf, und Graf Raimund schickte ihm seinen Leibarzt zur Pflege, aber der Zustand des Kaisers verschlimmerte sich. Man munkelte von einer Vergiftung durch den Arzt, aber bewiesen wurde nichts. Am 10. Februar 1162 starb König Balduin III. im 33. Jahr seines Lebens.

Balduin III. wäre vielleicht ein großer, wenn nicht *der* König der Kreuzfahrerstaaten geworden – gebildet, verbindlich und ein Mann von Weitblick, der Politik über die Grenzen seines kleinen Reiches hinaus machte. Jedenfalls wurde sein Tod allgemein betrauert, und sogar mohammedanische Bauern stiegen aus den Bergen herab, um dem Toten auf seinem Wege nach Jerusalem die letzte Ehre zu erweisen, und Nur ed-Din, dem man nahelegte, die Gelegenheit auszunutzen und über die Franken herzufallen, lehnte dies ab. Soeben von einer Pilgerfahrt nach Mekka zurückgekehrt, wollte der Moslem nicht die Trauer der Christen stören, die einen so großen Fürsten beweinten. Obwohl es für Nur ed-Din einen leichten Sieg bedeutet hätte.

Amalrichs ägyptisches Abenteuer

Da Balduin III. ohne Erben starb, wurde sein Bruder Amalrich acht Tage später im Alter von 25 Jahren zum König von Jerusalem gekrönt. Wie Balduin war er ein hochgewachsener Mann mit blondem Bart, der »es liebte, in Büchern zu lesen, zumal in denen der Geschichtsschreiber«, aber er entsprach in keiner Weise mehr dem Idealbild eines mittelalterlichen Ritters: Die Hofschreiber finden ihn zwar »schön« mit großer Adlernase, edlen Zügen und weißer Haut, wie sie vornehmen Leuten zusteht, aber sie müssen zugeben, daß er »so fett war, daß er aussah, als hätte er Frauenbrüste gehabt« und daß »sein ganzer Leib wackelte, wenn er lustig war« – und er war zuweilen sehr lustig, wenn er unvermutet und plötzlich Ausbrüche hemmungslosen Gelächters zeigte, die der königlichen Würde nicht gerade zum Ansehen verhalfen. Zudem »verstand er sich besser darauf, einen guten Rat zu geben, als Anekdoten zu erzählen«, weil er nämlich auch noch stotterte und »mit den Leuten nur sprach, wenn er es nicht vermeiden konnte«.

Um König zu werden, mußte Amalrich allerdings noch eine andere Kleinigkeit überwinden. Er hatte vier Jahre zuvor Agnes von Courtenay, die Tochter Joscelins II. von Edessa, geheiratet, aber da sie als Base dritten Grades mit ihm zu nah verwandt war, hatte der Patriarch sich geweigert, die Eheschließung zu beglaubigen.

Um die königliche Erbfolge zu sichern, mußte sich Amalrich nun von seiner Agnes trennen, und er tat dies begeistert, denn sie war beträchtlich älter als er: Als er sie heiratete, hatte sie bereits eine neunjährige Witwenzeit hinter sich. Die beiden Kinder dieser Ehe, Balduin und Sybille, wurden aber als ehelich und damit erbberechtigt anerkannt – eine Groteske, wenn man bedenkt, daß er sich von Agnes trennen mußte, weil er mit ihr in einer nicht gültigen Ehe lebte.

Nach diesem Intermezzo hub Amalrich an zu regieren, und da er intelligent und von wachem Verstande war, begriff er seine Chance: Das mohammedanische Syrien war unter Nur ed-Din geeint, außerdem verbot ihm die Gleichgewichtsstrategie des Kaisers Manuel, im Norden größere Kämpfe zu beginnen.

Dagegen herrschten im fatimidischen Kalifat Ägyptens abenteuerliche Zustände. Seit dem Verlust Askalons ging es rapide bergab, und das Ende schien unmittelbar bevorzustehen. Man ermordete sich bei nächtlichen Orgien, ließ hinrichten und setzte einen Fünfjährigen auf den Kalifenthron, der die Hinrichtungen seiner Vorgänger mitansehen mußte und seitdem an Krämpfen litt. Nachfolger des Fünfjährigen wurde ein Neunjähriger, während die Erwachsenen sich weiter gegenseitig umbrachten, bis schließlich ein gewisser Nasr, der die Metzelei angefangen hatte, in die Hände der vier Witwen des Kalifen fiel, von ihnen eigenhändig verstümmelt und dann aufgehängt wurde: Sein Leichnam baumelte zwei Jahre lang am Zawila-Tor von Kairo, während die nächsten Herrscher so konsequent weitermordeten, daß das ägyptische Heer bald keine höheren Offiziere mehr besaß.

Amalrich fiel also 1163, ein Jahr nach seiner Krönung, nach Ägypten ein, er drang bis Bilbeis vor, kaum 50 Kilometer von Kairo entfernt, mußte sich aber dann wegen des Nilhochwassers zurückziehen und marschierte nach Hause. Als er ein Jahr später wieder nach Ägypten vorrückte, kam er als – Verbündeter des Statthalters von Oberägypten, des Wesirs Schawar. Diese verblüffende Entwicklung war das Ergebnis einer Hofintrige.

Wesir Schawar war im Jahr zuvor von seinem arabischen Kämmerer Dirgam abgesetzt und vertrieben worden. Daraufhin tauchte Schawar in Syrien am Hofe Nur ed-Dins auf, bat um Hilfe und erklärte sich bereit, nicht nur die Kosten des Feldzuges selbst zu tragen, sondern Nur ed-Dins Oberherrlichkeit anzuerkennen und ein Drittel der Einkünfte seines Landes jährlich als Tribut an ihn zu zahlen.

Trotzdem zögerte Nur ed-Din, weil er auf dem langen Weg zum Nil Zusammenstöße mit den Franken fürchtete. Aber nachdem er durch beliebiges Aufschlagen den Koran als Orakel befragt hatte, befahl er seinem kurdischen Feldhauptmann Schirkuh, sich mit einem starken Truppenteil nach Ägypten auf den Weg zu machen. Schirkuh, klein, dick und einäugig, setzte sich in Marsch und griff vor allem dadurch in die Weltgeschichte ein, daß er seinen 27jährigen, eher philosophisch interessierten Neffen mitnahm, der eigentlich gar nicht mitwollte: Es war Saladin, der spätere Eroberer von Jerusalem, der ritterliche Heide auf dem Sultansthron, gegen den Kaiser Barbarossa und Richard Löwenherz zu Felde zogen.

Schirkuh brachte den Wesir Schawar tatsächlich wieder an die Macht, aber nun brach Schawar sämtliche Vereinbarungen und befahl Schirkuh, sich nach Syrien zurückzuziehen. Der dachte nicht daran und besetzte statt dessen Bilbeis. Dadurch geriet Schawar in Not. Er wandte sich in seiner Verzweiflung an den König von Jerusalem um Hilfe und bot ihm tausend Dinare für jeden der 27 Abschnitte der Reise von Jerusalem an den Nil sowie Geschenke für die Kreuzritter.

So tauchte Amalrich Ende August 1164 wieder am Nil auf und belagerte Schirkuh in Bilbeis drei Monate lang. Dann endete der Krieg mit einem Patt. Schirkuh konnte sich nicht befreien, und Amalrich mußte schleunigst nach Antiochien, wo Nur ed-Din die Gelegenheit ausgenützt und die Franken geschlagen hatte. So einigten sich Schirkuh und Amalrich, den Krieg zu beenden und allesamt aus Ägypten abzuziehen. Beide Heere zogen daraufhin friedlich, als wenn nichts gewesen wäre, auf gleichlaufenden Straßen nebeneinander her über die Sinai-Halbinsel nach Hause.

Drei Jahre später jedoch war Schirkuh wieder in Ägypten. Der anhaltende Verfall der Fatimidendynastie hatte Nur ed-Din gelockt, zumal es den sunnitischen Syrern und Kurden als gute Tat erscheinen mußte, die Fatimiden zu vernichten, die sie für Häretiker hielten. Prompt tauchte nun auch Amalrich wieder in Ägypten auf, und Wesir Schawar begrüßte ihn als Retter in der Not. Zur Bekräftigung des Bündnisses arrangierte er im Palast des Kalifen einen Empfang, bei dem zuerst die Franken und dann der Sultan nicht aus dem Staunen herauskamen.

»Es gab dort Marmorbecken voll des klarsten Wassers«, berichtet Wilhelm von Tyros, »man hörte das vielfältige Gezwitscher einer Menge von in unserer Welt unbekannten Vögeln. Zum Lustwandeln gab es Gänge von goldumkleideten und mit Skulpturen ausgelegten Marmorsäulen . . . Es gab dort Vierfüßler von erstaunlicher Verschiedenheit, so wie es der Hand des Malers gefallen mag, sie darzustellen, wie die Dichtung sie beschreiben könnte oder wie die Phantasie eines Schlafenden sie in seinen nächtlichen Träumen erfinden könnte, kurz, wie man sie wirklich in den Ländern des Orients oder des Südens findet, während das Abendland niemals dergleichen gesehen hat.«

Und weiter geht es wie in »Tausendundeiner Nacht«: Da gehen golddurchwirkte Vorhänge auf, besetzt »mit einer unendlichen Menge von Edelsteinen«, da erscheint der Kalif auf einem goldenen Thron sitzend, »in prächtigeren Gewändern als die der Könige«, umgeben von Dienern und Eunuchen, da küßt der Wesir ehrfurchtsvoll die Füße des Kalifen, stellt die Gäste vor und berichtet von den Freundschaftsverträgen.

Und nun sind der Kalif und der Hofstaat an der Reihe sich zu wundern. Die Kreuzfahrerdelegation, nach Jahren offenbar noch ohne jede Ahnung von orientalischen Sitten und Gebräuchen und mit der Unbekümmertheit von Kolonialherren, bittet, der Kalif möge den Vertrag durch Handschlag bekräftigen. Der Hofstaat ist entsetzt über diese unerhörte Anmaßung, einen Kalifen berühren zu wollen, und erst auf Zureden des Wesirs »streckte der Kalif mit viel Widerstreben die Hand aus und bot sie dar, mit einem Schleier bedeckt«.

War es schon ein Zugeständnis an die barbarischen Sitten der Europäer, daß sich der Kalif überhaupt berühren ließ, so konnten sich die Ägypter »nicht genug wundern, daß jemand so frei zu dem regierenden Fürsten zu sprechen wage«, denn mit der Unbedarftheit eines hinterpommerschen Landadligen bestand Hugo von Cäsarea darauf, die nackte Hand zu schütteln, denn: »beim Ehrenwort macht man keine Umschweife; es muß alles unverschleiert sein ... deshalb werdet ihr entweder eure Hand nackt darbieten, oder ich werde glauben müssen, daß es auf eurer Seite Hintergedanken gibt«.

Die Trampel aus Europa bekamen ihren Willen. Zögernd, aber mit einem Lächeln reichte der Kalif die bloße Hand, während Ritter Hugo die Eidesformel vorsprach, die der Kalif Silbe für Silbe nachsprechen mußte – eine Demütigung, die er angesichts der katastrophalen Lage Ägyptens hinnahm.

Das Ergebnis der Kämpfe gegen Schirkuh war dann auch, daß Ägypten praktisch ein fränkisches Protektorat wurde. Schawar mußte an Amalrich einen jährlichen Tribut von 100000 Dinar zahlen (ein Dinar = 4,25 Gramm bei einem Feingoldgehalt von 90–98%), mußte in Kairo eine fränkische Garnison und auf dem Leuchtturm von Alexandria die Standarte des Königs von Jerusalem dulden.

Hätte König Amalrich es bei diesem Ergebnis vom Herbst 1167 gelassen, wäre alles gut gewesen. So aber, weil er, wie alle seine Vorgänger auf dem Thron, Regieren mit Kriegführen gleichsetzte, ließ er sich vom byzantinischen Kaiser überreden, nun zum Abschluß in einem gemeinsamen Kriegszug Ägypten zu besetzen und zu unterwerfen.

Das »mit nackter Hand« besiegelte Bündnis zwischen dem Kalifen und den Franken wurde deshalb bedenkenlos gebrochen, und schon im folgenden Jahr marschierte Amalrich, frisch verheiratet mit Maria, der Großnichte des byzantinischen Kaisers, wieder nach Ägypten, ohne das Eintreffen des byzantinischen Heeres abzuwarten.

Amalrich rückte rasch vor, nahm Bilbeis ein und stand kurz darauf vor Kairo, als Schawar einen verzweifelten Entschluß faßte: Er ließ Fostat, die Altstadt Kairos, anzünden, damit sich die Franken nicht dort festsetzen konnten, und schickte einen Boten an König Amalrich: »Siehe, o König, diese Rauchwolken an, die gen Himmel steigen. Es ist das brennende Fostat. Wir haben zwanzigtausend Töpfe Naphta und zehntausend Fackeln hineinwerfen lassen. In einigen Stunden wird es bloß noch ein Trümmerhaufen sein. Nichts bleibt dir übrig, als abzuziehen.« Tatsächlich zog Amalrich wieder ab, nachdem er neue Tributzahlungen ausgehandelt hatte.

Der Kriegszug war nicht nur ein sinnloses Unternehmen, sondern ein Fehler von ungeheurer Tragweite. König Amalrich hatte mit seinem »Verrat« nicht nur die gesamte mohammedanische Bevölkerung aufgebracht, so daß sie nun geschlossen gegen die Franken stand, er hatte jetzt auch seinen einstigen Schützling Schawar praktisch an Nur ed-Din ausgeliefert.

Denn kaum hatte Nur ed-Din vom Einmarsch der Franken nach Ägypten gehört, als er zum dritten Mal Schirkuh in Eilmärschen nach Kairo schickte, wo ihn Schawar kurz nach dem Abzug der Franken mit Freude als Bundesgenossen empfing.

Verrat und Dummheit der Franken hatten somit ihr gut Teil zur Einigung der islamischen Welt beigetragen, die den Kreuzfahrerstaaten nur schaden konnte. Denn Schirkuh nützte die günstige Gelegenheit, Ägypten unter die Herrschaft Nur ed-Dins zu bringen. Er ließ Schawar bei einem Ausritt überfallen und legte dem Kalifen keine Stunde später den Kopf seines Wesirs vor die Füße. Nun war Schirkuh, der kurdische Feldhauptmann Nur ed-Dins, Herrscher in Ägypten, nannte sich Wesir und König und verteilte Lehensgüter an seine Emire.

Wesir Schirkuh überlebte diesen Triumph aber nur zwei Monate: Am 23. März 1169 starb er an »übermäßiger Eßgier«. Sein Nachfolger wurde Salah ad-Din Jusuf ibn Ajub, den die Franken Saladin nannten.

Der Aufstieg Saladins

Ein Kurde vom Tigris

Saladin war 31 Jahre alt, als er Wesir von Ägypten wurde. Mit ihm begann, noch keine hundert Jahre nach der Eroberung Jerusalems, der unaufhaltsame Verfall und Niedergang des Kreuzfahrerreiches im Orient: Es war Saladin, der Jerusalem für den Halbmond zurückeroberte. Er vollendete damit, was Zengi und Nur ed-Din begonnen hatten, und es wäre verständlich, wenn das christliche Abendland den Sultan Saladin verteufelt hätte.

Aber das Gegenteil war der Fall. Es gibt keinen einzigen christlichen Kreuzfahrer, den Geschichte, Legende und Dichtung derart als Vorbild christlicher Tugenden hervorgehoben hätten wie diesen Saladin. Kein Gottfried von Bouillon, kein Bohemund, kein Papst und kein abendländischer Kaiser oder König jener Zeit hat die Phantasie der Christen und der Araber so beschäftigt wie der Mohammedaner Saladin.

Die Legenden und Geschichten des Mittelalters machten ihn zum Ritter Saladin und gaben ihm damit das höchste Attribut, das jene Zeit vergeben konnte; die Araber nahmen ihn in ihre Geschichten von »Tausendundeiner Nacht« auf; in Dantes »Göttlicher Komödie« finden wir Päpste, Fürsten und die Großen der Welt wie Mohammed in der grausamen Qual der Hölle wieder, aber da – im Totenreich der Vorhölle, wo nur »Trauer ohne Qual« herrscht, weil es der »Taufe, deines Glaubens Tor, gebricht«, da steht, zwischen Homer, Horaz, Ovid, Elektra, Plato und Diogenes, Demokrit und Seneca auch »allein und abseits Saladinen« – eine Reverenz gegenüber dem mohammedanischen Sultan, die nicht einem einzigen Kreuzfahrer widerfuhr, von denen auch in Dantes Paradies keiner zu finden ist.

Und es ist der gleiche Saladin, den – allerdings historisch ungenau – der Aufklärer Lessing in seinem »Nathan der Weise« zum großen Humanisten macht, während der christliche Patriarch mit seinem stereotypen »Der Jude wird verbrannt« charakterisiert wird. Zweifellos war Saladin für Freund und Feind die beherrschende Gestalt seiner Epoche; andere waren Eroberer oder Herrscher – aber Saladin war mehr. Er hatte, was die Griechen Charisma – Begnadung – und wir heute Persönlichkeit, verbunden mit Menschlichkeit, nennen würden.

Salah ad-Din (»Wahrheit des Glaubens«) wurde im Jahre 1138 in Takrid geboren, einer Festung am Tigris (heute Tikrid, etwa 150 Kilometer nordwestlich von Bagdad), wo sein Vater Nadschm ed-Din Ajub Burggraf war. Allerdings wuchs Saladin dort nicht auf, denn bald nach seiner Geburt wurde sein Onkel Schirkuh in einen Totschlag verwikkelt, und Schirkuh und sein Bruder Nadschm ed-Din (= Nadschmaddin) Ajub mußten fliehen.

In Mossul wurden sie freundlich von Zengi aufgenommen und Saladins Vater wurde schon ein Jahr später Burggraf von Baalbek, das Zengi im Herbst 1139 erobert hatte. Hier, unter den gigantischen Tempelbauten Spätroms – in Baalbek liegt mit 21,5 m Länge, 4,3 m Höhe und 4,8 m Breite der größte jemals behauene Baustein der Welt, der 2000 Tonnen wiegt –, wuchs Saladin auf, bis er im Jahre 1154 mit 16 Jahren nach Damaskus an Nur ed-Dins Hof kam, der seinem Vater Zengi im Amt gefolgt war.

Von hier aus hatte Saladin mit seinem Onkel Schirkuh an den ägyptischen Feldzügen gegen König Amalrich von Jerusalem teilgenommen, bis er in Ägypten nach dem Tode seines Onkels die Macht übernahm. Er konnte damals nicht ahnen, daß er derjenige sein würde, der nach dem Fall Jerusalems im Jahre 1187 die Kanzel in der el-Aksa-Moschee aufstellen würde, die Nur ed-Din bereits im Jahre 1169 in Auftrag gegeben hatte.

Denn weder er noch seine Familie gehörte zur syrischen Herrscherschicht: Nadschmaddin Ajub, Saladins Vater, war Kurde, ein Stamm, der bis heute eine dem Persischen nahestehende, also indoeuropäische Sprache spricht, die nicht mit dem Arabischen verwandt ist. Damals wie heute lebten die Kurden in den Bergregionen Anatoliens, des Iran und Irak bis ins Tigrisgebiet hinein, und schon Xenophon berichtet von den »Karduchen«, »die auf Zurufe nicht hörten und auch sonst kein Zeichen von Freundschaft zu erkennen gaben«. Sie waren offenbar ein kriegerisches Volk, das sich bis heute seine Eigenständigkeit bewahrt hat. Auch wenn es längst kein »Kurdistan« mehr gibt, leben heute noch schätzungsweise 6 Millionen Kurden in ihren Gastländern, viele davon nomadisierende Scharen, die sich jeder Einordnung widersetzen und durch Aufstände ihre Unabhängigkeit zu bewahren versuchen.

Saladin, der Kurde, war in Ägypten mehr durch Zufall und Glück als durch eigene Anstrengung zum Herrscher geworden, und die Art, wie er seine Herrschaft ausbaute, unterschied ihn in nichts von anderen

Potentaten. Er schaltete die Garde des Kalifen aus, strich den fatimidischen Kalifen aus dem Freitagsgebet und ersetzte ihn durch den »rechtgläubigen«, sunnitischen, womit er Ägypten wieder der Oberhoheit des »rechtmäßigen« Herrschers unterstellte.

Dann begann Saladin, sein Herrschaftsgebiet auszudehnen und zu sichern, und vertrieb im Jahre 1171 die Franken aus Aila (dem heutigen Akaba am Roten Meer). Als ihn Nur ed-Din aufforderte, ihm bei der Belagerung von Kreuzfahrerburgen zu helfen, kam es dann aber fast zum Bruch zwischen den beiden. Saladin verweigerte die Hilfe. Der Zwist konnte zwar mühsam bereinigt werden, aber Nur ed-Din blieb mißtrauisch und stellte schließlich ein Heer zusammen, um nach Ägypten zu ziehen. Und wieder war Saladin mehr durch Zufall und Glück als durch eigene Kraft der Sieger: Nur ed-Din starb, noch während der Vorbereitung zum Feldzug, am 15. Mai 1174 in Damaskus an Halsbräune.

Nachfolger Nur ed-Dins wurde dessen 11jähriger Sohn Malik as-Salih Ismail, den der 36jährige Saladin zunächst als Lehnsherrn anerkannte. Aber schon ein Jahr später kündigte Saladin das Vasallenverhältnis auf, nahm den Titel eines Königs von Ägypten an und ließ Münzen auf seinen Namen prägen, nachdem er kurz nach dem Tode Nur ed-Dins Damaskus kampflos besetzt hatte.

Sultan Saladin, vor wenigen Jahren noch der unwillige Begleiter seines Onkels Schirkuh nach Ägypten, war nun Herrscher von Ägypten und Syrien, mit Ausnahme von Aleppo, wo der elfjährige Ismail regieren durfte, und jetzt bestätigte ihn auch der Kalif – das geistliche und weltliche Oberhaupt des Islam – als Oberherrn von Ägypten und Syrien.

Nun war es an der Zeit, daß Saladin die »Wahrheit des Glaubens« verteidigte, nach der er genannt war. Acht Jahre nach seiner Machtübernahme in Ägypten, im Jahre 1177, begann er den Kampf gegen die Franken.

Ein Vorbild der Christen

Folgt man den arabischen Quellen, so war dies selbstverständlich ein Glaubenskrieg, den der fromme Saladin gegen die »Ungläubigen«

führte. So erzählt Baha ad-Din, sein Biograph, daß er einmal mit Saladin am Meer gestanden und angesichts der »Wogen wie Berge« ängstlich über die Seefahrt nachgedacht habe. Und gerade als er beschlossen hatte, um nichts auf der Welt auch nur »eine einzige Meile Meerfahrt« zu unternehmen, habe sich Saladin an ihn gewandt und gesagt: »Wenn Gott mir erlaubt, die ganze Küste zu erobern, habe ich im Sinn, meine Länder zu teilen, meine Verfügungen zu treffen und meinen Letzten Willen niederzuschreiben, mich dann auf dies Meer zu begeben und die Franken bis in ihre fernen Länder zu verfolgen, um keinen auf der Oberfläche der Erde leben zu lassen, der nicht an Allah glaubt, oder zu sterben.«

Aber sowenig wir bei den Kreuzfahrern behaupten können, daß sie in annähernd hundert Jahren Herrschaft im Orient trotz noch so schöner frommer Reden immer nur aus religiösen Motiven gehandelt und entschieden hätten, sowenig trifft das auf Saladin zu, obwohl sich über die Jahrhunderte hinweg Historiker oft seine Beurteilung sehr leicht gemacht und ihn zum fanatischen Mohammedaner erklärt haben.

Auch Saladin hatte eben seine frommen Hofchronisten – genauso wie die Kreuzfahrer ihre geschichtsschreibenden Mönche und Bischöfe –, die stets und ständig seine strenge Rechtgläubigkeit hervorkehrten, selbst noch im Todeskampf, wenn der seit Tagen besinnungslos Daliegende immer bei den wichtigen Stellen der Koranlesung erwacht und sie mit frommen Worten bestätigt.

Die Wirklichkeit sah anders aus. Saladin war, wie Zengi oder Nur ed-Din, sicherlich ein so guter Anhänger des Islam, wie Gottfried von Bouillon und Graf Raimund von Toulouse sich für gute Christen hielten – nur eben mit dem Unterschied, daß er trotz aller Machtpolitik als Mohammedaner oft christlicher handelte als die Kreuzfahrer.

Zwar hat auch Saladin getötet und manchen Feinden eigenhändig den Kopf abgeschlagen, aber er hat niemals ein solches Blutbad angerichtet wie seinerzeit die Kreuzfahrer bei der Eroberung Jerusalems. Im Gegenteil: Baha ad-Din erzählt, daß einmal die jüngsten Kinder Saladins einen Gefangenen sahen und »es gelüstete sie, ihm den Kopf abzuschlagen, und sie beauftragten mich, zu ihrem Vater zu gehen und um seine Erlaubnis zu bitten, was ich auch tat. Aber der Sultan lehnte es ab, und als ich ihn nach dem Grund fragte, sagte er: ›Ich will nicht, daß sie sich so früh schon daran gewöhnen, Blut zu vergießen; in ihrem Alter wissen sie nicht, was es heißt, ein Moslem oder ein Ungläubiger zu sein, und so würden sie sich daran gewöhnen, leichtfertig mit dem Leben eines anderen umzugehen.‹«

So hat Saladin auch oft Gnade vor Recht ergehen lassen, denn »er behandelte seine Untertanen nicht gern grausam«. Gefangenen gab er Gelegenheit, sich loszukaufen, und es gibt zahlreiche Geschichten, die von Saladins Menschlichkeit und Mitleid erzählen, auch und gerade gegenüber »Ungläubigen«.

Baha ad-Din berichtet, daß einmal ein Wachtposten eine weinende Frau vor Saladin führte. »›Die da‹, sagte die Wache, ›ist von den Franken gekommen und hat verlangt, vor den Sultan geführt zu werden: Hier haben wir sie gebracht.‹ Der Sultan befahl dem Übersetzer, sie nach ihrem Begehr zu fragen. Sie erzählte, daß am Tage zuvor plündernde Muslime in ihr Zelt eingedrungen seien und ihre Tochter geraubt hätten: ›Die ganze Nacht, von gestern abend bis heute morgen, habe ich damit verbracht, um Hilfe zu flehen, und unsere Hauptleute haben mir gesagt: „Der König der Muslime ist mitleidig. Wir lassen dich zu ihm gehen, und du kannst ihn um dein Töchterchen bitten.“ So haben sie mich gehen lassen: Von dir allein hoffe ich mein Kind zurückzubekommen!‹ Saladin war zu Mitleid gerührt und Tränen traten ihm in die Augen . . .«

Saladin ließ dann tatsächlich das Mädchen suchen, »und es verging kaum eine Stunde, daß der betreffende Reiter mit der Kleinen auf der Schulter zurückkam. Die Mutter warf sich bei ihrem Anblick zu Boden und wälzte ihr Gesicht im Staub, während alle mit ihr zusammen weinten. Sie hob den Blick gen Himmel, ohne daß wir verstehen konnten, was sie sagte, das Töchterchen wurde ihr zurückgegeben, und man führte sie in ihr Lager zurück.«

Es klingt auch wenig nach fanatischem Moslem und Christenfresser, wenn er den Großmeister des Templerordens und Hugo von Tiberias, einen Lehensmann des Königs, fängt und ihnen vorschlägt, sich gegen Lösegeld freizukaufen, denn »es kann dir ja nicht schwer werden, dieses Geld binnen der Frist eines Jahres herbeizuschaffen; denn jeder tüchtige Mann unter deinen Glaubensgenossen wird dir gern einen Beitrag geben«. Aber damit noch nicht genug. Als ihm Hugo von Tiberias scherzend erwidert: »Herr, ich glaube nicht, unter meinen Glaubensgenossen einen besseren und trefflicheren Mann zu finden, als ihr seid; erlaubt mir also, daß ich euch zuerst um einen Beitrag bitte« – da gab Saladin, ohne zu zögern und mit größter Selbstverständlichkeit,

50000 Byzantiner aus eigener Tasche und ließ unter seinen Hofleuten sammeln, so daß mehr Geld zusammenkam, als nötig war. Mit elf weiteren freigelassenen Christen und dem überschüssigen Geld in der Tasche wurden der Großmeister und Hugo freigelassen und ritten verwundert davon – »und es war nicht unnatürlich, daß die Bewunderung des großgesinnten Sultans in vielen den Kriegs- und Religionshaß überwog«, notierte der Historiker Raumer zu dieser Begebenheit – eine Begebenheit übrigens, die nicht etwa von arabischen Hofchronisten, sondern von christlichen Geschichtsschreibern erzählt wird, die normalerweise keinen Anlaß hätten, den Gegner Saladin zu loben.

Es ist der gleiche Saladin, der dann aber auch hart gegen diejenigen vorgehen konnte, die ihn mit der Waffe in der Hand bekämpft hatten, und diese Geschichte erzählt ein arabischer Chronist: Nach der Eroberung von Tiberias ließ Saladin die gefangenen Templer und Hospitaliter suchen und sagte: »Ich will die Erde von den beiden unreinen Geschlechtern säubern.« Er setzte fünfzig Dinar aus für jeden, der einen Gefangenen bringe, und sofort brachte das Heer sie zu Hunderten; er befahl, sie zu enthaupten, denn er zog es vor, sie zu töten und nicht zu Sklaven zu machen. Eine ganze Schar Gelehrter und Sufis (religiöse Mystiker) und eine gewisse Zahl Frommer und Asketen befanden sich bei ihm; jeder bat, ob er nicht einen von ihnen umbringen dürfe, zog das Schwert und krempelte die Ärmel auf. Der Sultan saß mit frohem Gesicht dabei, »denn wie viele fromme Werke vollbrachten sie mit den Hälsen, die sie durchhieben . . .«

Man kann sich nun aussuchen, welchen Saladin man will – den Saladin, der ein einmal gegebenes Wort, auch gegenüber Christen, niemals brach, der mitleidig war, der die Christen christlicher behandelte als die Kreuzfahrer die Mohammedaner, oder den »fanatischen Sunniten«, dessen »im Abendland ihm angedichtete religiöse Toleranz« nichts weiter als »reine Phantasie« ist, wie der Münchner Orientalist Hans Joachim Kissling im 1974 erschienenen »Lexikon der Islamischen Welt« im Hinblick auf Lessings »Nathan den Weisen« schreibt.

Immerhin: Ein fanatischer Mohammedaner hätte wohl kaum den Gemeindevorsteher der Juden in Ägypten zu seinem Hofarzt gemacht, wie Sultan Saladin den jüdischen Arzt, Philosophen und Theologen Rabbi Mose ben Maimon, den die Christen als Maimonides kennen und den die Juden bis heute als Rambam verehren, wobei der seltsame Name aus den Anfangsbuchstaben des vollen Namens gebildet ist. Ich meine, nicht Intoleranz oder Fanatismus kennzeichnen diesen Mann, sondern Güte und Weichheit, wo sie sein durfte, und Härte, wo sie sein mußte – auch sich selbst gegenüber.

»Ich habe gesehen«, erinnerte sich Baha ad-Din, »wie ihm die Nachricht vom Tode eines seiner Söhne, eines Jünglings mit Namen Ismail, überbracht wurde: Er las den Brief und sagte niemandem ein Wort, so daß wir erst durch andere davon erfuhren, noch war ihm etwas anzumerken, außer daß sich seine Augen mit Tränen füllten, während er den Brief las ...«

Balah ad-Din war auch mit ein paar anderen im Zelt Saladins, als er die Nachricht vom Tode seines Neffen Taki ad-Din bekam, während das Heer in gebührendem Abstand vom Zelt lagerte. »Er holte den Brief hervor, las ihn und weinte so laut, daß auch die Umstehenden in Tränen ausbrachen, obwohl sie den Grund nicht wußten. Er sagte endlich mit tränenerstickter Stimme: ›Taki ad-Din ist gestorben‹, und begann wieder heftig zu weinen, und alle anderen weinten mit. Ich faßte mich schließlich und sagte: ›Gott vergebe uns diesen unseren Zustand! Besinnt euch, wo ihr seid und welch Unternehmen auf euch wartet, laßt ab und geht an andere Dinge!‹ Der Sultan antwortete: ›Ja, Gott vergebe uns!‹, wiederholte den Satz mehrmals und fügte hinzu: ›Niemand soll davon erfahren!‹ Er bat um Rosenwasser, mit dem er sich die Augen wusch, ließ Speisen auftragen und andere Leute kommen, und niemand erfuhr von dem Vorfall ...«

Es ist dieser Saladin, der nun gegen die Franken antrat. Jahrelang hatte ihn nicht der Konflikt Christentum – Islam interessiert, sondern seine Vormachtstellung innerhalb des Islam. Als diese gefestigt war, konnte er sich dem Gegner stellen – aber nicht, weil es Christen, sondern weil es Eindringlinge und Eroberer waren.

Es war auch nicht das Verdienst Saladins, daß er in eine Zeit hineingeboren worden war, in der die Kreuzzugsstaaten kaum noch eines äußeren Anlasses bedurften, um in die Agonie gestürzt zu werden: Saladin erntete, wo er nicht gesät hatte.

Der Niedergang der Kreuzfahrerstaaten

Der aussätzige König

Saladin hatte Glück, daß Nur ed-Din, der Emir von Aleppo, im Mai des Jahres 1174 gestorben war, und er hatte noch einmal Glück, daß knapp zwei Monate später – am 11. Juli – auch König Amalrich von Jerusalem im 38. Jahr seines Lebens starb. Beide hinterließen ein Vakuum an Macht, das Saladin nur zu füllen brauchte.

Amalrichs Nachfolger wurde ein 13jähriger Junge, der vier Tage nach seines Vaters Tod am 15. Juli 1174 als Balduin IV. zum König von Jerusalem gekrönt wurde und nun zunächst gleichzeitig mit dem 11jährigen Ismail, dem Nachfolger Nur ed-Dins, regierte – ein Puppenspiel von Kindern, das es sonst nur im Märchen gab. Aber der 13jährige Balduin war der rechtmäßige Erbe, und so war er ohne Widerspruch der Barone zum König gesalbt worden, obwohl jeder wußte, daß dieses Kind bereits an einer tödlichen Krankheit litt.

Als Königssohn war Balduin, der noch eine um ein Jahr ältere Schwester Sibylle hatte, von einem Gelehrten namens Wilhelm auf sein Amt vorbereitet worden, den man nach seinem Herkunftsort Wilhelm von Tyros nannte. Wilhelm von Tyros war ein »Pullanus«, wie die Abendländer geringschätzig einen im Orient geborenen Europäer nannten, etwa im Jahre 1130 in Palästina geboren und wahrscheinlich das Kind italienischer Eltern. Trotzdem war Wilhelm im Okzident ebenso zu Hause wie im Orient: Er hatte 16 Jahre lang in Paris die Grundwissenschaften und Theologie studiert und weitere vier Jahre in Bologna Studien getrieben und sprach außer Griechisch und Latein auch noch Arabisch und Hebräisch. Ihm verdanken wir eine der besten und verläßlichsten Beschreibungen der Kreuzzüge.

Dieser Erzdiakon Wilhelm von Tyros hatte die Erziehung des neunjährigen Balduin übernommen. Er schilderte ihn als einen begabten, lebhaften und geschickten Jungen, der ein rasches Auffassungsvermögen und ein glänzendes Gedächtnis hatte, denn »nie vergaß er eine Beleidigung und noch weniger eine Wohltat«, und man kann annehmen, daß er unter der Anleitung des hochgebildeten Wilhelm, dem späteren Erzbischof von Tyros, zu einem fähigen und klugen Herrscher geworden wäre.

Aber da machte Wilhelm von Tyros eine furchtbare Entdeckung: »Wir befleißigten uns eifrig, ebenso seinen Charakter zu bilden wie ihn in die edlen Wissenschaften einzuweihen. Er spielte immer mit den kleinen Adligen, seinen Gefährten, und wie es oft unter Kindern dieses Alters geschieht, kniffen sie einander in die Arme oder Hände; alle fingen an zu schreien, wenn sie den Schmerz fühlten, der junge Balduin allein litt alles ruhig, als ob er keinen Schmerz empfände ... ich glaubte zuerst, es komme dies nicht von der Unempfindlichkeit, sondern von Geduld und Ausdauer. Als ich ihn aber zu mir rief ... entdeckte ich endlich, daß sein rechter Arm und die rechte Hand unempfindlich waren ... das war das erste Anzeichen einer schweren und unheilbaren Krankheit, von der wir nicht mit trockenen Augen berichten können.«

Der neunjährige Balduin war von einer Krankheit befallen worden, die man im Mittelalter die »Geißel der Menschheit« nannte und deren entsetzlichen Symptome meist erst Jahre nach der Infektion sichtbar wurden. So war es auch bei Balduin: »Als er das Jünglingsalter erreicht hatte, erkannte man, daß der junge Mensch von Aussatz befallen war.«

Es war die Lepra – wie wir heute wissen, eine chronische, meist jahrzehntelang dauernde Infektionskrankheit, die durch Bakterien hervorgerufen wird, den Tuberkelbakterien ähnlich. Sie greifen die Nervenbahnen an und führen im schlimmsten Stadium zu zerstörenden Geschwüren, so daß die Gliedmaßen Stück um Stück abfallen, während der übrige Körper unförmig entstellt wird. Die Lepra, noch heute mit etwa 11 Millionen Aussätzigen eine der am weitesten verbreiteten Krankheiten in den Entwicklungsländern, wird durch Berührung übertragen, so daß man die Befallenen vor der Stadt in eigene abgeschlossene Siedlungen und Dörfer aussetzte, um die Ansteckungsgefahr zu verringern. Diese Schutzmaßnahme gab der Krankheit dann den Namen: Aussatz.

Aber Balduin der Aussätzige ließ sich nicht verdrängen. Er regierte elf Jahre das Königreich Jerusalem, zuletzt nur noch ein lebender Leichnam, erblindet und von so entsetzlichem Aussehen, daß er die Mohammedaner in die Flucht schlug, wenn er sich auf einer Bahre auf das Schlachtfeld tragen ließ.

Bei seiner Krönung im Jahre 1174 war seltsamerweise kein Regent für den 13jährigen König bestimmt worden, so daß es sofort zu Streitigkeiten zwischen den Grafen und Baronen kam, die dann zu jenem permanenten Chaos führten, das die letzten hundert Jahre der Kreuzfahrerstaaten kennzeichnet.

Zunächst führte der Seneschall Miles von Plancy, der engste Freund des verstorbenen Königs Amalrich, die Regierungsgeschäfte. Aber schon meldete Graf Raimund III. von Tripolis sein Anrecht auf die Regentschaft an, denn nach Amalrichs Kindern war er der nächste Thronanwärter: Seine Mutter Hodierna war König Amalrichs Tante gewesen. Außerdem war Raimund ein reicher und einflußreicher Mann. Er hatte gerade die zweitgrößte Erbin des Königreiches geheiratet, Eschiva von Bures, die Fürstin von Galiläa und Witwe Walters von Saint-Omer. Raimunds Anhänger verlangten daher, daß er als Regent eingesetzt würde, aber Miles von Plancy weigerte sich, ihn anzuerkennen. Schließlich mußte er nachgeben, und im Spätherbst 1174, ein halbes Jahr nach der Krönung Balduins IV., wurde Raimund III. von Tripolis von Prälaten und Baronen einstimmig als Regent eingesetzt, »worüber sich das Volk freute«.

Kurz darauf wurde Miles von Plancy ermordet. So die eine Version. Die andere ist viel einfacher und einleuchtender: Miles von Plancy wurde zuerst auf dunkler Straße in Akkon überfallen und ermordet, und erst dann wurde Raimund als einziger Kandidat zum Regenten bestellt.

Wie dem auch sei – mit Graf Raimund, einem Mann von 34 Jahren, lang, dünn und mit einer riesigen Nase im Gesicht, übernahm wieder ein Mitglied der alteingesessenen Familien die Führung des Königreiches: Raimund war der letzte Nachkomme jenes Raimund von Toulouse, der ein Dreivierteljahrhundert vorher auf dem Ersten Kreuzzug aus dem Languedoc ins Heilige Land gekommen war. Er gehörte daher nicht zu denen, die immer wieder in naiver Kampfeslust ins Heilige Land zogen, um die Sarazenen zu besiegen. Im Gegenteil: Raimund war auf Verständigung mit den mohammedanischen Nachbarn bedacht und hatte keinen Sinn für Abenteuer. Er wollte das Königreich Jerusalem bewahren und Frieden halten, mehr nicht. Diese durch Erfahrung und Realitätssinn geprägte Haltung führte aber nun zu einer tiefen Spaltung zwischen den alteingesessenen Familien und den mehr auf Besitzerwerb und Abenteuer bedachten Neuankömmlingen.

Raimund wurde sogar verdächtigt, mit den Sarazenen unter einer Decke zu stecken, denn in acht langen Jahren Gefangenschaft in Aleppo hatte Raimund Arabisch gelernt, viel gelesen und die Lebensart der

Mohammedaner studiert. Und nun, zwei Jahre nach seiner Entlassung aus der Gefangenschaft, war er Regent des Frankenstaates.

Vielleicht hätte sich die Spaltung vermeiden lassen, wenn nicht just in diesem Augenblick der Statthalter von Aleppo auf den unglückseligen Einfall gekommen wäre, den seit 15 Jahren gefangenen Strauchritter Rainald von Châtillon, den Herrn von Antiochia, freizulassen. Der Abenteurer Rainald war seit 1175 der ideale Führer der Opposition, der vor allem die streitbaren Neuankömmlinge aus dem Abendland und die Tempelritter angehörten, mit denen Raimund III. durch einen persönlichen Zwist verstritten war. Zu Rainalds Partei gehörte auch sein Gefängniskumpan Joscelin III. von Courtenay, seit dem Verlust Edessas ein Graf ohne Land, der nun nichts weiter vorhatte, als sich irgendwo wieder ein Stück Land zu erobern.

Rainald von Châtillon tat noch ein übriges und heiratete – die Gräfin Konstanze von Antiochia war inzwischen gestorben – ausgerechnet die Dame Stephanie, die nicht nur sehr reich, sondern zugleich auch die Witwe jenes Miles von Plancy war, der kurz zuvor unter mysteriösen Umständen in Akkon ermordet worden war, und da Stephanie Raimund III. für den Mörder ihres Mannes hielt, war nun auch Rainald ein unversöhnlicher Gegner des Regenten.

Verfeindet und verschwägert

Mittlerweile war ohnehin der Zustand erreicht, daß jeder mit jedem verwandt war und die langanhaltenden privaten Familienzwiste auf der politischen Ebene austrug. Agnes von Courtenay zum Beispiel, die Tochter Joscelins II. von Edessa und Schwester des landlosen Joscelin III., war nicht nur eine Base dritten Grades von König Amalrich, sondern auch eine Zeitlang dessen Ehefrau und daher die Mutter des aussätzigen Königs Balduin IV. Nach ihrer Scheidung heiratete sie Hugo von Ibelin, den Herrn von Ramla, der bald starb, dessen Verwandtschaft aber zu Raimund III. hielt wie auch Reinhold von Sidon und Beaufort, den Agnes als nächsten heiratete.

Aber wie Amalrich entdeckte Reinhold erst nach der Hochzeit, daß er mit Agnes viel zu nahe verwandt sei, und ließ die Ehe annullieren. Agnes schlug sich nun zur Partei ihres Bruders Joscelin, die der

Strauchritter Rainald von Châtillon anführte. Selbstverständlich haßte Agnes die zweite Frau Amalrichs, Maria Komnena, die Großnichte des byzantinischen Kaisers Manuel, die nach dem Tode Amalrichs nun dadurch mit ihr verwandt wurde, daß sie Hugo von Ibelins Bruder Balian heiratete, der zu Raimund III. hielt.

Als dann später Sibylle, Agnes' Tochter und Schwester des aussätzigen Königs, Wilhelm Langschwert, den ältesten Sohn des Marquis von Montferrat, heiratete, dessen Vettern wiederum Kaiser Friedrich Barbarossa und König Ludwig VII. von Frankreich waren, wurde sie plötzlich auch mit dem byzantinischen Kaiserhaus verwandt, denn der Schwager Sibylles, Rainer von Montferrat, heiratete die Kaisertochter Maria, während gleichzeitig Kaiser Manuels Sohn, der zehnjährige Alexios, mit der neunjährigen Prinzessin Agnes von Frankreich getraut wurde.

Nun starb aber Wilhelm Langschwert nach kurzer Zeit, und Sibylle heiratete Guido von Lusignan, dessen Bruder Amalrich wiederum Eschiva, die Tochter Balduins von Ibelin, geehelicht hatte. Es war der gleiche Balduin, in den sich Sibylle vor ihrer Heirat mit Guido verliebt hatte, aber nicht er, sondern Amalrich von Ibelin war ihr Liebhaber, bis sie mit Guido die Ehe schloß. Da hatte Sibylle aber schon von Wilhelm Langschwert einen Sohn namens Balduin, der, wenn man hier noch durchschaut, als Sohn der Sibylle, die die Schwester König Balduins IV. war, auf dem Thron von Jerusalem nachfolgen würde.

Jetzt aber hatte der aussätzige König ja noch eine Halbschwester Isabella, die Tochter Amalrichs mit der byzantinischen Maria, die wiederum die Stieftochter Balians von Ibelin war, den Maria ja dann geheiratet hatte. Diese achtjährige Isabella verlobte König Balduin nun mit dem 14jährigen Humfried, dem Stiefsohn Rainalds von Châtillon. Humfried aber war, wie man jetzt zurückblättern muß, der Sohn der Dame Stephanie, unter anderen Himmeln Etienne de Milly geheißen, aber durchaus nicht der Sohn ihres ermordeten Gemahls Miles von Plancy, denn die Ehe der Dame Stephanie mit Herrn von Plancy war nicht die erste und nicht die letzte Ehe ihres Lebens. Davor war sie die Frau des Humfried III. von Toron gewesen, der ihr bei seinem Tod eben jenen Humfried hinterließ, der hier zuletzt als Stiefsohn Rainalds auftauchte, den Stephanie nach dem Tode seiner Frau Konstanze geheiratet hatte, die wiederum die Tochter Bohemunds II. gewesen war – und damit soll es genug sein.

Man könnte ganze Bücher mit derartigen Verwandtschaftsbeziehungen füllen, aber bereits die Verästelungen, die von Agnes von Courtenay ausgehen (die übrigens vor ihrer Ehe mit Amalrich schon einmal mit Reinhold von Marasch verheiratet war) machen deutlich, daß die Edlen des Landes vor lauter Verwandtschaft kaum noch zum ordentlichen Regieren kamen. Und so versteht man den verzweifelten Ausruf Balduins von Ibelin, als Graf Philipp von Flandern in Akkon landete und kundtat, er sei nur gekommen, um seine beiden Basen, die Prinzessinnen und Halbschwestern Sibylle und Isabella, an die Söhne seines Lehensmannes Robert von Béthune zu verheiraten: »Wir glaubten, du seiest gekommen, um für das Kreuz zu kämpfen, und du redest nur vom Heiraten!«

Ein Wettlauf mit der Zeit

Unter solchen Verhältnissen, die man nach der Redensart sonst nur im alten Rom vermuten würde, mußten sich der 13jährige, wenn auch frühreife König Balduin IV. und sein Regent gegen die erstarkende Macht Saladins wehren.

Saladin hatte nach Nur ed-Dins Tod 1174 Damaskus kampflos besetzt und damit auch die Herrschaft über Syrien gewonnen. Lediglich Aleppo war noch nicht in seiner Hand. So rückte er nun von Damaskus gegen Aleppo vor, das er am 30. Dezember 1174 zu belagern begann.

In seiner Not wandte sich der Emir von Aleppo an die Franken und bat sie um Hilfe gegen Saladin – eine Tatsache, die wieder einmal deutlich macht, daß von einem »Glaubenskrieg« bei den Kreuzfahrerstaaten längst keine Rede mehr sein konnte. Denn schon marschierte der christliche Graf Raimund los, um dem mohammedanischen Emir von Aleppo gegen den mohammedanischen Sultan Saladin zu helfen.

Allerdings zog Graf Raimund nicht bis nach Aleppo, das mehr als 600 Kilometer von Jerusalem entfernt war, sondern griff die Stadt Homs an, die etwa 75 Kilometer nordöstlich von Tripolis in bequemer Reichweite lag. Aber das genügte schon: Saladin, der einen Zweifrontenkrieg vermeiden wollte, ließ von der Belagerung Aleppos ab und marschierte südwärts auf Homs zu. Und da im Laufe des Jahres 1175 nun auch noch der inzwischen 14jährige König Balduin einen Beutezug bis unmittelbar vor Damaskus unternommen hatte, schloß Sultan Saladin noch im gleichen Jahr einen Waffenstillstand mit den Christen, um freie Hand gegen seine mohammedanischen Glaubensgenossen zu haben. Auch das wieder ein Detail, das nicht in das Bild eines Glaubenskrieges paßt.

Es paßte aber wohl ins Bild, daß die Franken den Waffenstillstand ein Jahr später wieder brachen und erneut in syrisches Gebiet einfielen, als Saladin noch einmal die Belagerung Aleppos versuchte. Während Saladin niemals eine Abmachung brach, war die Wortbrüchigkeit der Franken geradezu sprichwörtlich. »Ist doch die Treulosigkeit der Frendsch bekannt«, notierte ein arabischer Chronist, »dieses Volk schließt einen Waffenstillstand, wenn es schwach ist, und bricht ihn, sobald es sich stark fühlt.« Dabei schienen die Kreuzfahrer gar kein schlechtes Gewissen zu haben, da ihre Vertragspartner ja »Ungläubige« waren, denen gegenüber ein Eid nicht unbedingt galt.

Das Ergebnis des Wortbruchs war, daß Saladin wieder von der Belagerung Aleppos abließ, nach Süden marschierte, die Franken zurücktrieb und anschließend nach Kairo marschierte, wo er im September 1176 eintraf. Auf beiden Seiten trat nun ein Jahr der Ruhe ein. Saladin baute Kairo wieder auf und befestigte es, während man sich in Jerusalem bemühte, die Erbfolge des Königshauses sicherzustellen.

Als Balduin IV. im Jahre 1177 mit 16 Jahren großjährig wurde und allein ohne Graf Raimund weiterregierte, war der aussätzige König – acht Jahre vor seinem Tode – bereits so schwer krank, daß er sich in einer Sänfte tragen lassen mußte. An eine Heirat war nicht zu denken. Es gab also nur die Möglichkeit, seine um ein Jahr ältere Schwester Sibylle möglichst bald zu verheiraten, um auf diese Weise die Nachfolge zu sichern. Im Oktober 1176 wurde daher die 16jährige Sibylle mit Wilhelm Langschwert, dem ältesten Sohn des reichen norditalienischen Marquis von Montferrat, verheiratet. Aber schon kurz nach der Hochzeit erkrankte Wilhelm Langschwert an Sumpffieber – also Malaria – und starb im Juni 1177. Bald darauf gebar Sibylle einen Sohn, den sie Balduin nannte.

Nun war zwar ein Thronerbe da, aber auch dieser Balduin würde noch ein Kind sein, wenn er nach dem Tode seines aussätzigen Onkels auf den Thron kam. Man ging also wieder auf die Suche nach einem Mann für Sibylle, der dann als Schwager des Königs das Amt des Regenten für den Unmündigen übernehmen konnte.

Es war ein Wettlauf mit der Zeit. Niemand wußte, wie lange der langsam verfaulende Balduin noch regieren konnte – und das in einer Zeit, in der Saladin gewiß nicht für immer in Kairo sitzen bleiben würde und in der zu allem Unglück noch das christliche Byzanz eine entscheidende Niederlage erlitt, die die Mohammedaner nur ermutigen konnte.

Kaiser Manuels Niederlage

Auch diese Entwicklung hing – wie bei Saladin – mit dem Tode Nur ed-Dins, des Emirs von Aleppo, zusammen. Denn so wie sich im Süden Saladin nach Nur ed-Dins Tode im Jahre 1174 selbständig gemacht hatte, so hatte auch der Seldschukensultan Kilidsch Arslan II. im Norden begonnen, seine eigenen Wege zu gehen und Eroberungen zu machen. Dabei wandte sich Kilidsch Arslan II. auch gegen Byzanz, so daß Kaiser Manuel im Sommer 1176 beschloß, ein für allemal gegen die Türken vorzugehen und den Weg durch Anatolien freizukämpfen. In diesem mannhaften Entschluß wurde er noch durch den Eindruck bestärkt, daß gerade jetzt eine besonders günstige Zeit für einen neuen Kreuzzug sei und daß jedermann dankbar die Niederwerfung der Seldschuken anerkennen werde, wenn auf diese Weise der Durchzug ins Heilige Land für immer sichergestellt würde.

Kaiser Manuel machte sich also auf den Weg quer durch Anatolien, um Kilidsch Arslan II. in seiner Hauptstadt Konya anzugreifen. Mit den schweren Troßwagen, den Belagerungsmaschinen und einem bunt zusammengewürfelten Heer war es ein beschwerlicher Marsch.

Als er etwa 120 Kilometer nordwestlich von Konya die Ausläufer des Sultangebirges erreicht hatte, traf er auf das Heer der Seldschuken, das in der Nähe der zerstörten Festung Myriokephalon weithin sichtbar auf einem kahlen Berghang stand. Um zu den Seldschuken zu gelangen, mußte das byzantinische Heer durch einen Engpaß ziehen, und verständlicherweise warnten die Feldhauptleute den Kaiser vor dieser Falle. Aber da das bei Königen und Kaisern Wagemut, Tatendrang und Tapferkeit heißt, was bei anderen schlicht Dummheit genannt wird, gab Kaiser Manuel dem Drängen der jüngeren Prinzen nach und marschierte mit seinem Heer in die Schlucht hinein.

Es passierte, was passieren mußte: Die Seldschuken stürmten die Hügel hinunter, wichen einem Angriff aus, schwenkten um die Hügel herum, ließen die Feinde den Berg hochstürmen und brachten sie in Scharen um. Das übrige in der Schlucht eingeklemmte Heer – sie standen so eng, daß sie kaum die Hände bewegen konnten – sah dem Gemetzel zu, und als Kaiser Manuel als erster in Panik geriet, flohen alle hinterher.

Aber durch die Troßwagen hatten sie sich selbst den Rückweg versperrt. In dem chaotischen Durcheinander fielen die Seldschuken nun über die Byzantiner her, und als es an diesem 17. September 1176 dunkel wurde, war von dem Heer Kaiser Manuels kaum noch jemand übrig. Sultan Kilidsch Arslan II. bot dem Kaiser unter der Bedingung Frieden an, daß er sofort abziehe und die zwei neugebauten Festungen Subläon und Doryläon schleife. Kaiser Manuel mußte froh sein, so gut wegzukommen, und nahm an.

Damit war die Parallele zu der Katastrophe von Manzikert vollständig. Auch damals hatten die Seldschuken ihren Sieg nicht ausgenutzt, offenbar, weil sie 105 Jahre zuvor ebensowenig begriffen hatten wie jetzt, wie vollständig ihr Sieg über Byzanz war.

Kaiser Manuel war jedoch durchaus klar, welche verheerenden Folgen die Schlacht bei Myriokephalon hatte: Er verglich sie selbst mit der von Manzikert. Alles, was seit Manzikert wieder an Heeresmacht aufgebaut worden war, lag jetzt für Jahrzehnte zerstört darnieder. »Ostrom«, also Byzanz, herrschte noch unangefochten, aber es konnte seinen Willen nicht mehr mit dem Schwert durchsetzen, von dem ungeheuren Prestigeverlust ganz zu schweigen.

König Balduins Sieg

Für das Königreich von Jerusalem war die Katastrophe von Myriokephalon ebenso verhängnisvoll wie für Byzanz, denn allmählich dämmerte den Franken, daß Byzanz bisher die einzige Macht gewesen war, die durch ihre Gleichgewichtspolitik die Mohammedaner neutralisiert hatte. Zwar bestand nun keine Gefahr mehr, daß der Kaiser von Byzanz in Syrien einmarschieren und die Grafschaft Antiochia für sich beanspruchen würde, aber genausowenig würde Byzanz eingreifen können, wenn sich die Welt des Islam nun endlich einmal vereinigte und die Franken angriff. Mit der Schlacht von Myriokephalon hatten die Kreuzfahrer ihren letzten, wenn auch ungeliebten Rückhalt gegen den Islam verloren.

Man brauchte nicht lange auf Saladin zu warten. Zwei Monate nach der Schlacht von Myriokephalon war er bereits durch den Sinai nach Palästina marschiert und stand kurz vor Askalon. König Balduin IV. gelang es gerade noch, fünfhundert Ritter zusammenzubringen und in Askalon einzumarschieren, bevor Saladin die Stadt erreichte.

Aber Saladin dachte gar nicht daran, Askalon anzugreifen. Er marschierte geradewegs auf Jerusalem zu, das jetzt völlig unverteidigt dalag: Die Templer saßen in Gaza und warteten auf ihn, der längst an ihnen vorbeimarschiert war, und König Balduin und seine fünfhundert Mann waren entschlossen, eine Stadt zu verteidigen, die niemand angriff.

Als Balduin die Lage begriff, schickte er Boten an die Templer, damit sie sich mit ihm vereinigten, und marschierte selbst dem ägyptischen Heer auf einem Seitenwege voraus. Bei der Burg Montgisard (Tell Djezer), einige Kilometer südöstlich von Ramla auf dem Wege nach Jerusalem, trafen dann beide Heere aufeinander – der 16jährige leprakranke König Balduin mit seinen paar hundert Mann und Sultan Saladin mit seinem riesigen Heer.

Obwohl Bischof Albrecht von Bethlehem das Wahre Kreuz Christi mit auf den Kriegszug genommen hatte, war die Lage wenig hoffnungsvoll. Doch »Gott, der seine Kraft in den Schwachen kundtut, gab dem siechen König Mut«, berichtet Michael von Syrien, »er stieg vom Pferd, warf sich vor dem Kreuz mit dem Gesicht auf die Erde und betete unter Tränen. Dieser Anblick bewegte die Herzen der Krieger, und sie schworen auf das Kreuz, nicht zu weichen und jeden als Verräter zu betrachten, der die Flucht ergreife. Dann stiegen sie in den Sattel und griffen an.«

Saladins Heer war gerade dabei, in einem Tal einen Fluß zu überqueren, als Balduin mit seinen wenigen Rittern auftauchte. Saladin war überrumpelt. »Plötzlich erschien die fränkische Reiterei«, heißt es in einer arabischen Chronik, »geschwind wie die Wölfe, wie die Hunde kläffend. Sie griffen geschlossen an, sengend wie das Feuer – die Mohammedaner wichen.«

Das Unwahrscheinliche war geschehen: Das winzige Heer der Franken hatte an diesem 25. November 1177 Sultan Saladin und sein Heer so vernichtend geschlagen, daß die Ritter tagelang mit dem Einsammeln der Beute zu tun hatten. Es war eine solch wilde Flucht, daß die ägyptischen Soldaten sogar ihre Waffen und Helme fortwarfen, um nur ja dem Schrecken der Franken zu entgehen, und Sultan Saladin mußte sogar Boten auf Dromedaren nach Kairo vorausschicken, um zu melden, daß er noch lebe: sonst hätte es nach dieser Niederlage leicht eine Rebellion geben können.

Für die Franken war es ein letzter großer Sieg, bevor die fast einhundert Jahre dauernde Agonie begann, und für Saladin die letzte Niederlage, bevor er seine beherrschende Stellung einnahm. Längst waren die Kreuzfahrerstaaten nicht mehr die Handelnden, sondern die Reagierenden.

Durch Nur ed-Dins Tod war das labile Gleichgewicht der Kräfte in Bewegung geraten. Byzanz verlor, Saladin gewann, Jerusalem – und wenn man so will: das Abendland – hatte den Schaden. Äußerlich blieb zunächst alles beim alten. Saladin hatte seine Blamage zu überwinden und gab sich mit kleineren Raubzügen zufrieden; die Franken bauten ihre Grenzstellungen aus, stritten sich untereinander und heirateten in ein immer dichteres Netzwerk von Verwandtschaft hinein.

Sibylle und Guido

Nur für Balduins Schwester Sibylle fand sich kein Mann, und in wen sich die 17jährige Witwe auch verliebte – es war der Falsche. Da war Balduin von Ibelin, der Herr von Ramla, einer der Einflußreichsten unter dem ansässigen Adel – aber bevor man die Verlobung feiern konnte, geriet Balduin von Ibelin in Gefangenschaft. Sibylle schrieb ihm zwar Liebesbriefe ins Gefängnis, aber als er dann gegen ein hohes Lösegeld freigelassen werden sollte, teilte sie ihm mit, solange er sein Lösegeld nicht bezahlt habe, könne sie ihn nicht heiraten. Das war ganz realistisch gedacht, denn auch sie hatte kein Geld.

Aber Liebe ist erfinderisch: Balduin von Ibelin reiste nach Konstantinopel und erbettelte von Kaiser Manuel die riesige Lösesumme (schließlich war sein Bruder Balian durch die Heirat der Maria Komnene mit dem Kaiser verwandt). Als er aber nun schuldenfrei und fröhlich im Jahre 1180 aus Konstantinopel zurückkehrte, um Sibylle zu heiraten und damit Anwärter auf den Königsthron zu werden, hatte seine Erwählte eine neue Überraschung bereit: Sie hatte sich in Guido von Lusignan, einen jüngeren Sohn des Grafen Lusignan aus Poitou, verliebt, dessen einziger Vorzug darin bestand, daß sich seine Ahnenreihe mühelos bis auf die Wassernymphe Melusine zurückverfolgen ließ.

Es war ein schöner, aber überaus törichter Jüngling, frisch aus dem Abendland importiert und ohne jede Ahnung von den Verhältnissen im Orient. »Wenn Guido König wird«, spottete sein älterer Bruder, »dann kann er es auch noch zum Herrgott bringen« – und Guido wurde König.

Ein Chronist schreibt, daß Sibylle und Guido gar keine andere Wahl blieb, als zu heiraten, vielleicht war es wirklich nur Liebe zwischen den beiden – jedenfalls setzten sie dem aussätzigen Balduin so lange zu, bis er nachgab und die 20jährige Sibylle zu Ostern des Jahres 1180 ihrem Guido angetraut wurde.

Im Gegensatz zu einer verheerenden militärischen Niederlage war dies eine kirchlich abgesegnete Katastrophe. Zwar wurde hier wie im Märchen tatsächlich einmal der für einfältig angesehene jüngere Sohn eines armen Adligen durch eine romantische Heirat später König – aber leider war Guido auch nach der Hochzeit so dumm und unfähig, »so eitel vor Stolz auf seine neue Würde aufgeblasen«, daß ihn der schwerkranke König Balduin sogar wieder von der zeitweiligen Regentschaft absetzen mußte, denn Guido »benahm sich wie ein Narr, und jedenfalls war er ein Mann von geringen geistigen Gaben«.

Es war eine tragische Situation. Byzanz hatte nach der Schlacht von Myriokephalon an Macht verloren; im September 1180 war dann auch noch Kaiser Manuel, der letzte große Verbündete der Kreuzfahrer, gestorben, und der neue Kaiser Alexios II. war elf Jahre alt – der gleiche Alexios II., den man bald darauf zwang, das Todesurteil seiner Mutter Maria von Antiochia zu unterzeichnen. In Jerusalem saß ein todkranker König inmitten streitender Parteien, der trotz ungeheurer Willenskraft die Regierungsgeschäfte nur noch mit Unterbrechung führen konnte, denn »schon ganz verfault schien er, als müßten ihm die Glieder abfallen«, und die 20jährige Sibylle hatte gegen alle Staatsraison und Vernunft als Mann ihrer Wahl den größtmöglichen Tölpel geheiratet, den sie bekommen konnte. Und schon tauchte Raubritter Rainald von

Châtillon auf, um das sterbende und verfaulende Königreich von Jerusalem, für das sein König ein so schreckliches Symbol war, vollends in den Todeskampf zu stürzen.

Der gebrochene Waffenstillstand

Im Jahre 1180 war es wieder gelungen, zwischen Jerusalem und Kairo einen Waffenstillstand – und damit praktisch einen Frieden – auszuhandeln, der unter anderem vorsah, daß die mohammedanischen und christlichen Handelskarawanen auf ihren Handelswegen ungehindert umherziehen durften.

Es versteht sich, daß sich Rainald von Châtillon nicht an den Waffenstillstand hielt. Mitten im Frieden, im Jahre 1181, überfiel er eine Karawane, die friedlich nach Mekka zog, und machte sich mit der Beute davon. Saladin verlangte Bestrafung und Sühne, und König Balduin sagte sie ihm auch zu, war aber zu schwach, um sich gegen Rainald durchzusetzen. Daraufhin nahm Saladin als Gegenpfand einen Pilgerzug von 1500 Pilgern gefangen und war bereit, sie im Austausch gegen die geraubten Waren freizugeben: Doch Rainald weigerte sich, und so kam es zum Krieg.

Saladin setzte sich mit seinem Heer im Mai 1182 von Kairo aus in Marsch, drang nach Palästina ein, während die Franken ihn ganz woanders vermuteten, und beschloß dann, das Königreich von Jerusalem dadurch von der Grafschaft Tripolis abzutrennen, daß er Beirut besetzte.

Aber noch einmal rettet der leprakranke König sein Land: In Gewaltmärschen zog er nach Beirut, und allein schon die Nachricht vom Anmarsch der Franken genügte, um Saladin seinen Plan aufgeben zu lassen – ein zweites Mal wollte er nicht von ihnen besiegt werden. Dafür fiel ihm im folgenden Jahr Aleppo in die Hände, jene Stadt, die er von Anfang an besitzen wollte.

Mit dem feierlichen Einzug in Aleppo am 18. Juni 1183 war Sultan Saladin der mächtigste mohammedanische Fürst, den es in den letzten zweihundert Jahren gegeben hatte: Sein Reich dehnte sich von Kairo aus über tausend Kilometer nach Westen bis nach Libyen, der alten Cyrenaica, und reichte im Norden bis an den Tigris, ebenfalls tausend

Kilometer von Kairo entfernt. Ihm gehörte der Reichtum Ägyptens, ihm unterstanden Damaskus und Aleppo. Der Kalif von Bagdad unterstützte ihn, der Atabeg von Mossul gehorchte, der Seldschukensultan von Anatolien suchte seine Freundschaft. Als der 45jährige Sultan Saladin noch im gleichen Jahr Damaskus zur Hauptstadt seines Riesenreiches machte, war er die beherrschende Gestalt der gesamten östlichen Welt.

Es ist nun üblich, Sätze zu schreiben wie: »Jetzt galt es nur noch die fremden Eindringlinge niederzuwerfen, deren Besitz Palästinas und des syrischen Küstenlandes in den Augen des Islam eine fortdauernde Schmach und Schande war« (Runciman). – Aber ich bin nicht sicher, ob solche Sätze auch stimmen.

Tatsache ist zwar, daß Saladin bald darauf Jerusalem wieder für den Islam eroberte. Ebenso wahr ist aber auch, daß Saladin vorher nach Möglichkeit Schlachten auswich, einen Waffenstillstand abschloß, den die Franken – nicht er – brachen, und daß er bei einer Hungersnot die Franken mit Getreide versorgte, ohne das sie glatt verhungert wären.

Tatsache ist, daß sich Saladin sehr wohl mit der »fortdauernden Schmach und Schande« abgefunden zu haben schien, zumal er genug zu tun hatte, um sein Reich zusammenzuhalten, denn die Wahrheit ist auf der anderen Seite die, daß ihm die Eroberung Jerusalems und weiter Teile des Landes mehr durch den Zufall aufgedrängt wurde, als daß sie einem überlegten Plan entsprang. Natürlich war es das Ziel Saladins wie eines jeden Mohammedaners, Jerusalem zurückzugewinnen. Aber die Frage ist eben, ob er dieses Ziel selbst in Angriff genommen und erreicht hätte, wenn ihn die Franken nicht ständig nachgerade dazu herausgefordert hätten, sie doch nun endlich zu besiegen.

Die Hörner von Hittim

Ein unfähiger König

Das Königreich von Jerusalem lag mit seinem König im Sterben. »Die Lepra schwächte ihn so«, berichtet der Chronist, »daß er weder Hände noch Füße rühren konnte. Er war ganz verfault und fing an zu erblinden.« Doch Balduin IV., der eine »große Seele hatte und eine übermenschliche Willenskraft«, gab nicht nach. Er hatte seinen Schwager Guido von Lusignan im Herbst 1183 sogar wegen Unfähigkeit aus der Regentschaft verstoßen und seiner Schwester Sibylle nahegelegt, die Ehe mit Guido annullieren zu lassen. Da Sibylle nicht daran dachte, ernannte der sterbende König seinen sechsjährigen Neffen Balduin, den Sohn Sibylles aus erster Ehe mit Wilhelm Langschwert, zu seinem Erben. Er ließ Baudouinet – »Klein Balduin« – als Balduin V. von Jerusalem krönen und übernahm selbst wieder die Regierung.

Guido zog sich beleidigt in seine Grafschaften Askalon und Jaffa zurück und kündigte dem kranken König die Lehenstreue auf. Als der aussätzige Balduin gegen den Rebellen zu Felde zog und »mit den Stümpfen seiner Arme« an die Stadttore von Askalon klopfte, mußte Guido seine Ohnmacht einsehen: Niemand kam ihm zu Hilfe.

Im März des Jahres 1185 starb dann König Balduin IV. im Alter von 24 Jahren – ein größerer Held vielleicht als mancher Feldherr, der aus Übermut, Leichtsinn oder Notwendigkeit Geschichtsträchtiges tat und von der Nachwelt gefeiert wird. Nachdem er in der Grabeskirche beigesetzt war, übernahm Graf Raimund III. von Tripolis mit dem Einverständnis der Barone die Regentschaft für Klein Balduin. Es wäre nun nichts leichter gewesen für Saladin, als den Parteienstreit unter den Baronen auszunutzen und in Palästina einzumarschieren – wenn er es gewollt hätte.

Aber eben dies geschah nicht – im Gegenteil, als ihn Graf Raimund von Tripolis um einen vierjährigen Waffenstillstand bat, weil der Winterregen ausgeblieben war und eine Hungersnot drohte, willigte der Sultan ein, ja noch mehr: Auf Bitten des Grafen schickte Saladin Korn nach Palästina und rettete damit, wie die Chronisten selbst zugeben, den Franken das Leben – eine Handlungsweise, die eher für den »Ritter« Saladin spricht als für das andere Klischee vom »fanatischen Sunniten«, der nichts anderes im Sinn gehabt habe, als die Christen zu vernichten.

So schien sich wieder alles zum Guten zu wenden. Die mohammedanischen Kaufleute zogen mit ihren Karawanen wieder durch christliches Gebiet zu den christlichen Häfen von Akkon und Tyros, die Christen handelten bis weit ins mohammedanische Landesinnere hinein mit ihren Waren: Ein jeder profitierte vom Frieden und Wohlstand.

Da starb im Herbst 1186 König Balduin V. in Akkon im Alter von noch nicht zehn Jahren, und schon kam es zu einem schnell intrigierten Staatsstreich. Während Graf Raimund von Tripolis in Nablus den Kronrat zusammenrief, um entsprechend einem Schwur gegenüber Balduin dem Aussätzigen die Nachfolge zu beraten, rief sein alter Feind Joscelin III. von Courtenay Sibylle zur Königin aus.

Bald darauf traf eine Aufforderung von Sibylle in Nablus ein, man möge an ihrer Krönungsfeier teilnehmen. Zwar war Sibylle in der leiblichen Thronfolge tatsächlich zu diesem Schritt berechtigt. Aber da man ihren Mann, Guido von Lusignan, nicht mochte und dieser außerdem von Balduin IV. ausdrücklich von der Erbfolge ausgeschlossen worden war, hatten sich die Barone im Kronrat beim Tode Balduins IV. geschworen, Papst und abendländische Könige über die Thronfolge entscheiden zu lassen.

Sie schickten daher zwei Zisterzienser nach Jerusalem und verboten »im Namen Gottes und des Papstes von Rom, die Gräfin von Jaffa zu krönen, bis sie Rat gehalten hätten gemäß dem Schwur, den sie zur Zeit des aussätzigen Königs abgelegt hätten«. Graf Raimunds Gegner indessen dachten nicht daran: »Der Patriarch und der Meister vom Tempel und Fürst Rainald erwiderten, sie würden weder Eid noch Ehrenwort halten, sondern die Dame zur Königin krönen.« Und damit ihnen niemand dazwischenkam, schlossen sie die Stadttore von Jerusalem.

Aber die pfiffigen Zisterzienser verkleideten einen Soldaten als Mönch, dem es gelang, durch ein Seitenpförtchen in die Stadt zu kommen. Von ihm wissen wir, was sich an jenem Tag in der Grabeskirche zu Jerusalem abgespielt hat – und niemand wird sich wundern, Rainald von Châtillon wieder in voller Aktion zu erleben.

Wilhelm von Tyros berichtet: »Der Meister vom Tempel und Fürst Rainald nahmen die Dame und geleiteten sie nach dem Heiligen Grabe zum Patriarchen, um sie zu krönen. Fürst Rainald stieg auf die Empore der Kirche und sagte zum Volk: ›Ihr Herren, ihr wißt, daß König Balduin der Aussätzige gestorben ist und nach ihm sein Neffe, den er hatte krönen lassen, und daß das Königreich ohne Erben und Herrscher geblieben ist. Mit eurer Billigung möchten wir Sibylle krönen lassen, die sich hier befindet, die Tochter des Königs Amalrich und Schwester des Königs Balduin des Aussätzigen. Denn sie ist die offensichtlichste und direkteste Erbin des Königreichs.‹ Das Volk, das sich dort befand, sagte einstimmig, es liebe den König Amalrich mehr als irgendeinen andern. Alle hatten den Eid vergessen, den sie dem Grafen von Tripolis geschworen hatten, und von da kam das ganze Unheil . . .«

Nun fehlte nur noch die Krone, aber der Großmeister der Hospitaliter weigerte sich, seinen Schlüssel für die Schatzkammer herzugeben. Schließlich zogen drei Herren – der Patriarch, der Großmeister des Templerordens und Rainald von Châtillon in das Haus des Hospitaliters, aber der Großmeister hatte sich versteckt, und es dauerte fast eine Stunde, bis sie ihn gefunden hatten. Doch all sein Weigern half nichts: Sie bedrängten ihn derart, daß er am Ende voller Zorn den Schlüssel mitten ins Zimmer warf. Nun drangen die drei in die Schatzkammer ein und kamen im Triumph mit zwei Kronen zurück. Sie legten die eine auf den Altar, während der Patriarch mit der anderen Sibylle, Gräfin von Jaffa, zur Königin von Jerusalem krönte.

»Als die Dame gekrönt war«, so erzählt der Chronist weiter, »sagte der Patriarch zu ihr: ›Herrin, ihr seid eine Frau; es ist angebracht, daß ihr jemanden habt, der euch hilft, euer Königreich zu regieren, und daß es ein Mann sei. Hier ist eine Krone; nehmt sie und gebt sie dem Mann, der euch helfen soll, euer Königreich zu regieren.‹«

Und nun wurde genau derjenige gekrönt, der nicht zu regieren verstand: »Sie nahm die Krone und rief ihren Herrn, Guido von Lusignan, der vor ihr stand, und sagte: ›Sire, kommt und empfangt diese Krone, denn ich wüßte nicht, sie besser zu verwenden!‹ Er kniete vor ihr nieder, und sie setzte ihm die Krone aufs Haupt . . . danach nahm der Patriarch an ihnen die Salbung vor: Sie wurde Königin, und er wurde König. Das geschah an einem Freitag im Jahre 1186 nach der Fleischwerdung des Herrn. Und niemals war in Jerusalem ein König an einem Freitag gekrönt worden, nie auch bei geschlossenen Toren.«

Ein böses Omen also – und schon ist der Berichterstatter von heute in Gefahr, in die Streitereien von damals hineingezogen zu werden. Denn nach der üblichen Erbfolge war Sibylle ja tatsächlich mit Recht gekrönt worden, und Guido war nichts anderes als der Prinzgemahl.

Das zeigte sich sofort nach Sibylles Tod, als man einen Nachfolger aus der Königsfamilie suchte und Guido nicht nur ausließ, sondern ihn ein zweites Mal absetzte.

Insofern ist der Standpunkt Raimunds, der sich an den Treueschwur zum aussätzigen König hielt, ohne jeden Belang: Sibylle war zu Recht gekrönt, und Rainald von Châtillon hatte hier vollkommen recht. Auf der anderen Seite muß nicht richtig sein, was Rechtens ist. Man hat sich daher daran gewöhnt, den Chronisten und damit Raimund von Tripolis beizupflichten, weil die geschichtliche Entwicklung schlechtweg gegen die Dummheit Guidos stand.

Die Historiker verzeichnen daher mit Befriedigung, daß Raimund und die anderen Herren von Nablus über die Krönung Sibylles erschüttert waren: Sie hatten ja am Ende recht, und von Balduin von Ibelin wird sogar in dieser Situation der hellsichtige Satz überliefert: »Liebe Herren, handelt, so gut ihr könnt, zu eurem besten, denn das Land ist verloren; ich werde diese Gegend verlassen, denn ich will nicht, daß man mir vorwirft oder daß man mich tadelt, daß ich beim Verlust des Heiligen Landes dabei war.«

Ein hilfloser Gegenkönig

Dann aber taten die Edlen von Nablus genau das, was sie Sibylle zum Vorwurf machten: Sie ernannten ihrerseits einen Gegenkönig, und zwar wählten sie dazu pikanterweise den Stiefsohn Rainalds von Châtillon, den 20jährigen Humfried von Toron, der drei Jahre zuvor die eben elfjährige Isabella, die Schwester der Königin Sibylle, auf einer turbulenten Hochzeitsfeier geehelicht hatte.

Nicht nur, daß die Brauteltern und viele Gäste selbstverständlich intime Feinde waren, die sich auf Rainalds Burg Kerak versammelt hatten, um den letzten Versuch einer Aussöhnung der feindlichen Lager zu versuchen; die Hochzeitsfeierlichkeiten hatten zusätzlich noch dadurch ihren Reiz erhalten, daß Sultan Saladin unvermutet herangerückt war und die Burg eine Zeitlang zu belagern und zu beschießen begann. Rainald hatte sich nur mit Mühe retten können, und während im Schloß lustig gefeiert wurde, bombardierte Saladin die Burg mit Felsblöcken. Das aber konnte die Brautmutter, die Dame Stephanie, nicht abhalten,

»von der Hochzeit ihres Sohnes an Saladin Brot und Wein, Ochsen und Hammelfleisch« zu schicken und ihn an ihre alte Freundschaft zu erinnern. Und während sich drinnen in der Burg die miteinander zerstrittenen Franken angifteten, zeigte sich Saladin gegenüber dem jungen Brautpaar höchst galant: »Er fragte alle, die das Geschenk gebracht hatten, in welchem Turm sich die Gatten befänden. Und sie sagten es ihm. Da ließ Saladin im ganzen Heer verkünden, niemand solle so verwegen sein, auf diesen Turm zu schießen ...«

Dieser so liebevoll von Saladin verschonte Jüngling Humfried sollte nun also nach dem Willen Raimunds von Tripolis Gegenkönig seiner Schwägerin Sibylle werden. Aber das war zuviel für den Zwanzigjährigen: Er riß einfach über Nacht aus und ging zur Gegenseite über. »Und Humfried trat in Jerusalem vor die Königin, deren Schwester er geheiratet hatte, und grüßte sie. Sie grüßte ihn jedoch nicht, weil er gegen sie gewesen war und ihrer Krönung nicht beigewohnt hatte. Er kratzte sich am Kopf wie ein beschämtes Kind und sagte: ›Wahrlich, ich kann nicht mehr, man wollte mich mit Gewalt zum König machen.‹ Und die Königin antwortete: ›Sire Humfried, ihr seid vernünftig, und da ihr so gehandelt habt, verzeihe ich euch. Geht und huldigt dem König!‹«

Humfried, der unwillige Gegenkönig, huldigte Guido von Lusignan, dem König von Jerusalem, und blieb bei ihm. Raimund von Tripolis und seine Partei hatten verloren. Das Königreich von Jerusalem lag nun in den Händen eines aufgeblasenen Dummkopfes, der zu keinem Widerspruch fähig war und daher sofort der Meinung seines letzten Gesprächspartners beitrat. Das Schicksal des Königreiches war jetzt abhängig von den fatalen Einfällen eines Rainald von Châtillon, der es noch immer verstanden hatte, um eines persönlichen Vorteils willen das Allgemeinwohl zu riskieren. Das Ende war unvermeidlich.

Der Überfall des Raubritters Rainald

Das Ende kam, als Raubritter Rainald von Châtillon wieder mitten im tiefsten Frieden eine große Karawane überfiel, die Begleitmannschaften erschlug und mit der Beute und den Gefangenen in seine Burg Kerak am Südende des Toten Meeres flüchtete.

Nun war das ja nicht das erste Mal, daß Rainald Karawanen überfiel

– und trotzdem hatte Saladin seinerzeit den bestehenden Waffenstillstand geachtet und nur die Rückgabe des Geraubten verlangt, natürlich ohne Erfolg. Doch jetzt war das Maß voll. Dabei mochte der Umstand eine Rolle spielen, daß diesmal eine nahe Verwandte Saladins unter den Gefangenen war – die Quellen sind da nicht eindeutig, und man liest mal von Saladins Mutter, mal von seiner Schwester.

Saladin verlangte die Herausgabe der Gefangenen und der Beute, aber Rainald spottete nur »Mohammed möge ihnen helfen« und ließ sich auch nicht durch die Mahnungen Guidos umstimmen. So wurde, wie der Chronist schreibt, »der Raub der Karawane Anlaß für den Untergang des Königreiches Jerusalem«.

Saladin zog nach diesem Raubzug Rainalds, der zwischen Ende 1186 und Frühjahr 1187 datiert wird, das größte Heer zusammen, das er je befehligt hatte. Hans Eberhard Mayer schreibt dazu in seiner 1965 erschienenen »Geschichte der Kreuzzüge«, Rainald von Châtillon habe dem Sultan den »gewünschten Kriegsgrund geliefert«, zumal Rainald ihn schon früher »ergrimmt« habe. Mit dieser altfränkischen Formulierung dürfte Mayer wohl auch alte Klischees übernommen haben. Tatsächlich sprechen die arabischen Quellen zwar auch vom »Glaubenskrieg«, zu dem Saladin aufrief. Dazu paßte aber nicht die Tatsache, daß Bohemund von Antiochia und Raimund von Tripolis für ihre eigenen Grafschaften mit Saladin ein besonderes Stillhalteabkommen trafen: Die beiden Grafschaften scherten also ausdrücklich aus dem Königreich von Jerusalem aus, was praktisch Hochverrat war, und Saladin war's zufrieden: Ihm ging es nicht um Rache an den Christen allgemein, sondern um eine Strafexpedition gegen Rainald.

In Kurzfassungen entsteht freilich oft der Eindruck, daß Saladin gegen alle Franken zu Felde ziehen wollte, weil am Ende Raimund von Tripolis und die anderen dem bedrängten König aus Loyalität doch noch zu Hilfe kamen. Die Ausgangslage aber war anders. Am Endergebnis änderten die Motive, die die einzelnen Fürsten haben mochten, jedoch nichts.

Der Marsch ins Verderben

Beide Seiten zogen alle ihnen verfügbaren Truppen zusammen. Ende Juni 1187 hatten die Franken 1200 Ritter und rund 10000 Mann Fußvolk in Akkon versammelt. Zur gleichen Zeit hielt Sultan Saladin Heerschau und zog zur Südspitze des Sees Genezareth, setzte am 1. Juli über den Jordan und nahm am nächsten Tag nach einstündigem Kampf die Stadt Tiberias am Westufer des Sees, die von Raimunds Frau Eschiva verteidigt wurde.

Inzwischen waren die Christen von Akkon aus ostwärts zum See Genezareth gezogen und hatten 12 Kilometer vor Tiberias an einer Quelle nordwestlich von Nazareth Quartier bezogen. Da traf die Nachricht von der Eroberung der Stadt Tiberias ein, deren Burg weiterhin Eschiva verteidigte.

Im Zelt König Guidos kam es daraufhin zu einer dramatischen Beratung. Eschivas beide Söhne baten unter Tränen, ihre Mutter zu retten, und viele stimmten zu. Aber Graf Raimund widersprach. Es sei heller Wahnsinn, sagte er, in der Julihitze über die kahlen Berge zu marschieren und die sichere Position an der Quelle aufzugeben. Tiberias sei zwar seine Stadt und werde von seiner Frau verteidigt, aber lieber wolle er die Stadt mit allem, was darin sei, verlieren, als das Königreich Jerusalem opfern.

Diese strategisch richtige Ansicht setzte sich durch, und als der Rat um Mitternacht auseinanderging, hatte man beschlossen, an der Quelle zu bleiben. Allerdings war der Großmeister der Tempelritter mit dieser Entscheidung nicht einverstanden und ging heimlich zu König Guido zurück, um Graf Raimund zu diffamieren: »Sire, glaubt nicht dem Rat des Grafen, denn er ist ein Verräter, und ihr wißt wohl, daß er euch nicht liebt, sondern wünscht, daß ihr Schande habt und das Königreich verliert. Daher rate ich euch, mit uns von hier aufzubrechen, damit wir Saladin vernichtend schlagen.«

Sofort fiel König Guido um und befahl den Aufbruch. Auf den Einwand der Grafen: »Sire, im Beschluß Eures Kriegsrates habt Ihr und wir entschieden, uns von hier nicht zu rühren. Auf welchen Rat hin laßt Ihr das Heer vorrücken?«, antwortete König Guido überheblich: »Ihr habt mich nicht zu fragen, auf wessen Rat ich es tue. Ich will, daß Ihr reitet und Euch sofort bereit macht, nach Tiberias zu ziehen.«

So brach das Heer also auf, und die Grafen gehorchten. Aber, so schreibt der Chronist, »vielleicht wäre es besser für die Christenheit gewesen, sie hätten dem Befehl widersprochen«.

Es war der Morgen des 3. Juli 1187, ein Freitag, als das Heer der Franken in der flimmernden Sommerhitze die Quelle Sephoria verließ und über die kahlen galiläischen Bergrücken zog. Es dauerte nicht lange, als Tiere und Menschen unter dem Durst zu leiden begannen, während pausenlos ein Pfeilhagel der Sarazenen auf sie niederging. Am Nachmittag weigerten sich die Tempelritter weiterzuziehen, obwohl andere drängten, die paar Kilometer bis zum See Genezareth und nach Tiberias vorzustoßen. Aber König Guido gab nach und befahl zu lagern, obwohl man von der Höhe aus in etwa acht Kilometer Entfernung das Wasser des Sees glitzern sehen konnte.

Der Lagerplatz befand sich an einem Brunnen am Rande eines vorzeitlichen Vulkankraters, von dem nur noch zwei Felsspitzen wie Hörner aufragten, die bis heute nach dem benachbarten Dorf die Hörner von Hittim heißen. Es war kein guter Lagerplatz, denn der Brunnen war leer und Saladin nicht weit: Über Nacht umringten die Sarazenen das christliche Heer, »so nahe, daß die einen mit den anderen sprechen konnten. Wenn eine Katze von dem Heer der Christen geflohen wäre, hätte sie dem nicht entgehen können, daß die Sarazenen sie fingen . . .«, schreibt der Chronist.

Die Schlacht bei den Hörnern von Hittim

Die Franken verbrachten eine Nacht in voller Rüstung und unter quälendem Durst. Am nächsten Morgen begann dann die Schlacht unter der sengenden Sonne, aber den Franken ging es schon gar nicht mehr darum, die Sarazenen zu besiegen. Vom Durst gepeinigt, versuchten sie, sich zum See durchzuschlagen, was aber nur Graf Raimund und einigen Reitern gelang. Das übrige Heer blieb vom Wasser abgeriegelt, »und die Soldaten zu Fuß ergaben sich den Sarazenen mit offenem Schlund vor Durstnot«.

»Das christliche Heer war nun in einer furchtbaren Lage«, berichtet der arabische Chronist Ibn al-Atir. »Da der Boden, auf dem es kämpfte, mit Heidekraut und trockenem Gras bedeckt war, legten die Moslems Feuer daran und entfachten einen gewaltigen Brand. So vereinigte sich alles gegen die Christen, der Rauch, die Hitze des Feuers, die des Tages und die des Kampfes . . . Als sie schließlich sahen, daß es keine Rettung gab, stürzten sie sich mit solchem Ungestüm auf die Moslems, daß man ihnen ohne die Hilfe Allahs nicht hätte widerstehen können.«

Schließlich waren so viele Christen gefallen oder kampfunfähig, daß sich der Rest auf einen Hügel zurückzog, um dort das Königszelt aufzuschlagen, und hier haben wir den Bericht von El-Afdal, dem Sohne Saladins: »Ich war an der Seite meines Vaters in jener Schlacht, der ersten, die ich miterlebte. Während der König der Franken sich mit seiner kleinen Schar auf den Hügel zurückzog, trugen sie einen furchtbaren Angriff gegen die Muslime ihnen gegenüber vor und warfen sie bis zu meinem Vater zurück. Ich blickte ihn an, und Bestürzung zeigte sich in seinem Gesicht, er hatte sich aschgrau verfärbt, raufte sich den Bart und stürmte vor mit dem Ruf: ›Nieder mit der Lüge des Dämons.‹ Die Muslime wandten sich zum Gegenangriff und jagten die Franken auf den Hügel. Als ich die Franken zurückweichen und die Muslime nachsetzen sah, schrie ich vor Freude: ›Wir haben gesiegt!‹ . . . aber mein Vater wandte sich um und sagte: ›Schweig, wir haben sie erst dann besiegt, wenn das Zelt dort gefallen ist.‹ Während er noch zu mir sprach, fiel das Zelt. Der Sultan sprang vom Pferd, warf sich nieder, um Gott zu danken, und weinte vor Freude.«

Die Schlacht war zu Ende, das christliche Heer besiegt, die meisten umgekommen. Als Ibn al-Atir ein Jahr später wieder zu den Hörnern von Hittim kam, war die Erde noch immer »übersät mit ihren Gebeinen. Schon von weitem waren sie zu sehen, teils aufgehäuft, teils verstreut, obwohl doch viel in dem hügeligen Gelände von Sturzbächen weggespült und von wilden Tieren verschleppt war.«

Das Wahre Kreuz Christi befand sich in den Händen der Mohammedaner, und König Guido wurde in seinem Zelt am Boden liegend gefunden, zu erschöpft vom Durst, um nur das Schwert zu übergeben. Und »was die Gefangenen betrifft«, erzählt Imad ad-Din, »die Zeltschnüre reichten nicht aus, sie zu binden und zu fesseln. Ich sah dreißig und vierzig an einem einzigen Seil, von einem einzigen Ritter geführt . . .«

30000 Gefangene wurden auf diese Weise nach Damaskus gebracht, wo sie einen Preissturz auf dem Sklavenmarkt auslösten: Ein Sklave kostete nur noch 3 Dinare, und eine ganze Familie mit Eltern, drei Söhnen und zwei Töchtern waren bereits für 8 Dinare zu haben; ein Mohammedaner, so wird berichtet, tauschte einen Sklaven gegen ein Paar Sandalen ein.

Die Niederlage war vollkommen. König Guido und Rainald von Châtillon wurden nach der Schlacht gefangen ins Zelt Saladins geführt, wo der Sultan dem König einen Sitzplatz neben sich anbot und ihm, »da er vor Durst bald starb«, einen Becher Rosenwasser gab, der mit Schnee vom Berge Hermon gekühlt war. Als aber Guido den Becher an Rainald weitergab, wandte sich der Sultan schnell an seinen Dolmetscher: »Sag dem König, daß er diesem Mann den Trunk gereicht hat, nicht ich« – ein Satz, den man erst dann versteht, wenn man weiß, was arabische Gastfreundschaft bedeutet:

Hätte Saladin dem Rainald, diesem »bösartigen Franken«, den Becher gereicht, so hätte Rainald unter seinem Schutz gestanden und hätte seines Lebens sicher sein können. So aber war Saladin frei, seinen Schwur Wirklichkeit werden zu lassen. Er wandte sich an Rainald von Châtillon, »warf ihm seine Vergehen vor und zählte ihm seine Schandtaten auf. Schließlich erhob er sich und schlug ihm mit eigner Hand das Haupt ab. ›Zweimal habe ich gelobt‹, sagte er, ›ihn umzubringen, wenn ich ihn in meine Hand bekäme – das erste Mal, als er gegen Mekka und Medina ziehen wollte, das zweite Mal, als er heimtückisch die Karawane überfiel.‹«

So fand »einer der schlimmsten Feinde der Muslime«, Rainald von Châtillon, Herr von Transjordanien, am Tag der Schlacht bei den Hörnern von Hittim sein bühnenreifes Ende, während Guido vor Angst zu zittern begann, weil er um seinen Kopf fürchtete. Aber Saladin war freundlich zu diesem Feigling: »Ein König tötet keinen König«, sagte er, »aber dieses Mannes Niedertracht und Unverschämtheit gingen zu weit.«

Saladin erobert Jerusalem

Nach der Schlacht bei den Hörnern von Hittim brauchte Saladin nur noch die Burgen und Städte des Kreuzfahrerstaates zu besetzen, um Herr über Palästina zu sein: Niemand stellte sich ihm in den Weg. König Guido von Lusignan war gefangen, die meisten Edlen waren gefallen oder in Gefangenschaft, die Städte und das Land ohne Führer.

Der Siegeszug Saladins begann. Am 5. Juli, einen Tag nach der Schlacht, ergab sich die Zitadelle von Tiberias, am 10. Juli Akkon, am 29. Juli Sidon, am 6. August Beirut. Nach Angaben eines arabischen Chronisten eroberte der Sultan in wenigen Wochen 52 Städte, und Ende August bestand das »Königreich Jerusalem« nur noch aus den Städten Tripolis, Tyros, Askalon, Gaza und der Heiligen Stadt selbst.

Anfang September fiel dann auch noch Askalon, und in der Düsternis einer Sonnenfinsternis empfing dort Sultan Saladin am 4. September eine Abordnung der Stadt Jerusalem, um mit ihr die Übergabebedingungen auszuhandeln. Denn: »Ich glaube, daß Jerusalem das Heim Gottes ist«, sagte Saladin, »wie ihr es auch glaubet; ich will es nicht belagern oder im Sturm nehmen« – ja, er versprach sogar, Jerusalem ein halbes Jahr lang zu schützen und mit Geld und Nahrungsmitteln zu versorgen, bis die Bewohner die Stadt befestigt und Verstärkung bekommen hätten, um dann ehrenhaft zu kämpfen. Wenn dies bis Pfingsten nicht der Fall sei, müßte sich Jerusalem ihm widerstandslos ergeben – eine ritterliche Geste, wie sie bisher von keinem christlichen Kreuzfahrer einem Mohammedaner gegenüber bekannt wurde.

Aber die Bürger Jerusalems lehnten es ab, die Stadt auszuliefern, in der der Erlöser gestorben war. Daraufhin schlug Saladin am 20. September 1187 sein Lager vor Jerusalem auf, um die Stadt zu erobern, die auch dem Propheten Mohammed heilig war. Neun Tage später hatten seine Pioniere neben dem Säulentor auf der Südseite eine große Bresche in die Mauer geschlagen, nicht weit von der Stelle, wo 88 Jahre zuvor Gottfried von Bouillon in die Stadt eingedrungen war.

Und blumig schreibt Imad ad-Din, der arabische Chronist: »Er ließ die Katapulte errichten, molk aus ihnen die Milch des Unglücks, ließ den Felsen von Steinwürfen aufschreien und sammelte die böse Frankenherde hinter den Mauern«, wo die Bewohner mit zum Teil abstrusen Bußzeremonien das kommende Unglück abzuwenden suchten. So steckten zum Beispiel die vornehmen Damen ihre Töchter in aller Öffentlichkeit nackt in kalte Wannenbäder und ließen ihnen die Haare abschneiden.

Die Verteidiger kämpften mit dem Mut der Verzweiflung, aber sie waren zu schwach: In der ganzen Stadt gab es nur noch zwei Ritter. Dafür kamen auf jeden männlichen Einwohner über 16 Jahre 50 Frauen und Kinder, insgesamt 60000 Menschen. Die kampffähigen Männer wollten einen Ausfall wagen, aber der Patriarch Heraklios spürte kein Bedürfnis, zum Märtyrer der heiligen Sache zu werden, und setzte sich mit dem Argument durch, daß der Tod der Männer für Frauen und Kinder die Sklaverei bedeute, und dem könne er nicht zustimmen.

Daraufhin ging am 30. September Balian von Ibelin zu Saladin, doch nun zeigte sich der Sultan hart: »Ich verfahre nicht anders mit euch als ihr mit der Bevölkerung Jerusalems, als ihr nach dessen Eroberung ... die Einwohner ermordet oder in die Sklaverei geführt und ähnliche Grausamkeiten verübt habt.« Und Balian von Ibelin wußte, daß dies nur ein ungeheures Blutbad bedeuten konnte.

In seiner Verzweiflung drohte Balian daher seinerseits: »Bei Gott, wir töten unsere Frauen und Kinder und stecken unsere Habe in Brand! Wir lassen euch keinen einzigen Denar noch eine Drachme in die Hände fallen, keinen Mann und keine Frau in die Knechtschaft schleppen. Dann zerstören wir den Felsendom, die Moschee el-Aksa und die anderen heiligen Orte und töten die gefangenen Muslime – es sind fünftausend. Kein Pferd und kein anderes Tier findet ihr lebend bei uns. Endlich ziehen wir alle zum Kampf gegen euch heraus und streiten wie Männer, die um ihr Leben kämpfen. Dann wird kein Mann getötet, ohne vorher seinesgleichen umgebracht zu haben. Ehrenvoll sterben wir oder siegen edel.«

Jetzt kam Saladin auf sein Angebot des freien Abzuges unter der Bedingung zurück, daß jeder Bewohner sich freikaufen müsse, und diese Bedingung wurde jetzt, wie ein christlicher Chronist berichtet, »mit Dankbarkeit und Jammer« angenommen. Jeder Mann sollte zehn Dinare zahlen (also Münzen im Gesamtwert von etwa 40 Gramm Gold), jede Frau und jedes Kind fünf. Doch so viel Geld war in ganz Jerusalem nicht vorhanden – mindestens 16000 Arme würden diesen Betrag nie aufbringen können. Und so ließ Saladin noch einmal mit sich handeln: Für 30000 Dinare, die Jerusalem aufbringen wollte, sollten wenigstens 7000 Arme freigekauft werden.

Wie sich später herausstellte, hätten alle Bewohner Jerusalems mit Leichtigkeit freigesetzt werden können, wenn zum Beispiel der Patriarch von Jerusalem nicht wagenweise Gold und Silber aus den Kirchen als seinen Privatbesitz abtransportiert hätte. Selbst die Mohammedaner waren darüber empört, aber Saladin hielt sich an den Wortlaut des Vertrages: Patriarch Heraklios zahlte seine zehn Dinare, und Saladin ließ ihn mit seinen Schätzen ziehen.

Drei Tage nach den Übergabeverhandlungen, am 2. Oktober des Jahres 1187, zog dann Sultan Saladin als Sieger in Jerusalem ein. Es war nach dem islamischen Kalender der 27. Tag des Monats Radschab, der gleiche Tag, an dem dereinst der Prophet Mohammed in einem Traum »zur Nachtreise vom heiligen Tempel zu Mekka zum fernen Tempel von Jerusalem« geführt worden war, wo ihn vom Felsen des Tempelplatzes aus ein Lichtstrahl zu den sieben Himmeln aufsteigen ließ und er im Angesicht Allahs die Gebote Gottes für die Gläubigen empfing.

88 Jahre lang hatte auf der Kuppel des Felsendoms, diesem Heiligtum der Mohammedaner, das Kreuz gestanden. An diesem Freitag, dem 27. Tag des Monats Radschab, fiel es: »Als die Muslime am Freitag in die Stadt einzogen«, erzählt Ibn al-Atir, »kletterten einige von ihnen oben auf die Kuppel, um das Kreuz zu entfernen. Als sie hinaufgestiegen waren, erhob sich ein einstimmiger Schrei in der Stadt und außerhalb unter Muslimen und Franken. Die Muslime riefen Allah Akbar vor Freude, die Franken schrien vor Schmerz und Bestürzung. Das Geschrei war so laut und durchdringend, daß es die Erde erzittern ließ.«

Jerusalem, die Stadt des Heiligen Grabes, war – von einer kurzen Ausnahme nach dem Fünften Kreuzzug abgesehen – für immer für die Christen verloren, zumindest hat dort nie wieder ein christlicher König residiert.

Genau eine Woche später, nachdem er von den »Besudelungen« gereinigt war, konnten die Mohammedaner zum ersten Mal wieder ihr Freitagsgebet im Felsendom halten, der von da an bis auf den heutigen Tag in mohammedanischem Besitz blieb. Später ließ Saladin die Kanzel, die zwanzig Jahre zuvor Nur ed-Din hatte herstellen lassen, aus Aleppo herbeischaffen und in der el-Aksa-Moschee aufstellen. Durch die Brandstiftung eines wahnsinnigen Christen wurde sie vor einigen Jahren vernichtet.

Im Gegensatz zu den Christen, die vor 88 Jahren im Blut ihrer Opfer gewatet waren, verhielten sich die Mohammedaner absolut korrekt. Saladin ließ sogar Wachtposten patrouillieren, so daß nicht ein einziges Gebäude geplündert oder ein einziger Christ belästigt oder verletzt wurde.

Inzwischen versuchte Balian von Ibelin die Lösesumme für die Armen aufzubringen, aber die Templer und Johanniter zeigten sich so geizig, daß sie erst nach einem Aufstand der Bevölkerung etwas Geld herausrückten, das aber nur zum Freikauf von 7000 Armen reichte. Es machte ihnen nichts aus, daß 16000 Christen in mohammedanischen Gefängnissen saßen und viele davon später als Sklaven verkauft wurden.

Zur Verwunderung der Christen zeigten sich die Mohammedaner mitleidiger. Als wieder einmal ein Trupp Gefangener abtransportiert wurde, während daneben freigekaufte Arme gerade die Stadt verließen, spielten sich so herzzerreißende Szenen ab, daß nicht etwa Patriarch Heraklios ein Rühren ankam, sondern Saladins Bruder El-Adil, der sich vom Sultan tausend Gefangene erbat und sie dann freiließ. Das gefiel dem Patriarchen, und erst jetzt erinnerte er sich an die Botschaft von der Nächstenliebe und erbat sich auch einige Gefangene – ohne Geld versteht sich. Er bekam 700, und schließlich gab Saladin bekannt, daß er allen Witwen und Waisen, deren Männer und Väter im Kampf umgekommen waren, aus eigener Tasche aus seiner Schatzkammer ein Geschenk machen werde. Außerdem sollten alle alten Männer und Frauen frei ausgehen.

Dafür hatte Saladin anscheinend bei anderen Gelegenheiten kein Geld, wie in der 895. Nacht in »Tausendundeine Nacht« erzählt wird, der einzigen Stelle, die Sultan Saladin erwähnt: Für 100 Dinare wird ihm eine Sklavin verkauft, aber er zahlt nur 90 in bar, den Rest in Materialien, »denn der König hatte all sein Geld für den Krieg mit den Franken ausgegeben«.

So wurden alle Franken aus Jerusalem ausgewiesen und unter dem Geleitschutz der Mohammedaner – damit sie nicht von räuberischen Beduinen überfallen würden – zu den Küstenstädten und bis nach Kairo geführt. Von da wurden Schiffsfahrten nach Europa organisiert, und Saladin achtete darauf, daß die Passagen nicht zu teuer wurden.

Nur die nichtfränkischen Christen und die Juden durften in Jerusalem wohnen bleiben, wenn sie eine Kopfsteuer zahlten. Zwei »fränkischen Greisen« aber gestattete Saladin den Aufenthalt und ließ sogar für ihren Unterhalt sorgen. Der eine war vor 88 Jahren unmittelbar nach der Eroberung Jerusalems von einer Kreuzfahrerin in der Stadt geboren worden, der andere, der etwa 100jährige Robert von Coudre, war als Kind mit Gottfried von Bouillon ins Heilige Land gezogen, hatte Jerusalem miterobert und war vom ersten Augenblick an Zeuge des Schicksals dieser Stadt gewesen, die nun wieder in den Händen der Mohammedaner war. Mit seinem Leben hatte er das ganze Königreich von Jerusalem überdauert, das mit einem schrecklichen Blutbad begonnen hatte und nun vergleichsweise friedlich endete.

Der edle Sarazene

Auch wenn die mittelalterliche Schauerpropaganda die unsinnigsten Gerüchte verbreitete – zum Beispiel behauptete der südfranzösische Mönch und Arzt (!) Rigordus, seit der Eroberung des Heiligen Kreuzes durch Saladin bekämen die Kinder in Palästina nicht mehr 30 und 32, sondern höchstens noch 22 Zähne – und von absurden Schreckensberichten weiß, haben die Menschlichkeit und Toleranz, die Saladin über jeden Glaubensunterschied stellte, haben seine Großmut und seine Frömmigkeit, die keinen Fanatismus duldete, auf die Christen jener Zeit einen ungeheuren Eindruck gemacht.

Bald nahmen sich christliche Geschichten und Legenden dieses heidnischen Ritters an. In der »Chronique d'Ernoul« bittet Saladin, zum Ritter geschlagen zu werden, ein anderer französischer Schreiber erzählt eine romantische Liebesgeschichte zwischen Eleonore von Aquitanien, der Königin von Frankreich, und Saladin, die nur den einen Nachteil hat, daß Eleonore mit ihrem Gemahl König Ludwig zu einer Zeit in Palästina war – 1147 während des Zweiten Kreuzzuges –, als Saladin in Baalbek noch zur Schule ging. Dessenungeachtet läßt der Legendenschreiber seine Eleonore zu ihrem Gemahl sagen: »Du bist keinen verfaulten Apfel wert. Aber ich habe so viel Gutes von Saladin gehört, daß ich ihn mehr liebe als dich!«

Oder er erzählt von einer Blutsbrüderschaft zwischen Graf Raimund von Tripolis und Saladin oder gar, wie sich Saladin bei seinem Tode selbst getauft habe: Der sterbende Sultan habe nach Wasser verlangt, die Schale in die linke Hand genommen und mit der rechten darüber das Kreuz geschlagen. »Dann schüttete er das Wasser auf Haupt und Körper, sagte drei Worte auf französisch, die wir aber nicht verstanden. Doch es schien, als habe er sich getauft . . . So starb Saladin«, heißt es weiter, »der beste Prinz, den das Heidentum je hatte . . .« Und schließlich wurde ihm, weil ja so viel Edelmut nur aus dem Abendlande kommen konnte, auch noch die Markgräfin Ida von Österreich, die während des Ersten Kreuzzuges von Sarazenen entführt worden war, als Mutter angedichtet.

Ähnliche Legenden vom edlen Sarazenen gibt es in England und von deutschen Sängern. In Wolfram von Eschenbachs »Willehalm« erscheinen die Sarazenen im Zeichen einer allgemeinen Menschlichkeit, die über den Religionen liegt, und in Christoph Friedrich Bretzners »Belmonte und Constanze« (1781) beweist der mohammedanische Bassa Selim eben jene wahre Menschlichkeit, die er von Christen nie erfuhr: Frei nach dem längst vergessenen Bretzner hat Mozart daraus »ein Singspiel in drei Aufzügen« geschrieben: die unübertreffliche »Entführung aus dem Serail«.

Kurz zuvor – 1779 – war ein Theaterstück erschienen, das ebenfalls in Palästina spielte: Es war Lessings »Nathan der Weise«, der jene berühmte Ringparabel enthält, die der Jude Nathan dem Sultan Saladin erzählt und die nicht die mehr oder weniger überheblichen oder intoleranten Ansprüche einer Religion, sondern deren Auswirkungen im tatsächlichen Leben in den Vordergrund stellt:

»Vor grauen Jahren lebt einmal ein Mann im Osten,
der einen Ring von unschätzbarem Wert
aus lieber Hand besaß. Der Stein war ein
Opal, der hundert schöne Farben spielte,
und hatte die geheime Kraft, vor Gott
und Menschen angenehm zu machen, wer
in dieser Zuversicht ihn trug . . .«

So beginnt Lessing seine Parabel und erzählt dann, daß der Mann drei Söhne hatte und jedem im geheimen versprach, ihm den Ring zu vererben. »Das ging nun so, solang es ging. – Allein es kam zum Sterben, und der gute Vater kömmt in Verlegenheit. Es schmerzt ihn, zwei von seinen Söhnen, die sich auf sein Wort verlassen, so zu kränken . . .«

Da läßt der Mann von einem Juwelier zwei Duplikate machen, und als der Juwelier die Ringe bringt, »kann selbst der Vater seinen Musterring nicht unterscheiden«. Er gibt jedem Sohn im geheimen einen Ring, und nach seinem Tode »kömmt ein jeder mit seinem Ring, und jeder will der Fürst des Hauses sein. Man untersucht, man zankt, man klagt. Umsonst: Der rechte Ring war nicht erweislich.«

Nun gehen die Söhne zum Richter, sie streiten sich weiter, obwohl ja einer der Ringe »die Wunderkraft, beliebt zu machen« haben müßte. Darauf der Richter: »Betrogene Betrüger! Eure Ringe sind alle drei nicht echt. Der echte Ring vermutlich ging verloren. Den Verlust zu bergen, zu ersetzen, ließ der Vater die drei für einen machen . . . mein Rat ist aber der: Ihr nehmt die Sache völlig, wie sie liegt. Hat von euch jeder seinen Ring von seinem Vater: So glaubt jeder sicher seinen Ring den echten. Möglich, daß der Vater nun die Tyrannei des einen Rings nicht länger in seinem Hause dulden wollen . . .«

Was Lessing da in seiner Parabel aussagt, ist soweit nichts anderes als Religionskritik der Aufklärung. Aber daß er diese Geschichte, die er aus Boccaccios »Dekameron« hat, in den »Audienzsaal im Palaste des Saladin« in Jerusalem verlegt, spiegelt eben jenes Verwundern der Kreuzfahrer wider, daß ein »Heide« christlicher handeln kann als Großmeister, Patriarchen und Ritter.

Aber gleichzeitig hat die Parabel, mit der Nathan Saladins Frage nach der ausschließlichen Wahrheit einer Religion beantwortet, eine konkrete und lokalisierbare Beziehung zu Juden, Muselmanen und Christen, um in Lessings Sprache zu bleiben.

Die Stadt der drei Religionen

Jerusalem ist seit den Tagen Mohammeds die einzige Stadt der Welt, die drei Religionen heilig ist: Für die Juden ist es die Stadt, in der seit den Tagen Davids die Bundeslade im Tempel stand, jenes Schreinheiligtum, das die Kinder Israels mit sich geführt hatten und das König David nun in »seine« Stadt brachte, wo er die Lade »an ihren Ort mitten in der Hütte« aufstellte, »die David für sie hatte aufgeschlagen« (2. Sam. 6,17). Denn erst Salomo, sein Nachfolger, baute für diese Bundeslade, in der man sich Gott anwesend dachte, um 950 vor der Zeitenwende ein eigenes festes Haus.

Es war ein riesiger rechteckiger Bau aus Quadersteinen und Zedernstämmen, dessen äußere Abmessungen 30 mal 14 Meter für das eigentliche Heiligtum betrugen, an das sich Hallen und Vorhöfe anschlossen. Dieser Tempel Salomos, nach der Babylonischen Gefangenschaft als »zweiter Tempel« um das Jahr 515 vor der Zeitenwende wieder aufgebaut und zu Jesu Zeiten durch Herodes erneuert und erweitert, war das religiöse und politische Zentrum und Symbol des Judentums. Nach seiner Zerstörung im Jahre 70 nach Christus und der Zerstreuung der Juden ist er nie wieder aufgebaut worden, aber seine westliche Grundmauer bildet bis heute die Klagemauer des Juden. Anstelle des jüdischen Tempels ließ Kaiser Hadrian einen Jupitertempel bauen, der dann unter Konstantin dem Großen nach dem Jahre 300 abgerissen wurde.

Seit Konstantin dem Großen hatten dann auch die Christen ihre feste heilige Stätte in Jerusalem; es ist die Grabeskirche, die nach der Tradition über der Kreuzigungsstätte Golgatha und dem Grab Christi errichtet wurde. Dieser Bau, der etwa 335 vollendet war, wurde im Laufe der Geschichte mehrfach zerstört, zuletzt durch den Fatimidenkalifen el-Hakim, der sogar den Felsenrest mit dem Christusgrab vernichtete. 1048 vollendete dann der byzantinische Kaiser Konstantin IX. Monomachos den Neubau der Grabeskirche, die bis heute, nach zahlreichen Umbauten, in Jerusalem steht. Zu ihrer Befreiung waren damals die Kreuzfahrer ins Heilige Land aufgebrochen.

So hatten in den ersten Jahrhunderten zwei Religionen ihre heilige Stätte in der gleichen Stadt – die Juden, mit dem ältesten heute noch lebendigen Glauben an einen einzigen unsichtbaren und nicht darstellbaren Gott, und die Anhänger des Juden Jesus, die den gleichen Gott verehrten, aber im Gegensatz zu den Juden in Jesus den Messias, den Christos, erkannten.

Weder Jesus noch seine ersten Anhänger – die sogenannte »Urgemeinde« in Jerusalem – standen dabei unter dem Eindruck, eine neue Religion gegründet zu haben: Sie gingen wie alle anderen zunächst auch weiterhin in den Tempel. Erst durch Paulus, der im hellenistisch-griechischen Denken erzogen war, trennte sich die Sekte des Reformjuden Jesus von den anderen Juden, wurde verfolgt und entwickelte sich zu einer eigenständigen Glaubensgemeinschaft, die aber immer noch das heilige Buch der Juden gleichberechtigt als Altes Testament neben das Neue Testament stellte.

Als dann Mohammed um das Jahr 570 in Mekka geboren wurde, war das Christentum schon über fünfhundert Jahre alt und hatte auch im Orient weite Verbreitung gefunden. Als reisendem Handelskaufmann blieb es bei Mohammed nicht aus, daß er mit den Lehren der Juden und der Christen bekannt wurde. Dabei hatte er in keiner Weise vor, auf religiösem Gebiet hervorzutreten. Seine religiöse Erweckung hing offensichtlich mit seiner persönlichen Angst vor dem Weltgericht zusammen, die bei ihm Visionen auslöste, die er als Gespräch mit Gott und dem Erzengel Gabriel interpretierte.

Seine erste Vision wird so beschrieben: »Ich trat aus der Höhle und stand auf der Mitte des Berges, da hörte ich eine Stimme vom Himmel, die mir zurief: ›Mohammed! Du bist der Gesandte Gottes, und ich bin Gabriel.‹ Ich blieb stehen und schaute nach ihm und ging weder vorwärts noch rückwärts. Dann wendete ich mich von ihm ab. Aber nach welcher Seite ich meine Blicke richten mochte, sah ich ihn immer vor mir . . .«

Doch noch immer verstand sich Mohammed nicht als Prophet, denn es gab ja schon andere Propheten, wie ihm der Erzengel in der 87. Sure diktierte: »Wir haben doch dem Moses die Schrift gegeben und nach ihm die weiteren Gesandten folgen lassen. Und wir haben Jesus, dem Sohn der Maria, die klaren Beweise gegeben und ihn mit dem Heiligen Geiste gestärkt . . .«

Wozu noch ein neuer Prophet? Doch dann begriff Mohammed: »Wir haben keinen Gesandten anders geschickt, als nur immer mit der Sprache seines Volkes«, heißt es in Sure 14,5. Moses sprach hebräisch, Jesus aramäisch, es fehlte der Prophet in arabischer Sprache – so reifte in Mohammed die Idee, der Koran sei die arabische Fassung des göttlichen Wortes, und er, dem der Koran diktiert wurde, der Prophet, der Verkünder des jüdisch-christlichen Gottes für seine arabischen Landsleute.

So entstanden auf dem engen Raum zwischen Sinai, Jerusalem und Mekka drei Weltreligionen, die sich in vielen Dingen »bis auf Kleidung, Speis und Trank« unterschieden, wie Saladin bei Lessing sagt, »und nur von seiten ihrer Gründe nicht«: Sie gehen alle auf den Glauben des Moses zurück. Das Grab Abrahams in Hebron ist für den Juden genauso eine heilige Stätte wie für den Mohammedaner und Christen, und die Stelle, wo einst der Tempel der Juden stand und jetzt die Omarmoschee, ist Mohammedanern und Juden gleich heilig.

Wenn man den Koran liest, so hat man auf weite Strecken den Eindruck, eine volkstümliche Variante des Alten Testaments vor sich zu haben: Juden, Christen und Mohammedaner haben den Erzvater Abraham und die Propheten gemeinsam, gemeinsam auch den gleichen Gott. Denn auch Allah – eine Zusammenziehung aus al-Ilah, was auf arabisch ganz einfach »der Gott« heißt – ist der Eine, Unsichtbare, der Richter, Allbarmherzige, Allwissende, ohne dessen Willen nichts geschieht, der Unveränderliche, Unvergängliche, Unerschaffene und Ewige – alles Bezeichnungen aus dem Koran und nicht aus der Bibel. Und wenn man statt Allah das Wort Gott setzt, kann auch ein Christ jene erste Sure des Korans beten, mit der die Araber einmal die Welt erobert haben:

»Im Namen Allahs,
des Erbarmers, des Barmherzigen!
Lob sei Allah, dem Weltenherrn,
dem Erbarmer, dem Barmherzigen,
dem König am Tage des Gerichts!
Dir dienen wir und zu dir rufen um Hilfe wir;
leite uns den rechten Pfad,
den Pfad derer, denen du gnädig bist,
nicht derer, denen du zürnst, und nicht der Irrenden.«

Es erübrigt sich, auf die zahlreichen und gravierenden Unterschiede einzugehen, die alle drei zu eigenständigen und unverwechselbaren Religionen gemacht haben. Nur sollte man nicht vergessen, daß diese Unterschiede nicht alle von Anfang an bestanden, sondern durch Tradition hinzugekommen sind, und daß wortwörtlich gleiche Stellen in den heiligen Schriften verschieden betont und interpretiert werden.

So werden Christentum, Judentum und Islam als monotheistische Religionen eingestuft, also als Religionen, die nur einen einzigen Gott verehren. Da dieser Gott auch noch weithin in allen drei Religionen die gleichen Eigenschaften hat – der Gott der Rache im Alten und der Gott der Liebe im Neuen Testament, ist dabei eine unausrottbare Legende der Christen: von einem rächenden, strafenden Gott ist im ganzen Alten Testament nur viermal die Rede, von Gnade und gnädig sein dagegen rund fünfzigmal –, könnte man denken, daß dies zur gegenseitigen Toleranz hätte führen können.

Aber hier urteilt man eben aus dem eigenen Vorurteil: Die Mohammedaner waren durchaus nicht der Meinung, daß die Christen nur einen einzigen Gott verehrten. Als Kaiser Friedrich II. von Hohenstaufen während des Fünften Kreuzzuges in Jerusalem war, las er als Schriftband rund um die Kuppel des Felsendoms: »Es reinigte diesen Tempel Saladin von den Polytheisten.« Gemeint waren die Christen und ihr Glaube an »Vater, Sohn und Heiligen Geist«, und quer durch die Polemik gegen die Christen zieht sich in der arabischen Welt der Vorwurf der Vielgötterei, dem die Christenheit von Anfang an mit der etwas verlegenen Konstruktion von der Dreieinigkeit begegnete. Zumindest für einen Araber war dies kein Monotheismus mehr und daher auch keine Schwesterreligion.

Außerdem ist es wohl so, daß sich auch miteinander verwandte Religionen keineswegs toleranter behandeln als durch und durch entgegengesetzte Ideologien: Die Glaubenskriege der frühen Neuzeit zwischen Protestanten und Römisch-Katholischen, die mit dem gleichen Vaterunser den gleichen Erlöser um Hilfe baten und sich dann gegenseitig bekämpften, sind Beispiel genug.

Aber sie machen noch etwas anderes deutlich: Stets waren auch politische Mächte und Einflüsse mit Glaubensdingen verbunden. Es war oft Sache der Fürsten, welche Religion ihre Untertanen annahmen. So sind auch Judentum, Christentum und Islam nicht einfach nur Religionen, sondern bereits von ihrer Geschichte her mit Begriffen wie Volk, Nation oder Macht verbunden: Der Gott Abrahams, Isaaks und Jakobs war der Nationalgott der Juden, der sein Volk »auserwählt« hatte; er war das einigende Band der verschiedenen Stämme Israels, und der Glaube an diesen Gott kennzeichnet bis heute einen Juden.

Das Christentum, von Kaiser Konstantin im Römischen Reich als Staatsreligion eingeführt, verdankt seinen Aufstieg ebenfalls einer Verbindung mit der Macht, und nicht anders war es bei den Arabern: Erst die neue Religion des Propheten Mohammed einte die arabischen Stämme und gab ihnen zum ersten Mal das Gefühl der Gemeinsamkeit und Stärke, so daß aus dem religiösen Propheten bald auch der Politiker und Organisator des arabischen Reiches wurde, das in der Überzeugung, den »wahren Glauben« zu besitzen, das Abendland teilweise mit einem Eroberungskrieg überzog. Glaube und Nationalgefühl lassen sich zumindest in dieser Zeit nicht trennen.

Das erklärt zum großen Teil die Erbitterung, mit der die Gegner im Heiligen Land um die gleichen Heiligtümer kämpften, warum sie von der Anbetung des Heiligen nun auch in den Besitz des Heiligtums gelangen wollten. Das erklärt aber auch, warum aus den Glaubenskriegen nur allzubald rein politisch motivierte Kriege wurden: Das waren – zumindest im Mittelalter – zwei Ansichten ein und derselben Sache.

Umgekehrt ist damit vielleicht auch zu erklären, warum bis heute der Palästinakonflikt mit Mitteln der Vernunft nicht zu lösen ist. Da nach islamischer Überlieferung außer Mekka und Medina auch Damaskus und Jerusalem zu den heiligen Stätten des Islam gehören, wird die arabische Welt ihren Besitz nie aufgeben, auch wenn Mohammed nur einmal im Traum im »fernen Jerusalem« war. Aber dort steht, zur Erinnerung an Mohammeds Himmelfahrt, seit dem Jahre 691 anstelle des jüdischen Tempels und des Jupitertempels von Kaiser Hadrian die Omarmoschee, die einmal 88 Jahre lang der »Felsendom« der Christen war, bis sie Saladin mit Rosenwasser wieder von dem Schmutz der »Polytheisten« reinigen ließ.

Dabei hatten sich damals schon längst nicht mehr Christen und Mohammedaner um ihres Glaubens willen bekämpft, so wenig wie heute Marxisten und Kapitalisten wegen ihrer unterschiedlichen Weltanschauung aufeinander schießen. Heute wie damals ging es um handfeste Interessen von Macht, Einfluß und Wirtschaft.

Daß es aber Saladin gelungen war, durch seine Toleranz und Großmut die Christen wieder an ihr eigenes Ziel der christlichen Nächstenliebe zu erinnern, bleibt sein Verdienst. Saladin hat einen Stachel im Bewußtsein hinterlassen: Was hatte das Christentum voraus, wenn ein »Heide« so handeln konnte? Welcher Ring war nun der echte, der angenehm und beliebt machte? Man kann nicht erwarten, daß sich die Kreuzfahrer des Mittelalters frei genug fühlten, über diese Frage ebenso kritisch nachzudenken wie wir heute. Darum ist die Parabel des Juden Nathan ein typischer Gedanke der Aufklärung.

Aber ich meine, wir haben das Recht, die Kreuzzüge an dem Rat zu messen, den der Richter am Schluß der Ringparabel gibt: »Wohlan«, heißt es bei Lessing, »es eifre jeder seiner unbestochnen, von Vorurteilen freien Liebe nach! Es strebe von euch jeder um die Wette, die Kraft des Steins in seinem Ring an Tag zu legen . . . Und wenn sich dann der Steine Kräfte bei euren Kindes-Kindeskindern äußern: So lad ich über tausend tausend Jahre sie wiederum vor diesen Stuhl . . .«

VIII

Der Dritte Kreuzzug: Der Sieg des Sultans Saladin

Barbarossas Zug und Ende

Im Unterschied zum Fall von Edessa, der kaum Anteilnahme, dafür aber den Zweiten Kreuzzug auslöste, erregte der Fall von Jerusalem Aufsehen und Bestürzung, führte aber nur mit viel Mühe zu einem Kreuzzug: Jerusalem war bereits vier Jahre in der Hand Saladins, als die ersten entrüsteten Abendländer in Palästina eintrafen.

Das deutsche Heer hatte sich schon unterwegs aufgelöst, der französische König, den die Eroberungen seiner Landsleute vielleicht am meisten angingen, stritt sich ein wenig in Akkon herum, verzichtete auf Jerusalem und fuhr wieder nach Hause; und nur die Engländer, zum ersten Mal mit von der Partie, zeigten etwas Eifer, marschierten ein paarmal bis vor Jerusalem, ließen sich aber überreden, von einer Eroberung abzulassen, und segelten nach einem Jahr wieder ab, ohne Jerusalem auch nur betreten zu haben.

Der große Elan der ersten Jahre war aufgebraucht, obwohl das Grab Christi, das man unter so großen Opfern vor rund 90 Jahren erobert hatte, wieder in der Hand der »Ungläubigen« war. Der Glanz eines Königs von Jerusalem hatte keine hundert Jahre gedauert, obwohl es noch über hundert Jahre lang Könige von Jerusalem gab – leere Titel, die den Verlust nicht wahrhaben wollten, Könige ohne Hauptstadt, Herrscher ohne Land –, bis das bittere Ende kam und die letzten Ritter unter den Trümmern der Festung Akkon begraben wurden.

Auch dieses lange Hinsterben verdient erzählt zu werden, aber die Bögen werden straffer werden, die Katastrophen schneller folgen – einmal, weil die Chronisten wortkarger werden: Niederlagen sind kein Stoff für Heldenepen; zum anderen, weil es die Proportionen verschieben würde, wollte ich jetzt den Todeskampf einer Idee ebenso ausführlich beschreiben wie jene glanzvoll-schmählichen Jahre, in denen das Abendland seine Besitzungen im Orient erwarb und verspielte.

Müdes Präludium

Schon ein volles Jahrzehnt vor dem Fall Jerusalems gab es erneut Kreuzzugsgerüchte. 1177 hieß es, König Ludwig VII. von Frankreich und König Heinrich II. von England würden das Kreuz nehmen – aber nichts geschah. Sieben Jahre später schickte das Heilige Land sogar eine außerordentliche Gesandtschaft unter dem Patriarchen Heraklios von Jerusalem nach Europa, um Papst und Königen klarzumachen, daß man dem Islam hilflos ausgeliefert sei – aber die Herren zögerten noch immer.

Kaiser Barbarossa, grundsätzlich zu einem Kreuzzug bereit, geriet mit Papst Urban III. in Streit, und die Gesandtschaft reiste nach Frankreich weiter. Philipp II. August, mittlerweile König von Frankreich, nickte freundlich und schickte Heraklios nach England, wo schließlich Heinrich II. seinen guten Willen kundtat, aber die angetragenen Schlüssel der Stadt Jerusalem sofort zurückgab, so daß der Patriarch zornig ausrief: »Geld schickt uns das ganze Abendland, was hilft dies ohne einen Anführer? Uns wäre ein Mann lieber, der des Geldes bedürfte, als Geld ohne einen Mann.«

Erst nach der Niederlage bei Hittim und dem Fall Jerusalems im Jahre 1187, und nachdem Papst Gregor VIII. dazu aufgerufen hatte, nahmen die Könige von Frankreich und England und der deutsche Kaiser Barbarossa das Kreuz, ohne nun freilich gleich an den Aufbruch zu denken. Man hatte anderes zu tun: England und Frankreich führten miteinander Krieg, Barbarossa hatte seinen Streit mit dem Papst und den Fürsten, und aus Mißtrauen war keiner der drei bereit, ohne die beiden anderen loszuziehen.

Zudem brauchte man Geld und verordnete als erstes eine allgemeine Steuer von 10 Prozent auf alle Einkünfte und alles bewegliche Vermögen – den sogenannten Saladinszehnten, der die Kreuzzugsbegeisterung in Europa nicht gerade hob.

Barbarossas Aufbruch und Ende

Kaiser Friedrich I. von Hohenstaufen, wegen seines roten Bartes Barbarossa genannt, brach dann als erster am 11. Mai 1189 von Regensburg aus zum Kreuzzug auf, nachdem er sich ein Jahr zuvor auf der Fürstenversammlung zu Mainz unter dem Vorsitz Jesu – ein leerer Thronsessel war für Jesus Christus als dem eigentlichen Leiter der Versammlung aufgestellt – zum Kreuzzug entschlossen hatte.

Für den fast siebzigjährigen Kaiser war es der zweite Zug ins Heilige Land, und nach seinem Wunsche sollte er die Erfüllung seiner kaiserlichen Pflichten sein. Zu diesem Zwecke hatte er einen Boten an Saladin vorausgeschickt und den Sultan für den 1. November 1189 auf dem Felde von Zoan zur Entscheidungsschlacht bestellt.

Aber das deutsche Kreuzheer, begleitet von einem Erzbischof, acht Bischöfen, einem Herzog, nämlich Barbarossas Sohn Friedrich V. von Schwaben, drei Markgrafen und 29 Grafen aus allen deutschen Gauen, kam nach einigen Schwierigkeiten beim Durchzug durch Anatolien – es brauchte ein ganzes Jahr! – nur bis in die Ebene von Seleukia jenseits des Taurusgebirges. Als das Heer am 10. Juni 1190 über den Fluß Kalykadnos (heute Gök-Su) setzen wollte, um in Seleukia einzuziehen, ertrank Kaiser Barbarossa in den Fluten des Flusses, den wir unter dem Namen Salef kennen.

Was eigentlich passierte, weiß man nicht. Als das Heer den Fluß erreichte, lag Kaiser Barbarossa bereits tot am Ufer. Vielleicht hatte ihn ein Hitzschlag getroffen, als er sich im kalten Wasser erfrischen wollte, vielleicht hatte ihn die Strömung abgetrieben, vielleicht war sein Pferd ausgeglitten und hatte ihn mit seiner schweren Rüstung im Wasser versinken lassen – sein plötzlicher Tod blieb jedenfalls geheimnisvoll, und in der Legende ist er auch nicht gestorben, sondern sitzt in einer Höhle im Kyffhäusergebirge und wartet, um das Reich in höchster Not zu retten; eine Sage, die übrigens erst Jahrhunderte nach seinem Tod auf Barbarossa übertragen wurde und ursprünglich auf seinen Enkel, Friedrich II. von Hohenstaufen, bezogen war.

Der Tod des Kaisers Friedrich Barbarossa, der als letzter das Kreuz genommen hatte, als erster ausgezogen war und als Herrscher beim Kreuzzug den Tod fand, löste eine ungeheure Bestürzung aus. »O mare, o terra, o coelum« – o Meer, Erde und Himmel – klagte ein Chronist, und ein anderer schrieb: »An dieser Stelle und bei diesem traurigen Berichte versagt unser Griffel und verstummt unsere Rede.«

Das deutsche Kreuzfahrerheer – von Chronisten übertriebenerweise mit über 100000 Mann angegeben – verlor den Mut, denn, so der Historiker Runciman etwas boshaft: »Die Deutschen mit ihrem seltsamen Verlangen, einen Führer zu verehren, büßen für gewöhnlich ihren Kampfgeist ein, wenn der Führer verschwindet.« Tatsächlich beschlossen einige Fürsten, nach Europa zurückzukehren, und so löste sich das deutsche Heer auf, noch ehe es palästinensischen Boden betreten hatte.

Das war für Saladin die Rettung. »Hätte Allah nicht die Gnade gehabt«, schrieb der arabische Chronist Ibn al-Atir, »den Mohammedanern seine Güte dadurch zu zeigen, daß er den König der Deutschen in dem Augenblick zugrunde gehen ließ, wo er im Begriff stand, in Syrien einzudringen, schriebe man heute: Syrien und Ägypten haben einst dem Islam zugehört . . .«

Lediglich Herzog Friedrich V. von Schwaben zog mit einem kleinen Rest des Heeres und einem großen Essigfaß weiter nach Süden. Denn den toten Barbarossa hatte man, so makaber das ist, wie Mixed Pickles in Essig eingelegt, um ihn in der geweihten Erde des Heiligen Landes zu bestatten. Aber offenbar war der Essig schlecht oder die Methode nicht gut – Alexander den Großen hatte man beispielsweise nach seinem Tode kandiert, indem man ihn in Honig einlegte –, jedenfalls mußte man das Fleisch des Kaisers eilig in der Peterskirche von Antiochia bestatten, während man seine Knochen aufhob, um sie in Jerusalem beizusetzen, doch dazu kam es nicht. Man beerdigte die Gebeine Barbarossas in der Kathedrale von Tyros, und Kaiser Friedrich Barbarossa ist somit der einzige deutsche Kaiser, der in zwei Kathedralen beerdigt ist.

Ihm blieb dabei immerhin das Verfahren erspart, mit dem der auf Zypern verstorbene Landgraf Ludwig schließlich die heimatliche Erde erreichte. Sein Bruder ließ ihn nämlich nach dem üblichen Verfahren jener Zeit, wenn man einen Gefallenen nicht einbalsamieren konnte, wie ein Suppenhuhn im Wasser kochen, bis das Fleisch von den Knochen abfiel, so daß man Gebeine und das pulverisierte Herz nach Europa schicken konnte.

In Palästina spielte das deutsche Heer dann überhaupt keine Rolle mehr. Es kam bis Akkon und ging lediglich dadurch in die Geschichte ein, daß Lübecker und Bremer Bürger 1190 vor Akkon eine deutsche Hospitalgemeinschaft gründeten, die dann sieben Jahre später zum rein national ausgerichteten Deutschen Ritterorden wurde, dessen Ritter einen weißen Mantel mit einem schwarzen Kreuz trugen.

Richard Löwenherz und das halbierte Königreich

Richard Löwenherz und König Philipp

Das deutsche Kreuzzugsheer hatte sich nach dem Tode Kaiser Friedrich Barbarossas längst aufgelöst, als die verfeindeten Könige von Frankreich und England sich gerade erst in Vézelay trafen, dem burgundischen Wallfahrtsort, in dem Bernhard von Clairvaux vor 44 Jahren zum Zweiten Kreuzzug aufgerufen hatte.

Von da zogen die beiden Heere am 4. Juli 1190 aus, um auf dem Seewege nach Palästina zu gelangen. Nichts hätte sie – abgesehen vom hohen Fahrpreis – daran hindern können, spätestens im Herbst den bedrängten Christen im Nahen Osten zu Hilfe zu kommen. Statt dessen fuhren sie aber nach Sizilien, um dort erst einmal ein halbes Jahr lang zu überwintern.

Das französische Kreuzfahrerheer wurde von einem Herrn angeführt, der nach Ansicht des Chronisten »die Oberkleider auf eine törichte Weise nach vorn gezogen, und was ursprünglich zur Bedeckung des Hinterteils bestimmt war, zu entgegengesetztem Gebrauch anderer Teile herbeigezwängt« hatte und damit »den Bauch, nicht den Rücken mit Kleidern« behängt hatte. Es war dies König Philipp II. August von Frankreich, ein 25jähriger Jüngling, der an Anfällen von Todesfurcht litt, ein Herr im Westentaschenformat, der sich aber wenigstens mit einem trockenen Witz zu wehren wußte.

Sein Kompagnon, mit dem er sich ein halbes Jahr auf Sizilien herumstritt, war das pralle Gegenteil: Der 32jährige König Richard I. von England, Sohn Heinrichs II., aus dem Hause Anjou-Plantagenet, von den Engländern weltläufig Richard Cœur de Lion, also Richard Löwenherz, genannt, führte im Gegensatz zum depressiven Philipp August ein abenteuerliches Ritterleben mit dem Ergebnis, daß er von seinen zehn Regierungsjahren als König nur sechs Monate in England verbrachte.

Richard Löwenherz war ein Draufgänger, dessen Fehler und Erfolge gleichermaßen in seiner Unbedachtsamkeit und Rücksichtslosigkeit lagen. Das brachte ihm auch seinen Beinamen ein, den ihm die sizilianischen Normannen gaben, und sie meinten damit durchaus nichts

Gutes: Löwenherz war gleichbedeutend mit Erbarmungslosigkeit und erst in zweiter Linie mit Tapferkeit.

Die romantische Ader, den Sinn für Dichtkunst und Schwärmerei hatte er aus dem Hause Poitou, dem seine Mutter Eleonore von Aquitanien entstammte; wir kennen sie schon vom letzten Kreuzzug, damals allerdings noch als Gemahlin des französischen Königs Ludwig. Den politischen Verstand und Scharfsinn hatte er von seinem Vater, von beiden stammte das hitzige Temperament und der Eigenwille.

Richard Löwenherz, hochgewachsen, kräftig, mit rotblondem Haar und schönen Gesichtszügen – so jedenfalls die Chronisten –, war ein »Prachtkerl«; König Philipp August von Frankreich dagegen, auf einem Auge blind, geizig, treulos und wenig liebenswert, hatte es schwerer, die Sympathien zu gewinnen, obwohl er trotz seiner Jugend schon zehn Jahre lang König war.

Dieses ungleiche Gespann aus verfeindeten Ländern, das sich nach langen Kriegen ständig mißtrauisch beobachtete, war froh, als der gemeinsame Winter in Sizilien vorüber war. Nach Ende der Frühjahrsstürme segelte Philipp August von Frankreich am 30. März 1191 aus Messina in Sizilien ab und landete zwanzig Tage später, am 20. April, in Akkon – vier Jahre nach dem Fall von Jerusalem. Richard Löwenherz, der nur elf Tage später, am 10. April, von Sizilien aufbrach, kam erst zwei Monate später, am 8. Mai, in Akkon an, aber dafür hatte er im Vorbeisegeln durch Zufall ein neues Reich erobert, das länger bestehen sollte als die Kreuzfahrerstaaten.

Leute wie Richard Löwenherz machen noch aus einer Katastrophe etwas. Seine Flotte war bei einem Sturm auseinandergerissen worden, Löwenherz landete unvermutet auf Kreta, wo er gar nicht hinwollte, kam dann nach Rhodos, fand den Rest seiner Flotte in Zypern wieder, und eroberte, weil er nun einmal da war, in einem Monat die Insel, die dann bis 1489 unter der Herrschaft der französischen Lusignans stehen sollte.

Richard Löwenherz kam, sah und siegte, und so war es auch im Heiligen Land. Er war kaum in Akkon gelandet, als die Stadt, die man jahrelang vergeblich belagert hatte, schon einen Monat später, am 12. Juli 1191, in die Hände der Kreuzfahrer fiel und nun – nach dem Verlust Jerusalems – zur Haupt- und Regierungsstadt der »Könige von Jerusalem« wurde.

Um die Entwicklung im Heiligen Land zu verstehen, müssen wir jetzt noch einmal in den Juli des Jahres 1187 zurückkehren, wenige Tage nach der Schlacht von Hittim. Am 4. Juli 1187 war ein Mann in Akkon eingetroffen, den die mohammedanischen Chronisten später »einen wahren Dämon« nannten: »klug, wachsam und tapfer«.

Es war der Markgraf Konrad von Montferrat, der längere Zeit in Konstantinopel gelebt hatte, der es aber nach einem Totschlag ratsam fand, wieder ins Heilige Land zu gehen.

Als er in die Hafenstadt einfuhr, wunderte er sich, keine Glocken zu hören, die sonst ein christliches Schiff begrüßten, und keine Kreuze mehr auf den Kirchen zu sehen. Rechtzeitig merkte er noch, daß am Strand nur Araber und Türken standen: Die Stadt war vor drei Tagen von Saladin eingenommen worden, und im letzten Augenblick gelang es Konrad noch, wieder das offene Meer zu erreichen.

Verschreckt von der Neuigkeit, segelte er wieder nordwärts nach Tyros, fand dort die ebenfalls verschreckten geflüchteten Franken, die sich gerade Saladins Truppen ergeben wollten, und machte sich unter der Bedingung zu ihrem Anführer, daß man ihn zum Herrn von Tyros ernannte. Die Franken waren zu allem bereit, wenn ihnen nur einer sagte, was sie tun sollten, und nun leistete man Saladin Widerstand.

Dabei tat sich ein Ritter besonders hervor, den man den »grünen Ritter« nannte, weil er ein grünes Wappenschild und offenbar auch eine grüne Rüstung trug. Besonders fassungslos waren die Sarazenen, daß er auf dem Helm ein riesiges Hirschgeweih hatte, das von einer eisernen Kette umschlungen war – eine ebenso närrische wie geheimnisvolle Gestalt, die nie genau identifiziert worden ist. Leopold von Ranke, der große Historiker, hielt den grünen Ritter in seinem »Zeitalter der Kreuzzüge« sogar für den verkleideten Konrad von Montferrat, heute meint man, in ihm einen spanischen Ritter namens Sancho Martin zu kennen, andere glauben nicht einmal den Namen dieser seltsamen Gestalt zu wissen, dem Saladin ausdrücklich freies Geleit zusicherte, um sich diesen Ritter mit dem Hirschgeweih einmal aus der Nähe anzusehen.

Saladin, der diplomatische Wege vorzog, setzte nun im Kampf um Tyros eine psychologische Waffe ein: Er ließ einen alten Mann vor die Stadtmauer von Tyros führen und bot Konrad von Montferrat an, den

Alten freizulassen, wenn sich die Stadt ergäbe. Es war Konrads Vater Wilhelm, der bei der Schlacht von Hittim gefangengenommen worden war. Aber der Sohn blieb hart: Lieber wollte er auf seinen Vater schießen lassen als Tyros hergeben. Daraufhin zog Saladin ab, und Tyros blieb in den Händen der Franken.

Diese Festung, nur durch eine Landzunge mit dem Festland verbunden, ließ sich zwar längere Zeit halten, aber sie war keine Basis im Kampf gegen die Übermacht der Sarazenen. Deshalb schickte Markgraf Konrad von Montferrat den Erzbischof von Tyros nach Europa, um Hilfe zu holen.

Nun hätte Saladin in der Zwischenzeit mit Leichtigkeit die Franken vollkommen vertreiben und aushungern können – aber der Sultan war kein Feldherr und kein Kriegsmann. Seine Siege lagen meist auf moralischem Gebiet, und seine militärischen Erfolge waren mehr Allahs Wille als die Ergebnisse seiner Strategie. Außerdem kostete ein stehendes Heer Geld – und das hatte Saladin nicht.

So vertat Saladin hier militärisch eine Chance, weil sie zu nutzen nicht seiner Art entsprach: Warum sollte er kämpfen, wenn er andere auch durch unvermutete Güte überwinden konnte? So hatte Stephanie, die Witwe Rainalds von Châtillon, den Sultan um die Freilassung ihres Sohnes Humfried von Toron gebeten und ihm dafür die Übergabe von zwei Burgen versprochen. Saladin entließ Humfried, den Mann der Prinzessin Isabella, aber die Burgbesatzungen weigerten sich, ihre Festungen zu übergeben. Und nun tat Isabella etwas ganz Unvermutetes: Sie schickte ihren Humfried wieder zu Saladin in die Gefangenschaft zurück, denn sie hatte ja ihre Bedingungen nicht einhalten können. Saladin war im Recht, hatte Recht bekommen, ließ aber Humfried nach einigen Monaten ohne Gegenforderungen frei.

Das gleiche tat er mit Guido, dem König von Jerusalem. Er bot ihn der Stadt Askalon zur Auslösung an, aber die Bewohner von Askalon wollten lieber sterben als diesen König freikaufen und lehnten ab. So hatte Saladin das Recht, Guido weiter gefangenzuhalten. Aber auf Bitten der Königin Sibylle gab er ihn im Juli 1188, ein Jahr nach der Schlacht von Hittim, zusammen mit zehn Edlen, darunter dem alten Wilhelm von Montferrat, frei, nachdem sie versprochen hatten, den Nahen Osten zu verlassen und nicht mehr gegen Saladin zu kämpfen.

Doch Guido brach sofort sein Versprechen, denn die Geistlichen entschieden: »Ein Vertrag, welcher die Macht und die Religion der

Christen ganz vernichte, sei keineswegs zu halten.« Nun packte diesen König Guido, den keiner haben wollte, plötzlich der Stolz. Er zog nach Tyros, »und fing an zu schreien, man solle ihm öffnen« – aber Konrad von Montferrat dachte nicht daran.

So zog Guido, König ohne Land und ohne Heer, gegen den Rat aller im August 1189 nach Akkon, um eben jenen Saladin zu bekämpfen, dessen Güte er seine Freiheit verdankte. Am 28. August besetzte er einen Hügel vor Akkon und begann die Belagerung, die zwei volle Jahre dauern sollte, weil beide Seiten zu lustlos waren, um eine Entscheidung herbeizuführen.

Es kam zu zahlreichen nutzlosen Kämpfen, deren Ergebnis allerdings verblüffend war: »Da die Angriffe unaufhörlich von beiden Seiten geführt wurden«, schreibt Baha ad-Din, ein arabischer Chronist, »hatten sich die Christen und die Moslems schließlich einander dadurch genähert, daß sie sich kennenlernten und miteinander Gespräche führten; wer müde war, legte die Waffen ab und mischte sich unter die anderen; es wurde gesungen und getanzt, und man gab sich der Freude hin; kurz, die beiden Parteien wurden Freunde, bis einen Augenblick danach der Krieg wieder begann . . .« Und ein anderer Chronist beklagt sich bitter: »Die Moslems sind schlaff, mutlos, gleichgültig, gelangweilt, mit Stumpfheit geschlagen, ohne Eifer für die Religion«, und mancher mohammedanische Glaubensheld wechselte in das Lager der Franken über, weil er den Reizen fränkischer Damen nicht widerstehen konnte.

Die Idylle wurde infolgedessen im Herbst 1190 nicht etwa durch Kriegshandlungen, sondern durch Hungersnot und Seuchen im christlichen Lager gestört, während in Saladins Lager bei Akkon allein »in einer einzigen Küche 24 Kochtöpfe waren, von denen jeder ein ganzes Schaf fassen konnte«, sowie 7000 Läden voll mit Lebensmitteln.

Opfer dieser Seuche war auch Königin Sibylle, und da ihre Kinder kurz zuvor ebenfalls an der Seuche gestorben waren, war nun ihre Schwester Isabella die Erbin des Königreiches, denn Guido war ja rein rechtlich nur Sibylles angeheirateter Prinzgemahl. Andererseits war es nicht ganz klar, ob Guido nicht doch die Krone beanspruchen würde. Um dies zu verhindern und den unfähigen Guido endlich ganz loszuwerden, beschlossen die Edlen des Landes, Isabella mit einem vernünftigen Mann zu verheiraten, der imstande wäre, die Reste des Königreiches zu regieren. Der geeignete Mann war auch schon gefunden: Es war

Konrad von Montferrat, der erkannte, daß »Guidos Persönlichkeit bekanntlich den Mangel des Rechtes nicht ersetzen könne«.

Nun besaß leider auch Konrad von Montferrat einen kleinen Mangel des Rechts: Er war nämlich schon verheiratet, und zwar mit der griechischen Prinzessin Theodora, der Schwester des Kaisers Isaak von Byzanz, und Gerüchte wollten wissen, daß er außer in Konstantinopel auch noch in Italien eine rechtmäßig angetraute Gattin habe. Doch weil Italien und Konstantinopel weit weg waren und man dringend einen König brauchte, stieß sich auch die hohe Geistlichkeit nicht an solchen Kleinigkeiten.

Schließlich war ja auch Isabella verheiratet: Es war, wie man sich vielleicht erinnern wird, Humfried von Toron, der die damals Elfjährige geheiratet hatte und dann 1186, zum Gegenkönig gegen Guido gewählt, einfach ausgerissen war. Inzwischen war Isabella 18 und Humfried 24.

Aber weil er »an Gestalt, Sinn und Sitten eher ein Weib als ein Mann« war und weil er Isabella »vor ihrem mannbaren Alter wider ihren Willen geheiratet« habe, überredete man den tatsächlich etwas weibischen, wenn auch kultivierten und klugen Humfried, seine Ehe annullieren zu lassen, und bald fand sich auch ein Bischof, der sich über alle Bedenken hinwegsetzte und unter dem Protest anderer Bischöfe Isabella und Konrad von Montferrat am 24. November 1190 traute.

Konrads Hauptaufgabe bestand zunächst einmal darin, für Nachkommenschaft zu sorgen, damit das Königshaus nicht ausstarb. Und was man bei Humfried vergeblich erwartet hatte, traf hier dann auch prompt ein: Im folgenden Jahr bekam die 19jährige Isabella eine Tochter, die man nach ihrer byzantinischen Großmutter Maria nannte.

Akkon wird erobert

Aber noch bevor das Königskind geboren war, und bevor man Gelegenheit fand, Isabella und Konrad zu krönen, waren die beiden Kreuzfahrerheere aus Frankreich und England in Akkon eingetroffen, hatten im Juli 1191 die Stadt erobert und Saladin zu Geldlieferungen und zur Übergabe zahlreicher Geiseln gezwungen.

Richard Löwenherz und König Philipp August von Frankreich zogen in Akkon ein, stritten sich um die Quartiere und darüber, ob nun der unfähige Guido oder Konrad von Montferrat König sein sollte. Richard Löwenherz war für Guido, also war Philipp August für Konrad von Montferrat, schließlich einigte man sich darauf, Guido sollte bis zu seinem Tode König sein und Konrad und Isabella sollten ihm nachfolgen.

Nach diesem Kompromiß sah der französische König seine Aufgabe als Kreuzfahrer für beendet an und fuhr am 2. August 1191 mit der Begründung nach Hause, er müsse in Frankreich wieder einmal nach dem Rechten sehen. In Wirklichkeit war es Philipp August leid, auch nur noch einen Tag länger mit Richard Löwenherz zusammenzusein. Nach seiner schnellen Abreise, die ihm als Fahnenflucht ausgelegt wurde, da er ja schließlich aufgebrochen war, um Jerusalem zurückzuerobern und nicht Akkon, hatte Richard Löwenherz freie Hand und übernahm auch das Kommando über das französische Heer, das Philipp August zurückgelassen hatte.

Seine erste Tat war es, zunächst einmal 3000 Gefangene aus Akkon, mit denen er nichts anfangen konnte, durch seine Soldaten abschlachten zu lassen, die das auch mit großem Vergnügen taten, weil sie damit, wie der Chronist dankbar schreibt, ihre Kameraden rächen konnten, die vor Akkon gefallen waren. Ihre sicherlich zu hohe Zahl hatte ein arabischer Chronist notiert: »Wir erschlugen ihrer mehr denn 60000 während der zweijährigen Belagerung.«

Die Ermordung der Kriegsgefangenen war der christliche Dank dafür, daß Saladin während der Belagerung dem kranken König von Frankreich Hühnchen ins Lager geschickt hatte, damit er sich besser erholen könne, und der Ritter Wolfram von Eschenbach schreibt empört in seinem »Willehalm«:

»Ist das nicht Sünde, daß man die, die nie
kunde von der Taufe empfingen,
erschlug wie Vieh?
Ich spreche hierbei sogar von großer Sünde:
Weil *alle* Gottes Geschöpfe sind.«

Zwei Tage nach dieser Metzelei, am 22. August 1191, brach dann das Kreuzfahrerheer von Akkon auf, um Jerusalem zu erobern, begleitet von »guten, alten Pilgerinnen«, Arbeiterinnen und Waschfrauen, die, wie ausdrücklich vermerkt wird, »ebenso gut wie Affen Flöhe fangen können«.

Der Marsch ging an der Küste entlang: »Reiterei und Fußvolk der Franken«, heißt es in einer arabischen Chronik, »rückten am Strande vor; zur Rechten hatten sie das Meer, zur Linken unser Heer. Das Fußvolk bildete gleichsam einen Wall um die Pferde, die Männer waren mit leichten Brustharnischen aus Filz versehen und mit so dichten Panzerhemden, daß kein Pfeil hindurchdringen konnte ... Ich habe Soldaten gesehen, die bis zu einundzwanzig Pfeile am Körper hatten, ohne deswegen weniger leicht zu marschieren.« Und Ambrosius, ein Kreuzfahrer, erzählt: »Die Türken, diese Teufelsmenschen, tobten, weil wir in unseren Panzern gleichsam unverwundbar waren, und nannten uns ›die eisernen Männer‹.«

Aber was die Pfeile nicht erreichten, das bewirkte die Sonne: Viele der eisernen Männer kamen durch Hitzschlag in ihrem Harnisch um oder wurden ohnmächtig und blieben liegen, während das Heer mit dem Ruf »sanctum sepulchrum adiuva!« – »Hilf uns, Heiliges Grab!« weiterzog. Ende August erreichte das Heer Cäsarea und wurde immer stärker von Saladins Leuten angegriffen.

Am 7. September 1191, einem Sonnabend, kam es dann zu einer Schlacht südlich von Cäsarea bei Arsuf (heute etwa an der Stelle von Herzlia nördlich von Tel Aviv). »Vor den Emiren rückten Trompeter und Trommler vor«, heißt es in einem Kreuzzugsbericht, »schlugen auf ihre Trommeln und heulten dazu wie die Teufel: Man hätte Gott nicht donnern hören ...« Im christlichen Heer war kein Mann »so kühn, daß er nicht gewünscht hätte, seine Wallfahrt sei vorüber«.

Nach einem anfänglichen Durcheinander, bei dem Richard Löwenherz den anderen nur durch seinen persönlichen Einsatz Mut machen konnte, gingen die Kreuzfahrer zum Angriff über: »Ich selbst habe diese Ritter gesehen«, schreibt Baha ad-Din, »die von ihrem Fußvolk wie von einem Wall umgeben waren. Sie ergriffen ihre Lanzen, stießen wie aus einem Munde einen fürchterlichen Schrei aus, die Linien des Fußvolkes öffneten sich, um sie durchzulassen, und sie stürzten sich auf uns.«

Am Abend hatten die Kreuzfahrer gesiegt. Es war keine große oder entscheidende Schlacht gewesen, und die Verluste waren auf beiden Seiten gering. Aber es war für die Kreuzfahrer ein großer Auftrieb, der ihnen die Zuversicht gab, nun auch Jerusalem zu erobern.

Aber statt auf geradem Wege nach Jerusalem zu marschieren und die Stadt einzunehmen, bevor sie Saladin in Verteidigungsbereitschaft setzen konnte, zögerte Richard Löwenherz, richtete sich in Jaffa, dem alten Joppe, ein, ließ lebenslustige Damen von Akkon kommen und gönnte seinem Heer eine Ruhepause, die viele dazu benutzten, um still und heimlich nach Akkon zurückzukehren, denn, wie ein Chronist dichtete:

»... die Stadt war köstlich allerwege,
von guten Weinen und von Frauen;
sehr schöne gab es da zu schauen.
Nach Wein und Frauen die Männer gierten,
und toll daran sich delektierten.«

Aber obwohl Richard Löwenherz selbst nach Akkon fuhr, um seine müden Krieger zurückzuholen, hatte er offenbar gar nicht vor zu kämpfen. Er bot Saladin ganz schlicht und einfach Friedensverhandlungen an, ohne Jerusalem auch nur aus der Ferne gesehen zu haben. Er schickte unseren frisch geschiedenen Humfried von Toron als den Mann mit den besten Arabisch-Kenntnissen in Saladins Lager, forderte erst summarisch Palästina, Jerusalem und das Wahre Kreuz zurück, und nach Saladins Antwort, auch den Mohammedanern sei Jerusalem heilig, machte er am 20. Oktober 1191 ein geradezu unglaubliches und im höchsten Grade romantisches Angebot:

Richard Löwenherz schlug vor, Saladins Bruder Malik el-Adil sollte seine Schwester, die verwitwete Königin Johanna von Sizilien, heiraten. Dieses christlich-mohammedanische Paar sollte dann in einem neutralisierten, jedermann zugänglichen Jerusalem gemeinsam über das ganze Land herrschen.

Dieser Vorschlag ist so himmelweit von jeder Kreuzzugsideologie und jedem religiösen Fanatismus entfernt, daß man ihn für eine Erfindung halten möchte, aber er ist auf beiden Seiten von Chronisten bezeugt – ja noch mehr: Als Saladins Bruder von diesen Vorschlägen erfuhr, berichtet Baha ad-Din, »stellte er sich vor, sie könnten durchführbar sein«.

Auch Saladin »beeilte sich, sie als Grundlage zu billigen ...«, schreibt Baha ad-Din: »Dreimal wiederholte ich den Satz des Einverständnisses, und Saladin wiederholte ›Ja‹ und rief die Anwesenden zu Zeugen an.« Aber dann folgt bei Baha ad-Din ein Satz, der alles wieder zunichte macht: »Denn er wußte sehr gut, daß sich der König von England nicht daran halten werde, daß es von seiner Seite nichts anderes war als ein Schachzug und Spott.«

Mit diesem Satz wird meist bewiesen, daß Saladin nur zum Spaß auf dieses Angebot eingegangen sei, während er in Wirklichkeit eine solche »Mischehe« nicht befürwortet habe und als angeblich fanatischer Sunnit ja auch nicht befürworten konnte. Aber es scheint eher, daß er nur Richard Löwenherz mißtraute. Denn schon im Jahre 1173 war es Saladin, der Wesir von Ägypten, gewesen, der Friedrich Barbarossa mit einer seltsamen Botschaft überrascht hatte. Eine Abordnung Saladins schlug in Aachen schlicht und einfach vor, Barbarossa solle seine Tochter dem Sohne Saladins zur Frau geben, so daß dann Saladins Sohn zum christlichen König (!) gekrönt werden könne.

So abwegig war also der Ehevorschlag des englischen Königs nicht, und es scheint, daß auch Richard Löwenherz es offenbar ernst meinte, denn er machte auch seiner Schwester Johanna den Heiratsvorschlag, erhielt aber zur Antwort, sie werde um nichts in der Welt einen Muselman heiraten. Richard Löwenherz ließ daraufhin höflich bei Saladins Bruder anfragen, ob er unter diesen Umständen nicht vielleicht Christ werden wollte. Malik el-Adil sah sich freilich außerstande, dieses ehrenvolle Angebot anzunehmen, lud aber Richard Löwenherz zu einem rauschenden Fest ein, das in vollster Harmonie am 8. November in Lydda stattfand und mit zahlreichen Geschenken und gegenseitigen Freundschaftsbeteuerungen endete.

Was Richard Löwenherz aber nicht wußte, war, daß nicht weit von Lydda Sultan Saladin am gleichen Abend und zur gleichen Stunde mit einer Delegation des Markgrafen Konrad von Montferrat verhandelte, der hinter dem Rücken des Kreuzfahrerheeres ebenfalls Friedensverhandlungen angeboten hatte, sich vom Kreuzfahrerheer lossagen und Akkon zurückgeben wollte.

Von einer kriegerischen Eroberung Jerusalems war also weit und breit keine Rede mehr; Saladin konnte sich aussuchen, mit wem er weiterverhandeln wollte. Zusammen mit seinen Beratern entschied sich Saladin für Richard Löwenherz, der inzwischen seine Nichte Eleonore von Bretagne zur Heirat angeboten hatte; sie war sein Mündel, und er konnte sie ohne ärgerliche Einmischung des Papstes mit einem Mohammedaner verheiraten.

Es ist viel gerätselt worden, welche Seite hier ehrlich war und welche nicht und ob das phantastische Projekt dieser Heirat zu irgendeiner Zeit Chancen hatte, verwirklicht zu werden. Eine verbindliche Antwort darauf gibt es bis heute nicht. Mir scheint aber, daß Richard

Löwenherz sein Angebot ernst meinte, denn gegen den Widerstand vieler Kreuzfahrer, die darin eine Sünde sahen, kam er immer wieder darauf zurück. Ich könnte mir auch denken, daß Saladin die Sache anders angesehen hätte, wenn er nicht die mangelnde Vertragstreue der »Franken« gekannt hätte: »Auch wenn wir mit ihnen Frieden schließen, sichert uns nichts gegen einen verräterischen Angriff von dieser Seite«, sagte Saladin einmal während der Verhandlungen zu Ḅaha ad-Din, und: »Das Beste ist, nicht vom heiligen Krieg zu lassen, bis wir sie von der Küste vertrieben haben oder uns der Tod trifft« – Worte eines resignierenden Mannes, dessen Ritterlichkeit Richard Löwenherz mit der Abschlachtung von 3000 gefesselten Gefangenen von Anfang an mißachtet hatte, aber keine Aussage eines Glaubensfanatikers.

Man könnte darüber philosophieren, wie die Geschichte wohl verlaufen wäre, wenn damals die Europäer im Orient etwas mehr Ehrlichkeit und Ritterlichkeit und die Christen mehr Nächstenliebe und etwas weniger Überheblichkeit gezeigt hätten. Aber was er und seine Vorgänger verdorben hatten, konnte Richard Löwenherz nicht mehr retten: Die von ihm vorgeschlagene Lösung des »Palästinaproblems« wurde nie abgelehnt, kam aber auch nie zustande.

Man versteht aber jetzt die Unentschlossenheit, mit der Richard Löwenherz zweimal nach Jerusalem marschierte – zuerst im Winter 1191 und ein zweites Mal im Juni 1192 – und jedesmal kurz vor der Stadt wieder umkehrte, ohne sie angegriffen zu haben, obwohl die Kreuzfahrer jedesmal eifrig ihre Brustpanzer putzten, um in festlichem Glanz in die Grabeskirche einziehen zu können. Diese zögernde Haltung verursachte unter den Kreuzfahrern viel böses Blut, vor allem unter den Franzosen, denen allmählich auch das Geld ausging: Wieviel schönes Lösegeld – so die späte Reue – hätte man zum Beispiel für die sinnlos abgeschlachteten 3000 Sarazenen bekommen können ...

Inzwischen schleppten sich die Friedensverhandlungen hin. Am 20. März 1192 machte Saladin den Vorschlag, die Christen sollten behalten, was sie erobert hatten, sollten freien Zugang nach Jerusalem bekommen, dürften dort römisch-katholische Geistliche unterhalten und würden das Wahre Kreuz Christi zurückbekommen. Außerdem könnten sie Beirut in Besitz nehmen, nachdem es geschleift worden wäre.

Offenbar war Richard Löwenherz mit dieser Regelung einverstanden, zumal die Zeit drängte: Es waren Boten aus England mit schlechten Nachrichten eingetroffen, die Richards baldige Rückkehr notwendig machten. Trotzdem sollte es noch ein reichliches halbes Jahr dauern, bis er Palästina verließ.

Königin Isabella und ihre Männer

Zunächst lag ihm daran, vor seiner Rückkehr die noch offene Thronfrage zu lösen. Richard Löwenherz berief deshalb im April eine Ratsversammlung sämtlicher Ritter und Barone Palästinas ein und stellte sie vor die Wahl, Guido von Lusignan, den Gemahl der verstorbenen Sibylle, zu krönen, was sein eigner Vorschlag war – oder Konrad von Montferrat, Isabellas Mann. Doch nicht ein einziger der Anwesenden stimmte für Guido von Lusignan, und wohl selten ist ein unfähiger Regent so konsequent über Jahre hin abgelehnt worden wie Guido, dessen Heirat mit Sibylle im Jahre 1180 bereits als Unglück empfunden wurde. Aber hatte es schon wie ein Märchen angefangen, daß der jüngere und dumme Bruder aus einem unbekannten Geschlecht unter dem Hohngelächter seiner Brüder König von Jerusalem wurde, so endete es auch wie im Märchen: Guido von Lusignan wurde nach all den Demütigungen am Ende seines Lebens tatsächlich noch unumschränkter Herrscher und konnte regieren, wie es ihm gefiel.

Er hatte dies Richard Löwenherz zu verdanken, der sich schon Gedanken gemacht hatte, was er eigentlich mit dem zufällig eroberten Zypern anfangen sollte. Kurzentschlossen machte der König von England daher Guido von Lusignan nach seiner Wahlniederlage zum Herrscher über Zypern, wo Guido zwei Jahre später, 1194, starb.

Und nun ist es eine Ironie der Geschichte, daß durch den törichten Guido das Geschlecht der Lusignans, das sich von der Wassernymphe Melusine herleitete, am Ende doch unangefochten auf den Thron eines Königs von Jerusalem kam: Nach dem Tode Guidos wurde sein Bruder Amalrich zum König von Zypern gekrönt und erhielt durch Heirat zusätzlich Amt und Titel eines – Königs von Jerusalem.

Aber noch bevor Guido von Lusignan im Mai 1192 nach Zypern fuhr, hing sein Rivale, der Markgraf Konrad von Montferrat, schon »kopfüber in der Hölle«, wie der arabische Chronist die Ermordung Konrads triumphierend kommentierte.

Es ist dies eine dunkle und undurchsichtige Geschichte. Konrad hatte gerade einige Tage zuvor erfahren, daß man ihn einstimmig zum König von Jerusalem gewählt hatte. Am 28. April 1192, als seine Frau Isabella zu lange im Bade blieb, bekam er Hunger und ging den Bischof besuchen, um sich bei ihm zum Essen einzuladen. Auf dem Heimweg passierte dann das, was Imad ad-Din genüßlich so schildert: »Vor der Tür stand, wer seine Hoffnungen abschnitt. Er wurde eingeladen in die Hölle, wo . . . die Glut nach ihm ausschaute, der tiefste Grund des Feuers brannte, die Lohe loderte, die Flamme voll Erwartung züngelte. Der Augenblick war nah, daß der Abgrund ihn aufnahm und der Höllenofen mit ihm brannte. Die Schergenengel errichteten schon den unreinen Sitz, ihn zu quälen, und die sieben Tore der Hölle hatten sich schon weit geöffnet, begierig ihn zu verschlingen.« Daß er dann schon wenige Minuten später tatsächlich »tot war und kopfüber in der Hölle hing«, besorgten zwei Männer, die ihn unterwegs ansprachen, um ihm eine Bittschrift zu überreichen. Während Konrad von Montferrat sie las, wurde er mit der Bemerkung »Du wirst weder Markgraf sein noch König« niedergestochen und starb.

Nach der einen Variante war der Mord ein Racheakt der Assassinen, denn Konrad hatte kurz zuvor eines ihrer Handelsschiffe gekapert und nicht zurückgegeben. Einer der Mörder sagte dann auch aus, »der Alte vom Berge« habe sie geschickt, womit Scheich Sinan, das Oberhaupt der Assassinen, gemeint war.

Indessen geben arabische Quellen an, der Auftraggeber zu dem Mord sei der »König von England«, also Richard Löwenherz, gewesen – jedenfalls wurde das allgemein geglaubt, und auf seiner abenteuerlichen Heimreise wurde Richard Löwenherz dann auch von Herzog Leopold von Österreich in der Nähe von Wien unter dieser Anklage gefangengenommen und erst nach einem Jahr unter Zahlung einer gewaltigen Lösegeldsumme freigelassen. Aber das kann auch eine persönliche Rache Leopolds gewesen sein, denn Richard Löwenherz hatte ihn vorher bei anderer Gelegenheit gedemütigt.

Als dritter Verdächtiger wurde Humfried von Toron genannt, der frühere Ehemann der Isabella. Sie alle hatten ein Motiv, aber die Forschung nimmt allgemein an, daß Konrad von Montferrat den Assassinen zum Opfer fiel.

Auf jeden Fall war Thronfolgerin Isabella plötzlich Witwe, aber der Witwenstand hielt nicht lange an: Bereits zwei Tage nach der Ermordung ihres zweiten Herrn Gemahls war die 20jährige Isabella abermals verlobt und am 5. Mai 1192, eine Woche nach dem Mord, schon wieder verheiratet – eine Eile, die ihr manche übelnahmen.

Der Glückliche war ein junger Mann aus gutem Haus, nämlich Heinrich von Troyes, Graf von Champagne, der zwei Jahre zuvor ins Heilige Land gekommen war und den großen Vorzug besaß, gleichzeitig der Neffe König Philipp Augusts von Frankreich und des englischen Königs Richard Löwenherz zu sein, was ihn zum idealen Kompromißkandidaten machte. Die Chronisten erklären die pietätlos schnelle Heirat jedenfalls mit der Beliebtheit Heinrichs von Champagne: Das Volk habe ihn sofort als den neuen Gemahl Isabellas ausgerufen, und Heinrich und Isabella seien der Stimme des Volkes gefolgt.

Wie dem auch sei, Heinrich von Champagne ergriff die unvermutete Gelegenheit, König von Jerusalem zu werden, obwohl ihm Richard Löwenherz, der die Verbindung sehr befürwortete, noch vor der Verlobung mitteilte, Isabella erwarte ihr zweites Kind, und wenn das ein Junge sei, so werde dieses Kind die Krone erben und nicht er. »Und ich sitze dann mit der Dame da«, soll Heinrich daraufhin gesagt haben.

Doch Heinrich wurde ein guter König und ein verliebter Ehemann. »Bei meiner Seele«, schrieb Ambrosius, der Chronist, »es wäre mir ebenso ergangen, denn sie war wunderbar schön und bezaubernd. Schließlich heiratete er sie auch sehr gern.«

Aber Königin Isabella hatte wenig Glück mit ihren Männern. Im Jahre 1197, fünf Jahre nach ihrer Hochzeit, stand Heinrich von Champagne im Hof seines Schlosses am Fenster, als eine Abordnung ins Zimmer trat. Heinrich drehte sich um, verlor die Balance und fiel aus dem Fenster. Sein Hofzwerg wollte ihn halten, wurde aber mitgerissen. Zusammen stürzten sie auf das Pflaster im Hof und waren tot.

Vier Monate später, im Januar 1198, heiratet die 27jährige Isabella in unziemlicher Eile zum vierten Mal: Es war Amalrich, König von Zypern und nun Amalrich II. von Jerusalem, der Bruder des Guido von Lusignan, was die Ahnentafel vereinfachte, denn so hatten die Brüder Guido und Amalrich schließlich die Schwestern Sibylle und Isabella geheiratet.

Nach sieben Jahren hatte Isabella auch ihren vierten Mann verloren. Am 1. April 1205 starb König Amalrich II. von Jerusalem im Alter von etwa 50 Jahren in Akkon an übermäßigem Genuß von Goldbrassen. Isabella, von ihren vier Ehen abgesehen, eine der blassesten und schemenhaftesten Gestalten der Kreuzfahrerzeit, überlebte Amalrich nicht lange: Wir wissen nicht einmal ihren Todestag.

Sie hinterließ fünf Töchter: Maria von Montferrat, Alice und Philippa von Champagne und Sibylle und Melisende von Lusignan. Maria von Montferrat, erst 13 Jahre alt, wurde Königin von Jerusalem, während Isabellas Halbbruder Johann von Ibelin, der »alte Herr von Beirut«, die Regentschaft übernahm.

Die 19jährige Maria verheiratete man im September 1210 mit einem französischen Ritter aus der Champagne mit Namen Johann von Brienne, einem völlig verarmten und mittellosen Herrn im reifen Alter von 60 Jahren; er war der einzige gewesen, der sich breitschlagen ließ, König von Jerusalem zu werden. Er empfahl sich aber dadurch, daß ihm der König von Frankreich und Papst Innozenz je 40000 Pfund Silber als Mitgift mitgaben.

Zwei Jahre nach der Hochzeit starb Maria von Montferrat und hinterließ eine Tochter, die nach ihrer Großmutter Isabella hieß, aber meist Jolande genannt wurde. Es ist diese Jolande, die dann später mit 14 Jahren den Hohenstaufer Friedrich II. heiratete.

Der Waffenstillstand

Damit sind wir aber der Entwicklung ein ganzes Stück vorausgeeilt und müssen noch einmal in den Sommer des Jahres 1192 zurückkehren. Während sich die Friedensverhandlungen noch immer hinzogen, griff Richard Löwenherz im Mai aus heiterem Himmel die Stadt Daron (südlich des heutigen Gazastreifens) an und eroberte sie. Es war die letzte Hafenstadt, die Saladin besaß. Richard ließ die Besatzung von den Zinnen herunterwerfen oder führte sie in Gefangenschaft. Dann zog er im Juni noch einmal auf Jerusalem zu, bog aber vorher wieder ab, überfiel eine Karawane und kehrte dann nach Jaffa zurück, um wieder freundlich, wenn auch starrsinnig über den Frieden zu verhandeln. Unvermutet brach er dann nach Akkon auf, um von da aus Beirut einzunehmen und, Friedensvertrag hin, Friedensvertrag her, nach England zurückzusegeln. Er wurde in England gebraucht, und schließlich hatten die Christen im Heiligen Land mit Heinrich von Champagne wieder einen eigenen König, der ja weiterverhandeln konnte.

Saladin, noch immer über die letzten Raubüberfälle empört, nutzte die günstige Gelegenheit und griff am 27. Juli das schwach besetzte Jaffa an. Nach drei Tagen mußten sich die Christen ergeben, und wieder einmal war Saladin ritterlicher als die Ritter: Er versprach den Einwohnern von Jaffa, ihr Leben zu schonen.

Aber gerade im Augenblick der Übergabe tauchte im Morgengrauen unvermutet eine christliche Flotte vor Jaffa auf. Ein Priester sprang von der Zitadelle ins Meer und schwamm zu den Schiffen, um Hilfe zu erbitten. Daraufhin setzten die Schiffe am Fuße der Zitadelle auf Sand, ein Mann watete im flachen Wasser ans Ufer, die anderen folgten. Die Sarazenen wurden vollkommen überrumpelt. Die christliche Besatzung von Jaffa nahm den Kampf wieder auf, und in kurzer Zeit mußten Saladin und seine Leute Hals über Kopf fliehen. Jaffa gehörte wieder den Christen, und der Sieger war kein anderer als Richard Löwenherz, der zurückgekehrt war und wie ein Wilder in vorderster Reihe mitgekämpft hatte.

»Er war ein schlechter Sohn, ein schlechter Gatte und ein schlechter König gewesen«, schreibt Runciman, »aber ein kühner und großartiger Krieger« – und noch lange Jahre später drohten Sarazenenmütter ihren Kindern: Seid artig, König Richard kommt . . . und Richard Löwenherz selbst spottete: »Der Sultan ist ein großer Fürst, zweifellos der größte und mächtigste, den es heute im Islam gibt. Warum hat er sich bei meiner Annäherung zurückgezogen, bei Gott, ich kam nicht in Kriegsrüstung . . . ich bin gar nicht imstande, etwas zu unternehmen. Warum ist er geflohen?«

Aber Saladin kehrte zurück. Im Morgengrauen des 5. August, einem Mittwoch, hörte ein Soldat des Feldlagers vor der Stadt Waffenklirren und sah im Licht der ersten Sonnenstrahlen Waffen glitzern. Sofort wurde das Lager geweckt, und als Saladin und die Sarazenen vor dem Lager erschienen, war Richard Löwenherz bereit mit seinem kleinen Heer, das nur aus 54 Rittern, 15 Pferden und 2000 Mann Fußvolk bestand.

Die meisten hatten nicht einmal Zeit gehabt, ihre Rüstungen anzulegen und sich zu bewaffnen. Mit einem Knie am Boden, um festeren Halt zu haben, die Schilde wie eine Mauer vor sich in den Boden gerammt und die Lanzen schräg nach vorn gestreckt, um die anstürmenden Reiter aufzuspießen, erwarteten die Kreuzfahrer den Angriff. In sieben Wellen von je tausend Mann griffen die Sarazenen an, aber die

Bogenschützen, die hinter der lanzenstarrenden Schildwand standen, wehrten jedesmal den Angriff ab.

Am Nachmittag, als die Pferde der Sarazenen müde wurden, ging Richard Löwenherz seinerseits zum Angriff über. Auf einem Pferde sitzend, ritt er an der Spitze gegen den Feind. »Er stürzte sich unter die Türken«, heißt es in einem Bericht, »und spaltete ihnen die Schädel bis auf die Zähne. So oft stürzte er sich auf sie, brachte ihnen so viele Schläge bei und plagte sich so ab, daß ihm die Haut an den Händen davon platzte . . . doch er selbst, sein Pferd und dessen Harnisch waren so mit Pfeilen gespickt, daß er aussah wie ein Igel.«

Es stand schlecht um die Sarazenen, und am Abend gab Saladin auch auf. Aber er und sein Bruder Malik el-Adil blieben ritterlich bis zuletzt. Als das Pferd von Richard Löwenherz stürzte, schickten sie einen Mamelucken mit zwei prachtvollen arabischen Pferden durch das Kampfgetümmel und boten sie Richard Löwenherz an, »denn es gehört sich nicht für den König zu Fuß zu kämpfen«.

Es war die letzte Schlacht des Kreuzzuges. Wenige Wochen später, am 2. September des Jahres 1192, wurde der Waffenstillstand auf drei Jahre unterzeichnet oder, wie es bei einem Chronisten so schön heißt: »auf drei Jahre, drei Monate, drei Wochen, drei Tagen und drei Stunden«. Danach behielten die Christen den Küstenstreifen bis hinunter nach Jaffa, und Saladin behielt die Gebiete, die er dem Königreich Jerusalem nach der Schlacht von Hittim abgenommen hatte, einschließlich Jerusalem. Pilger durften jedoch ungehindert die heiligen Stätten besuchen, römisch-katholische Priester am Heiligen Grab, in Bethlehem und Nazareth die Messe lesen.

Es war der gleiche Vertrag, den Sultan Saladin Kaiser Friedrich Barbarossa schon vor Beginn des Kreuzzuges angeboten hatte. Man hätte sich den ganzen Kreuzzug und den Verlust von rund einer halben Million Kreuzfahrern sparen können, denn der Vertrag besiegelte den Status quo, der vor dem Kreuzzug bestand. Außer sinnlosen Opfern hatte das Unternehmen nichts eingebracht, nur daß Sultan Saladin seine Eroberungen nun auch noch schriftlich bestätigt wurden. So war Saladin am Ende der Sieger, als Richard Löwenherz am 9. Oktober 1192 das Land nach 16 Monaten wieder verließ, ohne Jerusalem betreten zu haben.

Saladins Tod

Ein halbes Jahr nach diesem Friedensschluß, der für einen heiligen Krieg nur Waffenstillstand heißen durfte, starb Sultan Saladin, der »edle Sarazene«, nach dem christliche Ritter sogar ihre Kinder nannten.

Und während Peter von Blois, der Archidiakon von London, ihn nur den »Hund aus Babylon«, den »Sohn des Verderbens« und das »bluttriefende Untier und Scheusal« nannte, das umgeben war von Soldaten, »welche sich zur Ermordung der Heiligen bereitet hatten«, erteilte Saladin einem seiner Söhne die Weisung: »Mein Sohn ... vergieße kein Blut ... denn vergossenes Blut kommt nie zur Ruhe. Suche dir die Herzen deines Volkes zu gewinnen und wache über seinen Wohlstand; denn darum bist du von Gott und mir eingesetzt, daß du um das Glück deines Volkes besorgt seiest. Versuche die Herzen deiner Minister, Edlen und Emire zu gewinnen. Wenn ich groß geworden bin, so deswegen, weil ich die Herzen der Menschen mit Freundlichkeit und Sanftmut gewonnen habe.«

Saladin starb in Damaskus im Alter von 55 Jahren. Er hinterließ 17 Söhne und eine Tochter, und das gesamte Vermögen, das man bei ihm fand, bestand aus 47 Dirham und einer Goldmünze.

Baha ad-Din berichtete: »In der Nacht auf Mittwoch, den 27. Safar 589, den zwölften Tag seiner Krankheit, verschlechterte sich der Zustand des Sultans ... er verbrachte die Nacht, ganz nahe dem Tode, mit Saih Abu Gafar, der an seinem Kopfkissen den Koran las und ihm den Namen Gottes, des Erhabenen, in Erinnerung rief. Seit dem Abend des neunten Tages hatte er das Bewußtsein verloren und es nur für Augenblicke zwischendurch zurückerlangt ... nach der Stunde des Morgengebetes am Mittwoch, dem 27. Safar 589 (4. März 1193) tat er den letzten Atemzug ...

Es war ein schwerer Tag, an dem jeder so sehr mit seinem eigenen Kummer, Schmerz und Weinen beschäftigt war, daß er auf nichts anderes achten konnte.

Unter diesen Umständen verzichtete man auf den Vortrag eines Dichters und die Rede eines Predigers. Seine Söhne gingen hinaus und flehten das Volk laut um Mitleid an, so daß man fast starb vor Schmerz bei ihrem Anblick ... dann wurde sein Leichnam gewaschen und mit dem Grabtuch bekleidet, aber wir konnten, während wir ihn herrichteten, nichts verwenden, was auch nur einen Pfennig wert gewesen wäre, ohne dafür borgen zu müssen . . .

Nach dem Mittagsgebet wurde er in einem Sarg hinausgetragen, der in einfaches Tuch gehüllt war . . . um die Stunde des Nachmittagsgebetes wurde er ins Grab gesenkt – Gott heilige seinen Geist und erleuchte sein Grab!«

Siebenhundert Jahre später war es ein Deutscher, der dem »edlen Sarazenen« seine Reverenz erwies und anstelle des halbzerfallenen Grabes neben der großen Moschee in Damaskus ein Mausoleum bauen und die Gebeine Saladins in einen Marmorsarkophag betten ließ. Über den Sarkophag ließ er eine silberne Lampe hängen, auf der man Saladins Namen lesen kann und den des Stifters: es war Wilhelm II. von Hohenzollern, der deutsche Kaiser.

IX

Der Vierte Kreuzzug: Die Perversion einer Idee

Die Christen erobern Konstantinopel

Spätestens mit dem Ende des Dritten Kreuzzuges war die ursprüngliche Kreuzzugsidee tot, die einmal zur Befreiung des Grabes Christi geführt hatte. Selbst der Verlust Jerusalems und des halben Königreiches hatte im Abendland nicht mehr bewirkt als einen gequälten Aufbruch, einen müden Krieg und ein erbärmliches Ergebnis, das den bestehenden Zustand in Palästina bestätigte, aber nicht änderte.

Trotzdem kam es noch zu einer ganzen Reihe von Kreuzzügen, von denen aber nur noch zwei ins Heilige Land führten; alle übrigen waren Kreuzzüge auf Abwegen: Drei richteten sich gegen Ägypten, einer gegen den christlichen Bundesgenossen, den Kaiser von Byzanz, und einer, der fatalste von allen, gegen die Albigenser in Südfrankreich.

Aber gerade die Perversion der Idee läßt erkennen, was latent von Anfang an in dieser Bewegung steckte. Hätte es nur die ersten drei Kreuzzüge gegeben, so könnte man, wenn auch mit einiger Mühe, von einer religiösen Bewegung sprechen. So aber wird deutlich, daß man heilige Kriege sagte, aber Machtinteressen meinte. Der Vierte Kreuzzug ist dafür ein erschreckendes Beispiel.

Vorspiel: Ein Kreuzzug des deutschen Kaisers Heinrich

Hier muß nun zunächst die Rede von einem Kreuzzug sein, den es nach der üblichen Zählung überhaupt nicht gibt und der daher selbst in Geschichtswerken wie dem Ploetz schlichtweg unterschlagen wird. Aber offensichtlich ist die sehr willkürliche mittelalterliche Zählung der Kreuzzüge nicht totzukriegen, ohne totale Verwirrung zu schaffen – ein Grund, warum auch ich mich in der Bezeichnung der Unternehmen nach der eingebürgerten Zählung richte. Dabei sollten wir uns aber einig sein, daß dies nur ein Tribut an die Tradition, nicht aber an die historische Wahrheit ist.

Dieses Unternehmen, das man gewissermaßen als den Kreuzzug zwischen dem Dritten und dem Vierten Kreuzzug bezeichnen kann, geht auf den deutschen Kaiser Heinrich VI. von Hohenstaufen zurück, den Sohn Friedrich Barbarossas und seiner normannischen Mutter.

Barbarossa hatte den 20jährigen Heinrich 1186 mit der 31jährigen Konstanze, der Tochter König Rogers von Sizilien, verheiratet, so daß Heinrich VI. zum Erben des Normannenreiches in Sizilien und Unteritalien wurde, als König Wilhelm II. von Sizilien 1189 kinderlos starb. Für den Ehrgeiz des 23jährigen, der schon als 18jähriger einen widerspenstigen lombardischen Bischof einfach verprügeln ließ, bot sich nun die Chance, eine Weltmonarchie zu errichten.

Der gefangene Richard Löwenherz mußte dem Kaiser den Lehenseid für England leisten, Leo II., der Fürst von Kleinarmenien, unter dem das kilikische Armenien seinen Höhepunkt erreichte, leistete 1194 freiwillig diesen Lehenseid. Als Heinrich VI. dann im gleichen Jahr zum König des süditalienischen Normannenreiches gekrönt wurde, war die universale Stellung des Kaisers erreicht: Er verlobte seinen Bruder, den König Philipp von Schwaben, mit Irene, der Tochter des byzantinischen Kaisers Isaak II. – eine Verbindung, die ihm Erbansprüche in Byzanz einbrachte und die für die Geschichte der Kreuzzüge daher noch ihre Folgen haben sollte. Mit dem Normannenreich übernahm Heinrich VI. auch das politische Erbe, dessen Ziel seit eh und je die Expansion im östlichen Mittelmeerraum war.

1195 nahm er darum, durchaus nicht nur aus frommen Gründen, das Kreuz und begann einen Kreuzzug ins Heilige Land vorzubereiten, nachdem Amalrichs Botschafter Rainer von Dschebail dem Kaiser 1195 in Gelnhausen bei Frankfurt für das Königreich Zypern gehuldigt hatte. Kaiser Heinrich schickte daraufhin als Oberlehnsherr ein Königszepter an Amalrich, und als er zwei Jahre später gekrönt wurde, war der Kanzler des deutschen Reiches, Bischof Konrad von Hildesheim, in Zypern anwesend.

Im August 1197 trafen dann die ersten Kreuzzugstruppen in Akkon ein. Kampfentschlossen um jeden Preis, drangen sie einfach nach Galiläa auf islamisches Gebiet vor, ohne auch nur in Akkon nachzufragen, ob das nötig oder opportun war – und es war tatsächlich das Dümmste, was sie tun konnten. Seit dem Waffenstillstand mit Saladin herrschte Frieden im Lande. Nach Saladins Tod war die sarazenische Großmachtstellung wieder im Streit zerfallen, und da der Kreuzfahrerstaat ebenfalls zu schwach war, um etwas zu unternehmen, kam man in diesem Gleichgewicht der Schwäche recht gut miteinander aus.

Der Einmarsch der Deutschen schreckte die Sarazenen auf, und sie begannen sich zu sammeln. Die bloße Nachricht davon löste andererseits unter den Kreuzfahrern eine panikartige Flucht zurück nach Akkon aus, wobei die Ritter in ihrer Hast das Fußvolk einfach im Stich ließen. Immerhin konnten sie, als sie sich wieder Mut zugesprochen hatten, im Oktober 1197 die Landverbindung zwischen Akkon und der Grafschaft Tripolis durch die Besetzung von Sidon und Beirut wiederherstellen, was ein wirklicher Erfolg war.

Nun traf aber die Nachricht ein, daß Kaiser Heinrich VI. am 28. September 1197 im Alter von 32 Jahren in Messina am Sumpffieber gestorben war, und der Kreuzzug, den der Kaiser eigentlich selbst anführen wollte, löste sich rasch auf. Er war zumindest nicht erfolgloser als der von zwei Königen angeführte Zweite Kreuzzug, über den die Chronisten so bombastisch berichtet hatten, daß man ihn weniger leicht übersehen konnte als den Heinrichs VI.

Aber das Gedankenspiel ist erlaubt: Wenn Heinrich VI. nicht plötzlich gestorben wäre, gerade als er seine große Kriegsflotte ausrüstete, um den eigentlichen Kampf in Palästina zu beginnen, so wäre es ihm vielleicht gelungen, sich durch diesen »Kreuzzug« zum Herrn der gesamten Christenheit zu machen. So aber brach das Lehenssystem unter der Hoheit des deutschen Kaisers zusammen. In Deutschland kam es zum Krieg der Fürsten untereinander, und in Sizilien stellte Konstanze nach Heinrichs Tod als Vormund ihres dreijährigen Sohnes Friedrich – dem späteren Friedrich II. – wieder eine nationale Herrschaft her, die unter päpstlicher Lehenshoheit stand, bis schließlich nach Konstanzes Tod 1198 der eben gewählte Papst Innozenz III. sogar die Regentschaft übernahm.

Der Kreuzzug der Armen

Es war der Ehrgeiz Innozenz' III., dem Papsttum wieder zu Ansehen und Macht zu verhelfen, und so tat er das, was allen neu ernannten Päpsten damals immer zuerst einfiel: er propagierte einen neuen Kreuzzug. Da aber bisher jeder Kreuzzug, der unter der Leitung eines oder mehrerer Könige gestanden hatte, durch Intrigen und persönlichen Ehrgeiz als Fiasko geendet hatte, wandte er sich ausdrücklich nicht an die Herrscher Europas, sondern an die Geistlichen und an die Adligen Frankreichs. Innozenz III. schwebte in Erinnerung an den einzig erfolgreichen Ersten Kreuzzug ein Kreuzzug der Armen vor, kein Eroberungszug von Königen. Aber wie schon bisher, war die Begeisterung gering, obwohl wortreiche Wanderprediger durch die Lande zogen. Erst als ein junger 22jähriger Adliger auf seinem Ardennenschloß Ecri an der Aisne im November 1199 seine Nachbarn und Freunde zu einem Turnier einlud und dabei über die Notwendigkeit eines Kreuzzuges sprach, kam es zu einem ersten Entschluß, das Kreuz zu nehmen.

Aber so uneigennützig war diese Werbung nicht: Der 22jährige Graf mit Namen Theobald war der Bruder jenes Heinrich von Champagne, der zwei Jahre zuvor in Akkon rückwärts aus dem Fenster gefallen war und Isabella damit – nicht zum ersten Mal – zur Witwe gemacht hatte.

Theobald und seine Freunde waren der Kristallisationspunkt des neuen Kreuzzuges, und man beschloß, mit einer Flotte der Seerepubliken in den Nahen Osten zu fahren. So kam es mit Venedig und seinem Dogen Enrico Dandolo, einem im biblischen Alter von über 90 Jahren stehenden Mann, zu einem regelrechten Chartervertrag, der mehr zur Perversion der Kreuzzugsidee beitrug als jeder Aberwitz eines naiven oder raffinierten Kreuzzugsführers. Venedig sagte zu, Schiffe und Verpflegung auf ein Jahr für 4500 Ritter, 9000 Knappen und 20000 Mann Fußvolk bereitzustellen und sich außerdem noch mit 50 Kriegsschiffen aktiv am Kreuzzug zu beteiligen. Dafür sollten die Kreuzritter 85000 Mark Silber zahlen.

Und schon begannen die Schwierigkeiten. Die erste war, daß plötzlich Theobald von Champagne starb und man einen neuen Anführer wählen mußte. Die Wahl fiel auf Bonifanz von Montferrat, den Bruder jenes Wilhelm Langschwert, der Isabellas Schwester Sibylle geheiratet hatte und nach kurzer Ehe gestorben war.

Als zweites bekam man nicht genug Kreuzfahrer zusammen, so daß der vorgesehene Reisetermin im April 1202 ungenutzt verstrich. Als sich das Heer mühsam in Venedig versammelte, stellte man fest, daß es insgesamt nur 10000 Menschen waren. Die Venezianer aber dachten nicht daran, den auf 35000 Menschen kalkulierten Fahrpreis herabzusetzen: Vertrag war Vertrag.

Aber nun machte der steinalte Dandolo einen Vorschlag: Die verbliebenen 34000 Mark Schulden konnten die Kreuzfahrer im Dienste Venedigs abarbeiten: Sie brauchten nur die von Venedig abgefallene Stadt Zara an der dalmatinischen Küste (heute das kroatische Seebad

Zadar) für Venedig zurückzuerobern. Waren die Kreuzfahrer dazu nicht bereit, so wurde die Summe von 34000 Silbermark sofort fällig.

Für die Kreuzzugsführung war die Lage eindeutig: Das Geld hatten sie nicht, also mußten sie Zara erobern. Das jedoch widersprach dem Kreuzzugsgelübde, das den Kampf gegen Christen ausdrücklich ausschloß – Zara aber war christlich.

Es kam zu Protesten unter den Kreuzfahrern. Aber im Oktober 1202 segelte die Flotte von Venedig ab, am 24. November wurde Zara erobert, und das Heer schlug das Winterquartier auf. Hier erreichte sie die Exkommunikation des Papstes, der über den Mißbrauch seines Kreuzzuges wütend, aber selbst nicht ganz unschuldig war: Man konnte von einem »Kreuzzug der Armen« nicht erwarten, daß sie ein Unternehmen finanzierten, das schon Könige an den Rand ihrer finanziellen Möglichkeiten brachte.

Mit Mühe erreichten die französischen und deutschen Kreuzfahrer die Aufhebung des Kirchenbannes, während die Venezianer gebannt blieben. Aber da der Papst damit nicht den Umgang mit den Venezianern verbot, machte er sich an den folgenden Entgleisungen mitschuldig. Die Venezianer störte der Kirchenbann nämlich gar nicht, solange sie ihre Ziele verfolgen konnten – und diese Ziele waren rein wirtschaftlich, denn, so Will Durant: »Der Handel folgte dem Kreuz, und vielleicht war das Kreuz vom Handel geleitet.«

War schon von vornherein von einem Kreuzzug ins Heilige Land keine Rede gewesen, sondern nach geheimen Absprachen von einem Feldzug nach Ägypten, was das einfache Kreuzfahrerheer zu seinem Entsetzen erst später erfuhr, so änderte man jetzt auch diesen Plan, denn Venedig lag nicht an einem Krieg mit Ägypten, zu dem man ohnehin Handelsbeziehungen hatte, während die Führer der Kreuzfahrer ganz richtig erkannt hatten, daß man zuerst einmal die Macht der Sarazenen in Kairo brechen mußte, wenn man im Heiligen Land Erfolg haben wollte.

Der Doge Dandolo, der trotz seines Alters den Kreuzzug munter mitmachte, wußte ein viel besseres Objekt, eine Stadt, wo ohnehin schon etwa 60000 italienische Kaufleute ansässig waren, ohne daß der Handel so lief, wie man es sich wünschte: Konstantinopel. Nachdem er dreißig Jahre zuvor als Mitglied einer Gesandtschaft in Konstantinopel in eine Schlägerei geraten war und dabei teilweise sein Augenlicht verloren hatte, mochte er die Stadt ohnehin nicht leiden und war nun gern bereit, mit Bonifanz von Montferrat über einen Kriegszug gegen die Hauptstadt des byzantinischen Reiches zu beraten.

Nun wäre es dem Dogen wohl nicht möglich gewesen, die Kreuzfahrer von ihrem Ziel abzubringen, obwohl der alte Haß der Franzosen gegen den »Verräter« Byzanz noch immer lebendig war, wenn nicht Byzanz selbst für einen Anlaß gesorgt und die Verwandtschaftsgefühle der Deutschen auf den Plan gerufen hätte: In Konstantinopel hatte man wieder einmal die Thronfolge mit Gewalt korrigiert, als der byzantinische Kaiser Isaak II. von seinem Bruder Alexios nach zehnjähriger Herrschaft gestürzt und geblendet wurde. Das war allerdings schon im Jahre 1195 gewesen, aber seitdem bemühten sich die mit Byzanz verwandten deutschen Herrscher, den gestürzten Isaak II. wieder einzusetzen. Bereits der deutsche Kaiser Heinrich VI. hatte mit einem bewaffneten Einmarsch in Konstantinopel gedroht, um Isaak II., den Schwiegervater seines Bruders Philipp, wieder auf den Thron zu setzen, und es ist lediglich dem Einspruch des Papstes zu verdanken, daß dies nicht geschah.

Seit dem Sturz Isaaks II. hielt dessen Bruder Alexios III. auch Isaaks Sohn gefangen, der ebenfalls Alexios hieß. Im Jahre 1201 gelang dem jungen Alexios die Flucht, und er begab sich zu König Philipp von Schwaben, der ja mit seiner Schwester Irene verheiratet war, und bat um Hilfe, nachdem der Papst nicht bereit gewesen war, für ihn einzutreten. Schwager Philipp dagegen wollte helfen, konnte aber selbst nichts tun. Da kam ihm die Idee, Bonifanz von Montferrat und seinen Kreuzzug für die Sache einzuspannen.

So tauchten im Winterquartier von Zara plötzlich Gesandte des Königs Philipp von Schwaben auf und überbrachten ein verlockendes Angebot: Wenn die Kreuzfahrer bereit wären, zunächst einmal nach Konstantinopel zu ziehen und Isaaks Sohn Alexios auf den Thron zu setzen, so wollte Alexios an Venedig die 34000 Mark Silber zahlen, die sie noch schuldig waren. Außerdem wollte Alexios ein byzantinisches Heer von 10000 Mann für den Kreuzzug bereitstellen und die Kosten für 500 Ritter übernehmen, die nach der Eroberung Jerusalems im Heiligen Land bleiben sollten.

Dieses Angebot stürzte den Kreuzzug in eine Krise. Wollten die einfachen Kreuzfahrer schon nicht nach Ägypten, so wollten sie erst recht nicht nach Konstantinopel: sie wollten ins Heilige Land. Dafür hatte man das Kreuz genommen und für nichts anderes. Auf der anderen

Seite: Wenn man durch den Umweg über Konstantinopel seine Schulden loswerden und sogar noch die Unterstützung von Byzanz für das heilige Unternehmen gewinnen konnte, so war das keine üble Sache.

Trotz heftiger Widerstände einzelner Gruppen beschloß man also, nach Konstantinopel zu ziehen, und dem einfachen Kreuzfahrervolk erzählte man, es sei nur recht und billig, den bekanntermaßen verräterischen Byzantinern, die nicht einmal den rechten römisch-katholischen Glauben hätten, nun endlich die vielen kostbaren Reliquien wegzunehmen, die sie in Konstantinopel gehortet hätten.

Im April 1203 brach dann das Heer mit dem inzwischen eingetroffenen Alexios nach Konstantinopel auf, aber in Korfu kam es noch einmal zu einem Aufstand. Die Hälfte der Kreuzfahrer wehrte sich entschieden gegen die unchristliche Richtungsänderung, und nur mit größter Mühe konnten Bonifanz und der alte Dandolo die Auflösung des Kreuzzuges verhindern. Am 24. Juni 1203 ging die Kreuzzugsflotte vor Konstantinopel vor Anker.

Der Sturm auf Konstantinopel

Es ist unendlich viel über diese Abirrung des Kreuzzuges geschrieben und gerätselt worden, ohne daß man bis heute anhand der Quellen schlüssig nachweisen kann, ob diese Entwicklung von vornherein beabsichtigt und geplant war oder ob sie sich zufällig so ergeben hat.

Für die Zufallstheorie spricht, daß man weder die Schulden noch die gelungene Flucht des Alexios voraussehen konnte, die ja überhaupt erst die Richtungsänderung motivierten; für die Intrigentheorie spricht, daß sowohl Venedig als auch Philipp von Schwaben schon längst vor Beginn des Kreuzzuges gegen Byzanz eingenommen waren und im Grunde nur die Gelegenheit nutzten oder förderten, die Uneingeweihte für Zufall halten konnten. Eigenartig ist auch das lange Stillschweigen des Papstes: Erst im Juni 1203 protestierte er dagegen, daß der Kreuzzug Richtung auf Konstantinopel nahm, obwohl er seit einem Jahr die Pläne des Alexios kannte und sicherlich über die Entwicklung im Winterquartier orientiert war. Sicher ist jedenfalls, daß die Sache sich ganz im Sinne des Dogen von Venedig, des alten Dandolo, entwickelte und daß die Kreuzfahrer zum großen Teil gar nicht begriffen, für was sie eigentlich eingespannt und mißbraucht wurden.

Einen Monat nach ihrer Ankunft griffen die Kreuzfahrer Konstantinopel an, nachdem es ihnen gelungen war, die Kette zu sprengen, die die Hafeneinfahrt versperrte. Kaiser Alexios III. verlor den Kopf und floh, aber die dänische und englische Garde verteidigte die Stadt und hielt sie. Nun war aber der Weg dafür frei, anstelle des geflüchteten Alexios III. den Sohn Isaaks als Alexios IV. einzusetzen, der jetzt zusammen mit seinem Vater regierte. Damit war der Auftrag in Konstantinopel erledigt, und der Kreuzzug hätte sich seiner eigentlichen Aufgabe, der Befreiung des Heiligen Landes von den Sarazenen, zuwenden können.

Doch im nächsten Frühjahr lagen die Kreuzfahrer noch immer vor Konstantinopel: Sie warteten auf ihr Geld, das ihnen Alexios IV. versprochen hatte. Aber der junge Kaiser, bei der Bevölkerung wenig beliebt, war außerstande, die Summe zu beschaffen. Als er dann Anfang 1204 bei einem Aufstand zusammen mit seinem Vater ermordet wurde, standen die Kreuzfahrer noch immer mit ihrem Schuldenberg da.

Nun wurde der Kreuzzug vollends ein Raubzug. Die Kreuzfahrer, die bisher in der Vorstadt Galata gelebt hatten, beschlossen, die Stadt ein zweites Mal zu berennen und sich zu beschaffen, worauf sie ein Anrecht zu haben glaubten. Vor allem die Venezianer drängten auf eine Eroberung und schlugen vor, einen Herrscher des Abendlandes zum Kaiser von Byzanz zu machen.

Und so begann man, noch bevor Konstantinopel erobert war, einen westlichen oder – im damaligen Sprachgebrauch – lateinischen Kaiser zu suchen und die Beute aufzuteilen. Das war alles bereits im März geregelt, aber dann dauerte es noch einmal einen Monat, bis es gelang, die Stadt am 13. April 1204 einzunehmen.

Die Plünderung

Damit war Konstantinopel zum ersten Mal in seiner 900jährigen Geschichte von einem Feind erobert worden – und daß es nicht die Araber oder Türken oder andere »Heiden« waren, sondern Christen, ist eine traurige Ironie der Geschichte.

Und nun begann eine Plünderung ohnegleichen, die auf barbarische Weise mehr Kunstschätze und kulturelle Werte vernichtete als die Türken bei der Eroberung im Jahre 1453. Was sich in dieser Stadt christlicher Zivilisation in 900 Jahren an Werten und Schätzen angesammelt hatte, wurde weggeschleppt oder sinnlos zerstört. Nichts wurde verschont. Alles, was glitzerte oder glänzte, wurde von der tobenden Meute der Kreuzfahrer eingesteckt, und was sie nicht wegtragen konnten, zerschlagen und zunichte gemacht. Dreimal brach ein Feuer aus, Frauen wurden vergewaltigt, Menschen ermordet.

In der Hagia Sophia fetzten betrunkene Soldaten die seidenen Wandbehänge herunter, rissen den großen silbernen Altarschirm in Stücke, trampelten auf Heiligenbildern und kostbaren Bibeln herum, tranken aus Abendmahlskelchen, während sich eine französische Hure auf den Thron des Patriarchen setzte und unanständige Lieder grölte und die Kreuzfahrer auf den Altären würfelten. Der Vandalismus vor allem der Franzosen und Flamen kannte keine Grenzen. An die 2000 Bewohner wurden ohne jeden Grund umgebracht, ganze Bibliotheken verbrannt, unwiederbringliche Texte aus der Antike zerstört.

Auch die Geistlichen langten zu, wenn auch weniger nach Gold und Silber. So bedrohte Abt Martin aus Frankreich einen verstörten Priester in der Pantokratorkirche mit dem Tode und verlangte Reliquien. ».. . und er tauchte beide Hände eilig und begehrlich hinein, und kräftig geschürzt wie er war, füllte er den Bausch der Kutte mit dem heiligen Kirchenraub«, schreibt ein Beobachter und zählt dann auf, was der Abt fortschleppte: eine Spur vom Blute Christi, ein Stück vom Wahren Kreuz Christi, ein ziemlich großes Stück des heiligen Johannes, einen Arm des heiligen Jakobus, einen Fuß des heiligen Kosmas, einen Zahn des heiligen Laurentius sowie weitere Reliquien von 28 männlichen und acht weiblichen Heiligen sowie Steine von 16 heiligen Stätten – und Abt Martin war nicht der einzige.

Der Reichtum Konstantinopels wurde über die ganze Welt verstreut. Wer heute einen byzantinischen Reliquienschrein aus Konstantinopel sehen will, muß in die kleine Stadt Limburg an der Lahn reisen, wer byzantinische Kirchengefäße und Kelche betrachten möchte, findet sie unter anderem in Venedig, wo seitdem auch die berühmte Bronzequadriga das Hauptportal von San Marco krönt, die einst Kaiser Augustus von Alexandria nach Rom und Konstantin der Große von dort in seine neue Hauptstadt am Bosporus gebracht hatte.

In keiner Stadt der Welt sei seit der Erschaffung der Welt so viel Beute gemacht worden wie hier, schreibt ein Chronist, und Niketas

Choniates, ein anderer Geschichtsschreiber, meinte am Ende der sinnlosen Zerstörung, selbst die Sarazenen wären barmherziger gewesen, als sie Jerusalem eroberten.

Aber keiner der Kreuzfahrer hatte ein schlechtes Gewissen, und von einem Zug ins Heilige Land war keine Rede mehr. Der Kreuzzug hatte – rund hundert Jahre nach dem großen Aufbruch – sein erbärmliches Ziel und Ende im Sieg über die Glaubensgenossen gefunden.

Das lateinische Kaisertum von Konstantinopel

Einen Monat später, am 16. Mai 1204, wurde unter orientalischem Gepränge, aber nach lateinischem Ritus, ein westlicher Herrscher als Kaiser von Byzanz eingesetzt und das »lateinische Kaisertum von Byzanz« gegründet, das mehr als ein halbes Jahrhundert bestehen sollte.

Der neue Kaiser war aber nicht Bonifanz von Montferrat, der als Führer des Kreuzzuges allgemein als Favorit galt und der schnell noch zur Bekräftigung seines Anspruches die Witwe des ermordeten Kaisers Isaak II., die Ungarin Margarethe, geheiratet hatte – auch nicht König Philipp von Schwaben, der auch im Gespräch war, sondern ein unbekannter, aber vornehmer und reicher Franzose: der Graf Balduin IX. von Flandern und Hennegau, der von den Venezianern protegiert wurde, weil er so angenehm schwach und gefügig schien.

Ihn führte man in der ehrwürdigen Hagia Sophia vor den Altar, »nahm ihm den Mantel ab, dann das Pallium (den Krönungsmantel), und er blieb im einfachen Rock. Man knöpfte die goldenen Knöpfe vorn und hinten auf, und als er bis zur Brust nackt war, schritt man zu den Salbungen. Nach der Salbung schloß man die goldenen Knöpfe wieder, reichte ihm das Pallium, dann den Mantel, den man auf der Schulter zuhakte. Als er so gekleidet war, nahmen zwei Bischöfe die Krone vom Altar, die anderen Bischöfe traten hinzu, und alle zusammen nahmen die Krone, segneten sie, weihten sie und setzten sie ihm aufs Haupt.«

Auf dem Thronstuhl Konstantins, des Gründers dieser Stadt, nahm er dann die Huldigungen eines Kaisers von »Romania« entgegen, der nach byzantinischem Vorbild alle lateinischen Urkunden mit griechischen Buchstaben und mit roter Tinte unterschrieb, obwohl Französisch als Staatssprache eingeführt war.

Das lateinische Kaisertum von Byzanz war und blieb ein seltsamer Zwitter bis hinein in das kaiserliche Siegel, das einen abendländischen Kaiser mit Mantel, Zepter und Reichsapfel, aber mit griechischer Krone und griechischer Inschrift zeigte, während auf der Rückseite des Siegels ein galoppierender, gepanzerter Kaiser mit gezogenem Schwert und flandrischem Löwen auf dem Schild abgebildet war.

Man könnte diese ganze Episode hier auslassen, wenn sie nicht ihre weitreichenden Auswirkungen in unserer Geschichte gehabt hätte. Den Venezianern brachte dieser Kreuzzug die Vorherrschaft über den gesamten Osthandel, und wo auch immer man heute auf einer griechischen Insel ein altes Kastell besichtigt, man findet die venetianischen Löwen eingemeißelt – bis hin zum Löwentor in Jerusalem, das vom venezianischen Wappentier seinen Namen hat.

Den französischen Grafen brachte sie die Vorherrschaft über den europäischen Teil des byzantinischen Reiches, vor allem Griechenland; und im achäischen Mistra bei Sparta, einer Gründung des Kreuzzugsfahrers Gottfried von Villehardouin, residierte Konstantin Palaiologos, der letzte Kaiser von Byzanz, bevor er im Kampf gegen die Türken vor den Stadttoren Konstantinopels fiel.

Es ist das gleiche Mistra mit seiner hohen Zwingburg, in der eine berühmte symbolische Stelle der Weltliteratur spielt, von der man zumindest den Ausspruch des Burgwächters Lynkeus kennt: »Zum Sehen geboren, zum Schauen bestellt . . .«: In dieser Burg eines Franzosen aus dem lateinischen Kaiserreich von Byzanz in Griechenland hat nach dem Willen Goethes Faust seine Helena geheiratet.

Seltsamerweise hat dieses halbe Jahrhundert westlicher Vorherrschaft in Byzanz mehr Spuren in Kultur, Architektur und Philosophie in unserer westlichen Geschichte hinterlassen als die zweihundert Jahre des Königreiches von Jerusalem.

Im Jahr 1261 übernahm das byzantinische Geschlecht der Palaiologen wieder die Herrschaft in Byzanz und herrschte länger als je eine Familie in Byzanz: Erst mit der Eroberung Konstantinopels durch die Türken im Jahre 1453 fand auch sie ein Ende.

Der Kreuzzug gegen die Albigenser

Fünf Jahre nach dem Kreuzzug gegen das christliche Konstantinopel kam es im Jahre 1209 zu einer zweiten bewaffneten Wallfahrt gegen Christen, die noch viel beschämender war.

In Südfrankreich hatte sich im 12. Jahrhundert zwischen Toulouse und Montpellier eine christliche Reformbewegung gebildet, die in vielem auf das Urchristentum zurückging. Ihre Anhänger, nach der südfranzösischen Stadt Albi »Albigenser« genannt, lebten ein Christentum der absoluten Gewaltlosigkeit, lehnten die Heiligenverehrung ab und sahen in der Kirche und ihrer Hierarchie ein allmählich gewachsenes Hindernis, um zum wahren christlichen Leben zu kommen.

In ihrer Unbedingtheit, das auch zu leben, was sie glaubten, fanden sie riesigen Zulauf, so daß sogar Bernhard von Clairvaux bemerkte, die Kirchen blieben leer, wenn die Albigenser woanders predigten. Aber eben diese Unbedingtheit erschreckte die Kirche: Die Albigenser lehnten wie Jesus den Eid ab, lebten in vollkommener Enthaltsamkeit und verzichteten auf Fleisch. In Anlehnung an das Judentum Jesu bestritten sie aber unter anderem auch die Gottessohnschaft Jesu und lehnten die Sakramente ab, womit sie gegen die Kirchenlehre verstießen. Vieles an den Albigensern macht uns heute den Eindruck von sektiererischer Einseitigkeit, weil wir uns angewöhnt haben, Gut oder Böse nach den Maßstäben der sanktionierten Kirchen zu beurteilen, deren Entwicklung ja aber oft nicht weniger einseitig vom Urchristentum weggeführt hat.

Daß die Albigenser aber wenigstens den Versuch ernst nahmen, zum ursprünglichen Christentum zurückzukehren, wissen wir von einer anderen Reformbewegung, die kaum 300 Jahre nach dem Tode Jesu eingesetzt hatte und die die gleichen Ziele wie die Albigenser in einer Zeit verfolgte, als die junge Kirche gerade begann, ihre kirchliche Hierarchie aufzubauen. Von diesen Anhängern der »reinen« Lehre – daraus abgeleitet nannte man sie die Katharer, woraus dann das Schimpfwort »Ketzer« entstand – leiteten sich die Albigenser her.

Die Christen in Südfrankreich und Italien, wo die Waldenser ähnliches lehrten, empfanden die Albigenser aber nicht als Ketzer, sondern meinten, daß man den wahren Glauben an den Früchten erkenne. Selbst die Feudalherren, wie die Herren von Toulouse, bekundeten öffentlich ihre Sympathie für die Albigenser. Der Kirche freilich konnte das alles nicht recht sein und vor allem nicht Papst Innozenz III., der in seinem Streben nach Machtvollkommenheit in einer utopischen »christlichen Republik« am Ende auch die Eroberung des christlichen Konstantinopel durch die Christen guthieß.

Als dieser Papst Innozenz III. im Jahre 1198 am Tag seiner Salbung predigte, hatte der 37jährige einen Text aus dem Alten Testament gewählt, der nun bestimmt nicht auf einen Stellvertreter Christi auf Erden gemünzt war, den er aber auf sich bezog: »Also habe ich dich am heutigen Tage über die Völker und über die Königreiche gesetzt, auf daß du ausreißest und zerstreuest und aufrichtest und pflanzest . . .« – und danach handelte er.

Allerdings zögerte er zehn Jahre lang, gegen die Albigenser vorzugehen. Aber nach dem Kreuzzug gegen das christliche Byzanz bedurfte es nur der Ermordung eines päpstlichen Legaten, durch einen »Katholiken« – kein Albigenser! –, damit Papst Innozenz III. zum Kreuzzug gegen die Albigenser aufrief.

Führer des Kreuzzuges wurde Arnald (Amalrich), der Generalabt von Cîteaux und Legat des Papstes, der das »Glaubensheer« am 22. Juli 1209 vor die Stadt Béziers führte und die Herausgabe der Albigenser forderte. Die Stadt verweigerte aber die Auslieferung der »guten Leute«, wie sie allgemein genannt wurden, so daß Arnald den Sturm auf die Stadt befahl. Und mit dem berühmten, wenn auch vielleicht legendären Ausspruch des Abtes: »Tötet sie nur alle getrost, Gott wird die Seinen schon erkennen!« wurde die gesamte Einwohnerschaft niedergemacht. Es waren rund 20000 Menschen – eine Zahl, die Arnald stolz dem Papst meldete, um dann nach dem Blutbad ein Tedeum anzustimmen.

Es war ein eigenartiger, fast gespenstischer Krieg, den der Abt dann weiterführte, denn seine Gegner, die Albigenser, blieben ihrem Glauben treu und rührten keine Waffe an. Sie lebten gewaltlos und gingen auch im Tode nicht davon ab: Sie ließen sich ohne Widerstand töten und starben mit Lobliedern auf den Lippen. Aber für die »guten Leute« wagten andere ihr Leben und kämpften für sie, und so entstand aus dem einjährigen Kreuzzug ein Krieg, der am Ende zwanzig Jahre dauerte, auch wenn er schon nach kurzer Zeit vom Kreuzkrieg zum national bestimmten Eroberungskrieg der französischen Fürsten und Lehensherren untereinander wurde.

Aber die Kirche fand ihre eigenen Mittel, die Albingenser zu fassen. So mußte sich zum Beispiel der Graf von Toulouse verpflichten, zwei Jahre lang jedem zwei Silbermark – später dann eine Silbermark – zu zahlen, der einen Ketzer festnahm, »sofern dieser dann von der zuständigen Obrigkeit verurteilt wird«. Aber auch das Denunziantentum konnte die Albigenser nicht ausrotten. Auch wenn zwei Silbermark für den einfachen Mann damals ein kleines Vermögen waren – wer wollte schon die »guten Leute« anzeigen.

Darum ging man von der zufälligen Anzeige zur systematischen aktiven Fahndung über, die Papst Gregor IX. den Bettelorden als einer Art geistlicher Polizei übertrug. Nach der lateinischen Bezeichnung dieser Befragungsaktion kennen wir dieses traurige Kapitel Kirchengeschichte unter dem Namen der Inquisition, die der Papst 1233 dann in die Hände der Dominikaner legte.

Die Inquisitoren waren Wanderprediger, die zugleich Richter waren. Kamen die Mönche in ein Dorf, so hielten sie zuerst eine öffentliche Predigt und gewährten den Bewohnern eine »Gnadenfrist« von gewöhnlich einer Woche. In dieser Zeit konnten alle, die sich irgendwie schuldig fühlten, ihre Verfehlungen bekennen und mit Milde rechnen. War diese Frist verstrichen, begannen die Inquisitoren ihre Verfolgungen: Namen hatten sie genug, denn aus Angst, selbst zum Opfer zu werden, gaben viele andere an. Niemand konnte sicher sein, daß er nicht auf der Liste der Inquisitoren stand, und der treueste Katholik, der einen bösen Nachbarn hatte, konnte als erster gefoltert werden, bis er jedes ihm zugeschriebene Verbrechen gestand. Selbst die Toten waren vor den Inquisitoren nicht sicher. Auch wer hochgeachtet gestorben war, konnte noch vor den Richter zitiert und einer Häresie oder Ketzerei überführt werden. Dann wurde er aus der geweihten Erde des Friedhofs wieder ausgegraben und öffentlich verbrannt.

Derartige Hinrichtungen von Toten führten zwar gelegentlich zu Volksaufständen, aber die Inquisitoren behielten immer die Oberhand. Sie brauchten nie Auskunft zu geben, wie ein Name auf ihre Listen geraten war, was der Gefangene ausgesagt hatte und ob er schuldig war. Mit der Folter, dem offiziellen Mittel, um »Verstockte« zum Geständnis zu bringen, behielten sie am Ende immer recht und taten nicht einmal etwas Unerlaubtes, da sie ja auf diese Weise nie Fehlurteile fällten: Nur wer gestanden hatte, erhielt seine verdiente Strafe, und gestanden hatten sie alle.

Aber auch während der schlimmsten Inquisition gab es noch genug Menschen, die die Albigenser schützten. Erst im Jahre 1244, mehr als dreißig Jahre nach dem Kreuzzug gegen sie, kamen die letzten 215, zusammen mit dem greisen Bischof Bertrand Marty, in der Festung Montségur in der Provinz Foix ums Leben, wo sie von Katholiken gegen Katholiken verteidigt wurden.

Die Inquisition aber, entstanden aus diesem Kreuzzug, bestand weiter und breitete sich aus. Der Kampf gegen die »Heiden« und »Ketzer« hatte sich endgültig in einen Kampf gegen diejenigen Christen verwandelt, deren Gedanken von der offiziellen Linie abwichen. Aber die Machtanmaßung der Kirche über die Gewissen ihrer Gläubigen war im Grunde ein erstes Anzeichen ihrer inneren Unsicherheit. Wer auf Argumente und abweichende Meinungen nicht mit Gegenargumenten, sondern mit der Folter antwortet, hat damals wie heute nicht das Selbstvertrauen und die souveräne Sicherheit, die er vorschützt.

Die Idee der Katharer und Albigenser ist aber nicht untergegangen. Nur weil er klug genug war, die kirchliche Autorität nicht anzuzweifeln, obwohl er in vielem die Ethik der Katharer vertrat und lebte, hat die Kirche ihn sogar heilig gesprochen: Es ist der Wandermönch Francesco aus der italienischen Stadt Assisi, ein Zeitgenosse der Albigenser.

Der Kinderkreuzzug

Es ist beängstigend, wie der Kreuzzugsgedanke innerhalb eines Jahrzehnts dreimal auf Irrwege geraten konnte. Der Vierte Kreuzzug gegen Konstantinopel war für rein wirtschaftliche und machtpolitische Ziele mißbraucht worden; der Zug gegen die Albigenser – wieder einer der unnumerierten Kreuzzüge – war eine innerkirchliche Säuberungsaktion mit den Mitteln und dem Anspruch eines Kreuzzuges. In beiden Fällen lag die Perversion der Idee in der Abirrung vom ursprünglich gesetzten Kreuzzugsziel. Der nächste, der sogenannte »Kinderkreuzzug«, galt zwar wieder dem Heiligen Land, aber dafür lag die Perversion diesmal in der Konzeption selbst.

Es ist schier unglaublich, wie die Kreuzzugsmüdigkeit des christlichen Abendlandes durch die Predigt eines 12jährigen Hirtenjungen in eine geradezu unsinnige religiöse Schwärmerei umschlagen konnte, deren Wahnsinn jedermann hätte klar sein müssen.

Stephan, ein Hirtenjunge aus dem Städtchen Cloyes (etwa 60 Kilometer nordwestlich von Orléans) war im Mai des Jahres 1212 am Hofe Philipps von Frankreich mit einem Brief aufgetaucht, den ihm angeblich Jesus persönlich beim Schafehüten übergeben hatte, damit er den Kreuzzug predige. Der König schickte den Jungen wieder nach Hause, aber statt einer Ernüchterung überkam den Hütejungen nun erst recht die religiöse Begeisterung. Er verkündete, er werde einen Zug von Kindern zur Rettung des Christentums anführen. Wie Moses und die Kinder Israel trockenen Fußes durch das Rote Meer gegangen seien, so würde auch dieser Kinderkreuzzug trockenen Fußes durch das Mittelmeer ins Heilige Land kommen, weil das Meer vor ihnen austrocknen werde.

Es dauerte keinen Monat und der predigende Hirtenjunge hatte Tausende von Kindern beisammen, die alle nicht älter waren als er selbst. Begleitet von einigen Priestern und älteren Pilgern, zogen sie im Juni 1212 von Vendôme aus nach Süden, der Hirtenjunge Stephan auf einem bunten Wägelchen mit Baldachin voraus, die anderen zu Fuß hinterher.

Die Nachricht von dem Kinderkreuzzug in Frankreich löste im Rheinland eine ähnliche Bewegung aus. Ein Dorfjunge namens Nikolaus begann in Köln ebenfalls mit dem Argument für einen Kreuzzug zu werben, daß sich das Meer vor ihm teilen werde. Innerhalb weniger Wochen hatte sich ein Heer von Kindern um ihn versammelt, die sich vorgenommen hatten, die Heiden zu bekehren. Wie in Frankreich bestand der Zug aus Jungen und Mädchen, aus einfachen Bauernkindern und Söhnen aus Adelsfamilien. Begleitet von Landstreichern und Huren zogen die deutschen Kinder – der Chronist redet von mehr als 20000 – in zwei Gruppen über die Alpen nach Genua, Ancona und Brindisi.

Man kann sich vorstellen, daß Kinder in ihrer Unkenntnis und Abenteuerlust leicht zu solchen Unternehmen begeistert werden können. Das eigenartige ist aber, daß die Eltern ihre Kinder ziehen ließen, daß Erwachsene sie ernst nahmen und daß kein Priester und kein Bischof einem Vorhaben Einhalt geboten hat, an dem im Heiligen Land ganze Landsknechtsheere gescheitert waren.

Eine Erklärung ist schwer zu finden. Aber es scheint, daß es gerade die Resignation über die bisher mißlungenen Kreuzzüge war, die in den Kinderkreuzzügen eine letzte Hoffnung sah. Schon zum Vierten Kreuzzug hatte Papst Innozenz III. nicht die Könige aufgerufen, sondern ausdrücklich die »armen Ritter«. Je reicher und mächtiger die Kirche geworden war und je prunkvoller die Könige und Fürsten ins Heilige Land zogen, desto lebendiger hatte sich im einfachen Volk die Idee von der Auserwähltheit der Armen entwickelt.

Wer Christus ernsthaft nachfolgen wollte, sollte ebenso arm und mittellos wie Jesus sein: Jesus hatte ohne Schwert gesiegt, und so würde auch hier den Armen der Sieg zufallen. Aus dieser Idee christlicher Armut, Einfachheit und Demut, auf die sich ja schließlich auch Mönchsorden wie der des Franz von Assisi gründeten, entwickelte sich nun die geradezu magische Vorstellung, den Sieg über die Heiden mit den Waffen Christi erzwingen zu können.

Hatten die armen Ritter wenigstens Konstantinopel eingenommen, so würden nun die Kinder das Heilige Land gewinnen, denn Jesus selbst hatte ja gesagt: »Lasset die Kindlein und wehret ihnen nicht zu mir zu kommen; denn solcher ist das Himmelreich.«

Wir können uns heute nur schwer in die Glaubenswelt des Mittelalters versetzen, dessen Glaube mit Unwissen, Schwärmerei und einer ganzen Portion Magie und Aberglauben gemischt war. Aber es ist wohl sicher, daß, abgesehen von Ausreißern, die meisten Kinder dieser unseligen Kreuzzüge mit Einverständnis und Segen ihrer Eltern aufbrachen.

Erst als eine kleine Gruppe von Kindern bis nach Rom kam und von Papst Innozenz empfangen wurde, erklärte ihnen der Papst freundlich, aber bestimmt, sie seien für einen Kreuzzug noch zu jung und müßten nun heimkehren – aber da war das Unglück schon geschehen.

Von dem Kölner Kinderkreuzzug erreichte Ende August weniger als ein Drittel die Hafenstadt Genua. Hunger, Durst und die Strapazen eines Fußmarsches über die Alpen hatten zahlreiche Opfer gefordert, und auch der französische Zug litt unter Hunger und Durst. Viele Kinder starben am Straßenrand, manche kehrten um und versuchten, den Weg nach Hause zu finden. Die wenigen, die in Marseille oder Genua ankamen, rannten sofort ans Meer, um das große Wunder zu erleben, wie sich das Meer vor ihnen teilte. Die Enttäuschung war groß, als nichts dergleichen geschah. Einige meinten, Stephan habe sie betrogen, und traten den Rückmarsch an, aber die anderen zogen jeden Morgen an den Strand und warteten auf die Erfüllung des Wunders.

Ähnlich war es beim deutschen Kinderzug unter Nikolaus, wo Gott auch nicht bereit war, Wunder zu tun. Einige zogen bis nach Brindisi und fanden dort Schiffe, die sie nach Palästina mitnahmen, andere kehrten um; viele, meist Mädchen, scheuten die Anstrengungen des Rückweges und blieben in Italien. Nur wenige fanden bis zum Frühjahr des nächsten Jahres ihren Weg an den Rhein zurück. Die Eltern der umgekommenen Kinder, die erst den himmlischen Versprechungen geglaubt hatten, nahmen nun irdische Rache: Der Vater des Nikolaus wurde verhaftet und aufgehängt.

Die französischen Kinder in Marseille schienen mehr Glück zu haben. Nach einigen Tagen, als sich das Meer immer noch nicht geteilt hatte, zeigten sich zwei Marseiller Kaufleute bereit, sie kostenlos zum höheren Ruhme Gottes nach Palästina zu schaffen. Stephan nahm das Angebot an, und Hugo der Eiserne und Wilhelm das Schwein, die beiden Kaufleute, mieteten sieben Schiffe und segelten ab.

Erst achtzehn Jahre später erfuhr man etwas über das Schicksal dieses Kinderkreuzzuges, als im Jahre 1230 ein Priester aus dem Orient nach Frankreich zurückkehrte. Er hatte als junger Geistlicher den Zug Stephans begleitet und berichtete nun, daß zwei der sieben Schiffe an der Insel San Pietro an der Südwestecke Sardiniens in einem Sturm zerschellt und alle Fahrgäste ertrunken seien. Die Kinder auf den übrigen fünf Schiffen wurden von den beiden Kaufleuten nach Algerien gebracht und in die Sklaverei verkauft.

Wer in Algerien keinen Käufer fand, wurde nach Alexandria gebracht, wo die fränkischen Sklaven bessere Preise einbrachten. Den größten Teil der Kinder kaufte der ägyptische Statthalter, der sie auf seinen Gütern arbeiten ließ, eine kleine Gruppe wurde nach Bagdad gebracht und auf dem Sklavenmarkt feilgeboten. Um diese Zeit lebten nach Aussagen des Priesters noch etwa 700 Kinder. Einige von ihnen sollen erst 1229, nach dem Friedensschluß Kaiser Friedrichs II. mit Sultan Malik el-Kamil, freigekommen sein, viele blieben bis zu ihrem Tode in der Sklaverei.

Die Erinnerung an diese Kinderkreuzzüge lebt aber bis heute in der Sage fort. Ein halbes Jahrhundert nach ihrem schrecklichen Ende erzählte man sich die Geschichte von einem Spielmann, der 130 Kinder mit seinem Spiel fortgelockt und entführt habe. Erst viel später machte die Sage aus dem Spielmann einen Rattenfänger und ersetzte die Kinder durch Tiere. Es ist die Geschichte vom Rattenfänger von Hameln – ein Märchen, das an eine traurige Wahrheit aus der Zeit der Kreuzzüge erinnert.

X

Der Fünfte Kreuzzug: Ein Sieg unter dem Bannfluch

Die verspielte Chance

Schon acht Kreuzzüge

Es ist vielleicht sinnvoll, wenn wir jetzt, da die Kreuzzugsbewegung ihren moralischen Tiefpunkt erreicht hat, den Stand der Dinge noch einmal rasch Revue passieren lassen.

Zwischen dem Beginn des Ersten Kreuzzuges und dem Scheitern der beiden Kinderkreuzzüge im Jahre 1212 liegen 116 Jahre, in denen es achtmal zu einem Kreuzzug kam:

Erster Kreuzzug	1096–1099	Eroberung Jerusalems
	1101	Kreuzzug von 1101
Zweiter Kreuzzug	1147–1149	Konrad III. und Ludwig VII.
Dritter Kreuzzug	1189–1191	Barbarossa/Löwenherz/Philipp
	1197	abgebrochener Kreuzzug Heinrichs VI.
Vierter Kreuzzug	1202–1204	Eroberung Konstantinopels
	1209–1210	gegen die Albigenser
	1212	Kinderkreuzzüge

Von diesen insgesamt acht »Wallfahrten« erreichten nur vier das Heilige Land; zwei – der lombardische Kreuzzug des Jahres 1101 und die Kinderkreuzzüge – gingen vorher zugrunde, und zwei Kreuzzüge richteten sich gegen Christen in Konstantinopel und in Südfrankreich.

Von den vier Kreuzzügen, die das Heilige Land erreichten, war nur der erste erfolgreich, alle anderen verfehlten das gesteckte Ziel: Der Zweite Kreuzzug, ein deutsch-französisches Unternehmen, das die Wiedereroberung Edessas bringen sollte, endete in einer militärischen Blamage. Der Dritte Kreuzzug, nach dem Fall Jerusalems nur mühsam in Gang gekommen, bestätigte am Ende lediglich die Eroberungen Saladins und die Teilung Palästinas in einen sarazenischen und einen kleinen christlichen Teil. Es ist verständlich, daß die Begeisterung, das Heilige Land aus der Hand der Heiden zu befreien, zusehends nachließ. Weder war dort noch etwas zu holen, noch konnte man offensichtlich Siegeslorbeeren ernten.

Für die kläglichen Reste des »Königreiches Jerusalem«, das ohne Jerusalem jetzt nur noch aus den Küstenstädten bestand, konnte auch gar nichts Schlimmeres passieren als ein Kreuzzug, denn er mußte das geruhsame und durchaus friedliche Zusammenleben mit den Sarazenen nur stören. Man hatte sich arrangiert, und der gegenseitige Handel florierte, Mohammedaner und Christen waren Handelspartner, längst nicht mehr Glaubensgegner.

Trotzdem ließ kein Papst die Gelegenheit vorübergehen, zu einem Kreuzzug aufzurufen, wobei schwer zu entscheiden ist, ob nun Pflichtübung, Trauma oder Taktik dahintersteckten: Das Echo war in jedem Falle denkbar gering.

Seit dem Ende der Kinderkreuzzüge hatte Papst Innozenz III. mit dem Argument einen neuen Kreuzzug predigen lassen, man werde sich doch nicht durch den Glaubenseifer unmündiger Kinder beschämen lassen wollen. Aber es geschah nichts. Auf dem Laterankonzil des Jahres 1215, das als Folge des Kreuzzuges gegen die Albigenser die Inquisition von Amts wegen einführte, sprach der Papst erneut von der »Bedrängnis Jerusalems« und rief wieder zum Kreuzzug für das Jahr 1217 auf – auch diesmal ohne Erfolg. Papst Innozenz starb darüber im Juli 1216, und sein Nachfolger Honorius III. schrieb erneut an sämtliche Könige Europas und forderte sie zum Kreuzzug auf. Das Ergebnis war bescheiden: Als einziger meldete sich König Ingi II. von Norwegen, starb aber, bevor er mit den Vorbereitungen fertig war.

Allerdings gab es noch zwei Herrscher, die ebenfalls einen Kreuzzug versprochen hatten. Der eine war Friedrich II., der Enkel Friedrich Barbarossas, der – eher zur Überraschung des Papstes – im Juli 1215 am Grab Karls des Großen in Aachen ein Kreuzzugsgelübde abgelegt hatte. Aber es zeigte sich bald, daß Friedrich II. es nicht sonderlich eilig hatte: Ganze zwölf Jahre sollten vergehen, ehe er sein Versprechen einzulösen begann.

Der andere war König Andreas II. von Ungarn, der sich aber wegen eines Bürgerkrieges im Lande vom Gelübde hatte entbinden lassen. Später hatte er es jedoch erneuert und trat immerhin schon 1217 seinen Kreuzzug an.

Ein Kreuzzug für Souvenirs

Dieser Kreuzzug des ungarischen Königs ist so unbedeutend, daß man ihn unter die üblichen Pilgerzüge einreihen könnte, die mit sehr viel weniger Aufwand die ganze Zeit über stattfanden. Aber in seiner Komik, wie hier eine christliche Pflichtübung absolviert wurde, ist er schon fast wieder typisch für den Kreuzzugsgeist jener Tage.

Es fing damit an, daß Andreas II. und sein Kreuzfahrerheer im September 1217 in Dalmatien ankam, aber nur noch zwei Schiffe fand, die bereit waren, ihn und seine Mannen überzusetzen. Andreas nahm sie, stopfte sie voll Soldaten, schickte den Rest seines Heeres nach Hause und segelte nach Akkon, wo er im Oktober glücklich ankam. Ähnlich war es Herzog Leopold von Österreich ergangen, der auch gerade einen Kreuzzug unternahm und sich in Dalmatien mit König Andreas vereinigt hatte: Leopold bekam nur ein einziges Schiff.

Am 3. November 1217, einem Freitag, brach dann das stolze, aus drei Schiffsladungen bestehende vereinigte Heer der Ungarn und Österreicher von Akkon auf, um zusammen mit ein paar Zyprioten das Heilige Land für die Christenheit zurückzuerobern. Zu diesem Zwecke marschierten die Kreuzfahrer einmal um den See Genezareth herum, und nach diesem Kraftakt war dann zur allgemeinen Verblüffung der Kreuzzug auch schon wieder zu Ende, und König Andreas segelte im Januar hochbefriedigt nach Hause, denn er hatte unterwegs einige schöne Souvenirs erstehen können: einen Krug von der Hochzeit zu Kana, in dem der Herr schlichtes Wasser in Wein verwandelt hatte; sodann den Kopf des heiligen Stephan, des ersten Märtyrers der Kirche, das Haupt der heiligen Margarethe, die Hände des Apostels Thomas, der allerdings nach anderen Legenden in Indien gestorben war, die Hände des Apostels Bartholomäus und endlich ein Stück vom Stabe Aarons, der besonders wertvoll war, weil er, wie in 4. Moses 17 nachzulesen, noch aus der Zeit des Moses und der Wüstenwanderung der Kinder Israels stammte.

Ein Kreuzzug an den Nil

Leopold V. von Österreich aber nahm die Sache ernster, und so entwikkelte sich aus der zunächst harmlosen Veranstaltung noch ein langer, wenn auch erfolgloser Kreuzzug, den französische und angelsächsische Historiker als den Fünften Kreuzzug bezeichnen, während er im Deutschen wieder ohne Numerierung läuft.

Auch dieser Kreuzzug fand nicht ins Heilige Land statt. Nachdem im Laufe des Frühjahrs noch einige Schiffe mit Franzosen, Italienern und Friesen angekommen waren, beschloß man nämlich im Mai 1218 auf Vorschlag von Johann von Brienne, des Königs von Jerusalem, nach Ägypten zu segeln, um dort die Mohammedaner zu schlagen.

Diese Idee, die Mohammedaner in Ägypten schlagen zu müssen, um dann Jerusalem einhandeln zu können, existierte seit Richard Löwenherz. So hatte ja auch der Vierte Kreuzzug ursprünglich vor, zum Nildelta zu ziehen, bevor er nach Konstantinopel umgeleitet wurde. Der Gedanke dabei war, die Sarazenen durch die Eroberung wichtiger Hafenstädte, wie Damiette im Nildelta, zur Herausgabe von Jerusalem zu zwingen oder die Sarazenen gar selbst aus dem fruchtbaren Nilgebiet zu vertreiben.

Seit dem Tode Saladins war Kairo überdies das Zentrum der mohammedanischen Welt geworden, da Saladins Bruder El-Adil nach einigen Machtkämpfen gegen die 17 Söhne Saladins schließlich die Führung übernommen hatte und in Kairo residierte, während Saladins Hauptstadt Damaskus gewesen war.

Ende Mai 1218 kamen dann die Kreuzfahrer vor Damiette an, das am östlichen Nilarm einige Kilometer landeinwärts lag. Damiette war ein strategisch wichtiger Punkt, denn vor der Stadt war die einzig befahrbare Rinne des Nil mit einer Kette versperrt, die westlich auf einer kleinen Insel in einem Turm endete. Nur von diesem Turm aus ließ sich die Kette absenken, um den Schiffsweg nach Kairo freizugeben. Das Ziel war also, diesen Turm zu erobern, und das gelang auch ein Vierteljahr später. Drei Tage danach, am 31. August 1218, starb Sultan El-Adil, der Bruder Saladins, der fast einmal der Schwager von Richard Löwenherz geworden wäre, im Alter von etwa 75 Jahren. Sein Nachfolger in Ägypten wurde sein Sohn El-Kamil.

Aber anstatt daß die Kreuzfahrer nun ihren Sieg und den Tod El-Adils ausgenutzt hätten und nach Kairo vorgestoßen wären oder wenigstens die Stadt Damiette erobert hätten, verloren sie den Mut und blieben untätig vor Damiette sitzen. Schuld daran war die Ankunft des spanischen Prälaten Pelagius von Sta. Lucia, der sich als einer der großen Verhinderer der Weltgeschichte erweisen sollte.

Pelagius kam im September als Legat, also als Beauftragter des Papstes Honorius III., mit einem Kreuzzugsheer angesegelt, das seit mehr als einem Jahr in Brindisi auf eine Überfahrt gewartet hatte. Obwohl der Prälat von nichts eine Ahnung hatte, verlangte er sofort herrisch die Führung des Kreuzzuges zu übernehmen und löste damit einen lähmenden Streit unter den Christen aus, denn er war, wie der Chronist schreibt, »hart, unerträglich streng gegen jedermann, hochmütig, anmaßend; er trat auf, als sei er mit allen Vorrechten des Papsttums ausgestattet. Immer ging er von Kopf bis zu den Füßen in Rot, selbst die Schabracke und die Zügel seines Pferdes zeigten diese Farbe.«

Alles, was Pelagius erreichte, war, daß das Heer anderthalb Jahre tatenlos vor Damiette lag und immer kleiner wurde, da die enttäuschten Kreuzfahrer scharenweise nach Europa zurückfuhren. Neue Pilger kamen nur wenige hinzu, aber einen erwähnt der Chronist besonders: Es ist ein »Bruder Franz«, der ohne Waffen, aber »gerüstet mit dem Schild des Glaubens« das Lager der Christen verlassen hatte, um den Sultan aufzusuchen und zu bekehren. »Als die Sarazenen ihn unterwegs aufgriffen«, erzählt der Chronist weiter, »sagte er: ›Ich bin Christ, führt mich zu eurem Herrn.‹ Als sie ihn dorthin geführt hatten, wurde das wilde Tier (der Sultan), der ihn sah, beim Anblick dieses Mannes Gottes zur Milde gestimmt und hörte mehrere Tage lang sehr aufmerksam den Predigten zu, die er ihm und den Seinen über Christus hielt.«

Und nachdem sich Bruder Franz vergeblich bereit erklärt hatte, mit einem »sarazenischen Priester ins Feuer zu gehen und ihm so vollständig zu beweisen, daß das Gebot Christi das Wahre sei«, schickte ihn Sultan El-Kamil mit allen Zeichen der Hochachtung ins christliche Lager zurück und bat ihn gar noch: »Bete für mich, damit Gott geruhe, mir das Gebot und den Glauben zu offerieren, die Ihm am meisten gefallen.« – So jedenfalls der christliche Chronist, der immer nur vom Bruder Franz oder vom seligen Franz spricht, ohne seinen vollen Namen zu nennen: Der 37jährige Bruder Franz, dieser einsame Narr in Christo, der auf einem Kreuzzug als einziger nur mit den Waffen des Glaubens kämpfte, war Franziskus von Assisi, im Glauben verwandt mit den »guten Menschen« von Albi, die gerade auf Geheiß des Papstes der Inquisition ausgeliefert wurden.

Es ist die Tragik jener Jahre, daß ein Mann wie Franz von Assisi allein stand, als die Kirche ihren Glauben mit Waffen ausbreitete. Denn nicht er, sondern Pelagius verkörperte die Kirche, und Pelagius traf in seiner Überheblichkeit jetzt gegen den Willen aller eine Entscheidung, die nicht nur uneinsichtig und verhängnisvoll, sondern auch zutiefst unchristlich war.

Der Starrsinn des Pelagius

Im September des Jahres 1219, und dann wieder im Oktober, unterbreitete Sultan El-Kamil den Christen ein Friedensangebot, das seit dem Fall Jerusalems vor mehr als 30 Jahren Ziel und Sehnsucht aller Kreuzzüge war: Der Sultan bot in allem Ernst den Kreuzfahrern Jerusalem, ganz Mittelpalästina und Galiläa, und außerdem das Wahre Kreuz Christi an. Ohne einen Schwertstreich konnten die Christen Jerusalem, Bethlehem und Nazareth erhalten, und für die zurückbehaltenen Burgen jenseits des Jordan wollten die Mohammedaner sogar noch Tribut zahlen.

König Johann von Jerusalem empfahl die Annahme des Angebotes, ebenso die Barone des Kreuzfahrerstaates und die Könige von Frankreich und Deutschland, aber Pelagius und der Patriarch von Jerusalem lehnten ab – die beiden Geistlichen hielten es nicht für richtig, sich mit den »Ungläubigen« friedlich zu verständigen.

»Ein ganzes Königreich konnte er für eine einzige Stadt eintauschen, und er hat es abgelehnt«, soll der französische König Philipp-August bei dieser Nachricht ausgerufen haben – und er war zu Recht empört, denn alles sprach für die Ernsthaftigkeit des Angebotes: Bereits seit März hatte El-Kamil die Befestigungen Jerusalems systematisch zerstören lassen, um den Christen eine unbefestigte Stadt übergeben zu können, die für ihn keine Gefahr darstellte. Aber für einen Mann wie Pelagius ging es nicht um heilige Stätten und Frieden, sondern um Demütigung der »Ungläubigen«. Es ist eine geradezu wohltuende Gerechtigkeit der Geschichte, daß es am Ende Pelagius war, der tief gedemütigt und vom Papst getadelt wurde.

Zunächst sah aber alles so aus, als wenn Pelagius recht behalten sollte. Im November 1219 gelang es den Kreuzfahrern endlich, nach mehr als anderthalbjähriger Belagerung Damiette einzunehmen; der Weg nach Kairo war offen. Aber der ständige Streit unter den Christen lähmte jedes weitere Vorgehen.

Wieder vergingen fast anderthalb Jahre bis zum Sommer 1221, ohne daß etwas geschah. Die Kreuzfahrer in Damiette warteten inzwischen vergeblich auf die angekündigte Verstärkung durch Kaiser Friedrich II., der 1215 das Kreuz genommen hatte, aber keinerlei Anstalten machte, sein Gelübde einzulösen. Man wartete auf das Heer König Georgs von Georgien, aber auch diese Hoffnung zerschlug sich, denn

Georgs Heer war 1220 in Aserbeidschan von einem Mann überfallen und in die Flucht geschlagen worden, dessen Name allein schon bald Schrecken verbreitete – es war Dschingis-Khan mit seinen mongolischen Horden, die von nun an das Abendland bedrohten.

Inzwischen dauerte der Kreuzzug nun schon mehr als drei Jahre. Als aber dann im Juni 1221 Sultan El-Kamil erneut Jerusalem, ganz Palästina, einen dreißigjährigen Waffenstillstand und außerdem noch eine Entschädigung für das geschleifte Jerusalem anbot – schlug Pelagius, päpstlicher als der Papst, das Angebot aus eigenem Ermessen, und ohne jemanden zu fragen, wieder aus, obwohl Papst Honorius ihn angewiesen hatte, jedes neue Friedensangebot erst Rom zur Prüfung vorzulegen. Zwei Monate später war Pelagius dankbar, überhaupt noch als freier Mann aus Damiette abziehen zu können. Seine Überheblichkeit hatte ihn genau in die Katastrophe geführt, die er verdient hatte.

Hätte Pelagius das Friedensangebot angenommen, wäre es vielleicht zu einem geordneten Nebeneinander von Europäern und Arabern im Nahen Osten gekommen, zu einer friedlichen Koexistenz sozusagen – und nicht zur endgültigen Vertreibung der »Franken«. Vielleicht hätte ein wirklicher Austausch der Kulturen stattgefunden, vielleicht wäre es zu gegenseitigem Vertrauen gekommen – statt zu neuen Kreuzzügen. Selbst wenn die Araber das Angebot nicht ernst gemeint hatten – man hätte es probieren können. Selbst wenn die Araber wieder zu der Einheit zurückgefunden hätten, die sie unter Saladin einmal hatten – man hätte es abwarten können. Und nach allen bisherigen Erfahrungen hielten sich die Sarazenen eher als die Christen an Verträge.

Die Niederlage des Legaten

Pelagius, aus Ehrgeiz und Überheblichkeit der große Verhinderer – er hat im Grunde den nächsten Kreuzzug notwendig gemacht, der dann verspätet erreichte, was Pelagius schon gleich hätte haben können. So aber erhielt Pelagius gar nichts, weil er alles haben wollte. Er hatte nämlich nach jahrelangem Herumsitzen beschlossen, nun plötzlich Kairo einzunehmen, und war siegesgewiß mit so wenig Lebensmitteln losmarschiert, daß er in Schwierigkeiten kam, als ihn die Araber aufhielten. Als dann die Araber auch noch die Nilschleusen öffneten und die im wahrsten Sinne des Wortes sieges-trunkenen Soldaten torkelnd »bis an die Knie im Wasser standen, im Schlamm ausrutschten und den Feind nicht erreichen konnten, der sie mit Pfeilen überschüttete«, wurde Pelagius endlich bescheidener und bat den König von Jerusalem: »Sire, um Gottes willen, zeigt jetzt, wie klug und tapfer ihr seid!«

Aber da war es schon zu spät: »Herr Legat, Herr Legat«, antwortete der König, »wäret ihr nur immer in Spanien geblieben, denn ihr habt die Christenheit ins Unglück gestürzt.«

Es blieb den Kreuzfahrern nichts anderes übrig, als zur eigenen Rettung El-Kamil Damiette anzubieten, die gleiche Stadt, für die noch kurz vorher ganz Palästina zu haben war. Am 28. August 1221 begannen die Übergabeverhandlungen, drei Tage später stimmte Pelagius zu, Damiette aufzugeben, sämtliche Gefangenen freizulassen und einen achtjährigen Waffenstillstand abzuschließen. Das einzige Zugeständnis auf arabischer Seite war: man wollte das Wahre Kreuz Christi zurückgeben, das für die Araber nur ein Stück Holz war.

Zum Abschluß des Vertrages wurde Johann von Brienne, der König von Jerusalem, von Sultan El-Kamil empfangen, »so ehrenvoll, wie er noch nie jemanden empfangen hatte«. Es gab ein großes Essen, bei dem der ehrenwerte Johann von Brienne plötzlich in Tränen ausbrach. »Warum weinst du?« fragte ihn der Sultan, »einem König stehen Tränen nicht an.« – »Ich weine«, sagte Johann, »wenn ich sehe, wie dort unten die armen Leute, die Gott mir anvertraut hat, Hungers sterben.«

Sofort ließ Sultan El-Kamil Lebensmittel an die Hungrigen verteilen, und der Chronist Oliver von Köln schreibt: »Dieselben Ägypter, deren Familien wir soeben getötet, die wir beraubt und von Haus und Hof vertrieben hatten, kamen nun, uns zu verpflegen und uns, die wir in ihrer Gewalt waren, vom Hungertod zu retten ...« – offenbar eine ganz neue Erfahrung, die Christen in Sachen Feindesliebe machten.

Am 8. September 1221 ging der Kreuzzug zu Ende, der vier Jahre zuvor begonnen hatte. Er hätte ganz Palästina und Jerusalem wiederbringen können und einen dreißigjährigen Frieden dazu – aber der päpstliche Legat wollte es anders. So endete auch dieses Unternehmen mit einem Mißerfolg, der 70000 Tote gekostet haben soll. Als die Kreuzfahrer am 8. September die ägyptische Küste verließen, hatten sie nicht einmal das Wahre Kreuz Christi bei sich: Die Araber konnten es plötzlich nicht mehr finden – und die Kreuzfahrer waren's zufrieden.

Der letzte Triumph

Ein Waisenknabe aus Palermo

Es erforderte noch einmal siebeneinhalb Jahre und einen neuen Kreuzzug, bis die Christenheit das erhielt, was Pelagius, der päpstliche Legat, in seiner Überheblichkeit ausgeschlagen und verloren hatte.

Doch dann gewann das Abendland noch einmal Jerusalem zurück, noch einmal gab es einen König von Jerusalem, der sich nicht nur nach einer verlorenen Stadt nannte, sondern sich in der Heiligen Stadt die Krone aufs Haupt setzte. Noch einmal erreichte die Christenheit nach all den Niederlagen das Ziel, mit dem es die Kreuzzüge begonnen hatte: Jerusalem wurde wieder christlich – ohne einen Schwertstreich, ohne Kampf oder Hinterlist.

Doch der Mann, der diesen Traum der Päpste noch einmal verwirklicht hat, wurde von wütenden Christen mit den Innereien geschlachteter Tiere beworfen, als er das Heilige Land verließ, denn er, der als einziger in zweihundert Jahren Kreuzzugsgeschichte den Erfolg des Ersten Kreuzzuges ohne Blutvergießen wiederholte, stand unter dem Bannfluch des Papstes.

Um diese geradezu irrsinnige Konstellation zu verstehen, daß ein Exkommunizierter das heilige Jerusalem für die Christenheit zurückgewinnt, muß ich ein wenig zurückgehen.

Es muß jetzt vom Schicksal eines Mannes die Rede sein, der mit drei Jahren seinen Vater verlor, ein Jahr darauf starb auch seine Mutter, und nachdem ihn eine Zeitlang freundliche Leute bei sich aufgenommen hatten, begann der Siebenjährige ein abenteuerliches Streunerleben in Palermo. Er lebte auf der Straße und lernte Menschen kennen, die er sonst nie kennengelernt hätte – Bettler, Leute aus dem Volk, Italiener, eingewanderte Griechen, Araber. Die Eltern seiner Spielkameraden luden ihn reihum zum Essen ein. Er erhielt nie das, was man eine bessere Erziehung nennen würde, obwohl er ein Königssohn war und bereits mit drei Jahren in Palermo feierlich zum König von Sizilien gekrönt worden war, und obwohl der Vormund dieses Kindes Papst Innozenz selbst war.

Als der junge Mann mit 14 Jahren mündig und regierungsfähig wurde, fehlten ihm so ziemlich alle Voraussetzungen für sein Königtum. Was er wußte, was er konnte, hatte er auf der Straße gelernt. Aber weil er eine ungewöhnliche Auffassungsgabe hatte, brachte er eine andere Bildung mit als die Herrscher seiner Tage. »Ehe ich die Pflichten des Regierens auf mich nahm«, schrieb er später einmal, »strebte ich den Wissenschaften nach und atmete ihre balsamischen Düfte.« Und so sprach er fließend Französisch, Deutsch, Italienisch, Latein, Griechisch und Arabisch, liebte den philosophischen Disput und schrieb später ein Lehrbuch über die Kunst der Falknerei.

Es war kein Intellektueller, kein Philosoph auf einem Königsthron, wohl aber ein Mann, der mit seinen Sprachkenntnissen zwischen den Kulturen lebte. So waren seine Hofbeamten hauptsächlich Araber, und als er zum Kaiser gesalbt wurde, trug er einen Krönungsmantel, dessen Saum mit arabischen Lettern bestickt war – er, der deutsche Kaiser Friedrich II., der Sohn Heinrichs VI. und Enkel Friedrich Barbarossas.

Friedrich Roger – wie er nach seinem normannischen Großvater Roger II. mit vollständigem Namen hieß – war mit siebzehn Jahren als König von Sizilien ausgezogen, um seine Ansprüche in Deutschland geltend zu machen, die sein Vater gehabt und die seine normannische Mutter Konstanze wieder aufgegeben hatte. Denn nach dem Tode Heinrichs VI. hatte Deutschland 1198 zwei Könige gewählt: Den Sohn Barbarossas, den etwa 20jährigen Philipp von Schwaben, also einen Staufer, und Otto IV. von Braunschweig, den 16jährigen Sohn Heinrichs des Löwen, einen Welfen. Es kam zu einem jahrelangen Thronstreit, wobei sich die Staufer mit Frankreich und die Welfen mit England verbündet hatten.

Es sind dramatische Vorgänge, die zum Sieg Friedrichs führten, und am Anfang stand der reine Zufall. Als der junge König über die Alpen nach Norden zog, während der Kinderkreuzzug über den St. Gotthard nach Süden marschierte, entschied sich das Schicksal in Überlingen: »Wäre Friedrich drei Stunden später in Konstanz eingetroffen«, schrieb ein Chronist, »so hätte er Deutschland nie betreten.« So aber war Friedrich eher da als der Welfe Otto IV., der bei Überlingen verzweifelt auf eine Bodenseefähre wartete, und Friedrich aß das von Ottos Köchen zubereitete Festmahl.

Glück, Zufall, Schicksal – als der 21jährige Friedrich 1215 in Aachen zum König gekrönt wurde und einen Kreuzzug versprach, war noch längst nicht alles erreicht. »Von höchster staatsmännischer Begabung, energisch und skrupellos«, wie ihn der Ploetz charakterisiert, stand Friedrich erst am Anfang seiner Ziele. Fünf Jahre später, also im Jahre 1220, kurz nachdem Pelagius in Damiette das Friedensangebot der Sarazenen ausgeschlagen hatte, wurde Friedrich II. in Rom von Papst Innozenz III. zum Kaiser gekrönt.

Obwohl ihm der Papst nach dem Mißgeschick von Damiette sofort schrieb, man habe im Vertrauen auf Friedrichs Kreuzzug »die günstigen Angebote der Türken abgelehnt« – was ja in seiner Begründung nicht stimmte –, war der junge Kaiser auch jetzt nicht zu einem Kreuzzug bereit. Er hatte sein Reich, diesen Zwitter aus südländischen Normannen und Deutschen, zusammenzuhalten und gegen andere Schwierigkeiten zu verteidigen als ausgerechnet gegen Türken und Araber, deren Sprache und Kultur ihm von Kindheit an vertraut war.

Aber nun passierte wieder so ein »Zufall«: Im Herbst 1222, also ein Jahr nach dem gescheiterten Kreuzzug des Pelagius, beschloß Johann von Brienne, der König von Jerusalem, nach Europa zu fahren, um Hilfe zu erbitten und gleichzeitig für seine Tochter Jolande einen Mann zu suchen. Das Mädchen war zwar erst elf Jahre alt, aber es eilte: Man brauchte sicher bald einen neuen König von Jerusalem, wenn man schon die Stadt selbst nicht hatte, denn Johann von Brienne war über siebzig.

Nun war kurz vorher Friedrichs Frau, Konstanze von Aragon, gestorben, die er – auf Betreiben des Papstes Innozenz – mit 14 Jahren geheiratet hatte, obwohl Konstanze schon 25 und Witwe war. Es wurde wider Erwarten eine gute Ehe, auch wenn der junge Gemahl seine Frau bald mit einem unehelichen Sohn beglückte, was sie nicht weiter tragisch nahm. Der 14jährige, der nie mit Bewußtsein seine Mutter erlebt hatte, fand endlich in seiner Ehefrau einen Muttterersatz, einen Menschen, der zu ihm stand, der ihm Halt gab und ihn bildete – ein zweiter Ödipus.

Wieder war es der Papst, der sich nach Konstanzes Tod um den Witwer Friedrich kümmerte und ihm die nächste Frau aussuchte: Honorius war begeistert von der Idee, ihn mit Jolande zu verheiraten, denn mit dem Titel eines Königs von Jerusalem würde Friedrich II. sicher endlich bereit sein, seinen Kreuzzug zu unternehmen.

Tatsächlich heiratete Friedrich II. drei Jahre später Isabella von Brienne, genannt Jolande, in der Kathedrale zu Brindisi. Aber von Liebe konnte keine Rede sein: Am Morgen nach der Hochzeitsnacht erzählte Jolande weinend ihrem Vater, ihr Gemahl habe es vorgezogen, Anais, eine ihrer Kusinen, zu verführen, die in ihrem Gefolge war. Nach der Hochzeit schickte Friedrich seine Jolande in den Harem »von schönen Frauen«, den er sich nach orientalischer Sitte in Palermo hielt, und kümmerte sich nicht mehr um sie.

Freilich brauchte er einen Sohn, um das Königtum von Jerusalem fortzuführen, und den gebar ihm die unglückliche Jolande am 25. April 1228: Es war Konrad. Sechs Tage später starb Königin Jolande, noch nicht einmal 17 Jahre alt.

Kreuzzug und Kirchenbann

Als Konrad geboren wurde, war Kaiser Friedrich bereits im Kirchenbann. Denn trotz Heirat und Königtum von Jerusalem hatte Friedrich noch immer keinen Kreuzzug unternommen, der nun allmählich zur Prestigeangelegenheit der Päpste wurde. Papst Honorius hatte den Kaiser sogar schwören lassen, daß er spätestens im Jahre 1227 sein Gelübde einlösen werde.

Tatsächlich zog Friedrich im Sommer 1227 ein großes Heer zusammen, und am 8. September legten die Schiffe in Brindisi ab, um das inzwischen zwölf Jahre alte Versprechen wahrzumachen, obwohl das Heer von einer Malariaepidemie geschwächt war. Auch Friedrich war erkrankt und ging wieder an Land, während die Flotte nach Palästina weiterfuhr. Der Papst aber – inzwischen war es Gregor IX. – hielt es für eine Ausrede und tat den Kaiser in den Kirchenbann.

Doch Friedrich kümmerte sich nicht darum. Obwohl ihn der Papst gewarnt hatte, als Gebannter in den heiligen Krieg zu ziehen, segelte Kaiser Friedrich ein halbes Jahr später, am 28. Juni 1228, von Brindisi aus nach Palästina.

Nachdem er sich in Zypern, wo die Staufer seit Heinrich VI. die Oberlehenshoheit besaßen, auf etwas eigenwillige und rabiate Weise Respekt und erneute Anerkennung verschafft hatte, landete er am 7. September 1228 in Akkon.

Es war eine seltsame Situation. Da Friedrich im Kirchenbann war, kamen Zweifel auf, ob die Lehenseide, die man dem König von Jerusalem geschworen hatte, ihm gegenüber Gültigkeit hatten. Gerold, der

Patriarch von Jerusalem, zumindest und die Templer und Hospitaliter wollten nichts mit einem Exkommunizierten zu tun haben, während die Deutschritter unter Hermann von Salza zum Kaiser hielten.

Dafür behandelten sich Kaiser Friedrich und Sultan El-Kamil, die beiden Gegner, mit ausgesuchter Freundlichkeit. Gleich nach seiner Ankunft schickte Kaiser Friedrich dem Sultan fürstliche Geschenke, darunter auch seinen eigenen Panzer, seinen Helm und das Schwert, und teilte dem »Beherrscher der Gläubigen« mit, er lege seine Waffen in seine Hände, denn »nicht um euer Land zu erobern, sind wir über das Meer gefahren«, schrieb der Kaiser, »denn Länder besitzen wir mehr als irgendein Herrscher der Erde, sondern um unserem Vertrag gemäß die heiligen Stätten zu übernehmen«. Und dann folgte ein Satz, der nach all den Jahren überheblicher Selbstgerechtigkeit, nach einem Jahrhundert Raub und Mord im Namen des Erlösers geradezu unglaublich klingt: »Ruhe sollt ihr haben vor den Christen und nicht gezwungen sein, das Blut eurer Untertanen gegen uns zu vergießen.«

Es war tatsächlich eine verkehrte Welt. Während die Christen im Namen des Papstes an den Sultan schrieben und ihn aufforderten, Jerusalem um keinen Preis dem Gebannten auszuliefern, und der Papst eher entschlossen war, auf Jerusalem zu verzichten und den Kreuzzug scheitern zu lassen, als Kaiser Friedrich siegen zu sehen – warnte Sultan El-Kamil den Kaiser vor den Templern, die ihn an der Taufstelle Jesu am Jordan den Sarazenen in die Hände spielen wollten.

Es war auch insofern eine verkehrte Welt, als nämlich Sultan El-Kamil es war, der schon zwei Jahre vor Beginn des Kreuzzuges den Kaiser um Hilfe gegen seinen Bruder El-Mu'Azzam gebeten hatte. In diesem Falle sollte Kaiser Friedrich Jerusalem bekommen. Auf diesen Tatbestand spielte Friedrich in seinem Brief an, als er schrieb, »unserem Vertrag gemäß« wolle er die heiligen Stätten übernehmen.

Das Ergebnis des Kreuzzuges, nämlich die Herausgabe Jerusalems, stand also schon von Anfang an fest. Allerdings war inzwischen El-Mu'Azzam gestorben, und El-Kamil hatte Jerusalem in seinen Besitz gebracht. Weder war jetzt Kaiser Friedrich als Partner mehr nötig, noch hatte der Sultan eigentlich Lust, Jerusalem herauszugeben, das er vorher nur deswegen so großzügig verschenkt hatte, weil es ihm gar nicht gehörte.

Immerhin hielt sich der Sultan an seine Abmachungen, versuchte aber nun soviel wie möglich für sich zu retten. So zogen sich die Verhandlungen monatelang hin, denn keiner der beiden Kontrahenten hatte offensichtlich die Absicht, seine Ansprüche mit Gewalt durchzusetzen, keiner durfte aber auch sofort nachgeben, wenn er nicht das Gesicht verlieren wollte.

Ein Sieg »ohne Kampf und Kriegswerkzeug«

Es war ein Pokerspiel zwischen zwei Männern, die dann bis an ihr Lebensende gut befreundet blieben und sich noch lange Geschenke schickten, und eine Zeitlang schien der Ausgang nicht sicher. »Wir verbargen den zehrenden Schmerz hinter einer heiteren Miene«, gestand der Kaiser später, »damit unsere Feinde nicht triumphierten.«

Ende November 1228 tat dann Kaiser Friedrich so, als verlöre er die Geduld und marschierte mit großem Aufwand mit seinen paar tausend Landsknechten die Küste entlang nach Jaffa, das er zu befestigen begann.

Vielleicht war das die Schaugeste, die El-Kamil brauchte, um vor seinen Landsleuten die Herausgabe Jerusalems rechtfertigen zu können, jedenfalls wurde kurz darauf am 18. Februar 1229 zwischen dem Sultan und dem »Imperur« aus dem Westen der Vertrag geschlossen, mit dem die Christenheit »ohne Kampf und ohne Kriegswerkzeug« Jerusalem zurückerhielt. Der Großmeister des Deutschen Ritterordens und die Bischöfe von Exeter und Winchester waren Zeugen des heiligen Eides »bei Gott und seinem Gesetz, mit reinem Herzen und gutem Willen alles zu beobachten, was die unter meiner Hand liegende Urkunde geschrieben enthält«.

Geschrieben stand, daß die Christen Jerusalem und Bethlehem zurückerhielten, die mit einem Korridor über Lydda mit der Hafenstadt Jaffa verbunden waren. Außerdem sollten Nazareth und das westliche Galiläa einschließlich Montfort und Toron sowie das Gebiet um Sidon zurückgegeben werden.

Ohne einen einzigen Schwertstreich hatte der noch immer exkommunizierte Kaiser Friedrich die Heilige Stadt zurückgewonnen, in der lediglich das Tempelviertel mit dem Felsendom und der El-Aksa-Moschee in mohammedanischer Hand blieb. Und voll Stolz ließ Kaiser Friedrich verkünden: »Frohlocken mögen alle und jubeln im Herrn!

Denn durch Wunderkraft mehr als durch Tapferkeit ist jenes Werk glückhaft vollbracht, das seit langen Zeiten keiner der Fürsten und Gewaltigen des Erdenrunds weder durch die Menge des aufgebotenen Volkes noch durch Furcht oder andere Mittel zu vollbringen vermochte die Herzen getrennter Völker zu einen.«

Es gibt aber kaum einen Vertrag, der auf beiden Seiten eine so wilde und schnelle Empörung auslöste wie dieser Friedensvertrag. Die Mohammedaner waren entsetzt, und in Damaskus wurde öffentliche Trauer wegen des Verrats am Islam angeordnet. Die Entschuldigung El-Kamils, er habe nur alte Kirchen und kaputte Häuser zurückgegeben, aber die heiligen Stätten des Islam behalten, war für die Mohammedaner kein Trost.

Aber auch die Christen, die nun endlich wieder besaßen, wofür sie Hunderttausende von Menschenleben geopfert hatten, häuften ihren gesamten Zorn auf diesen »Feind des Papstes«. Die ansässigen Barone, die Templer und Hospitaliter bemängelten mit einer Logik, die auch heute noch in der Politik gängig ist, warum der Kaiser denn nicht, wenn schon, denn schon, noch mehr herausgeschlagen habe – während sie selbst ja nicht das geringste erreicht hatten. Wenn es nun nicht alles war, so wollten sie lieber gar nichts haben, denn wie sollte man das Königreich mit so wenig Hinterland verteidigen – wobei sie allerdings vergaßen, daß sie seit Saladins Zeiten überhaupt kein Hinterland gehabt hatten.

Niemand kam auf die Idee, dem Papst vorzuschlagen, er möge diesen Mann vom Kirchenbann befreien – im Gegenteil: Der Patriarch von Jerusalem, der den Vertrag über die Rückgabe der Heiligen Stadt »tückisch und trügerisch«, ja sogar ein »unsinniges Verbrechen« nannte – der Patriarch selbst drohte seiner Stadt Jerusalem den Bann an, falls man den Kaiser in ihren Mauern aufnehme.

Der Kaiser krönt sich selbst

Friedrich II. aber ließ sich nicht abhalten, nach Jerusalem zu gehen. Am Sonnabend, dem 17. März 1229, überreichte der Kadi Schams ed-Din von Nablus im Namen des Sultans die Schlüssel der Stadt, und Kaiser Friedrich zog in Jerusalem ein.

Es war eine traurige Prozession. Die Mohammedaner hatten die Stadt verlassen, die christliche Bevölkerung blieb in ihren Häusern. Ihnen war nicht wohl bei dem Gedanken, daß die Christen wieder an der Macht waren, nachdem sie mehr als dreißig Jahre friedlich unter den Mohammedanern gelebt hatten.

Am nächsten Morgen, einem Sonntag, ging Kaiser Friedrich mit seinen Soldaten und den Deutschen Ordensrittern in die Grabeskirche zur Messe, aber nicht ein einziger Priester war erschienen, um die Heilige Messe zu lesen. Der Befreier Jerusalems war geächtet. Aber auch das konnte den Kaiser nicht anfechten. War kein Priester und kein Bischof da, so mußte er selbst tun, was deren Aufgabe war: Er ließ die Königskrone auf den Passionsaltar legen, hob sie feierlich auf und krönte sich selbst.

Und dann sprach der Kaiser, angetan mit einem weiten roten Seidenmantel, vor den Deutschordensrittern in ihren weißen Mänteln, begründete seine Krönung und fand versöhnliche Worte für den Papst, denn er, der Kaiser, suche den Frieden und wolle »eigene Versehen und alles, was meine Anhänger gegen die Kirche getan haben, wiedergutmachen«.

Danach blieb Friedrich noch zwei Tage in der Heiligen Stadt, rief den Kronrat zusammen, der aus seinen Getreuen bestand, um die Wiederinstandsetzung der Stadt zu beraten, und widmete sich dann einem Besichtigungsprogramm, das die frommen Christen schaudern ließ: Der Kaiser besah sich Moscheen. Er, der arabisch sprach und dachte und als deutscher Kaiser Kämmerer und Hofleute hatte, die sich als gläubige Mohammedaner beim Gebetsruf zu Boden warfen und in Richtung Mekka beteten, besichtigte voller Bewunderung die Omarmoschee (den Felsendom der Christen) und die El-Aksa-Moschee und ließ sich alles erklären.

Hier werden stets ein paar Geschichten erzählt, die Friedrichs Einstellung zum Christentum und zur Religion überhaupt deutlich machen sollen, und ich will sie nicht auslassen, denn sie sind tatsächlich charakteristisch für den Schock, den ein so intelligenter, wenn auch charakterlich durchaus nicht immer bewundernswerter Mann wie der Kaiser des Heiligen Römischen Reiches Deutscher Nation bei Christen und Nichtchristen auslöste.

Für die Araber war es ein Wechselbad der Empfindungen. Nach seiner ersten Nacht in Jerusalem erkundigte sich der Kaiser zum Beispiel, warum man den Ruf des Muezzins zum Gebet nicht höre. Kadi Schams ed-Din (»Sonne des Glaubens«) antwortete, dies sei auf Wunsch El-Kamils unterblieben, der die Ohren eines Christen nicht mit dem mohammedanischen Gebetsruf belästigen wolle. Es versteht sich, daß der Kaiser sofort auf dem Gebetsruf bestand, denn seinetwegen sollten keine Gebräuche geändert werden. Es war Toleranz, wie sie Saladin gezeigt hatte.

Als der Kaiser dann die Omarmoschee besichtigte und fragte, wozu die Gitterfenster über dem Eingang daseien, antwortete ihm der Kadi, man wolle damit die Sperlinge fernhalten. Daraufhin soll dann Kaiser Friedrich gesagt haben: »Und doch hat Allah die ›Schweine‹ zu euch gebracht« – ein Satz, den die Mohammedaner ihm übelnahmen, denn es gehörte sich nicht, über seine eigene Religion abfällig zu sprechen, und das Wort »Schweine« war nun einmal das mohammedanische Schimpfwort für Christen. »Aus seiner Redeweise ersah man«, schrieb ein arabischer Chronist, »daß er mit dem Christentum nur Spiel trieb«, und es ist der gleiche Chronist, der mitteilte, daß man für den Kaiser, diesen »rotblonden, bartlosen und kurzsichtigen Mann«, auf dem Sklavenmarkt »keine zweihundert Drachmen« einhandeln würde.

Tatsächlich scheint der Kaiser kein guter Christ im Sinne des Mittelalters gewesen zu sein. So berichtet ein arabischer Chronist von einem Gespräch am Hofe El-Kamils, als man die Stellung des Kalifen mit seiner Herkunft in gerader Linie aus der Familie des Propheten Mohammed erklärte. Dazu sagte der Kaiser nach den Worten des Chronisten: »Das ist viel besser als bei den einfältigen Franken, die irgendeinen Mann zu ihrem Papst machen, der keinerlei Verwandtschaft mit dem Messias nachweisen kann. Dieser Mann hat kein Recht, sich einen ähnlichen Rang anzumaßen, während euer Kalif alles Recht dazu hat.«

Die Christen freilich entdeckten noch andere Ärgernisse. Voller Erschütterung schrieb der Patriarch von Jerusalem nach Rom: »Was wir ferner mit größter Wahrhaftigkeit und brennender Scham berichten, ist, daß der Sultan dem Kaiser, als er hörte, daß dieser nach sarazenischen Sitten lebe, Sängerinnen, die auch Tänzerinnen genannt werden, schickte, sowie Gaukler, Personen also, die nicht nur verrufen sind, sondern von denen man unter Christen überhaupt nicht sprechen sollte. Mit diesen vergnügte sich der Fürst dieser Welt bei abendlichen Gelagen, bei sarazenischen Getränken, in sarazenischen Kleidern und überhaupt in jeder Weise als Sarazene.«

Dagegen hatten die Barone des Königreiches Jerusalem handfestere Beschwerden. Zu Recht waren sie darüber empört, daß sich Friedrich einfach selbst zum König gekrönt hatte, denn als Regent seines Sohnes Konrad durfte er weder ohne Zustimmung des Kronrates einen Friedensvertrag schließen noch sich ohne dessen Einwilligung krönen.

Kaiser Friedrich hatte tatsächlich gegen das Gesetz gehandelt. So kam es zu Aufständen gegen den Befreier Jerusalems und zu Zusammenstößen mit den kaiserlichen Truppen, so daß es Friedrich für das beste hielt, das Heilige Land möglichst unauffällig zu verlassen, zumal der Papst in Italien das Gerücht ausgestreut und von Bischöfen hatte beschwören lassen, daß der Kaiser tot sei, um in seine Ländereien einzumarschieren.

Und als Friedrich II. am 1. Mai 1229 in aller Herrgottsfrühe in Akkon durch die Fleischergasse zum Hafen ging, stand das Volk bereit, um ihn und sein Gefolge mit Abfällen zu bewerfen.

Erst ein ganzes Jahr später, am 23. Juli 1230, fand sich der Papst, der auch einen guten Teil der Kreuzzugsspenden zum Kampf gegen den Kaiser verwendet hatte, bereit, den Kirchenbann aufzuheben und den »Schüler Mohammeds« wieder »zum geliebten Sohn der Kirche« zu machen. Der Patriarch von Jerusalem, eben noch hochgelobt, wurde nun getadelt, daß er eigenmächtig das Predigt- und Messeverbot, das Interdikt, über Jerusalem verhängt hatte. Kaiser Friedrich II. war wieder – bis zur nächsten Exkommunikation – in Gnaden in die heilige Kirche aufgenommen; der Erfolg des Kreuzzuges war anerkannt – aber er hatte keinerlei Auswirkungen.

Der verlorene Sieg

Die Barone des Heiligen Landes hatten zwar keinen Grund mehr, Friedrich zu bekämpfen oder ihm den Gehorsam zu verweigern, denn wenn auch wiederrechtlich zur Krone gekommen, war er nun Rechtens König von Jerusalem, bis sein Sohn volljährig sein würde. Aber sie ließen Jerusalem links liegen, das als unbefestigte Stadt ohne jedes Hinterland tatsächlich wenig Nutzen, aber um so mehr Gefahren brachte. So blieb Akkon auch weiterhin Zentrum und Hauptstadt des Königreiches, das in einen Zustand »rechtsgültiger Anarchie« versank, wie

Runciman es nannte. Templer und Johanniter lagen in offener Fehde miteinander, man führte Kleinkrieg, man stritt sich um Erbfolgen und Einfluß.

Infolge beiderseitiger Schwäche lebten Christen und Mohammedaner – von kleineren Überfällen abgesehen – aber friedlich nebeneinander her und hielten den Waffenstillstand ein, den El-Kamil und Friedrich abgeschlossen hatten. Kaum aber war der Waffenstillstand abgelaufen, predigte Papst Gregor IX., der große Sarazenenhasser, 1239 einen neuen Kreuzzug und bekam ganze tausend französische Ritter unter Tibald von Champagne, dem König von Navarra, zusammen, ohne freilich sagen zu können, was sie denn nun Gescheites im Heiligen Land ausrichten sollten.

Immerhin kamen sie gerade zurecht, um zuzusehen, wie An-Nasir von Kerak Jerusalem besetzte, die letzten Befestigungen und die Davidsburg zerstörte und wieder abzog: Der Frieden wurde unsicher, denn El-Kamil war ein Jahr zuvor, am 8. März 1238, sechzigjährig in Damaskus gestorben. Das hatte einen Bürgerkrieg und den Kampf seiner beiden Söhne gegeneinander ausgelöst.

As-Salih Ajub, der Ältere, herrschte im Norden, El-Adil II., der Jüngere, war Sultan von Ägypten geworden. Als dann As-Salih Ajub von seinem Onkel As-Salih Ismail aus Damaskus vertrieben wurde, marschierte er nach Kairo, vertrieb seinerseits seinen Bruder und machte sich selbst zum Sultan von Ägypten. Es kam zu einem zehnjährigen Rivalitätskampf zwischen Onkel und Neffen, der nun auch die Mohammedaner ins Chaos stürzte und einzelne Stämme und Herrscher wie An-Nasir von Kerak ermunterte, auf eigene Rechnung Razzien zu unternehmen.

So waren auch die Türken des Choresmier-Schahs Dschelal ed-Din aus dem nordöstlichen Persien in Syrien eingefallen und zogen in dem allgemeinen Chaos plündernd umher. Es waren nun diese choresmischen Türken, die im Jahre 1244 auf Jerusalem zurückten und am 11. Juli über die unbefestigte Stadt herfielen. Die Zitadelle konnte sich einen Monat lang halten, kapitulierte aber dann gegen das Versprechen des freien Abzugs.

Am 23. August 1244 zogen an die 6000 christliche Männer, Frauen und Kinder aus der Stadt, um an die Küste zu wandern. Als sich einige von ihnen umsahen, um von Jerusalem Abschied zu nehmen, sahen sie fränkische Fahnen auf den Türmen wehen und kehrten um, weil sie glaubten, es sei noch in allerletzter Minute Hilfe eingetroffen. Es war ein tödlicher Irrtum. Etwa 2000 fielen unter der Stadtmauer in einen Hinterhalt und wurden umgebracht. Die anderen wurden von arabischen Straßenräubern überfallen, und von den 6000 erreichten nur 300 die Hafenstadt Jaffa.

Jerusalem war damit für alle Zeiten den Christen verloren. Fünfzehn Jahre nach dem gewaltlosen Kreuzzug Kaiser Friedrichs II. war Jerusalem, dessen Eroberung durch die Türken etwa 170 Jahre vorher die Kreuzzüge ausgelöst hatte, wieder in der Hand von Türken. Es war alles umsonst gewesen.

XI

Die letzten Kreuzzüge: Der Weg in den Untergang

Der Kreuzzug eines Heiligen

Es gehört zu den Legenden, daß der zweite Fall Jerusalems mehr ausgelöst hätte als einen vergeblichen Kreuzzugsaufruf des Papstes Innozenz IV. Europa war viel zu sehr mit sich selbst beschäftigt, um nach all den Mißerfolgen in Palästina noch ein weiteres Debakel zu riskieren. In Italien tobten die Kämpfe zwischen den Ghibellinen und Guelfen, Kaiser und Papst stritten um die Vorherrschaft, Heinrich III. von England hatte Schwierigkeiten mit seinen Baronen. Die einzige europäische Macht, die an einen Kreuzzug denken konnte, war Frankreich – und dort hatte König Ludwig IX. schon längst das Kreuz genommen, bevor der Papst auch nur dazu aufgerufen hatte.

Es ist aus den Quellen nicht erkennbar, ob Ludwig IX. schon Kenntnis vom Fall Jerusalems hatte, als er im Dezember 1244 als 25jähriger das Kreuz nahm oder ob – was seinem Charakter mehr entspräche – das Gelübde nicht ein Dank für die Genesung von einer schweren Krankheit war. Denn Ludwig IX. war das, was man einen Heiligen nannte, ein frommes, mildes Gemüt mit Neigungen zur Ekstase, aber alles in allem ein lauterer Mensch und mit seiner Bedürfnislosigkeit und Askese das Vorbild eines guten Christen.

Er wurde dann auch schon 27 Jahre nach seinem Tode von der Kirche heiliggesprochen, wohl weniger wegen seiner zwei tolpatschigen Kreuzzüge als vielmehr wegen der Geradlinigkeit und Ehrlichkeit, mit der er eine moralische Idee verfolgte und auf Menschen wirkte. Selbst Voltaire, der Spötter, hat später seine Heiligsprechung für gut gehalten.

Aber auch Ludwig der Heilige, wie er in den Geschichtsbüchern genannt wird, nahm sich Zeit. Erst vier Jahre nach dem zweiten Fall Jerusalems, also im Jahre 1248, trat er den Kreuzzug an, und der Chronist müßte kein Franzose sein, wenn er nicht das Abschiedsmahl der Nachwelt überliefert hätte. Am Tag vor Beginn des Sechsten Kreuzzuges speiste man am Hofe Ludwigs des Heiligen:

Frische Bohnen in Milch gekocht
Reis mit Milch, Mandeln und Zimt
Fische, gebratene Aale mit einer vorzüglichen Brühe
Aalpasteten
Torten

So gestärkt und in dem Bewußtsein, in Zypern bereits größere Weinvorräte gelagert zu haben, schiffte sich Ludwig der Heilige mit etwa 15000–25000 Mann unter dem Kreuzfahrergesang »Veni creator spiritus« – »Komm Heiliger Geist!« am 25. August 1248 ein und landete im September in Limassol auf Zypern, wo man überwinterte.

Am 5. Juni 1249 tauchte dann die erholte Flotte nicht etwa in Palästina auf, sondern nach einer alten, wenn auch stets mißlungenen Regel vor Damiette an der Nilmündung, um den Sultan von Ägypten gleich an Ort und Stelle zu schlagen.

Da die Sarazenen sich am Ufer postiert hatten, begann man gleich dort mit der Vertreibung des Feindes, indem die Ritter in voller Rüstung von den Landungsbooten ins Wasser sprangen und tropfnaß auf die Feinde einstürmten – und sie tatsächlich vertrieben. Seltsamerweise zogen sich die Araber nicht nach Damiette, sondern weiter nilaufwärts zurück, so daß die Bewohner von Damiette in Panik gerieten und die Stadt bereits am nächsten Tag räumten.

Nach diesem Sieg verordnete Ludwig der Heilige dem Heer erst einmal eine halbjährige Erholungspause, statt sofort nachzustoßen. Erst am 20. November 1249 zog das französische Heer nilaufwärts in Richtung Kairo. Aber obwohl As-Salih Ajub zwei Tage später, am 22. November, starb und nur seine Lieblingsfrau mit der Leibgarde die Situation rettete, bis der Thronfolger Turanschah, der Sohn des Verstorbenen, Ende Februar aus Mesopotamien eintraf, gelang es Ludwig dem Heiligen, sich vollständig besiegen zu lassen.

Er wartete einfach, bis die Feinde stark genug waren, ihre Streitmacht aufgebaut hatten und anfingen, die Franken mit Geschossen zu bombardieren, die man für die ersten Raketen oder Mörser der Weltgeschichte halten könnte: »Die Art des griechischen Feuers war so«, schreibt der Chronist Joinville, »daß es vorn wie eine Tonne für Traubensaft daherkam, und der Schweif von Feuer, der davon ausging, war wie ein breites Schwert ... Wenn es daherkam, machte es einen solchen Lärm, als sei es ein Blitzstrahl vom Himmel; es schien, als wäre es ein Drache, der durch die Luft flog. Es verbreitete eine solche Helle, daß es im Heer so hell war wie am Tag ...«

Was der Chronist hier noch als griechisches Feuer beschreibt, waren möglicherweise schon die ersten Pulvergeschosse, von denen wir erfahren. Sie werden in anderen Chroniken zum ersten Mal in dieser Zeit erwähnt, und der englische Mönch Roger Bacon, der zehn Jahre später, im Jahre 1260, die Formel für Schießpulver aufschrieb, erklärte ihre Wirkung fast mit den gleichen Worten wie der Chronist Joinville: »Mit dieser Mischung wirst du einen hellen Blitz und ein donnerndes Getöse erzeugen, wenn du den Kunstgriff kennst ...«

Jedenfalls, was es auch immer war, es muß ein Schreckenserlebnis gewesen sein, denn »jedesmal, wenn unser frommer König hörte, daß sie das griechische Feuer auf uns warfen, erhob er sich vom Bett, streckte die Hände zu Unserem Herrn und sagte weinend: ›Lieber Herrgott, beschütze meine Leute!‹«

Im goldenen Helm und mit einem deutschen Schwert kämpfte Ludwig der Heilige aber auch selbst und gewann sogar eine Schlacht, wartete dann aber hinterher so lange, bis sein Heer durch Seuchen und Hunger und er selbst durch die Ruhr so geschwächt war, »daß ihm die Zähne klapperten«, so daß er sich mit seinem Heer ehrenvoll ergeben konnte. Das geschah am 6. März 1250, während seine Frau Margarethe von Province die Stadt Damiette energisch verteidigte, obwohl sie eben erst – mit Hilfe eines 80jährigen Ritters als Hebamme – ihr erstes Kind geboren hatte, das sie Johann Tristan nannte.

Am 8. Mai schloß Ludwig der Heilige dann einen Vertrag mit dem Gegner, wonach er gegen die Stadt Damiette ausgetauscht werden sollte und außerdem noch die ungeheure Lösegeldsumme von 800000 Byzantinern (ein Byzantiner etwa 7 Goldmark!) versprach.

Zwei Tage darauf segelte Ludwig der Heilige hinreichend besiegt mit dem Rest von wenigen tausend Mann – der Sultan hatte jeden Abend 300 Gefangene köpfen lassen – nach Akkon, obwohl er eigentlich in Frankreich gebraucht wurde. Er blieb vier Jahre im Heiligen Land, um dort ungestört die Städte Akkon, Cäsarea, Jaffa und Sidon auszubauen und das Land ungefragt, aber anerkannt, vier Jahre lang zu regieren. Dann fuhr er, am 24. April 1254, nach Frankreich zurück, nur um sechzehn Jahre später einen noch viel unsinnigeren Kreuzzug zu unternehmen, der ihn das Leben kosten sollte.

Dabei war der Kreuzzug Ludwigs des Heiligen sicherlich ein redliches, wenn auch vollkommen verfehltes Unternehmen, das auch nicht, wie man überall lesen kann, von 1248 bis 1254 dauerte, sondern höchstens bis 1250, als Ludwig gefangengenommen wurde. Aber selbst nach 700 Jahren scheint die Datierung begeisterter Hofchronisten des Mittelalters, die die bloße Abwesenheit von zu Hause schon für einen Kreuzzug hielten, noch gültig zu sein.

Immerhin wissen wir durch die Aufzeichnungen des königlichen französischen Schatzamtes aus dem 14. Jahrhundert, was ein solcher sinnloser Kreuzzug die Bevölkerung gekostet hat: Die Gesamtsumme wird mit 1,3 Millionen Livres Tournois angegeben. Das sind – man kann das über 700 Jahre hin nie genau berechnen – etwa 30 Millionen Goldmark aus der Zeit vor dem Ersten Weltkrieg, also rund 100 Millionen Mark nach dem Zweiten Weltkrieg und, um eine ungefähre Vorstellung zu schaffen, um 1975 etwa 200 Millionen Mark.

In jedem Falle entsprach die Summe von 1,3 Millionen Livres Tournois dem damaligen französischen Staatsbudget von elf bis zwölf Jahren, und sie wurden in der halben Zeit von sechs Jahren aufgebraucht, während das Leben in Frankreich weiterging.

Wir haben sogar noch die Detailangaben: Der König verbrauchte auf dem Kreuzzug für seinen Hof 200000 Livres, während die Kriegsausgaben für 15000 Krieger nur etwas mehr als das Dreieinhalbfache, nämlich 750000 Livres betrugen. Für 40000 Livres baute Ludwig Schiffe, für Befestigungsarbeiten im Heiligen Land gab er 120000 Livres aus – die einzige Summe, die Palästina zugute kam. 210000 Livres kostete das Lösegeld für den König, während er zur Auslösung von Gefangenen ganze 1300 Livres hinlegen mußte. Rechnet man alles gegeneinander auf, so ergibt sich, daß ein Drittel der ungeheuren Summe für Hofhaltung und (unnötiges) Lösegeld für eine einzige Person aufgewendet wurde, während das gesamte Heer sechs Jahre lang von 450000 Livres leben mußte und das »Heilige Land« am Ende keinerlei praktischen Nutzen davon hatte.

Mamelucken und Mongolen

Aufstand der Sklaven

Der Kreuzzug des zwar frommen und liebenswerten, aber in der Feldherrnkunst nur schwach bewanderten Ludwig IX. war noch nicht zu Ende, als ein Ereignis eintrat, das die politische Landschaft im Nahen Osten grundlegend veränderte und länger nachwirkte als die gesamte Kreuzzugszeit. Denn vier Tage vor der Freilassung des Königs aus der Gefangenschaft des Sultans brach in Kairo eine Palastrevolution aus, die mit einem Schlag die Herrschaft der Ajubiden beendete, die durch Saladin groß geworden waren. Es war ein Aufstand weißer Sklaven, meist türkischer Herkunft, die die Macht am Nil übernahmen und sie mehr als 250 Jahre lang ausübten, bis sie im Jahre 1517 – in Europa begann die Reformation – besiegt wurden.

Aber auch als Herren und Herrscher im Nahen Osten nannten sie sich weiterhin stolz »die Sklaven«, denn das arabische Wort für Leute, die man kauft, »die besessen werden«, heißt »mamluk«. Diese »Mamelucken«, wie wir sie nennen, waren von den Sultanen in Kairo in großen Mengen gekauft worden, denn der byzantinische Kaiser hatte den Sklavenhandel offiziell erlaubt, und vor allem italienische Kaufleute verdienten recht gut daran.

So hatte auch Sultan El-Kamil halbwüchsige Türken aufgekauft, sie militärisch ausgebildet und ein schlagkräftiges Heer aus ihnen gemacht. Das rächte sich, als die Mamluks als wohlausgebildete Soldaten von einem Tag auf den anderen die Macht übernahmen und in Kairo eine türkische Herrschaft errichteten, die bald den ganzen Nahen Osten beherrschen sollte: Es waren Mamelucken, die die letzten Kreuzfahrer aus dem Nahen Osten vertreiben sollten.

Zunächst freilich kümmerten sich die Mamelucken wenig um die Kreuzfahrer, denn es gab für sie – und nicht nur für sie – seit etwa zwanzig Jahren eine viel größere Bedrohung, als die hilflosen Kreuzzüge der Franken. Seit Jahrzehnten trafen aus immer kürzerer Entfernung Schreckensnachrichten von einem fremden Volksstamm in Europa ein, der mit unglaublicher Schnelligkeit und Grausamkeit ein Land nach dem anderen eroberte.

»Ihr Kopf ist groß«, berichtete der Chronist Alberich, »der Hals kurz, die Brust sehr breit; die Arme sind lang, die Beine kurz und ihre Kraft ist erstaunlich. Sie haben keinen Glauben, sie fürchten sich vor nichts, sie glauben an nichts, sie verehren nichts.«

Und Marco Polo, der berühmteste Reisende des Mittelalters, beschreibt sie so: »Ihre Kleider sind zumeist aus Goldbrokat und Seide, besetzt mit prächtigen Federn, Zobel und Hermelin und sehr reich mit Grauwerk und Fuchsfellen. Und ihre ganze Ausrüstung ist sehr schön und von großem Wert. Ihre Waffen sind Bogen und Pfeile, Schwerter und Äxte; aber der Bogen bedienen sie sich mehr als anderer Waffen, denn sie sind sehr gute Bogenschützen, die besten, die man in der Welt kennt. Auf dem Rücken tragen sie Harnische aus gekochtem Leder, die sehr stark sind. Sie sind gute Krieger und in der Schlacht außerordentlich tapfer. Und sie halten mehr Mühsal aus als andere Menschen; denn manchmal, wenn es nötig ist, reiten sie einen Monat, ohne Fleisch mitzuführen, und leben von Stutenmilch und essen das Fleisch, das sie mit dem Bogen erjagen.«

Dschingis-Khan und die Mongolen

Diese Krieger, die Marco Polo mit dem Satz charakterisiert: »Sie sind jetzt Herren über den größten Teil der Welt«, waren die Mongolenhorden Dschingis-Khans, die tatsächlich mit geradezu unglaublicher Geschwindigkeit ein Weltreich erobert hatten, dessen Grenzen im Osten und im Westen so weit auseinanderlagen, daß man von jeder Seite ein volles Jahr brauchte, um in die Hauptstadt Karakorum zu gelangen.

Im Jahre 1215 hatten Dschingis-Khan und seine Horden Peking erobert, acht Jahre später verwüsteten die Mongolen schon Südrußland und die Länder an der mittleren Wolga. Kurz darauf hatten sie Persien erobert, und im Jahre 1241 standen sie bereits mitten in Europa und besiegten in Liegnitz in Schlesien ein deutsch-polnisches Heer. Nur der plötzliche Tod ihres Anführers rettete damals Europa vor den Mongolen.

Sie schwenkten nach der Schlacht nach Süden, durchzogen den Balkan und machten 1243 Anatolien, das einstige Kernland des byzantinischen Reiches, zu einem mongolischen Protektorat. Damit standen sie vor den Gebieten der Türken und Araber im Nahen Osten, die in ihrer Zerstrittenheit überhaupt nicht in der Lage waren, einen ernsthaften Widerstand zu leisten. Hinzu kam, daß den Mongolen der Ruf unerhörter Grausamkeit vorausging, der vielleicht auch nur geschickte Greuelpropaganda war. So schreibt der arabische Chronist Ibn al-Atir, daß es niemand wagte, sich gegen diese Reiter zu verteidigen, so daß sich manchmal ein einzelner Mongole eines ganzen Dorfes bemächtigen konnte. Und einmal soll ein einzelner Mongole achtzehn Arabern befohlen haben, sich gegenseitig die Hände auf den Rücken zu binden und ihm als Gefangene zu folgen – und sie gehorchten; bis schließlich einer den Mut fand, den mongolischen Reiter zu töten.

Auch Kaiser Friedrich II., in dessen Regierungszeit ja der Mongolensturm fiel, fand die Horden Dschingis-Khans »wild, gesetzlos, ohne Menschlichkeit«, aber er unternahm nichts gegen sie. Er hatte Angst, ein Feldzug gegen die Mongolen in Deutschland und Polen würde inzwischen dem Papst die Gelegenheit verschaffen, nach Sizilien einzufallen. So schrieb er an die deutschen Fürsten, »da Uns die übergroße Sorge bedrängt, mit Unseren alten und vertrauten Feinden (in Italien) fertig zu werden, wie sollen Wir da die Barbaren vertreiben?«

So mußten die Kaufleute im fernen England noch weiter in der Angst leben, daß durch die Mongolen der Hering billiger werden könnte: Ohne genaue Vorstellung, von wo die Mongolen zu erwarten seien, wagten es die holländischen und friesischen Kaufleute nämlich nicht mehr, übers Meer nach England zu fahren und Heringe einzukaufen ...

Lediglich Papst Innozenz IV. konnte dem Schrecken eine positive Seite abgewinnen. Fixiert auf die päpstliche Lieblingsidee, die Sarazenen zu vernichten, schlug er 1245 auf dem Konzil von Lyon vor, man sollte Kontakte mit den Mongolen aufnehmen, um sie eventuell als Bundesgenossen gegen die Sarazenen zu gewinnen. Allerdings würde man die Mongolen vorher schnell zum Christentum bekehren müssen, aber da schienen die Chancen günstig zu sein. Man hatte nämlich erfahren, daß einige ihrer Stämme nestorianische Christen waren und daß der Einfluß der Nestorianer bei den Großkhanen (= Großfürsten), die weder Christen noch Mohammedaner waren, ganz erheblich war.

Allerdings galten die Nestorianer als Ketzer, denn Nestorius, der Patriarch von Konstantinopel, hatte zwischen den Jahren 400 und 450 im Gegensatz zur Kirche gelehrt, daß Christus nicht ebenso Gott wie

Mensch sei, und die menschliche Natur Christi daher besonders betont. Als die Kirche die Nestorianer daraufhin zu Ketzern erklärte, waren sie nach Innerasien ausgewichen, bildeten aber noch bis ins 13. Jahrhundert hinein im Orient eine starke Minderheit.

Aber da Papst und Kurie die Bekehrungschancen der Ketzer höher einschätzten als deren Übertritt zum Islam, wollte man einen Versuch unternehmen, zumal der Chronist Alberich in einem Bericht schon kurz nach dem Jahre 1200 mitgeteilt hatte, eine Gruppe der Mongolen würde gar von einem christlichen Priester namens Johannes angeführt. Dieser Priester Johannes spielte in den Hoffnungen der Kreuzfahrer eine große Rolle, und viele hielten die Eroberungszüge der Mongolen für den Beginn eines Kreuzzuges des Priesters Johannes gegen die Sarazenen.

Nur war dieser geheimnisvolle Priester Johannes nichts weiter als einer der vielen Irrtümer, die dem Chronisten Alberich unterlaufen waren, und die Kreuzritter hatten daraufhin den König von Georgien, der tatsächlich den Kreuzrittern von Antiochia Hilfe versprochen hatte, mit den Mongolen verwechselt, die ja auf ihrem Vormarsch aus diesem Gebiet vordrangen.

Auf dem Pferde nach Fernost

Als am 16. April des Jahres 1245 der Franziskaner Giovanni de Piano Carpini, ein Freund des Franziskus von Assisi, im Auftrag des Papstes mit einer kleinen Delegation von Lyon aus aufbrach, um den Herrscher der Mongolen zum Christentum zu bekehren und zum Kreuzzug zu bewegen, begann eines der merkwürdigsten und abenteuerlichsten Unternehmen der Kreuzzugszeit: ein Ritt fast um ein Viertel des Erdballs, um Hilfe zur Befreiung des Heiligen Grabes zu finden. Als Giovanni Carpini nach zwei Jahren zurückkehrte, waren er und seine Begleiter Tausende von Kilometern geritten.

Bei ihrem Aufbruch hatten sie allerdings kaum geahnt, daß sie ihre Suche bis in die Mongolei führen würde. Sie wußten nur: Irgendwo im Osten sollten sie das Haupt der Mongolen finden. Sie waren einfach losgeritten und hatten auf den Beistand Gottes vertraut.

In einem Reisebericht des Franziskaners klingt das dann so: »Wir gelangten zum König von Böhmen; er war sehr freundlich zu uns und riet uns, durch Polen und Rußland zu reisen. Er hatte Verwandte in Polen, mit deren Hilfe wir Einreiseerlaubnis finden konnten in Rußland. Nachdem er uns also zwei Briefe und eine gute Begleitmannschaft gegeben hatte, ordnete er an, daß unsere Ausgaben von seinen Vasallen und seinen Städten getragen werden sollten; so kamen wir zum Herzog von Schlesien, Boleslav, seinem Neffen ... der machte es ebenso, und so kamen wir zu Konrad, dem Herzog von Lenczy, zu dem, durch göttliche Fügung, gerade Wasilitsch, der Herzog von Rußland, gekommen war.«

Und erst hier erfuhren die päpstlichen Missionare Näheres über die »Tataren«, wie die Mongolen auch genannt wurden, denn Wasilitsch »hatte ihnen nämlich Gesandte geschickt, die schon zurückgekommen waren. Da wir also erfuhren, man müsse ihnen Geschenke machen, ließen wir einige Felle von Bibern und anderen Tieren von dem Geld kaufen, das uns als Almosen für unsere Reise gegeben worden war. Herzog Konrad, die Herzogin von Krakau, der Bischof und einige Ritter gaben uns, als sie das erfuhren, noch mehr Pelze.«

Man spürt aus diesen Stellen, daß Giovanni Carpini und seine Begleiter, Bruder Stephan aus Ungarn und Bruder Benedikt aus Polen, weder finanziell noch sonstwie auf dieses Abenteuer vorbereitet waren. Unter Lebensgefahr reisten sie im russischen Winter durch das heidnische Gebiet der Lithuanier und wurden in der Ukraine »sterbenskrank«. »Dennoch ließen wir uns im Schlitten durch den Schnee und die große Kälte ziehen. In Kiew angekommen, haben wir uns von den Vornehmsten des Ortes beraten lassen«, berichtet Giovanni weiter. »Sie antworteten uns, wenn wir die Pferde, die wir besaßen, mitnähmen zu den Tataren, würden sie alle zugrunde gehen wegen des hohen Schnees, denn sie verständen nicht, unter dem Schnee das Gras zu suchen, wie es die Pferde der Tataren tun, und man könnte ihnen nichts zu fressen geben, weil die Tataren weder Heu noch Futter haben.«

Acht Monate nach ihrem Aufbruch stießen die Mönche im Februar 1246 am Dnjepr zum ersten Mal auf Mongolen, die sie gleich gefangennahmen und nur gegen Bakschisch zum nächsten Befehlshaber der Tataren brachten. Dort konnten sich die Mönche verständlich machen und setzten nun ihren Ritt unter mongolischer Führung fort. Aber allein um die endlosen Ebenen des kumanischen Gebietes bis zur Wolga zu durchqueren, brauchten sie fünf Wochen, »und dennoch ritten wir

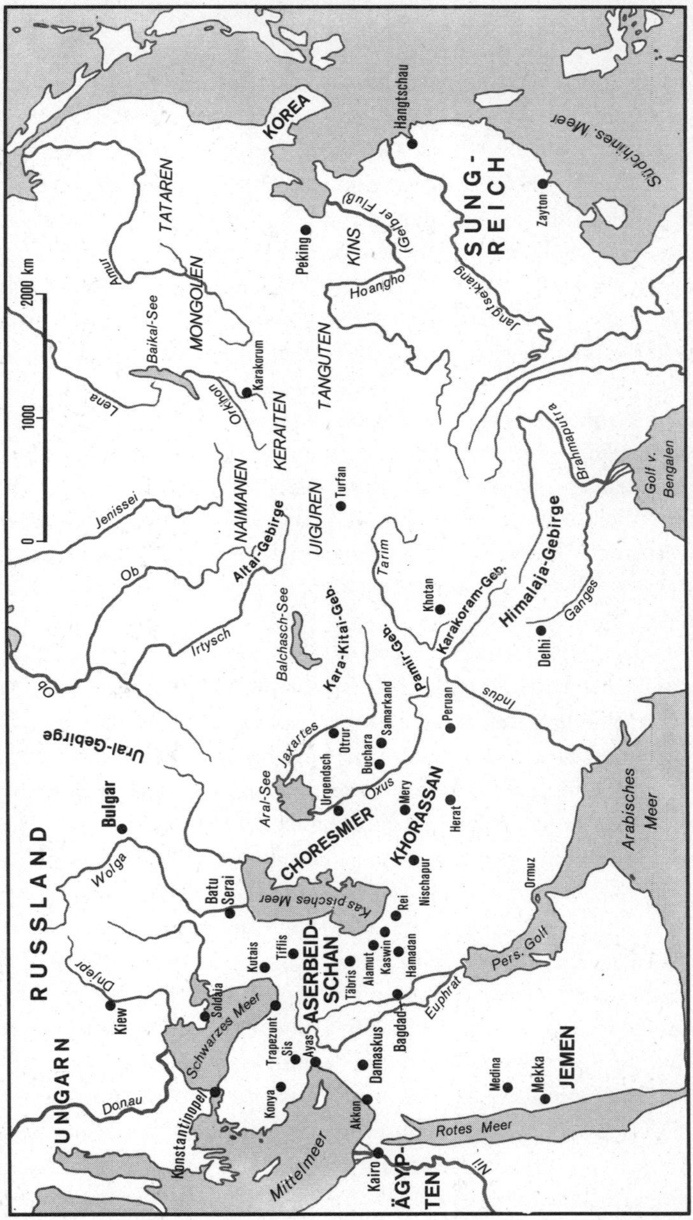

Das Reich der Mongolen unter Dschingis-Khan

vom Morgen bis zum Abend und oft sogar in der Nacht und wechselten drei- oder viermal am Tag die Pferde«.

Trotzdem dauerte die Reise noch einmal ein Vierteljahr, obwohl sie ständig die Pferde wechselten, »denn unsere Tataren hatten uns gesagt, sie eilten, um uns zu der seit mehreren Jahren vorgesehenen Zeremonie der Herrscherwahl zu führen. Deshalb standen wir früh auf und ritten bis in die Nacht, ohne zu essen; und manchmal kamen wir so spät an, daß wir abends nicht mehr aßen; was wir hätten am Abend essen sollen, gaben sie uns am Morgen. Und da öfter die Pferde gewechselt wurden, brauchten wir sie nicht zu schonen und ritten pausenlos in der schärfsten Gangart . . .« Sie kamen noch rechtzeitig an, um die Wahl Gujuks, des Enkels des Dschingis-Khan, zum neuen Khan der Mongolen zu erleben.

Jener Mann, den wir unter dem Titel Fürst der Dschingis, also Dschingis-Khan, kennen, hieß eigentlich Temüjin und war nach arabischen Quellen 1155 und nach mongolischen Quellen 1162 geboren worden. Viel mehr wissen wir nicht, genausowenig, wie wir sein Aussehen kennen. Von späteren Augenzeugen erfahren wir lediglich, daß er hochgewachsen war, katzengrüne Augen und breite Schultern hatte.

Dschingis-Khan, nach Saladin und Kaiser Friedrich II. von Sizilien die dritte große faszinierende Gestalt jener Epoche, unterliegt bis heute den unterschiedlichsten Beurteilungen, weil er die vorstellbaren Normen sprengt. Die einen dämonisieren ihn als den blutrünstigsten Welteroberer, in dessen Nachfolge in Bagdad eine Million Einwohner (die es damals gar nicht gab) niedergesäbelt und zu achtzig gigantischen Schädelpyramiden aufgetürmt wurden. Die anderen stellen ihn als einen jener »Glücksritter« dar, die der Zufall und der Genieblitz zu den richtigen Stellen führt, um Land um Land zu erobern; sozusagen ein umgekehrter Alexander der Große.

Wir müssen die Deutung offenlassen, weil wir zuwenig historische Fakten haben. Die Mongolen stellen ihn jedenfalls dar als »großzügig, gastfreundlich, einen treuen Freund seiner Parteigänger und grausamen Feind seiner Feinde«, während seine Gegner, also die zeitgenössischen abendländischen Quellen, in ihm nur den Führer barbarischer Horden sehen, der mancherorts die Geschichte um Jahrhunderte zurückwirft.

In Wirklichkeit lag der Erfolg Dschingis-Khans vielleicht nur in der unterschiedlichen Kampftechnik. Niemand redet von der Diabolik und den »Horden« der Nordvölker, die auf altmodischen Ochsenkarren bis nach Ägypten vorstießen und ein festgefügtes Reich zerstörten, das für Jahrhunderte im Chaos unterging. Niemand hat sich Gedanken darüber gemacht, ob nicht vielleicht die »Horden« der Kreuzfahrer mit Spieß und Schwert die Seldschuken mit ihrer schwärmenden Kampftechnik des Pfeilhagels ebenso irritierten, wie die »Horden« der Normannen mit ihren blitzschnellen Schiffsangriffen die Mitteleuropäer in Panik versetzten. Den Mongolen aber macht man geradezu ihre Schnelligkeit zum Vorwurf, die lediglich auf dem »Trick« beruhte, für jeden Reiter mehrere Pferde mitzunehmen, die er während des Rittes wechselte, wenn das eine ermüdet war.

Dschingis-Khan stammte aus der Steppenaristokratie. Sein Großvater Khabul-Khan hatte bereits im frühen 12. Jahrhundert einige Nomadenstämme der »Manghol« unter sich vereinigt und sich den Titel Khan zugelegt; sein Vater Jegüsei wurde 1171 von einem rivalisierenden Stamm der Tataren ermordet. Seinem Sohn gelang es dann, die rivalisierenden Völker und Stämme zu einigen. Er wurde 1206 auf einer Volksversammlung zum Herrscher gewählt und nannte sich Dschingis-Khan (die Bedeutung von Dschingis ist unklar). Als er am 18. August 1227 an den Folgen eines Sturzes vom Pferde starb, waren seine Reiter bis nach Südrußland vorgestoßen.

Sein Nachfolger wurde der Großkhan Ögödei. Der Tod dieses Ögödeis stoppte im Jahre 1241 nach dem Sieg bei Liegnitz den Vormarsch der Mongolen nach Europa. Innere Rivalitäten hatten dann offenbar die sofortige Wahl eines neuen Khan verhindert. Erst 1246 wurde Gujuk, der Enkel Dschingis-Khans, feierlich zum Groß-Khan gewählt, und es war dieses Ereignis, zu dem Giovanni Carpini gerade noch rechtzeitig im Feldlager Sira Ordu bei Karakorum eintraf.

Beim Groß-Khan in Karakorum

»Als wir dort anlangten«, erinnert sich Giovanni, »stand da ein gewaltiges Zelt, ganz mit Purpur ausgeschlagen; es war so groß, daß es nach unserer Meinung mehr als zweitausend Personen fassen konnte . . . alle Heerführer hatten sich dort versammelt, jeder mit seinen Leuten. Am ersten Tag kleideten sie sich alle in weiße Gewänder, am zweiten in rote. Dann trat Gujuk in das Zelt, und sie kleideten sich am dritten Tag in Gewänder von purpurnem Blau, am vierten Tag in sehr schöne ›Baldakins‹ (Gewebe aus Bagdad) . . . Die bewaffneten Wachen standen an den Eingängen des Zeltes, und die ganze Gesellschaft entfaltete einen wahrhaft barbarischen Prunk; die Reiter trugen nach meiner Schätzung wenigstens für zwanzig Goldmark an Zaumzeug, Brustschmuck und Sattel.«

Und vor dem Zelt sahen die armen Franziskaner »mehr als 500 Ochsenwagen voll Gold, Silber, Seide, kostbaren Pelzen«. Es waren Geschenke der Abgesandten aus fast allen Ländern des Orients. Die Chinesen, aber auch der Kalif von Bagdad und die anderen sarazenischen Sultane, der König von Georgien und viele andere hatten Gesandte mit Geschenken geschickt; ihre Zahl wurde auf 4000 geschätzt. Wie die anderen Delegationen wurden nun auch die Franziskanermönche von Gujuk empfangen, nachdem man sie sorgfältig auf versteckte Waffen untersucht hatte. Und als man sie aufforderte, ihre Geschenke abzuliefern, begann die Peinlichkeit. »Das können wir nicht«, war die betretene Antwort Giovannis, der seine paar Almosen und Pelze längst unterwegs losgeworden war, »wir haben schon alles gegeben, was wir besaßen.« Statt dessen überreichte Giovanni Gujuk ein Schreiben des Papstes, in dem dieser den Groß-Khan aufforderte, zum Christentum überzutreten und die Priorität Roms anzuerkennen.

Man kann sich vorstellen, daß der Groß-Khan die Aufforderung des Papstes nur komisch finden konnte und ihm daher einen deutlichen Antwortbrief schrieb. Aber später wußte niemand mehr, was der Khan geschrieben hatte, denn der Brief galt als verloren, bis dieses Schreiben aus dem mongolischen Karakorum im Jahre 1920 zufällig im vatikanischen Archiv gefunden wurde. 673 Jahre danach konnte man dann nachlesen, wie naiv die Einschätzung des Papstes gewesen war.

Gujuk, der Groß-Khan der Mongolen, schrieb an den Papst: »Durch Gottes Macht ist uns die ganze Erde, von Sonnenaufgang bis Sonnenuntergang, untertan . . . Du selbst wirst an der Spitze der Könige, ihr alle werdet ohne Ausnahme zu mir kommen, um mir Dienst und Untertänigkeit anzutragen. Von da an werden wir euch für unterworfen halten. Falls ihr aber den Befehl Gottes nicht befolgen und euch unseren Befehlen widersetzen werdet, so verwandelt ihr euch in unsere Feinde.«

Mit dieser wenig ermunternden Antwort war Giovanni Carpini im November 1247 nach Lyon zum Papst zurückgekehrt und schrieb dann seine »Geschichte der Mongolen, die von uns Tataren genannt werden«, in der er über Sitten und Gebräuche der Mongolen berichtete.

Inzwischen hatte der Papst aber schon eine zweite Delegation unter dem Dominikaner Ascelin aus der Lombardei zu den Mongolen geschickt, die im Mai 1247 in Täbris in Aserbeidschan mit dem Heerführer Baitschu zusammentraf. Baitschu war bereit, ein Bündnis gegen die Sarazenen zu erörtern, da er ohnehin vorhatte, Bagdad anzugreifen. Ein Kreuzzug der Christen gegen die syrischen Mohammedaner hätte ihm da gut ins Konzept gepaßt. Er schickte daher sogar zwei Abgesandte mit Ascelin nach Rom, von denen einer ein nestorianischer, also christlicher Mongole war. Trotz der inzwischen eingetroffenen Absage aus Karakorum schöpfte der Papst deshalb wieder Hoffnung, doch noch zu einer Einigung mit den Mongolen zu kommen. Als sich die beiden Mongolen aber rund ein Jahr beim Papst aufgehalten hatten, ohne daß es mit Baitschu zu einem Vertrag kam, schickte sie der Papst im November 1248 wieder zurück.

Um so glücklicher war Ludwig der Heilige, der gewiß von den Mißerfolgen der päpstlichen Kontakte Kenntnis hatte, als ihn einen Monat später im Dezember 1248, zwei Nestorianer aufsuchten, als er auf dem Wege ins Heilige Land gerade auf Zypern war. Die beiden Boten mit den christlichen Namen Markus und David waren Abgesandte des mongolischen Heerführers Aldschighidai aus Mossul, der sich in einem Brief begeistert über seine Sympathien für das Christentum aussprach.

Ludwig der Heilige nahm das alles für bare Münze und schickte im Januar 1249 unter Führung des Dominikaners Andreas von Longjumeau eine Delegation nach Mossul, die als passendes Geschenk für einen bekehrungswilligen mongolischen Heerführer eine kleine tragbare Kapelle mitschleppte. Aber Aldschighidais Frömmigkeit war dann wohl doch mehr taktischer Art gewesen, denn er schickte sie einfach in die Mongolei weiter. Als sie in Karakorum (zu deutsch übrigens »Schwarzwald«) ankamen, erlebten sie die nächste Enttäuschung: Gujuk war gestorben. Seine Witwe Oghul Khaimisch empfing sie zwar huldvoll und hielt die Geschenke für den Tribut ihres Vasallen, des Königs von Frankreich, konnte aber als Regentin nichts entscheiden.

Als Andreas von Longjumeau nach dreijähriger Reise zurückkehrte, brachte er nichts weiter mit als einen freundlichen Brief der Witwe, in dem sie ihrem Lehensmann für die Geschenke dankte und ihn aufforderte, von nun an jedes Jahr solche Geschenke zu schicken. Ludwig der Heilige war empört, gab aber die Hoffnung nicht auf, eines Tages doch noch die Mongolen als Verbündete zu gewinnen.

Enttäuschte Hoffnungen

Diese Gelegenheit schien sich im Jahre 1253 zu ergeben. Ludwig IX., der sich nach seinem ägyptischen Fiasko in Palästina aufhielt, erfuhr Anfang des Jahres in Akkon, daß sich der mongolische Fürst Sartak, der Sohn des Batu, zum Christentum bekehrt habe. Auf diese Nachricht hin schickte er sofort zwei Franziskaner, den Flamen Wilhelm von Rubruk und Bartholomäus von Cremona, mit der Aufforderung zu ihm, den Christen in Syrien zu Hilfe zu kommen.

Als Wilhelm von Rubruk nach dreimonatiger mühsamer Reise – »wenn nicht unser Zwieback gewesen wäre und die Gnade Gottes, wären wir zweifellos gestorben« – Don und Wolga überquert hatte, traf er endlich auf Sartak. Angetan im feierlichen Ornat, Kreuz, Bibel und Psalter auf einem Kissen vor sich tragend, zogen sie mit räucherfaßschwingenden Meßdienern in Chorhemden und das Salve Regina singend vor das Zelt Sartaks, der sich staunend den Aufzug besah, das Kreuz in die Hand nahm und fragte, ob das darauf das Abbild Christi sei.

»Ich weiß nicht, ob Sartak an Christus glaubt oder nicht«, notierte Wilhelm von Rubruk erschüttert, »ich weiß, daß er nicht Christ genannt sein will. Es sieht mehr so aus, als mache er sich über die Christen lustig . . .« Sartak schickte die Delegation zu seinem Vater Batu weiter, wo der predigende Wilhelm ganz einfach ausgelacht wurde, bevor ihn Batu seinerseits nach Karakorum weiterschickte.

So ging die Reise noch einmal vier Monate lang weiter, durch endlose Steppen, durch das tibetanische Hochland bis nach Karakorum. Und hätte sie Batu nicht wegen des kommenden Winters in Pelzrock und Hosen aus Schafsleder, filzgefütterte Stiefel und Pelzkapuzen gesteckt, daß man sie von echten Mongolen nicht unterscheiden konnte, so hätte sie weder ihr Zwieback noch die Gnade Gottes gerettet. So aber kamen sie wohlbehalten Ende Dezember 1253 in Karakorum an, und Möngke, seit zwei Jahren Groß-Khan des Mongolenreiches und ebenfalls ein Enkel des Dschingis-Khan, empfing die Delegation Ludwigs IX. huldvoll und war durchaus bereit, über gemeinsame Aktionen gegen die Sarazenen zu sprechen, zumal er bereits fest entschlossen war, die Mohammedaner im westlichen Asien anzugreifen.

Da aber gab es unüberwindliche Schwierigkeiten. Nicht etwa, daß Wilhelm von Rubruk die Bekehrung der Mongolen verlangt hätte – offenbar waren die Christen jetzt auch bereit, mit »Heiden« zu paktieren, wenn man nur etwas gegen die Mohammedaner erreichen konnte. Aber Möngke verlangte, wie auch seine Vorgänger, daß ihm vorher der König von Frankreich huldigte und ihn als seinen Herrn anerkannte. Es war eine bestechend einfache Außenpolitik, die Möngke verfolgte: Alle seine Freunde waren Vasallen, und wer nicht sein Vasall war, war folglich sein Feind. Bündnisse zwischen gleichberechtigten Partnern waren für den Groß-Khan undenkbar.

So endete auch dieser Versuch, die Mongolen für die abendländische Kreuzzugsidee einzuspannen, ergebnislos, und Wilhelm von Rubruk teilte Ludwig dem Heiligen mit: »Es erscheint mir nutzlos, daß ein Geistlicher wie ich oder daß predigende Brüder von nun an in die Tatarei gehen« – wenn schon, dann müsse es ein vom Papst geschickter Bischof mit viel Geld sein . . .

Trotz des Mißerfolgs blieb Wilhelm von Rubruk noch über ein halbes Jahr in Karakorum, und da er später über seine Reise in die Mongolei ein Buch schrieb, wissen wir heute recht gut Bescheid über die mongolische Hauptstadt.

Sie war damals das diplomatische Zentrum der Welt. Wilhelm von Rubruk traf Gesandtschaften des griechischen Kaisers, Fürsten aus Rußland, Emire aus der Gezira und Kurdistan, aber auch Gesandte des seldschukischen Sultans aus der Türkei oder der Sarazenen, die alle gekommen waren, um dem Khan ihre Aufwartung zu machen: »Ich habe in jener Zeit dort einen Gesandten des Kalifen von Bagdad gesehen«, schrieb Wilhelm von Rubruk, »der sich in einer Sänfte zwischen zwei Maultieren an den Hof tragen ließ, und man sagte mir, er habe mit den Tataren unter der Zusage Frieden geschlossen, ihnen im Kriegsfall zehntausend Pferde zu stellen. Andere sagten im Gegenteil, Möngke würde nicht Frieden schließen, wenn die Araber nicht ihre Festungen schleiften . . . ich habe auch Gesandte des Sultans der Türkei gesehen;

sie brachten kostbare Geschenke und sagten (ich habe es mit eigenen Ohren gehört), ihrem Herrn fehle es weder an Gold noch an Silber, aber an Menschen, woraus ich schloß, daß er im Kriegsfall Hilfstruppen begehrte.«

Selbst aus Ländern, von denen Wilhelm von Rubruk noch nie etwas gehört hatte und die er in seiner Geographie überhaupt nicht unterbringen konnte, waren Delegierte da: »Ich habe Gesandte eines Sultans aus Indien gesehen, die acht Leoparden und zehn Hetzhunde mitbrachten; man hatte letztere dazu abgerichtet, auf der Kruppe der Pferde zu sitzen wie die Leoparden. Als ich mich nach diesem Land Indien erkundigte, wies man mich nach dem Abendland. Die Gesandten kehrten auch mit mir ungefähr drei Wochen lang immer nach Westen zurück ...«

Es gab sogar Europäer, die zum Hofstaat des Mongolenherrschers gehörten, so eine Frau aus Metz in Lothringen, Pâquette mit Namen, die, in Ungarn gefangengenommen, mit einem russischen Zimmermann verheiratet und in Karakorum als Hofdame tätig war, und einen Goldschmied namens Guillaume Boucher, der aus Paris stammte und im Palast ein wahres Wunderwerk aufgebaut hatte: einen silbernen Baum, den man sich in Europa nur im Schlaraffenland erträumte. Am Fuße des Baumes befanden sich vier silberne Löwen, »die eine Röhre haben und alle weiße Stutenmilch speien. Vier Röhren steigen auch in dem Baum bis ganz nach oben und verteilen von da Getränke durch die Mäuler vergoldeter Schlangen, deren Schwänze den Stamm des Baumes umringeln. Einer dieser Kanäle spendet Wein, der andere Caracosmos oder gereinigte Stutenmilch, ein anderer Boal oder Honigwasser, ein anderer Reiswein ...«

Im August 1254 reiste Wilhelm von Rubruk dann aus der Stadt Karakorum ab, in der wunderbarerweise das Geld »aus einer Karte aus Baumwollstoff« bestand, »von der Breite und Länge einer Handfläche, und darauf druckt man Zeilen wie die auf dem Siegel von Möngke-Khan«: Es war Papiergeld, in einer Zeit, als man in Europa noch nicht einmal wußte, was Papier war und es mit »Baumwollstoff« umschreiben mußte.

Mongolen in Galiläa

Als Wilhelm von Rubruk im Jahre 1256 nach Akkon zurückkehrte, war Ludwig der Heilige längst mit der Dornenkrone Christi, einigen Nägeln vom Kreuz sowie einer ganzen Menge Schweißtuch und Stükken vom Schädel des Apostels Johannes im Gepäck nach Frankreich zurückgekehrt.

Kurz darauf fielen die Mongolen im Nahen Osten ein, eroberten Bagdad, Aleppo und Damaskus. Vier Jahre später, im Sommer 1260, standen sie in Palästina auf dem Marsch nach Süden. Aber da geschah das Wunder: Die Mongolen wurden bei Ein Galut in Galiläa (heute Ein Harod am Rande der Ebene Jesreel) von den Mamelucken unter General Baibars geschlagen. Es war die erste Niederlage der Mongolen und der erste Sieg der Mamelucken.

Diese Schlacht am 3. September 1260 war eine der entscheidenden Schlachten der Geschichte – wie die Schlacht von Tours und Poitiers, die 732 den Vormarsch der Araber in Europa zum Stehen brachte, oder die Schlacht bei Hastings im Jahre 1066, die England unter normannischen Einfluß brachte oder – populärstes Beispiel: die Abwehr der Türken im Jahre 1683 vor Wien.

Demgegenüber sind Schlachten wie die bei Leuthen oder die Völkerschlacht bei Leipzig, die nicht unsere Kultur, sondern bestenfalls nur zufällig bestehende Herrschaftsgefüge bedrohten oder bestätigten, kein Anlaß, sie wie Weltuntergänge oder gnadenvolle Errettungen zu beschreiben. Hier aber, bei Ein Galut, kann man spekulieren, wie anders vielleicht die Geschichte des Mittelmeerraumes und damit unserer Kultur verlaufen wäre, wenn sich hier Mongolen mit ihrer von China beeinflußten Kultur festgesetzt hätten.

Unter Trümmern begraben

Mameluckensultan Baibars

Durch die Schlacht von Ein Galut wurden die Mamelucken für die nächsten Jahrhunderte zur Hauptmacht im Nahen Osten. Sie verdankten es Rukn ed-Din Baibars Bundukdari, dem Sieger von Ein Galut, der in den 17 Jahren seines Sultanats 38 Feldzüge unternahm und dabei rund 40000 Kilometer zurücklegte. Neunmal hatte er die Mongolen bekämpft, fünfmal die Armenier, dreimal syrische Assassinen; allein gegen die Franken zog er 21mal zu Felde und siegte jedesmal.

Baibars war ein Türke aus Rußland, ein Mann mit blauen Augen, riesiger Gestalt und lauter Stimme. Er war einst als Sklave von der Krim nach Syrien gebracht worden und sollte an den Emir von Hama verkauft werden, aber dem gefiel der grobschlächtige und unerzogene Sklave nicht. Dafür kaufte ihn ein Emir namens Bundukdar für die mameluckische Leibwache des Sultans, und bald zeigte es sich, daß Baibars einer der besten Krieger war, ein intelligenter Mann, dem Mitleid, Dankbarkeit, Ehre oder Vertragstreue überhaupt nichts bedeuteten.

Als General Baibars nach dem Sieg von Ein Galut innerhalb eines Monats die Städte Damaskus und Aleppo erobert hatte, hielt er sich deshalb für erfolgreich genug, um endlich selbst Sultan zu werden, rammte dem Sultan Kutuz, seinem Herrn, eigenhändig das Schwert in den Rücken und zog als Sultan Baibars in Kairo ein. Die milden Zeiten eines Sultan Saladin waren vorbei, und nun flogen auch wieder die Köpfe wie ehedem.

Drei Jahre nach seinem Regierungsantritt begann dann der etwa 50jährige Sultan Baibars, den ohnehin kläglichen Rest des Kreuzfahrerstaates zu zerschlagen. Ein erster Angriff auf die Hauptstadt Akkon scheiterte allerdings, aber zwei Jahre darauf fielen die Städte Cäsarea, Haifa, Arsuf, Safed und Toron innerhalb weniger Monate in die Hände der Mamelucken, während Akkon ein zweites Mal widerstand.

Zur Abwechslung zog Baibars im folgenden Jahr gegen die Armenier und rückte in Kilikien ein, aber schon im Mai 1267 versuchte der Sultan zum dritten Mal Akkon zu stürmen – vergeblich. Dafür verloren die Kreuzfahrer innerhalb eines Dreivierteljahres Jaffa, die Burg Beauford und – nach kurzer Belagerung – am 18. Mai 1268 jene Stadt an der

Eisernen Brücke, die die Kreuzfahrer 171 Jahre zuvor monatelang belagert hatten und nur durch Verrat einnehmen konnten: Antiochia.

Die Mamelucken machten ungeheure Beute, denn Antiochia, das Handelszentrum der Antike, war noch immer eine reiche Stadt. Als Baibars allen geraubten Gold- und Silberschmuck zusammentragen ließ, entstanden regelrechte Hügel, und Geldmünzen wurden gleich schüsselweise an die Soldaten verteilt. Auf den Sklavenmärkten fielen wieder die Preise: Es gab so viele Antiochier zu verkaufen, daß man für einen Jungen nur zwölf und für ein Mädchen gar nur fünf Dirham bezahlen mußte.

Nach diesem Sieg war Baibars bereit, einen Waffenstillstand abzuschließen – nicht um die Kreuzfahrer zu schonen, sondern weil sich zwei andere Gefahren abzuzeichnen begannen: Einmal schienen die Mongolen, die am Euphrat saßen, wieder aktiv zu werden, und zum anderen gab es Gerüchte, Ludwig der Heilige habe sich wieder zu einem Kreuzzug entschlossen – was tatsächlich stimmte.

Die Kreuzfahrer nutzten die Erholungspause, um sich mit komplizierten Fragen der Thronfolge zu beschäftigen. Als wenn der klägliche Rest des Kreuzfahrerstaates, der nur noch aus ein paar Städten bestand, noch große Ehren, Reichtümer und Ländereien zu vergeben hätte, suchte man einen König für den Thron von Jerusalem, den es seit 80 Jahren überhaupt nicht mehr gab. Am 29. April des Jahres 1268 war nämlich Konradin, der letzte Hohenstaufe und Enkel von Kaiser Friedrich II., auf Befehl Karls von Anjou, des Bruders Ludwigs des Heiligen, in Neapel hingerichtet worden. Der 16jährige Konradin aber war Titularkönig von Jerusalem gewesen, obwohl weder er noch sein Vater Konrad in Palästina residiert hatten.

Nachdem die Stadt Akkon die Enthauptung des letzten Hohenstaufen mit Feuerwerk und Illumination gebührend gefeiert hatte, mußte also ein neuer König gewählt werden. Die Wahl fiel auf Hugo III. von Zypern aus dem Hause Lusignan-Antiochia, so daß nun ein Nachfahre des unfähigen Guido von Lusignan als Hugo I. König von Jerusalem wurde. Er regierte von 1268 bis 1284 – allerdings nicht unangefochten, denn da war noch Maria von Antiochia, eine Enkelin Isabellas I., die über eine verwickelte andere Linie die besseren Rechte zu haben glaubte (und übrigens wohl auch hatte). Da man ihren Anspruch nicht respektierte, verkaufte sie ihre Rechte später an Karl von Anjou, so daß sich das nicht mehr existierende Königreich zu einer Zeit den

Luxus zweier Könige leistete, als kaum noch mehr als die Stadt Akkon übrig war.

Diese Groteske macht aber deutlich, wie es 170 Jahre nach dem Beginn des Kreuzfahrerstaates in Palästina zuging. Man muß sich nur wundern, daß das Ganze überhaupt so lange gehalten hat.

Ein Kreuzzug nach Tunis

Das christliche Abendland, immer noch voller Illusionen, unternahm inzwischen rührende Versuche, den alten Glanz wieder herbeizuzwingen. So hatte sich Anfang September 1269 König Jakob von Aragon von Barcelona aus auf einen Kreuzzug begeben, aber zeitsparenderweise sein Fiasko schon wenige Tage nach der Abfahrt erlebt, als seine Flotte in einen Sturm geriet und unterging. König Jakob konnte sich retten und kehrte um, aber ein kleines Geschwader dieses Unternehmens traf im November überraschend in Akkon ein, fuhr aber, weil es nichts ausrichten konnte, bald wieder ab.

Inzwischen hatte Ludwig IX. seinen zweiten Zug ins Heilige Land vorbereitet und war im Hochsommer 1270 aufgebrochen. Er landete aber nicht, wie man annehmen sollte, im Heiligen Land oder wenigstens in Ägypten, sondern in – Nordafrika, weil er sich von seinem Bruder Karl von Anjou hatte einreden lassen, er könne den Emir von Tunis bekehren und dann von dort aus etwas gegen Baibars unternehmen.

Dieser Kreuzzugsplan des Jahres 1270 war so unsinnig, daß man sich allen Ernstes fragen muß, warum ausgerechnet dieses Fehlunternehmen bis heute als »Siebenter Kreuzzug« in den Geschichtsbüchern zu finden ist, zumal das Ganze von Anfang an scheiterte: Ludwig und sein Heer erkrankten sofort nach der Landung am 18. Juli an einer Seuche, man redete von Pest, und vier Wochen später, am 25. August 1270, starb Ludwig der Heilige vor Tunis. Der Beichtvater Wilhelm von Saint-Pathus berichtet, daß der König in der Todesnacht »O Jerusalem, o Jerusalem« geseufzt habe – schöne letzte Worte eines Menschen, der nicht die Kraft hatte, sie zu verwirklichen.

Daß ein Jahr später Prinz Eduard, der Sohn Heinrichs III. von England, mit tausend Mann in Akkon landete und trotz seines lächerlich kleinen Heeres mit Baibars einen Waffenstillstand auf rund zehn Jahre aushandeln konnte, wird dagegen meist gar nicht mehr erwähnt, obwohl Prinz Eduard für das »Heilige Land« größere Erfolge aufzuweisen hat als mancher numerierte Kreuzzug.

Bevor Prinz Eduard eintraf, benutzte Sultan Baibars aber noch einmal die günstige Gelegenheit, um die fränkische Kolonie zu dezimieren. Baibars hatte im Jahre 1270 nichts unternommen, weil er sich für den erwarteten Kreuzzug Ludwigs des Heiligen bereit hielt. Nachdem der aber vor Tunis gescheitert war, eroberte Baibars im folgenden Jahr vor allem die Burgen. Zuerst fiel Safita, die Weiße Burg der Templer, dann Krak de Chevalier, die Festung der Hospitaliter, die Saladin seinerzeit vergeblich belagert hatte, und Akkar, eine zweite Festung der Hospitaliter; und schließlich im Juni Montford, die Festung des Deutschritterordens. Damit besaßen die Kreuzfahrer keine einzige Burg mehr im Landesinnern: Das Königreich Jerusalem bestand nur noch aus ein paar Küstenstädten – und der Ruhm der Ritterorden war dahin.

Vermutlich hätte Sultan Baibars auch diese Städte noch einnehmen können, aber nun traf Prinz Eduards kleiner Kreuzzug ein, und Baibars hielt es für gut, wieder einmal in Anatolien nach dem Rechten zu sehen. So kam es zu dem Waffenstillstand, den Prinz Eduard dann ein Jahr nach seinem Eintreffen im Mai 1272 mit Baibars abschließen konnte.

Der Mameluckensultan hat das Ende des Kreuzfahrerstaates nicht mehr erlebt. Im Jahre 1277, am 1. Juli, starb Baibars in Damaskus. Die einen berichten, er sei an den Wunden seines anatolischen Kriegszuges gestorben, die anderen, er habe zuviel Kumiz, also gegorene Stutenmilch, getrunken. Die dritte Variante wird am häufigsten berichtet und paßt auch am besten zu Baibars: Als er einen Fürsten mit vergiftetem Kumiz umgebracht hatte, soll er versehentlich aus dem gleichen Becher getrunken haben, noch ehe er gereinigt war.

Bei seinem Tode bestand das ehemalige Königreich Jerusalem nur noch aus Akkon, Tyros, Sidon, Tripolis, Dschebail, Tortosa und Latakia sowie aus den Burgen Athlit und Markab.

Es folgten noch einmal ein paar Jahre Frieden, aber sie verstrichen ungenutzt. Zum letzten Mal wählten sich die Franken nach dem Tode Hugos I. einen König; es war dessen Sohn, ein Epileptiker, der 1286 unter großem Pomp zum König Heinrich I. von Jerusalem gekrönt wurde. Aber er hatte nichts mehr zu regieren: Die fränkischen Städte lagen miteinander im Bürgerkrieg, versuchten sich gegenseitig zu erobern, schlossen selbständig Verträge ab, und in Tripolis schaffte die Einwohnerschaft nach dem Tode Bohemunds VII. im Jahre 1287 das Fürstentum überhaupt ganz ab und begann sich als Bürgerschaft selbst zu regieren, »damit jedem seine Rechte und Gerechtsame blieben«.

Als sich aber Tripolis unter den Schutz Genuas stellte, fürchtete die Gegenpartei eine Vormachtstellung des italienischen Stadtstaates und bat den Sultan einzugreifen. Kalawun, der neue Sultan, war dazu gern bereit. Er marschierte hocherfreut nach Tripolis und begann im März 1289 die Stadt zu belagern, die einst Raimund von Toulouse erobern wollte und die erst nach seinem Tod in die Hände der Franken fiel.

Am 26. April befahl der Sultan einen Angriff auf Tripolis, nachdem Genueser und Venezianer heimlich mit ihren Schätzen davongesegelt waren und die Stadt sich selbst überlassen hatten. Tripolis fiel noch am gleichen Tag. Die Mamelucken richteten ein ungeheures Blutbad an und machten die Stadt dem Erdboden gleich. Dann zogen sie ab, denn »wegen des Gestanks war es unmöglich, dort zu bleiben«.

Der Fall Akkons

Das christliche Abendland sah diesem Verfall ruhig zu. Niemand war mehr bereit, für eine verlorene Sache ins Heilige Land zu ziehen. Nur in Norditalien fand der Aufruf des Papstes Nikolaus IV. ein Echo, aber als der Papst erfuhr, wer da alles das Kreuz genommen hatte, war ihm nicht wohl: Es war ein wüster Haufen von Bauern und das Proletariat aus den lombardischen Städten und aus der Toscana, die mehr an Abenteuer und Beute als an geistliche Verdienste dachten. Auf zwanzig Galeeren, zu denen noch fünf des Königs Jakob von Aragon stießen, segelte dieser Kreuzzug des Volkes unter der Führung des Bischofs von Tripolis nach Akkon, wo er im August des Jahres 1290 eintraf.

Und es ist eine nahezu konsequente Ironie der Geschichte, daß der Staat, der einst durch ein Kreuzfahrerheer ins Leben gerufen worden war, nun auch durch einen Kreuzzug sein Ende finden sollte. Die Kreuzzugsbewegung hatte mit Bauern und einfachem Volk angefangen, sie sollte durch Bauern und einfaches Volk zweihundert Jahre später ihr Ende finden.

Dieses Ende kam unvermutet. Nach dem Fall von Tripolis hatten König Heinrich I. von Jerusalem und Sultan Kalawun einen Waffenstillstand auf zehn Jahre, zehn Monate und zehn Tage geschlossen. Daraufhin hatten die Kaufleute aus Damaskus wieder begonnen, ihre Karawanen nach Akkon zu schicken. Es war ein gutes Erntejahr gewesen, so daß auch die mohammedanischen Bauern der Umgebung ihre Waren in der Hafenstadt verkauften. Niemand war des anderen Feind, schon gar nicht aus Gründen des Glaubens.

In diese friedliche Stimmung platzten nun die ungebetenen italienischen Kreuzfahrer hinein, wild entschlossen, gegen die Ungläubigen zu kämpfen, und kurz nach ihrer Ankunft fanden die randalierenden Italiener auch schon einen Anlaß für ihren Glaubenskrieg. Die einen behaupteten, ein mohammedanischer Kaufmann habe eine christliche Dame verführt und der Nachbar habe um Hilfe gerufen, andere erklärten, bei einem Trinkgelage mit Mohammedanern sei es zum Streit gekommen – jedenfalls erkannten die Kreuzfahrer die Notwendigkeit, alle Mohammedaner umzubringen, und schon schlachteten sie jeden ab, der einen Bart trug, darunter auch scharenweise ihre eigenen Glaubensgenossen, weil sie glaubten, daß nur Mohammedaner Bärte besitzen würden.

Die verantwortlichen Bürger von Akkon waren entsetzt, aber alles, was sie tun konnten, war, einige Mohammedaner in der Burg zu retten. Es war so weit, daß Christen die Mohammedaner vor den christlichen Kreuzfahrern schützen mußten.

Als der Sultan von dem Massenmord erfuhr, verlangte er die Auslieferung der Schuldigen, aber die Stadt war nicht bereit, Christen an Ungläubige auszuliefern. Daraufhin erklärte sich der Sultan bereit, die Sache mit einer Geldbuße zu bereinigen, aber auch das wurde abgelehnt. So entschloß sich Sultan Kalawun, selbst die Bestrafung zu übernehmen, nachdem ihm seine Rechtsgelehrten versichert hatten, unter diesen Umständen sei das Recht auf seiner Seite, wenn er den Waffenstillstand bräche.

Im November 1290 brach der Sultan mit seinem Heer aus Kairo auf, aber noch keine fünf Meilen von seiner Hauptstadt entfernt, starb er einige Tage später nach kurzem Krankenlager, doch sein Sohn El-Aschraf Kalil hatte vorher versprechen müssen, den Feldzug gegen Akkon fortzuführen.

Im nächsten Frühjahr brach dann el-Aschraf Kalil auf, schaffte seinen

Harem nach Damaskus und erschien am 5. April mit einem riesigen Heer und über hundert Steinschleuderkatapulten vor Akkon. Am 6. April begann die Belagerung der Stadt, die durch mehrere Mauerringe und Türme geschützt war. Sie wurde von 35000 Bewohnern, 14000 Soldaten und 800 Rittern verteidigt, während (nach arabischen Angaben) 240000 Mamelucken vor den Mauern lagen. Trotzdem war Akkon praktisch uneinnehmbar, da die Bevölkerung regelmäßig über den sicheren Hafen mit Lebensmitteln aus Zypern versorgt wurde.

Aber es war nicht mehr der gleiche Krieg wie früher, wo man mit dem Schwert Mann gegen Mann kämpfte. Nicht mehr der persönliche Mut, sondern Technik und Material begannen über Sieg oder Niederlage zu entscheiden. Nicht umsonst hatten die Mamelucken über hundert Katapulte aufgefahren, darunter »die Siegreiche« und »die Wütende«, zwei riesige Schleudern, die nicht nur zentnerschwere Steine gegen die Mauern krachen ließen, sondern auch Stein- und Tontöpfe in die Stadt und an die Mauern schossen, die mit einer Sprengmischung gefüllt waren: Das explodierende Geschoß begann das Schwert zu ersetzen.

Die Verteidiger von Akkon, die nur ein einziges Katapult besaßen, waren dem Bombardement wehrlos ausgeliefert, und als zwei nächtliche Ausbruchsversuche scheiterten, wurde ihnen langsam klar, in welcher aussichtslosen Lage sie sich befanden.

Als nach einmonatiger Belagerung König Heinrich aus Zypern eintraf und die Verteidigung der Stadt übernahm, schöpften die Einwohner von Akkon jedoch wieder Hoffnung. Aber inzwischen hatten die mameluckischen Pioniere angefangen, die Türme zu untergraben, ohne daß die Belagerten etwas dagegen unternehmen konnten. Ein Turm nach dem anderen stürzte so am äußeren Wall ein.

Am Freitag, dem 18. Mai, befahl der Sultan den Angriff. Angeführt von Emiren in weißen Turbanen und angefeuert von 300 kamelberittenen Trommlern und Trompetern, drangen die Mamelucken durch eine Mauerbresche in die Stadt ein, während die Bevölkerung an das Hafenbecken floh, um auf Ruderbooten die draußen liegenden Galeeren zu erreichen.

Es kam zu Tragödien. So erlaubte der flüchtende Patriarch Nikolaus aus Mitleid so vielen Frauen und Kindern in sein Boot zu steigen, daß es unterging und alle ertranken. Andere, wie der Tempelritter Roger Flor, verdienten an diesem Tage ein Vermögen, indem sie den verängstigten Menschen riesige Geldsummen für das Versprechen abnahmen, sie zu den Schiffen hinauszurudern. Wer nicht rechtzeitig auf See war, wurde von den Mamelucken niedergemacht. Nur wenige hatten das »Glück«, als Sklaven verkauft zu werden, und spätere Reisende berichteten, sie hätten abtrünnige, zum Islam übergetretene Tempelritter gesehen, die am Toten Meer schwere Arbeit verrichteten.

Am Abend des 18. Mai 1291 war Akkon in den Händen der Mamelucken, und nur das festungsartige Gebäude der Tempelritter am Meer leistete noch Widerstand. Aber zehn Tage später begann die ganze landeinwärts gekehrte Seite des Gebäudes einzustürzen: Die Mamelucken hatten das Gemäuer unterhöhlt und tiefe Stollen unter das Haus getrieben.

Doch die Mamelucken hatten sich verrechnet. Als sie zu Tausenden in das unterhöhlte Haus eindrangen, stürzte das ganze Gebäude zusammen. Christen und Mohammedaner, Sieger und Besiegte, wurden gleichermaßen unter den Trümmern begraben.

Es war das Ende des Königreiches Jerusalem.

Kampflos räumten die Kreuzfahrer das übrige Land, und Sultan El-Aschraf Kamil befahl, das gesamte Küstengebiet zu verwüsten und sämtliche Städte zu zerstören: Nie wieder sollten Kreuzfahrer ins Heilige Land zurückkehren.

XII

Das Ende

Fast zweihundert Jahre nach ihrem Beginn endete die abendländische Eroberung des Heiligen Landes in einer Katastrophe, die sich freilich längst vorbereitet hatte. Man schätzt, daß die Kreuzzüge, zu denen die Stellvertreter Christi auf Erden aufgerufen hatten, rund 2 Millionen Menschenleben gekostet haben. Das sind, bei einer geschätzten Einwohnerzahl von damals 28 Millionen Menschen in Europa, rund 7 Prozent.

Gemessen an ihrer Absicht, das Heilige Land von den Mohammedanern zu befreien, waren die Kreuzzüge aufs ganze gesehen ein riesiger Fehlschlag, denn am Ende stand nicht nur ganz Palästina und der Nahe Osten, sondern auch die gesamte östliche Christenheit von Byzanz unter der Herrschaft des Islam, während einzelne Mongolenscharen bis nach Jerusalem vordrangen.

Gewiß wird ein gläubiger Christ in den Kreuzzügen eine »Bewährung des Glaubens in der Geschichte« sehen, wie es der Historiker Waas formulierte, aber er wird gleichzeitig zugeben müssen, daß die Grausamkeit und Brutalität der Kreuzfahrer weder dem Gebot der Feindesliebe entsprachen noch im Abendland das christliche Gewissen geschärft haben.

Das Abendland hat aus den Kreuzzügen nichts gelernt – denn der Fall von Akkon war nur eine Zäsur, aber kein Ende: Die Kreuzzüge gingen weiter mit Blutvergießen, Mord und Plünderung, und noch 167 Jahre nach dem Fall von Akkon und dem Verlust des Heiligen Landes rief im Jahre 1458 ein Papst zum Kreuzzug auf – Jahre, nachdem die Türken Konstantinopel erobert hatten. Es war ein letzter Versuch. Längst waren aus Glaubenskriegen politische Kämpfe geworden, längst sagte man Kreuzzug und meinte ganz einfach Macht – ganz gleich, ob man gegen Heiden oder Christen zog.

Die Ritterorden

Hier müßte ein neues Buch beginnen. Es müßte nach dem dramatischen Fall von Akkon beschreiben, wie der religiöse Aufbruch von einst sich endgültig in sein Gegenteil verkehrte; wie aus einer Idee, die fast einmal Wirklichkeit geworden wäre, nun eine reine Fiktion wurde, leer und ausgehöhlt; es müßte beschreiben, wie eine Idee starb und verging, die einmal Europa zweihundert Jahre lang beherrscht hatte.

Dieses Buch müßte das Schicksal der Ritterorden beschreiben, die als einzige die Katastrophe überlebten. Es wäre zu erzählen, wie die Templer und Johanniter nach dem Fall Akkons nach Zypern auswanderten, das heute noch mit seinen gotischen Kathedralen unter Palmen, seinen gotischen Häusern und Klöstern an die Zeit der Kreuzfahrer vor über 600 Jahren erinnert.

1310 waren dann die Johanniter auf den Rat eines genuesischen Seeräubers hin nach Rhodos übersiedelt, hatten die Insel erobert und zur stärksten Festung der Levante gemacht. Als es aber 200 Jahre später den Türken gelang, Rhodos einzunehmen, zogen die Johanniter 1530 auf eine ruhigere Insel um, die diesem ältesten Ritterorden des Heiligen Landes dann auch seinen neuen Namen gab, den man auch heute noch im Telefonbuch einer jeden größeren Stadt findet: Es sind die Malteser, deren Hilfsdienst sich heute bei Fußballspielen und Massenveranstaltungen um die Blessierten kümmert wie einst um die Pilger im Johanniterhospital zu Jerusalem.

Die Templer allerdings überlebten den Verlust Palästinas nur um Jahrzehnte. Als Hauptbankier und Geldverleiher im Osten hatte der Orden Neid und Mißtrauen erregt. König Philipp IV. von Frankreich machte sich die Gerüchte zunutze, der Orden vertrete ketzerische Ansichten und praktiziere gotteslästerliche Riten, verhaftete 1307 alle Ordensbrüder in Frankreich und zwang den Papst, gegen den Orden vorzugehen. 1312 wurde der Templerorden von Papst Klemens V. aufgelöst, der Großmeister nach langen Jahren der Gefangenschaft und Folter im März 1314 in Paris auf dem Scheiterhaufen verbrannt.

Um diese Zeit hatte der dritte, von Bremer und Lübecker Kaufleuten gegründete Orden der Deutschritter längst eine neue Aufgabe gefunden, die nichts mehr mit dem Heiligen Lande, wohl aber mit Heiden zu tun hatte. Kaum zwanzig Jahre nach ihrer Gründung im Jahre 1190 waren Deutschritter unter Hermann von Salza nach Siebenbürgen gezogen und hatten Kronstadt gegründet.

Als »Oberlehensherr aller heidnischen Länder« hatte der Hohenstaufe Friedrich II. den Deutschrittern dann ein Land geschenkt, in dem »das grobe künstlosigk volck der Breuszenn« wohnte, wie es in einer mittelalterlichen Chronik heißt. Und so waren sie 1226 zu den Preußen gezogen, die der »Abgöterey« dienten und »ungeleret« waren: »Sie waren die Schrifft unwiszenn und verwundertenn sich, das einer dem andern abwesenden sein meynung durch schrifft möcht ausztrükkenn.« Diesen Mangel machten unsere Vorfahren aber dadurch wieder wett, daß sie sich täglich die Füße wuschen: »Uff einen yeglichenn Tag waschenn sie dem hausgesynde unnd den gestenn ihre füsze . . .«, erzählt die Chronik, ja ». . . etliche geprauchen sich alle Tage der bade«.

Mit einer »Creuczereise«, also einem regelrechten Kreuzzug, christianisierten die Deutschritter in den folgenden Jahrzehnten Ostpreußen. 1309 errichteten sie ihren Sitz in der Marienburg – zu einer Zeit, in der die Templer gerade zu Tausenden in die Gefängnisse geworfen wurden.

So waren die Deutschritter die einzigen, die in der zweihundertjährigen Geschichte der Kreuzzüge nicht nur zerstörten und verwüsteten, sondern die durch die Kolonisation und Kultivierung Osteuropas einen bleibenden kulturgeschichtlichen Beitrag geleistet haben. Im Jahre 1809 löste Napoleon den Deutschritterorden in Deutschland auf, 1945 wurde er wiedergegründet als eine konservative Altherrenriege im weißen Mantel mit schwarzem Kreuz – Erinnerung an eine große Geschichte, die heute vergangen und vorbei ist.

Der Handel

In diesem neuen Buch, das man nun schreiben sollte, müßte dann auch ausführlich untersucht werden, welche Auswirkungen der zweihundertjährige Kontakt zwischen Abendland und Morgenland für beide Seiten gehabt hat. Es wäre zum Beispiel die Geschichte zu erzählen, wie Graf Ferrand von Flandern seine Frau verprügelte und dadurch unter anderem einen Krieg mit König Philipp-August von Frankreich auslöste – nur weil sie ihn in einem neuen Spiel besiegt hatte, das mit der Mitteilung aufhört, daß der Scheich tot ist: auf arabisch »Sche-ich matt«.

Man müßte von Ulrich Lantschad von Steineck bei Heidelberg berichten, der seit 1228 einen halben Sarazenen im Wappen führte, weil auch er einen Türken halbiert hatte; vom Geschlecht derer von Heyde, das seit 1241 eine Tatarenmütze im Wappen hatte, von den Kamelen im Wappen märkischer Familien und von der Stadt Eisenberg, die einen Mohrenkopf im Stadtwappen zeigt.

Man könnte erzählen, wie die Gebetskette buddhistischer Mönche aus Indien auf dem Umweg über Arabien während der Kreuzzüge zum Rosenkranz der katholischen Kirche wurde und daß wir den Begriff des »Siebenschläfers« den Kreuzfahrern verdanken, die dort eine uralte Legende von den sieben Brüdern erfuhren, die sich zur Zeit der Christenverfolgung im Jahre 250 nach Christus in einer Höhle versteckten, dort mehr als 190 Jahre lang die Christenverfolgung verschliefen – ganz wie Dornröschen – und beim Erwachen sofort ihren Glauben bekannten.

Es wäre mitzuteilen, daß durch den Schiffsverkehr mit dem Orient die schwarze Ratte und damit die Pest nach Europa kam und daß die Kreuzfahrer den Aussatz, die Lepra, einschleppten; daß die Europäer von den Arabern den Gebrauch der Brieftauben übernahmen und neue Stoffe nach Europa brachten: den Musselin aus Mossul und den Damast aus Damaskus. Aus dem Orient brachten sie die Damaszener Pflaume mit, die wir Aprikose nennen, und die Schalotte, in der, kaum noch erkennbar, das Wort Askalon steckt.

Von den Arabern übernahmen die Abendländer die Baumwolle und ein Kartenspiel, dessen vier Symbole wir heute noch auf den französischen – fränkischen! – Skatkarten finden. Von manchen Dingen konnten die Kreuzfahrer freilich nur berichten – so von seltsamen »Gurken zum Schälen«, die keinen Transport bis Europa aushielten: den Bananen. Manches konnten sie mitbringen, wie den Kompaß, den sie 1269 in Arabien kennenlernten und der überhaupt erst einem Kolumbus die genaue Richtung ins Unbekannte weisen konnte.

Das schöne alte deutsche Wort für Jacke, die »Joppe«, stammt direkt von Joppe, der alten Bezeichnung für Jaffa, und der »Emir der Flotte«, der »Amir ar-rahl«, ist heute bei uns der Admiral. So gibt es eine lange Liste von Wörtern, die aus dem Arabischen stammen – von Arsenal, Almanach bis zu Alchimie und jenem »algabr w'almukabalah«, einer Formelsammlung zur Umformung von Gleichungen, die »Wiederherstellung und Ausgleich« heißt, die der Übersetzer aber schlichtweg nicht übersetzte und damit unser Wort Algebra schuf. Es wäre am Ende noch – mit Vorsicht – zu erwähnen, ob nicht der »maurische Bogen« auf dem Umweg über die Kreuzzüge das Vorbild für den gotischen Spitzbogen gewesen ist, der um diese Zeit die Romanik ablöste.

Aber mit diesen zum Teil nur vermuteten Zusammenhängen ist der Einfluß der Kreuzzüge auf die westliche Kultur auch schon beschrieben. Im Gegensatz zur früheren Geschichtsschreibung, die die Erfolglosigkeit und Peinlichkeit der Kreuzzüge wenigstens durch die kulturelle Beeinflussung kompensieren wollte, vertritt die neuere Forschung einhellig die Ansicht, daß die Kreuzzüge selbst so gut wie nichts in der abendländischen Kultur bewirkt haben. Die Kreuzfahrer, die in einer zweihundertjährigen Geschichte nicht eine einzige Schule oder Universität in Palästina gegründet hatten, haben nur Vokabeln und Begriffe übernommen wie Joppe und Admiral. Alle wesentlichen Gedanken der griechischen und arabischen Philosophie und der Naturwissenschaften sind an ihnen spurlos vorübergegangen: Man muß dankbar sein, wenn die Könige von Jerusalem ihren Namen fehlerlos schreiben konnten.

Wenn Europa von der damals weitaus höheren Kultur der arabischen Länder profitierte, dann nicht von den Kreuzfahrern, sondern über die maurische Kultur Spaniens und den Hof Friedrichs II. von Sizilien. Im Grunde hat der Kaiser unter dem päpstlichen Bannfluch mehr für unsere Kultur getan als irgendein anderer Kreuzfahrer. Es war Friedrich II., der seine berühmten »Fragebriefe« in alle Welt, auch an Mohammedaner, schickte, um philosophische oder naturwissenschaftliche Zusammenhänge zu erkennen. Es war Friedrich II., der unwillige Kreuzfahrer, der als erster eine Weltkarte auf einer silbernen Scheibe von zwei Meter Durchmesser zeichnen ließ, die das Gewicht von zwei ausgewachsenen Männern hatte. Es war der Enkel Friedrich Barbarossas, an dessen Hof eine der entscheidenden Erfindungen überhaupt vorgelegt wurde, die für uns heute selbstverständlich ist und die wir noch heute nach einem arabischen Wort benennen: Es ist das Wort Sifr, das »Null« bedeutet und das bei uns zur Bezeichnung des Zahlzeichens schlechthin wurde, zur Ziffer. Mit dieser »Sifr« (die man lateinisch »nulla figura«, »kein Zahlzeichen« nannte, woraus sich dann unser Wort »Null« entwickelte) war es mit einem Male möglich, jede beliebige Zahl knapp und übersichtlich zu schreiben und im Dezimalsystem zu rechnen. Trotzdem vergingen noch Jahrhunderte, bis es allgemein üblich war, ein Ungetüm wie CMXCVIII durch die arabischen Ziffern 998 zu ersetzen.

Auch als Thomas von Aquin um die Mitte des 13. Jahrhunderts seine berühmte »Summa contra gentiles«, die Darstellung des christlichen Glaubens in der Abgrenzung gegen die Heiden, schrieb – und damit waren die Araber gemeint –, hatten ihm die Kreuzfahrer wenig helfen können. Sie kannten nicht einmal den Koran, den sie bekämpften: Erst knapp fünfzig Jahre nach der Eroberung des Heiligen Landes war der Koran durch den Engländer Robert von Ketton ins Lateinische übersetzt worden – und das nicht etwa im Orient, sondern im Auftrag des Klosters Cluny in Frankreich.

Es ist aber auch eine Legende, daß die Kreuzzüge das Abendland mit Gewürzen und exotischen Waren bekannt gemacht hätten: All das gab es schon früher. Durch die Kreuzzüge wurde der Handel mit Gewürzen, Essenzen und Aromapflanzen lediglich intensiviert und ausgeweitet.

Alles in allem: Das, was das Abendland aus dem Orient lernen und übernehmen konnte, erhielt es über Spanien, Sizilien und von Kaufleuten – am wenigsten jedoch durch die Kreuzzüge.

Umgekehrt konnte die mohammedanische Welt vom Abendland so gut wie nichts übernehmen – im Gegenteil: Der Einbruch der Europäer zerstörte mehr an Kultur, als er förderte.

Der letzte König von Jerusalem

Und drittens müßte man jetzt noch verfolgen, wie – von allen Niederlagen, Katastrophen und Verlusten ungerührt – die Könige von Jerusalem auf Zypern noch fast einhundert Jahre weiterresidierten, intrigierten, mordeten und mit Frauen und Maitressen ihre Minne trieben, bis auch sie zugrunde gingen.

Zwei Namen sind hier zu nennen: Der eine ist Peter I. aus dem Geschlecht der Lusignan, der 68 Jahre nach dem Fall von Akkon in der Kathedrale von Famagusta noch zum König von Jerusalem gekrönt wurde. Er war der letzte echte Kreuzritter. Als 19jähriger hatte er in einer Kirche die Berufung gefühlt, das Heilige Land wieder zu befreien, und hatte bereits einen »Orden des Schwertes« gegründet, aber erst als König von Zypern und Jerusalem konnte er daran denken, diese Vision in die Tat umzusetzen. Im Oktober 1362 fuhr der 33jährige Peter I. mit großem Gefolge nach Europa, um ein Kreuzfahrerheer zu sammeln, und obwohl der blonde, blauäugige Hüne überall mit großen Ehren empfangen wurde – der Papst nannte ihn sogar den »Athleten Christi« –, verließ Peter I. drei Jahre später Europa mit zwei erbärmlichen Galeeren. Trotz aller Versprechungen war kein einziger Fürst seinem

Aufruf gefolgt. 500 Berittene, ein paar Edle und ein übler Haufen raubgieriger Engländer, Franzosen, Deutscher und Italiener war alles, was zum Kreuzzug aufbrach. Zusammen mit seinen Truppen auf Zypern verfügte Peter über 10000 Mann, darunter 1000 Reiter, die erst auf hoher See das Ziel des Kreuzzuges erfuhren.

Der Athlet Christi hatte beschlossen, Ägypten anzugreifen, aber diesmal nicht Damiette, sondern das stark befestigte Alexandria, das in kürzester Zeit eine halbe Million Mann mobilisieren konnte, wie das Gerücht wußte. Es war heller Wahnsinn, die Stadt mit kaum hundert Schiffen anzugreifen, aber der Athlet Christi hatte Glück: Der Statthalter von Alexandria, Kalil ibn Arram, war gerade auf einer Pilgerfahrt nach Mekka, und sein Stellvertreter verfügte nur über eine kleine Garnison. Der regierende Sultan war überdies nur ein elfjähriges Kind und der eigentliche Machthaber bei den Emiren und beim Volk unbeliebt. Das alles waren keine Voraussetzungen, um nach 74 Jahren Frieden einem plötzlichen Überraschungsangriff erfolgreich zu begegnen, zumal die Bevölkerung harmlos an den Strand strömte, um mit dieser vermeintlichen Handelsflotte Geschäfte zu machen.

Zu spät begriffen die Araber, daß sie von einer Kriegsflotte überfallen worden waren, und schon am 10. Oktober des Jahres 1365, einen Tag nach der Landung vor Alexandria, waren die Kreuzfahrer in die Stadt eingedrungen. Am nächsten Tag war die Stadt in den Händen der Angreifer, und die Soldaten Christi richteten ein Blutbad an, wie es sich nur noch mit dem Massaker bei der Eroberung Jerusalems und Konstantinopels vergleichen läßt. In ihrem Siegesrausch brachten sie 20000 Menschen um und führten etwa fünftausend überlebende Mohammedaner, Juden und sogar Christen als Sklaven fort.

Dieser letzte Kreuzzug der Christenheit, der noch das Ziel hatte, das Heilige Land zurückzugewinnen, gehört zu den beschämendsten Zügen einer zweihundertfünfzigjährigen Geschichte. Mit Habgier, Mord und Plünderung hatten die Kreuzzüge angefangen, mit Habgier, Mord und Plünderung endeten sie 250 Jahre später.

Denn mit der Eroberung Alexandrias war dieser Kreuzzug auch schon zu Ende. Angesichts der ungeheuren Beute wollten sich die Kreuzfahrer nicht mehr auf einen Kampf mit dem anrückenden Mameluckenheer einlassen. So beluden sie in fiebernder Hast 70 Schiffe mit Beutegut, das sie aus Häusern, Palästen, Moscheen und sogar aus den Lagerhäusern christlicher Kaufleute zusammengeraubt hatten. Es war so viel, daß die Galeeren zu sinken drohten. So mußten sie, um nicht mit ihrer eigenen Beute unterzugehen, vieles wieder über Bord werfen, und noch monatelang fanden arabische Taucher Kostbarkeiten in den seichten Gewässern vor Abukir und brachten sie ans Land zurück.

Als die letzten schwerbeladenen Schiffe nach einer Woche Alexandria verließen, war Peter I., der Athlet Christi, zutiefst verbittert. Aus seiner Vision eines Kreuzzuges war ein Raubzug geworden; statt Alexandria gegen Jerusalem einzutauschen, mußte das Abendland eine empfindliche Störung des Levantehandels hinnehmen: Die Preise für Gewürze und Stoffe aus dem Orient stiegen stark an.

Aber Peter I. gab nicht auf. Wenn ihm Europa nicht half, so war er bereit, dem Ritterideal zu folgen und im Zweikampf mit dem Sultan um den Besitz Jerusalems zu kämpfen. Aber da er zu hohe Forderungen stellte, lehnte der Sultan ab. Noch einmal fuhr Peter I. mit einem riesigen Gefolge von 500 Mann nach Europa, um Hilfe zu erbitten, aber niemand war mehr zu einem Kreuzzug bereit.

Enttäuscht kehrte der letzte Kreuzritter nach Zypern zurück. Das Scheitern seiner Vision begann seinen Charakter zu verändern. Er wurde ein finsterer und argwöhnischer Tyrann, der bald Schrecken verbreitete: Als ein Adliger sich weigerte, ihm zwei türkische Windhunde zu verkaufen, begann der Athlet Christi einen Rachefeldzug gegen dessen Familie. Wegen zweier Hunde wurde die Familie in Ketten gelegt, gefoltert und zum Frondienst beim Bau von Gefängnistürmen gezwungen.

Zuletzt wußten sich die Barone nicht anders zu helfen, als Peter I. umzubringen. Am 17. Januar 1359 zogen sie zum Palast, drangen in das Schlafgemach ein, wo er mit der schönen Echive de Scandelion, der Frau eines zyprischen Edlen, schlief, und brachten ihn um.

Einhundert Jahre später, als die Mamelucken aus Rache für die Eroberung Alexandrias Zypern längst tributpflichtig gemacht hatten, führten die Emire unter Trommelwirbel und Pfeifenschrillen einen jungen Abenteurer auf einem Kamel durch die Straßen Kairos und riefen ihn zum König von Zypern aus. Es war »Jacques der Bastard«, ein illegitimer Sohn des Königshauses von Lusignan, der nach einer Verschwörung gegen das Königshaus nach Ägypten geflohen war.

Am 18. September 1460 landete Jacques der Bastard in Salamis und zog eine Woche nach seiner Landung in die königliche Residenz von Nikosia ein.

Als Jacques II. unterschrieb der kaum Zwanzigjährige 273 Jahre nach dem Fall Jerusalems und 169 Jahre nach dem Verlust des Heiligen Landes seine Dekrete noch immer als »Jacobus de Lusignano, Dei gratia Hierosolyme Cypri et Armeniae Rex« – »Jakob von Lusignan, von Gottes Gnaden König von Jerusalem, Zypern und Armenien«.

Als er 13 Jahre später starb, zog eine endlose Prozession in die Kathedrale von St. Nikolas in Famagusta ein, um Jacques II. in der Krönungskirche der Jerusalemer Könige zu beerdigen: Jacques der Bastard war der letzte König von Jerusalem.

Auf dem Turmstumpf der gotischen Kathedrale stand bald darauf ein Minarett, auf dessen Spitze bis heute ein glänzendes Doppelgestirn zu sehen ist: die Mondsichel und dicht dabei ein heller Stern.

Das Abenteuer der Kreuzzüge war zu Ende.

Anhang

Hinweise zur Literatur

Obwohl die Literatur zum Thema Kreuzzüge nahezu unübersehbar ist – Hans Eberhard Mayer hat 1960 sogar eigens eine »Bibliographie zur Geschichte der Kreuzzüge« veröffentlicht –, gibt es wenig moderne Darstellungen, die für den interessierten Laien auch lesbar sind.

Das gründlichste, umfangreichste und dabei noch lesbare, wenn auch durch seine Stoffülle erdrückende Werk ist Steven Runcimans »Geschichte der Kreuzzüge«. Dieses Werk des englischen Historikers, 1950–1954 in der Cambridge University Press veröffentlicht, ist zuletzt 1975 in einem durchgesehenen Nachdruck der 1968 erschienenen deutschen Ausgabe im Verlag C. H. Beck erhältlich. Allein durch sein 76 Seiten starkes detailliertes Personen- und Sachregister ist es *das* Nachschlagewerk schlechthin. Allerdings arbeitet Runciman kaum mit Originalzitaten, sondern erzählt die Quellen in kritischer Würdigung mit eigenen Worten nach.

Wesentlich knapper, fast nur im Telegrammstil, aber für einen ersten Überblick geeignet, ist die 265 Seiten starke »Geschichte der Kreuzzüge« von Hans Eberhard Mayer, die 1965 erschien. Sie vertieft mehr als andere Werke die religiösen und kirchengeschichtlichen Aspekte und gibt insgesamt den bis dahin neuesten Stand der Forschung wieder. Das Buch enthält eine nützliche Bibliographie der Quellen und der wichtigsten Sekundärliteratur.

Stets erwähnt und zitiert wird auch René Groussets dreibändige »Histoire des Croisades« (1934–1936). Seine »Epopée des Croisades« (deutsche Ausgabe 1951: »Das Heldenlied der Kreuzzüge«) gehört allerdings bei aller Anschaulichkeit und plastischen Zitaten aus den Originalquellen zu denjenigen Werken über die Kreuzzüge, die eher eine nationalistisch orientierte Tendenz hervorkehren. Grousset ist daher mit den klassischen deutschen Kreuzzugsdarstellungen des letzten Jahrhunderts vergleichbar, die bei aller sachlichen Genauigkeit zeitgebundene Wertungen enthalten.

Unter den Kreuzzugsbüchern, die sich von Titel, Verlag oder Absicht her an eine breitere Öffentlichkeit wenden, sind mir zwei besonders aufgefallen.

Das eine ist Friedrich Heers 1969 erschienener Band »Kreuzzüge – gestern, heute, morgen?«, der über die historische Zeit der Kreuzzüge hinausführt und bis in die Gegenwart hinein die Ideologie der Kreuzzüge als einen geradezu gottgewollten Kampf gegen Andersgesinnte darstellt. Von den erschreckenden Kriegspredigten des Ersten Weltkrieges führt der Essay über den McCarthyismus bis nach Vietnam. Es ist ein sehr engagiertes, aber notwendiges und lesenswertes Buch.

Das zweite Buch ist eine Materialsammlung ganz eigener Art, die Hans Wollschläger in seinem Buch »Die bewaffneten Wallfahrten gen Jerusalem« (1973 bei Diogenes) zusammengestellt hat. Mit ungeheurer Akribie hat Wollschläger die Geschichte der Kreuzzüge mit über 700 Zitaten arabischer und europäischer Chronisten belegt, die samt und sonders das »Großverbrechen« der Kreuzzüge darstellen. Es ist ein sehr kritisches Buch gegen die Kirche, die Wollschläger am Schluß zur »verbrecherischen Organisation« erklärt, die vor den Internationalen Gerichtshof gehöre. Abgesehen von dieser eindeutigen Tendenz ist Wollschlägers Buch, das mit irreführenden Kapitelüberschriften und ohne Index schwer benutzbar ist, eine ausgezeichnete, wenn auch einseitige und erschreckende Belegsammlung von Zitaten, die in anderen Büchern zum gleichen Thema meist fehlen.

Wer – in deutscher Übersetzung – einen Einblick in die Quellen selbst gewinnen will, sollte die beiden bei dtv als Taschenbücher erschienenen Bände »Die Kreuzzüge in Augenzeugenberichten« und »Die Kreuzzüge aus arabischer Sicht« lesen, die trotz ihrer jeweils rund 400 Seiten nur eine kleine Auswahl aus dem Quellenmaterial wiedergeben und eher die konservative Sicht der Kreuzzüge bestätigen. Wer beide Bücher parallel liest, wird auch einen Einblick in die Schwierigkeiten gewinnen, vor denen der Historiker bei der Bewertung verschiedener Darstellungen zum gleichen Thema steht.

Mehr kulturgeschichtlich orientiert ist »Die Welt der Kreuzfahrer« des Jerusalemer Historikers Joshua Prawer, die 1974 auf deutsch erschien und vor allem auch durch ihre reiche Bebilderung besticht.

Den Einfluß der arabischen Welt auf Europa, wenn auch nur zum geringen Teil durch die Kreuzzüge zustande gekommen, schildert Sigrid Hunke in ihrem unübertroffenen Buch »Allahs Sonne über dem Abendland«, das zuletzt 1975 in neuer Auflage erschien und von der Autorin 1976 durch den Band »Kamele auf dem Kaisermantel« ergänzt und fortgeführt wurde.

»Die Burgen der Kreuzritter – im Heiligen Land, auf Zypern und in der Ägäis« von Wolfgang Müller-Wien geben einen ausgezeichneten und großartig bebilderten Überblick über die Bautätigkeit der Kreuzfahrer, während Aziz Atiya in seinem Buch »Kreuzfahrer und Kaufleute« vor allem den Levantehandel und den wirtschaftlichen Aspekt der Kreuzzugszeit sachkundig darstellt.

Wer Interesse an besonderen Detailfragen hat, findet in den genannten Werken entsprechende Hinweise.

Literaturauswahl

Atiya, Aziz S.: Kreuzfahrer und Kaufleute – die Begegnung von Christentum und Islam. Kohlhammer, Stuttgart 1964.

Baker, Derek (Hrsg.): Relations between East and West in the Middle Ages. University Press Edinburgh 1973.

Brentjes, Burchard: Die Söhne Ismails – Geschichte und Kultur der Araber. Koehler & Amelang, Leipzig 1971.

Campbell, G. A.: Die Tempelritter – Aufstieg und Verfall. Ernst Klett Verlag, Stuttgart o. J.

Cartellieri, Alexander: Der Vorrang des Papsttums zur Zeit der ersten Kreuzzüge 1095–1150 (Neudruck der Ausgabe München 1941 in: Weltgeschichte als Machtgeschichte, Bd. 4). Scientia Verlag, Aalen 1972.

Durant, Will: Das Zeitalter des Glaubens – eine Kulturgeschichte des christlichen, islamischen und jüdischen Mittelalters von Konstantin bis Dante (4. Band des Werkes: Die Geschichte der Zivilisation). A. Francke AG, Bern 1952.

Erdmann, Carl: Die Entstehung des Kreuzzugsgedankens (Neudruck von 1935). Kohlhammer, Stuttgart 1965.

Fassmann, Kurt (Hrsg.): Die Großen der Weltgeschichte – Bd III: Harun ar-Raschid bis Petrarca. Kindler, München 1973.

Fedorow-Dawydow, G. A.: Die Goldene Horde und ihre Vorgänger. Koehler & Amelang, Leipzig 1972.

Frischler, Kurt: Das Abenteuer der Kreuzzüge – Heilige, Sünder und Narren. Herbig, München/Berlin 1973.

Gabrieli, Francesco: Die Kreuzzüge aus arabischer Sicht – aus den arabischen Quellen ausgewählt und übersetzt von F. Gabrieli Artemis, Zürich 1973, dtv München 195.

Grousset, René: Das Heldenlied der Kreuzzüge. Gustav Kilpper Verlag, Stuttgart 1951.

Hagenmeyer, Heinrich: Peter der Eremite – ein kritischer Beitrag zur Geschichte des Ersten Kreuzzuges. Otto Harrassowitz, Leipzig 1879.

–: Die Kreuzzugsbriefe aus den Jahren 1088–1100 – eine Quellensammlung zur Geschichte des Ersten Kreuzzuges. Wagnersche Universitäts-Buchhandlung, Innsbruck 1901.

Hagspiel, Gereon, H.: Die Führerpersönlichkeit im Kreuzzug. Fretz & Wasmuth, Zürich 1963.
Heer, Friedrich: Kreuzzüge – gestern, heute, morgen? C. J. Bucher, Luzern/Frankfurt 1969.
Henne am Rhyn, Otto: Die Kreuzzüge – und die Kultur ihrer Zeit (mit Illustrationen von Doré). J. G. Bachs Verlag, Leipzig 1884.
Horst, Eberhard: Friedrich der Staufer. Claassen, Düsseldorf 1975.
Hülsen, Hans von: Tragödie der Ritterorden – Templer, Deutsche Herren, Malteser. Münchner Verlag, München o. J. (nach 1945).
Hunke, Sigrid: Allahs Sonne über dem Abendland – unser arabisches Erbe. DVA, Stuttgart, Neuauflage 1975 – erste Auflage 1960.
–: Kamele auf dem Kaisermantel – Deutsch-arabische Begegnungen seit Karl dem Großen. DVA, Stuttgart 1976.
Jellinek, Adolph (Hrsg.): Zur Geschichte der Kreuzzüge nach handschriftlichen hebräischen Quellen. Leipzig 1854.
Kienitz, Friedrich-Karl: Städte unter dem Halbmond – Geschichte und Kultur der Städte Anatoliens und auf der Balkanhalbinsel im Zeitalter der Sultane 1071–1922. C. H. Beck, München 1972.
Kugler, Bernhard: Geschichte der Kreuzzüge. 2. Auflage 1891.
–: Gottfried von Bouillon in: Historisches Taschenbuch, Hrsg.: W. Maurenbrecher, 6. Folge, 6. Jahrgang. Brockhaus, Leipzig 1887.
Lane-Poole, Stanley: Saladin and the Fall of the Kingdom of Jerusalem. Khayats, Beirut 1964 (Original: London 1926).
Lexikon der Islamischen Welt, 3 Bände. Kohlhammer, Stuttgart 1974.
Madaule, Jacques: Das Drama von Albi – der Kreuzzug gegen die Albigenser und das Schicksal Frankreichs. Olten, Freiburg 1964.
Maier, Franz Georg (Hrsg.): Byzanz (in: Fischer Weltgeschichte, Band 13). Frankfurt 1973.
Mayer, Hans Eberhard: Geschichte der Kreuzzüge. Kohlhammer, Stuttgart 1965.
–: Idee und Wirklichkeit der Kreuzzüge – eingeleitet und zusammengestellt von H. E. Mayer (in: Historische Texte). Stahlmann, Germering bei München 1965.
–: Bibliographie zur Geschichte der Kreuzzüge. Hannover 1960.
Montgomery, Bernhard Law, Viscount of Alamein: Weltgeschichte der Schlachten und Kriegszüge, 2 Bde. dtv, München 1975.
Müller-Wien, Wolfgang: Burgen der Kreuzritter – im Heiligen Land, auf Zypern und in der Ägäis. Deutscher Kunstverlag, München o. J.

Pernaud, Régine: Die Kreuzzüge in Augenzeugenberichten. dtv, 31975.
Prawer, Joshua: Die Welt der Kreuzfahrer. Brockhaus, Wiesbaden 1974.
Prutz, Hans: Die geistlichen Ritterorden. Berlin 1908.
–: Kulturgeschichte der Kreuzzüge. Berlin 1883.
Ranke, Leopold von: Das Zeitalter der Kreuzzüge und das späte Mittelalter. (Neudruck nach dem Text von 1887) Haude & Spener, Berlin 1948.
Raumer, Friedrich von: Geschichte der Hohenstaufen und ihrer Zeit, 6 Bde. Ensslin'sche Buchhandlung, Reutlingen 1828ff.
Reden, Sibylle von: Zypern – Vergangenheit und Gegenwart. DuMont, Köln 21974.
Rengstorf, Karl Heinrich / Kortzfleisch, Siegfried von (Hrsg.): Kirche und Synagoge – Handbuch zur Geschichte von Christen und Juden. Darstellung mit Quellen (Bd. I). Klett Verlag, Stuttgart 1968.
Rice, Tamara Talbot: Die Seldschuken. DuMont, Köln 1963.
Röhricht, Reinhold: Geschichte der Kreuzzüge im Umriß, Innsbruck 1898.
–: Die Deutschen im Heiligen Land – Chronologisches Verzeichnis derjenigen Deutschen, welche als Jerusalempilger und Kreuzfahrer sicher nachzuweisen oder wahrscheinlich anzusehen sind. Innsbruck 1894.
Runciman, Steven: Geschichte der Kreuzzüge (durchges. Nachdruck der 1968 erschienenen Sonderausgabe). C. H. Beck, München 1975.
Schoeps, Hans Joachim (Hrsg.): Jüdische Geisteswelt – Zeugnisse aus zwei Jahrtausenden. Melzer, Köln 1960.
Schwerin, Ursula: Die Aufrufe der Päpste zur Befreiung des Heiligen Landes – von den Anfängen bis zum Ausgang Innozenz IV. Ein Beitrag zur Geschichte der kurialen Kreuzzugspropaganda und der päpstlichen Epistolographie (in: Historische Studien). Ebering Verlag, Berlin 1937.
Toeppen, R.: Chronik der vier Orden von Jerusalem. Marienburg 1895.
Waas, Adolf: Das Rätsel der Kreuzzüge, in: Zeitschrift für Deutsche Geisteswissenschaft 6. Jahr, 1943.
–: Geschichte der Kreuzzüge, 2 Bde. Freiburg 1956.
Wollschläger, Hans: Die bewaffneten Wallfahrten gen Jerusalem – Geschichte der Kreuzzüge. Diogenes, Zürich 1973.

Zeittafel

Die Zeittafel ist ein Versuch, die parallellaufenden Stränge einer zweihundertjährigen Geschichte so übersichtlich wie möglich darzustellen. Da die Spalten nach geographischen Schauplätzen gegliedert sind, wechseln chronologisch fortlaufende Ereignisse die Spalte entsprechend dem Schauplatz, so daß es sich empfiehlt, die synoptische Zeittafel senkrecht wie quer zu lesen. Die Grenze zwischen Europa und dem Orient ist der Bosporus.

Dabei strebt die Synopse keine Vollständigkeit an, sondern folgt im wesentlichen der Gliederung und Akzentuierung des Buches. Für Detailangaben muß ich auf die Fachliteratur verweisen.

Bei Datierungsdifferenzen, die sich im Vergleich der verschiedenen Kalendersysteme, aber auch innerhalb der europäischen Chronisten ergeben, folge ich im wesentlichen der Datierung von Hans Eberhard Mayer und Steven Runciman.

Aus Gründen der Übersichtlichkeit werden die verworrenen Herrschaftsverhältnisse nach dem Fall von Jerusalem im Jahre 1187 nur punktuell dargestellt, zumal die verschiedenen Titel und Erbansprüche keinen realen Hintergrund mehr haben, noch auch etwas über die tatsächlichen Machtverhältnisse in Palästina aussagen.

Ebenfalls aus Gründen der Übersichtlichkeit habe ich darauf verzichtet, die Motivationen und Auswirkungen der Kreuzzugsbewegung in der europäischen Geschichte in die Synopse aufzunehmen, wie dies an sich wünschenswert gewesen wäre.

OKZIDENT

1074 Papst Gregor VII. (1073–85) erwägt Orientfeldzug

1095 (18.–27. Nov.) Konzil von Clermont. Papst Urban II. (1088–1099) ruft am 27. 11. den Kreuzzug aus.

1095 Nov./Dez. Peter der Einsiedler predigt einen Kreuzzug des Volkes, unterstützt von Walter Habenichts.

12. 4. 1096 Pilgerheere Peters und Walters in Köln.

20. 4. 1096 Peter folgt Walters Zug, der einige Tage vorher über Ungarn nach Konstantinopel aufgebrochen ist.

ORIENT

19. 8. 1071 Schlacht bei Manzikert (Ostanatolien), Seldschukensultan Alp Arslan (1063–73) besiegt Kaiser Komnenos IV. von Byzanz (1068–71).

1071–78 Kaiser Michael VII. von Byzanz.

1078–81 Kaiser Nikephoros III. von Byzanz.

1081–1118 Kaiser Alexios I. von Byzanz.

OKZIDENT	ORIENT
3. 5. 1096 Emich von Leiningen beginnt mit seinem deutschen Pilgerheer Judenverfolgungen in Speyer, Worms, Mainz und Trier.	
Juni 1096 Die Pilgerheere Volkmars und Gottschalks gehen in Ungarn unter.	
1. 8. 1096 Peter und sein Heer in Konstantinopel.	
	6. 8. 1096 Peters und Walters Heere setzen über den Bosporus. Lager in Civetot, von dort Raubzüge nach Nicäa und Xerigordon.
15. 8. 1096 Offizieller Beginn des Kreuzzuges Urbans II. Als erster bricht in der 2. Augusthälfte Graf Hugo von Vermandois auf. Bald darauf folgt Gottfried von Bouillon mit seinen Lothringern.	
Okt. 1096 Graf Raimund von Toulouse, Fürst Bohemund von Tarent und Herzog Robert von der Normandie brechen auf.	
	21. 10. 1096 Schlacht bei Civetot. Vollkommene Vernichtung von Peters und Walters Volksheeren durch die Seldschuken.
23. 12. 1096 Gottfried von Bouillon trifft kurz nach Graf Hugo von Vermandois mit seinem Heer in Konstantinopel ein. Winterlager vor Konstantinopel.	
	4./5. 4. 1097 Gottfrieds Heer setzt über den Bosporus, Weiterzug nach Pelekanon.
9. 4. 1097 Bohemund trifft in Konstantinopel ein.	
26. 4. 1097 Graf Raimund von Toulouse mit einem Heer in Konstantinopel.	
	26. 4. 1097 Bohemunds Heer setzt über den Bosporus.
	28. 4. 1097 Raimunds Heer setzt über den Bosporus.
Mai 1097 Robert von der Normandie und sein Heer in Konstantinopel.	
	3. 6. 1097 Sämtliche Heereszüge vor Nicäa vereinigt, Belagerung der Stadt.
	19. 6. 1097 Einnahme Nicäas.

OKZIDENT	ORIENT/JERUSALEM
	30. 6. 1097 Schlacht bei Doryläon. Sieg der Kreuzfahrer über die Seldschuken Kilidsch Arslans.
	3. 7. 1097 Gemeinsamer Marsch des ganzen Heeres durch Anatolien.
	Sept. 1097 Auf getrennten Wegen über den Taurus.
	Sep. 1097 Ende des Monats ergibt sich Tarsus.
	Okt. 1097 Balduin von Boulogne, der Bruder Gottfrieds von Bouillon, trennt sich vom Hauptheer und zieht zum Euphrat.
	20. 10. 1097 Das große Kreuzfahrerheer erreicht die Eiserne Brücke von Antiochia.
	21. 10. 1097 Belagerung Antiochias (bis 3. 6. 1098).
	3. 6. 1098 Einnahme Antiochias.
	10. 6. 1098 Kreuzfahrer ihrerseits von Kerbogha und seinen Türken in Antiochia eingeschlossen und belagert. Am gleichen Tag meldet Bartholomäus die Vision der Hl. Lanze.
	15. 6. 1098 Die Hl. Lanze wird gefunden.
	28. 6. 1098 Ausbruchversuch und Sieg Bohemunds, Niederlage der Türken. Beschluß der Kreuzfahrer, am 1. Nov. 1098 nach Jerusalem aufzubrechen.
	1. 8. 1098 Adhémar von Le Puy, der päpstliche Legat, stirbt in Antiochia. Anhaltender Streit um den Besitz der Stadt, der den Aufbruch verzögert.
	13. 1. 1099 Nach Aufstand unter den Pilgern Aufbruch nach Jerusalem unter Raimund von Toulouse. Bohemund bleibt in Antiochia.
	7. 6. 1099 Ankunft vor Jerusalem, Beginn der Belagerung.
	13. 6. 1099 Erster Angriff auf die Stadt mißlingt.
	14. 7. 1099 Eroberung Jerusalems und Blutbad.
	22. 7. 1099 Gottfried von Bouillon zum »Beschützer des Hl. Grabes« gewählt.

OKZIDENT

29. 7. 1099 Papst Urban II. stirbt, bevor er vom Erfolg des Kreuzzuges erfährt.

13. 8. 1099 Papst Paschalis II. gewählt (bis 1118).

Herbst 1100 Durch anhaltende Kreuzzugspredigt zahlreiche neue Züge, vor allem der Zug der Lombarden unter Erzbischof Anselm von Mailand.

Juli 1101 Lombardenzug von Kilidsch-Arslan vernichtend geschlagen, ebenso der Zug unter Graf Wilhelm von Nevers.

Sept. 1101 Aquitaner und Bayern unter Welf IV. ebenfalls vernichtend in Anatolien geschlagen.

Ende des Kreuzzuges des Jahres 1101.

ORIENT/JERUSALEM

10. 8. 1099 Kreuzfahrer besiegen die Ägypter vor Askalon.

Ende Aug. 1099 Graf Raimund und Robert von der Normandie beschließen die Rückkehr.

21. 12. 1099 Bohemund und Balduin zur Wallfahrt in Jerusalem.

Ende Feb. 1100 Balduin wieder in Edessa, Bohemund in Antiochia.

18. 7. 1100 Gottfried von Bouillon stirbt ca. 50jährig (geb. etwa 1060).

25. 7. 1100 Haifa in der Hand der Kreuzfahrer.

11. 11. 1100 Graf Balduin von Edessa, Gottfrieds Bruder, nimmt Titel eines Königs von Jerusalem an.

25. 12. 1100 Krönung Balduins I. als König von Jerusalem in der Geburtskirche in Bethlehem.

Mai 1104 Akkon wird eingenommen.

1110 Sidon und Beirut in christlicher Hand. Außer Askalon besitzen die Kreuzfahrer jetzt alle Hafenstädte.

1112 Arnulf Patriarch von Jerusalem.

1112 Balduin I. verstößt seine Frau Arda und heiratet Adelheid, Witwe Rogers von Sizilien.

1115 Patriarch Arnulf vorübergehend abgesetzt.

1116 Balduin I. verstößt Adelheid.

2. 4. 1116 Balduin I. stirbt.

OKZIDENT	ORIENT/JERUSALEM
	14. 4. 1116 Krönung Balduins von Le Bourg, Graf von Edessa, als König Balduin II. von Jerusalem.
	1119 Balduin II. übernimmt Regentschaft über die Grafschaft Antiochia (bis 1126) und ist damit als gleichzeitiger Lehnsherr von Edessa und Tripolis Herrscher des gesamten lateinischen Ostens.
	1120 Konzil von Nablus.
	1123 Balduin II. wird von Belek von Aleppo gefangengenommen.
	7. 7. 1124 Tyros in der Hand der Franken.
	1124 Balduin II. wieder frei.
	1128 Ordensregeln für die Templer (weißer Mantel, rotes Kreuz), die etwa 1118 entstanden sind.
	1128–30 Patriarch Stephan von Jerusalem.
	1129 Balduin II. verheiratet seine älteste Tochter Melisende mit Fulko von Anjou (Melisende stirbt 1161).
	21. 8. 1131 Balduin II. stirbt.
	14. 9. 1131 Fulko von Anjou (bis 1143) wird etwa im Alter von 40 Jahren zum König von Jerusalem gekrönt.
	1132 Skandal um Melisende und Hugo von Le Puiset, ihrem »Vertrauten«.
	1139 Allianz Jerusalem–Damaskus gegen Zengi.
	Ab 1136 Fulko baut Burgen von Ibelin, Blanchegarde, Bait Gibrin.
	1140 Burg Belvoir im Jordantal. Pont de Judaire in Safed (erbaut 1102) restauriert.
	1142 Festung in Moab: Kerak, auch Petra Deserti genannt, und Krak de Chevalliers (Johanniterfestung).
	10. 11. 1143 König Fulko stirbt an den Folgen eines Jagdunfalls.
	1143 Königin Melisende regiert anstelle des 13jährigen Sohnes Balduin.
1. 12. 1145 Papst Eugen III. (1145–1153) ruft zum 2. Kreuzzug zur Befreiung Edessas auf. Keinerlei Echo.	

OKZIDENT	ORIENT/JERUSALEM

Dez. 1145 König Ludwig VII. von Frankreich (1137–1180) kündigt ebenfalls Orientfeldzug an – ohne Echo.

1. 3. 1146 Papst Eugen III. ruft noch einmal zum Kreuzzug auf.

31. 3. 1146 Abt Bernhard von Clairvaux (1115–1153) predigt in Vézelay erfolgreich den Kreuzzug.

Dez. 1146 Bernhard von Clairvaux überredet Konrad III. von Hohenstaufen (1138–1152) und zahlreiche Adlige, am Kreuzzug teilzunehmen.

Mai 1147 Aufbruch des deutschen Heeres unter Konrad III. von Regensburg aus.

Wenige Wochen später folgen die Franzosen unter Ludwig VII. von Metz aus.

1147 Zur gleichen Zeit deutscher Kreuzzug gegen die Slawen östlich von Oldenburg.

Sept. 1147 Konrad III. in Konstantinopel. Setzt mit seinem Heer nach Kleinasien über.

Okt. 1147 Französisches Heer in Konstantinopel.

Okt. 1147 Konrads Heer bei Doryläon von Seldschuken vernichtend geschlagen. Der Rest des deutschen Heeres vereinigt sich mit dem franz. Heer und zieht unter starken Verlusten nach Syrien.

März 1148 Ankunft in Antiochia.

24. 6. 1148 Beschluß, Damaskus anzugreifen.

24. 7. 1148 Beginn der Belagerung von Damaskus.

28. 7. 1148 Das Unternehmen endet nach wenigen Tagen völlig erfolglos durch Abzug der beiden Heere.

8. 9. 1148 Ohne den geringsten Versuch, Edessa zurückzuerobern, wird der 2. Kreuzzug mit der Abreise Konrads III. beendet.

Ostern 1149 Ludwig VII. verläßt Palästina.

Dez. 1161 Kaiser Manuel heiratet nach dem Tode seiner Frau Berta von Sulzbach Balduins Kusine Maria von Antiochia.

17. 9. 1176 Kaiser Manuel von Byzanz zieht gegen die Seldschuken und wird bei Myriokephalon vernichtend geschlagen.

1152 Balduin III. läßt sich heimlich ohne Wissen seiner Mutter Melisende krönen.

19. 8. 1153 Askalon in der Hand der Franken. Damit sind sämtliche Hafenstädte in fränkischer Hand.

1158 König Balduin III. heiratet die 13jährige Theodora, Nichte des Kaisers Manuel von Byzanz.

10. 2. 1162 König Balduin stirbt im 33. Lebensjahr.

Febr. 1162 Der 25jährige Bruder Balduins, Amalrich, wird zum König von Jerusalem gekrönt (bis 1174).

1163 1. Feldzug Amalrichs nach Ägypten.

1164 2. Feldzug nach Ägypten.

1167 3. Feldzug nach Ägypten. Ägypten praktisch fränkisches Protektorat.

1168 4. Feldzug Amalrichs nach Ägypten, wird von Schirkuh geschlagen.

11. 7. 1174 König Amalrich stirbt 38jährig.

15. 7. 1174 Sein 13jähriger Sohn als Balduin IV. gekrönt. Regent ist Raimund III. von Tripolis.

Okt. 1176 Sultan Saladin fällt nach Palästina ein, steht vor Askalon und Jerusalem. Waffenstillstand mit den Franken.

Okt. 1176 Sibylle, Balduins IV. Schwester, wird mit Wilhelm Langschwert verheiratet.

1177 Balduin IV. übernimmt 16jährig die Regierung.

Juni 1177 Wilhelm Langschwert stirbt, Sohn Balduin (der spätere Balduin V.) nach seinem Tode geboren.

OKZIDENT	ORIENT/JERUSALEM
	1180 Sibylle, Witwe Wilhelm Langschwerts, heiratet Guido von Lusignan.
	1180 Erneuter Waffenstillstand mit Saladin.
Sept. 1180 Kaiser Manuel von Byzanz stirbt. Nachfolger der elfjährige Sohn Alexios II. unter der Regentschaft von Witwe Maria von Antiochia.	
	1181 Rainald von Châtillon überfällt während des Waffenstillstandes eine Karawane und löst Strafexpedition Saladins aus.
1183–85 Kaiser Andronikos Komnenos von Byzanz.	*1183* Balduin IV. setzt Guido von Lusignan wegen Unfähigkeit von der Regentschaft ab, übernimmt trotz fortschreitender Lepra wieder die Regierung und läßt seinen 6jährigen Neffen als Balduin V. krönen.
	Nov. 1183 Humfried von Toron heiratet 17jährig die elfjährige Isabella.
1185 Allianz zwischen Kaiser Andronikos von Byzanz und Sultan Saladin.	*16. 3. 1185* König Balduin IV. stirbt 24jährig an Lepra. Raimund III. von Tripolis übernimmt für Balduin V. die Regentschaft.
	Herbst 1186 König Balduin V. stirbt noch nicht zehnjährig. Sibylle und Guido von Lusignan lassen sich krönen.
	Anfang 1187 Rainald von Châtillon überfällt erneut im Frieden eine Karawane und löst Saladins Einmarsch nach Palästina aus.
	14. 7. 1187 Schlacht bei den Hörnern von Hittim. Franken werden von Saladin vollkommen geschlagen. König Guido gefangen, Rainald wird von Saladin getötet. Anschließend erobert Saladin 52 Städte: Tiberias 5. 7.; Akkon 10. 7.; Sidon 29. 7.; Beirut 6. 8.
	20. 9. 1187 Saladin beginnt mit der Belagerung Jerusalems.
	2. 10. 1187 Jerusalem ergibt sich Saladin kampflos und muß von den Christen verlassen werden.

OKZIDENT	ORIENT/JERUSALEM
20. 10. 1187 Papst Urban III. stirbt nach der Nachricht vom Fall Jerusalems.	
Okt. 1187 Papst Gregor VIII. ruft zum Kreuzzug auf, stirbt aber nach zweimonatigem Pontifikat am 17. 12. 1187.	
19. 12. 1187 Papst Clemens III. (stirbt 10. 4. 1191) erneuert Aufruf zum Kreuzzug.	
27. 3. 1188 Kaiser Barbarossa nimmt das Kreuz.	
	Juli 1188 Guido von Lusignan von Saladin freigelassen.
11. 5. 1189 Kaiser Barbarossa zieht von Regensburg aus los.	
	28. 8. 1189 Guido von Lusignan beginnt Belagerung von Akkon.
10. 6. 1190 Barbarossa ertrinkt im Kalykadnos (Salef) vor Seleukia. Das deutsche Kreuzfahrerheer löst sich auf.	
4. 7. 1190 Richard Löwenherz von England und König Philipp-August von Frankreich brechen von Vézelay aus zum Kreuzzug auf und überwintern auf Sizilien.	
	7. 10. 1190 Ein Rest des deutschen Kreuzfahrerheeres trifft in Akkon ein.
	Okt. 1190 Königin Sibylle und ihre Kinder sterben in Akkon an einer Seuche.
	24. 11. 1190 Isabella, Sibylles Schwester, heiratet Konrad von Montferrat nach ihrer Scheidung von Humfried von Toron. Damit ist Isabella Königin von Jerusalem.
30. 3. 1191 Philipp-August von Frankreich geht mit seinem Heer in Messina in See.	
10. 4. 1191 Richard Löwenherz setzt von Messina Reise ins Heilige Land fort, erobert dabei Zypern.	
	20. 4. 1191 Philipp-August landet in Akkon.
	7. 6. 1191 Richard Löwenherz landet nach der Eroberung Zyperns in Akkon.

OKZIDENT	ORIENT/JERUSALEM
	12. 7. 1191 Akkon nach zweijähriger Belagerung in der Hand der Kreuzfahrer.
	2. 8. 1191 Philipp-August sieht damit seine Aufgabe als beendet an und fährt ohne Heer nach Europa zurück.
	22. 8. 1191 Unter Richard Löwenherz marschiert das französisch-englische Heer von Akkon südwärts.
	7. 9. 1191 Schlacht bei Arsuf, Saladin wird besiegt. Erste Friedensverhandlungen.
	Dez. 1191 Die Kreuzfahrer stehen 20 km vor Jerusalem, ziehen sich aber wieder zurück.
	28. 4. 1192 Konrad von Montferrat wird ermordet, bevor er anstelle Guidos von Lusignan zum König von Jerusalem gekrönt werden soll.
	5. 5. 1192 Isabella heiratet daraufhin binnen einer Woche Heinrich II. von Champagne (er stirbt 10. 9. 1197).
	Juni 1192 Richard Löwenherz marschiert wieder auf Jerusalem, greift aber nicht an.
	Juli 1192 Saladin überfällt Jaffa.
	1. 8. 1192 Richard Löwenherz rettet Jaffa.
	5. 8. 1192 Sieg über Saladin.
	3. 9. 1192 Friedensschluß mit Saladin. Teilung des Landes besiegelt den Verlust Jerusalems.
	9. 10. 1192 Richard Löwenherz verläßt Palästina. Ende des Dritten Kreuzzuges.
1195 Der deutsche Kaiser Heinrich VI. (1190–1197), der Sohn Barbarossas, nimmt das Kreuz.	
	Aug. 1197 Ein erster Teil des deutschen Kreuzfahrerheeres trifft ohne Heinrich VI. in Akkon ein.
	10. 9. 1197 Heinrich II. von Champagne, Gemahl der Königin Isabella, stirbt.
28. 9. 1197 Kaiser Heinrich VI. stirbt im Alter von 32 Jahren in Messina. Regentschaft der Witwe Konstanze für den dreijährigen Friedrich.	

Nach deren Tod 1198 Regentschaft des Papstes Innozenz III. (1198–1216).

Der Vierte Kreuzzug

Aug. 1198 Papst Innozenz III. ruft zum Kreuzzug der Armen auf. Kein Echo.

Nov. 1199 Der 22jährige franz. Adlige Theobald von Champagne und Bonifanz von Montferrat nehmen das Kreuz und sammeln ein Heer.

März 1201 Theobald von Champagne stirbt.

8. 11. 1202 Das Heer segelt unter Bonifanz von Montferrat von Venedig auf venezianischen Charterschiffen ab. Da sie die Fahrtkosten nicht voll bezahlen können, stundet der Doge von Venedig die Schulden, wenn die Kreuzfahrer die abgefallene christliche Stadt Zara auf dem Balkan erobern.

24. 11. 1202 Zara entgegen dem Kreuzfahrergelübde, keinen Kampf gegen Christen zu führen, für Venedig erobert. Winterlager in Zara.

Anfang 1203 Ablenkung des Kreuzzuges nach Konstantinopel, um den geflüchteten Thronerben Alexios IV. einzusetzen, der die Schulden bezahlen will.

April 1203 Trotz starker Widerstände im Heer Aufbruch nach Konstantinopel.

24. 3. 1203 Kreuzfahrer vor Konstantinopel.

17. 7. 1203 Sturm auf die Stadt, Flucht Kaiser Alexios III., Wiedereinsetzung

Okt. 1197 Mit dem Eintreffen der Todesnachricht Heinrichs VI. löst sich das Kreuzfahrerheer auf. Einziger Erfolg: Landverbindung zwischen Akkon und Grafschaft Tripolis wiederhergestellt.

Jan. 1198 König Amalrich von Zypern wird als Amalrich II. zum König von Jerusalem gekrönt und heiratet in Akkon die verwitwete Isabella. Für das Königtum Jerusalem bleibt die Erbfolge bei Isabella und ihren Kindern, während Zypern ein erbliches Königtum der Lusignans ist.

von Isaak II. mit seinem Sohn Alexios IV.

Jan. 1204 Isaak II. und Alexios IV. ermordet, ohne Schulden bezahlt zu haben.

12./13. April 1204 Zweiter Sturm auf die Stadt und Eroberung. Verheerende Plünderungen.

16. 5. 1204 Balduin IX. von Flandern in der Hagia Sophia als Kaiser von Byzanz gekrönt: Lateinisches Kaisertum von Byzanz bis 1261.

Ende des 4. Kreuzzuges.

Der Kreuzzug gegen die Albigenser

15. 1. 1208 Die Ermordung des päpstlichen Legaten Peter von Castelnau in Südfrankreich ist für Papst Innozenz III. Anlaß, zum Kreuzzug gegen die südfranz. Albigenser aufzurufen, die als Ketzer gelten.

22. 7. 1209 Unter Leitung eines päpstlichen Legaten wird als erstes die Stadt Béziers gestürmt und die gesamte Einwohnerschaft getötet.

1210 Der Glaubenskrieg geht in einen nationalen Krieg franz. Fürsten über.

Aus der stets weitergehenden Ketzerverfolgung entwickelte sich seit 1233 die Inquisition. Am 12. 3. 1244 werden die letzten Albigenser umgebracht.

Die Kinderkreuzzüge

Mai 1212 Der etwa 12jährige franz. Hirtenjunge Stephan fordert König Philipp von Frankreich zum Kreuzzug auf, wird abgewiesen und predigt nun einen »Kreuzzug der Kinder«.

1. 4. 1205 Amalrich II. von Jerusalem stirbt. Bald darauf stirbt auch Isabella, Königin von Jerusalem. Von ihren fünf Töchtern wird die 13jährige Maria von Montferrat Nachfolgerin. Regent ist Ibelin, der Herr von Beirut, der ältere Halbbruder Isabellas.

3. 10. 1210 Der 60jährige Johann von Brienne heiratet Maria von Montferrat und wird zum König von Jerusalem gekrönt (Trauung am 14. 9. 1210).

Juni 1212 Tausende von Kindern ziehen unter Stephan nach Marseille, um von da, wie in einer Vision versprochen, durchs geteilte Meer nach Palästina zu marschieren.
Gleichzeitig predigt in Köln ein Junge namens Nikolaus den Kreuzzug und zieht mit Tausenden über die Alpen nach Genua, wo Ende August 1212 nur eine kleine Schar ankommt. Der Zug des Nikolaus löst sich auf.
Stephans Zug gerät an zwei Kaufleute, die Schiffsladungen von Kindern in Nordafrika, Kairo und Bagdad in die Sklaverei verkaufen, von denen einige 1229 freikommen.

1212 Maria von Montferrat stirbt. Regent ist Johann von Brienne für Tochter Isabella, genannt Jolande.

1215 Laterankonzil. Inquisition wird von der Kirche eingeführt.

16. 7. 1216 Papst Innozenz III. stirbt.

18. 7. 1216 Papst Honorius III. (bis 1227) gewählt.
Geringes Echo auf seine Kreuzzugsaufrufe.

Ein Kreuzzug nach Ägypten

August 1217 König Andreas von Ungarn bricht auf. In Dalmatien schließt sich ihm das Heer des Herzogs Leopold von Österreich an.

Sept. 1217 Herzog Leopold mit einem einzigen Schiff in Akkon.

Okt. 1217 Andreas mit kleinem Heer in Akkon. Marschiert im November einmal um den See Genezareth herum und hält den Kreuzzugsauftrag für beendet.

Jan. 1218 Andreas II. kehrt über Konstantinopel nach Ungarn zurück.

24. 5. 1218 Leopold von Österreich bricht mit inzwischen eingetroffenen Ostfriesen auf Vorschlag König Johanns von Brienne zu einem Feldzug nach Ägypten auf.

Nov. 1225 Kaiser Friedrich II. (1215–50), Enkel Barbarossas und Sohn Heinrichs VI., heiratet in zweiter Ehe die 14jährige Isabella (Jolande), die Tochter des Jerusalemer Königs Johann von Brienne.

März 1227 Papst Honorius III. stirbt, Nachfolger ist Gregor IX.

Der Fünfte Kreuzzug

8. 9. 1227 Friedrich II. begibt sich auf den Kreuzzug, den er bereits 1215 gelobt hatte. Erkrankt an Bord und kehrt um.

Daraufhin tut ihn der Papst sofort in Kirchenbann.

25. 4. 1228 Jolande gebiert Konrad und stirbt sechs Tage später. Friedrich II. hat damit Anrecht auf Jerusalemer Thron.

28. 6. 1228 Obwohl noch im Kirchenbann, fährt Friedrich II. auf Kreuzzugsfahrt, ordnet auf Zypern seine Lehnsherrschaft.

10. 6. 1229 Friedrich II. in Sizilien zurück. Ende des Kreuzzuges.

23. 7. 1230 Aufhebung des Kirchenbannes.

1239 Gregor IX. predigt nach Ablauf des Waffenstillstandes mit El-Kamil wieder den Kreuzzug.

7. 9. 1228 Friedrich II. landet in Akkon. Verhandlungen mit Sultan El-Kamil über die Herausgabe von Jerusalem ziehen sich aus Prestigegründen hin.

18. 2. 1229 Friedrich II. und El-Kamil schließen einen Waffenstillstand. Jerusalem wird wieder an die Christen zurückgegeben, ohne daß ein Schuß gefallen ist.

17. 3. 1229 Friedrich II. zieht in das seit 1187 verloren gewesene Jerusalem ein.

18. 3. 1229 Friedrich II. krönt sich selbst zum König von Jerusalem.

1. 5. 1229 Nach zahlreichen Anfeindungen wegen der illegalen Krönung Abfahrt von Akkon und Rückkehr.

1. 9. 1239 Ein französ. Kreuzzug unter Tibald von Champagne, König von

OKZIDENT

5. 4. 1243 Konrad von Hohenstaufen, Sohn Friedrichs II. und der Jolande, wird mit 15 Jahren volljährig.

Dez. 1244 Ludwig IX. (der Heilige) von Frankreich (geboren 1219) nimmt nach Genesung von schwerer Krankheit das Kreuz, bricht aber erst 1248 auf.

1245 Auf dem Konzil von Lyon erklärt Papst Innozenz IV., man solle Kontakte mit den Mongolen aufnehmen, um sie als Verbündete gegen die Sarazenen zu gewinnen.

16. 4. 1245 Der Franziskaner Giovanni de Piano Carpini und zwei weitere Mönche brechen aus Lyon auf, um Kontakt mit den Mongolen aufzunehmen. (Treffen August 1246 in Kara-

ORIENT/JERUSALEM

Navarra, dem Neffen Heinrichs von Champagne, landet mit ca. 1000 Mann in Akkon, unternimmt aber nichts Ernsthaftes.

7. 12. 1239 An-Nasir von Kerak besetzt Jerusalem, zerstört die Befestigungen und die Davidsburg und zieht wieder ab.

Sept. 1240 Tibald von Champagne segelt wieder ab.

Da er seine Ansprüche nicht persönlich in Akkon vertritt, wählen die palästinensischen Barone den nächstberechtigten Erben. Somit wird Konrads Großtante Alice, die Königinmutter von Zypern, Regentin. Richard Filangieri, der bisher im Auftrag Friedrichs II. als kaiserlicher Legat amtierte, wird entmachtet. Alice stirbt 1246.

11. 6. 1244 Choresmische Türken, die seit einiger Zeit in Syrien plündern, belagern und besetzen Jerusalem.

23. 8. 1244 Die Zitadelle von Jerusalem ergibt sich. 6000 Christen verlassen Jerusalem, nur 300 erreichen Jaffa.

Die Türken reißen die Gebeine der Könige aus ihren Gräbern und zünden die Kirchen an.

Jerusalem ist auf immer der Christenheit verloren.

korum ein, sind Nov. 1247 wieder in Lyon zurück.)

Der Sechste Kreuzzug

Aug. 1248 Ludwig IX. bricht zum Kreuzzug auf und überwintert in Zypern.

Dez. 1248 Auf Zypern treffen zwei Abgesandte des mongolischen Heerführers Aldschighidai ein und suchen Kontakte.

Jan. 1249 Ludwig IX. schickt eine Delegation von Dominikanern unter Andreas von Longjumeau zu den Mongolen (Andreas kehrt nach Besuch in Karakorum 1252 erfolglos zurück).

Juni 1249 Ludwig IX. nimmt Kreuzzug wieder auf und will über Ägypten das Heilige Land erobern.

Mai 1250 König Ludwig IX. bleibt für vier Jahre in Palästina, regiert das Rumpfreich und baut die Städte Akkon, Cäsarea, Jaffa und Sidon aus.

1252 Ludwig IX. schließt Vertrag mit den Mamelucken.

Mai 1253 Ludwig schickt Franziskanermönch Wilhelm von Rubruk zu einem angeblich bekehrten Mongolenfürsten, um ihn als Verbündeten gegen die Mamelucken zu gewinnen. Rubruk wird aber weitergeschickt nach Karakorum, kehrt 1256 erfolglos nach Akkon zurück.

24. 4. 1254 Ludwig IX. verläßt Palästina.

1255 Zehnjähriger Waffenstillstand mit Ägypten.

1256–58 Genuesisch-venezianische Kämpfe enden mit Vorherrschaft Venedigs in Palästina.

3. 9. 1260 Durch den Mameluckensieg über die Mongolen bei Ein Galut bleibt Palästina vor dem Mongoleneinfall verschont.

OKZIDENT

1261 Ende des lateinischen Kaiserreiches von Konstantinopel.

29. 4. 1268 Konradin, der letzte Hohenstaufe, hingerichtet. Damit erlischt der von seinem Großvater erworbene Anspruch auf den Jerusalemer Thron.

1. 9. 1269 König Jakob von Aragon verläßt Barcelona zu einem Kreuzzug, kommt in Sturm und kehrt unter Verlusten um. Nur ein kleines Geschwader fährt weiter.

1270 Ludwig der Heilige unternimmt einen Kreuzzug und fährt auf Anraten seines Bruders Karl von Anjou dazu nach Tunis, um von da Baibars anzugreifen.

25. 8. 1270 Ludwig IX. stirbt vor Tunis an einer Seuche. Ende dieses Kreuzzuges.

ORIENT/JERUSALEM

4. 4. 1263 Sultan Baibars überfällt Akkon, ohne Erfolg.

5. 3. 1265 Baibars erobert Cäsarea, anschließend Haifa.

29. 4. 1265 Arsuf von Baibars erobert.

1. 6. 1265 Zweiter vergeblicher Angriff auf Akkon.

Ende Juli 1265 Safed fällt, Toron erobert.

Mai 1267 Baibars wieder vergeblich vor Akkon.

8. 3. 1268 Jaffa von Baibars erobert.

15. 4. 1268 Burg Beauford fällt.

18. 5. 1268 Antiochia fällt nach 171jähriger fränkischer Herrschaft.

1268 Hugo III. von Zypern aus dem Hause Antiochia-Lusignan wird als Hugo I. zum König von Jerusalem gewählt (bis 1284).

Nov. 1269 Ein kleines Heer König Jakobs von Aragon landet in Akkon und kehrt nach kurzer Zeit erfolglos zurück.

Febr. 1271 Baibars erobert Safita, die Weiße Burg der Templer.

8. 4. 1271 Krak de Chevalier, die Festung der Hospitaliter, fällt.

1. 5. 1271 Akkar, eine weitere Hospitaliterfestung, fällt.

12. 6. 1271 Montfort, Festung der Deutschritter, fällt.

Damit besitzen die Franken landeinwärts keine einzige Burg mehr.

Der Kreuzzug des Prinz Eduard

9. 5. 1271 Prinz Eduard, Sohn Heinrichs III. von England, landet mit tausend Mann in Akkon.

22. 5. 1272 Waffenstillstand mit Baibars, der auf zehn Jahre geschlossen wird. (Am 16. 6. 1272 versucht Baibars aber, Eduard ermorden zu lassen, aber Eduard gesundet wieder.)

22. 9. 1272 Prinz Eduard verläßt Palästina.

1284 König Hugo I. von Jerusalem stirbt.

1286 Hugos Sohn, ein Epileptiker, wird in Tyros als Heinrich I. zum König von Jerusalem gekrönt.

1287 Die Hafenstadt Latakia fällt.

26. 4. 1289 Sultan Kalawun erobert Tripolis.

Zehnjähriger Waffenstillstand vereinbart.

Der letzte Kreuzzug

1289 Der Fall von Tripolis ruft in Europa Entsetzen hervor, aber dem Kreuzzugsaufruf von Papst Nikolaus IV. folgt nicht ein einziger Herrscher.

Lediglich in der Lombardei und der Toskana sammeln sich Arbeitslose und Bauern, die unter dem Befehl des Bischofs von Tripolis nach Akkon fahren.

Aug. 1290 Der Kreuzzug lombardischer Abenteurer trifft in Akkon ein und metzelt kurz darauf alle Mohammedaner in der Stadt nieder.

Sultan Kalawun verlangt Auslieferung der Mörder, aber Akkon weigert sich, so daß Kalawun einen Rachezug beschließt. Darüber stirbt er 1290.

6. 4. 1291 Sultan el-Aschraf Kalil beginnt die Belagerung Akkons.

28. 5. 1291 Akkon besiegt.

Der Rest Palästinas wird kampflos geräumt.

19. 5. 1291 Tyros ergibt sich.

14. 6. 1291 Sidon kapituliert.

31. 7. 1291 Beirut geräumt.

3. u. 14. 8. 1291 Templer verlassen die Schlösser Tortosa und Pèlerin, damit ist das Festland geräumt. Die Templer halten die wasserlose Insel Ruad vor Tortosa bis 1303, geben sie aber dann auf.

EDESSA

Febr. 1098 Balduin zieht von Turbessel nach Edessa.

6. 2. 1098 Balduin in Edessa.

10. 3. 1098 Balduin nach Verschwörung Alleinherrscher von Edessa, nimmt den Titel »Graf von Edessa« an, ohne weiter am Kreuzzug teilzunehmen.

Nov. 1099 Balduin zur Wallfahrt in Jerusalem (bis Febr. 1100).

1100–1118 Balduin von Le Bourg, ein Vetter Balduins I., übernimmt die Verwaltung der Grafschaft Edessa.

1119–1131 Joscelin I. Graf von Edessa.

1131–1150 Joscelin II., Graf von Edessa (stirbt 1159 in Gefangenschaft).

ANTIOCHIA

Jan. 1099 Fürst Bohemund von Tarent bleibt in Antiochia, das er für sich beansprucht, ohne nach Jerusalem mitzuziehen.

Aug. 1100 Bohemund bis 1103 in Gefangenschaft der Türken in Neo-Cäsarea. Balduin I. übernimmt so lange die Regentschaft in Antiochia.

1104–1112 Tankred Regent in Antiochia für Bohemund, der nach Europa zurückkehrt.

1111 Bohemund, Graf von Antiochia, stirbt in Apulien. Tankred übernimmt Regentschaft für dessen minderjährigen Sohn.

1112 Tankred stirbt kaum 36jährig.

1112–19 Roger von Salerno, Sohn Richards vom Prinzipat, übernimmt Regentschaft und heiratet Schwester Balduins von Le Bourg.

27. 6. 1119 Roger von Salerno fällt in der Schlacht auf dem Blutfeld. König Balduin II. übernimmt bis 1126 die Regentschaft.

1126–30 Bohemund II., Sohn Bohemunds I., Graf von Antiochia, heiratet Alice, eine Tochter Balduins II.

1130 Bohemund II. fällt in Kilikien. Balduin II. übernimmt Regentschaft für minderjährige Konstanze. Nach dessen Tod König Fulko.

EDESSA

23. 12. 1144 Fall von Edessa.
Nach Kaiser Johannes II. und König Fulkos Tod nutzt Zengi das Vakuum aus, belagert und besetzt Edessa. Joscelin II., Graf von Edessa, mit Sitz in Turbessel, kann bis 1150 die Grenzlinie zum Euphrat halten, gerät dann in Gefangenschaft und stirbt 1159.
Ende der Grafschaft Edessa.

1150 Nureddin nimmt Joscelin II. gefangen, blendet ihn und läßt ihn bis zu seinem Tode 1159 im Kerker.
Gräfin Beatrice mit Kindern Joscelin (dem späteren J. III.) und Agnes 1151 nach Jerusalem.

ANTIOCHIA

1133 Fulko setzt Raimund von Poitiers (1136–1149), den Sohn des Herzogs Wilhelm IX. von Aquitanien, als Regenten ein. Raimund kommt aber erst 1136 aus Europa.

1135 Alice, die Witwe Bohemunds II., versucht erneut die Macht an sich zu reißen.

1136 Der 37jährige Raimund von Poitiers heiratet bei seiner Ankunft Konstanze, die neunjährige Tochter Alices, und wird damit Graf von Antiochia. Alice resigniert.

1137 Kaiser Johannes II. von Byzanz (1118–1143) nimmt Antiochia ein, läßt sich die Herrschaft über Antiochia zusprechen, besetzt die Stadt aber nicht.

1142 Kaiser Johannes II. von Byzanz verlangt die Herausgabe Antiochias, aber Raimund von Poitiers verweigert dies. Der Kaiser geht nach Kilikien ins Winterlager und stirbt im

April 1143 an den Folgen eines Jagdunfalls.

29. 6. 1149 Raimund von Poitiers, Graf von Antiochia, wird von Nureddin besiegt und getötet.

1153 Rainald von Châtillon heiratet die kaum 20jährige Konstanze, die Witwe Raimunds von Poitiers.

1156 Raubzug Rainalds nach Zypern.

EDESSA

1159–1200 Joscelin III. von Courtenay Titulargraf von Edessa. 1176 Seneschall von Jerusalem. Raubt sich bei Akkon die »Seigneuri de Joscelin« als Ersatz für Edessa zusammen.

ANTIOCHIA

1158 Kaiser Manuel von Byzanz kommt nach Palästina und verlangt Unterwerfung Rainalds nach dessen Raubzug ins byzantinische Zypern, Rainald unterwirft sich.

12. 4. 1159 Kaiser Manuel zieht im Triumphzug in Antiochia ein.

1160 Im November gerät Rainald von Châtillon in sarazenische Gefangenschaft (bis 1175).

1162 Der 18jährige Bohemund III. übernimmt die Regentschaft.

1175 Rainald von Châtillon, Fürst von Antiochia, nach 15jähriger Gefangenschaft wieder frei. (Löst später durch Karawanenüberfälle Feldzug Sultan Saladins aus und wird nach der Schlacht von Hittim am 4. 7. 1187 von Saladin getötet.)

Ende 1187 Raimund, 2. Sohn Bohemunds III., erbt Grafschaft Tripolis (Raimund stirbt 1197, Bohemund III. 1201. Personalunion Antiochia/Tripolis bleibt bestehen; Bohemund VII. stirbt 1287).

Die Grafschaft Antiochia besteht bis 1268. Am 18. 5. 1268 wird die Stadt von Sultan Baibars erobert, die 171jährige Herrschaft der Christen ist zu Ende.

ZYPERN

8. 5. 1191 bis 5. 6. 1191 König Richard Löwenherz von England erobert auf dem Wege nach Palästina zu Beginn des 3. Kreuzzuges Zypern.

Verkauft die Insel an den Templerorden.

ZYPERN

Ostern 1192 Aufstand der Zyprioten gegen die Templer.
Annullierung des Kaufvertrages.

Mai 1192 Richard Löwenherz überträgt Guido von Lusignan die Herrschaft über Zypern. Begründung der zyprischen Dynastie der Lusignans.

Mai 1194 Guido von Lusignan stirbt als Herrscher von Zypern. Nachfolger sein Bruder Amalrich von Lusignan als König von Zypern und später auch als König Amalrich II. von Jerusalem.

Okt. 1195 Amalrich von Lusignan huldigt dem deutschen Kaiser Heinrich VI. in Gelnhausen bei Frankfurt und erkennt ihn als Oberlehnsherrn an.

Sept. 1197 Amalrich wird im Beisein des Kanzlers des Deutschen Reiches zum König von Zypern gekrönt (Januar 1198 dann auch König von Jerusalem) (Herrschaft der Lusignans bis 1489, nennen sich auch nach dem Jahre 1291 noch bis zuletzt »König von Jerusalem«. 1473 stirbt Jakob III. dreiunddreißigjährig als letzter König aus dem Hause Lusignan.)

TRIPOLIS

21. 4. 1102 Raimund von Toulouse erobert Tortosa, beginnt Belagerung von Tripolis.

23. 4. 1104 Raimund erobert Byblos.

28. 2. 1105 Raimund von Toulouse stirbt, ohne Tripolis eingenommen zu haben, nennt sich aber schon Graf zu Tripolis.

SARAZENEN

1126 Atabeg Aksongor il-Bursuki von Mossul von Assassinen ermordet. Chaotische Diadochenkämpfe.

1127–28 Imad ed-Din Zengi (stirbt 1146) wird Herrscher von Mossul und Aleppo.

1128 Togtekin, Atabeg von Damaskus, stirbt.

1128 Ein Versuch Balduins, Damaskus nach Togtekins Tod zu erobern, wird abgeschlagen.

1137 Pons, Graf von Tripolis, stirbt.

1137–52 Raimund II., sein Sohn, wird Graf von Tripolis.

1105–1109 Ihm folgt sein Vetter Wilhelm-Jordan, Graf von Cerdagne, der die Belagerung fortsetzt.

12. 7. 1109 Tripolis ergibt sich nach siebenjähriger Belagerung. Wilhelm-Jordan kurz darauf durch Pfeilschuß getötet. Bertrand, der älteste Sohn von Raimund von Toulouse, alleiniger Besitzer von Tripolis.

1112 Bertrand von Tripolis stirbt.

1112–37 Pons, sein Sohn, wird Nachfolger und heiratet Tankreds Witwe Cäcilie, die illegitime Tochter Philipps von Frankreich und der Betrada von Montford.

1113 Atabeg Togtekin von Damaskus (1095–1128) und Atabeg Maudud von Mossul (1108–13) besiegen Balduin I., nachdem Balduin einen Waffenstillstand gebrochen hatte.

1113 Atabeg Maudud von Mossul wird von Assassinen ermordet, Nachfolger wird Atabeg Aksongor il-Bursuki (bis 1126).

1114 Neuer Waffenstillstand mit Balduin I.

1146 Zengi wird ermordet, Nachfolger in Mossul sein ältester Sohn Saif ed-Din Gazi; Nachfolger in Aleppo sein jüngerer Sohn Nureddin (1146–1174).

1138 Saladin in Takrid am Tigris als Sohn des Burggrafen Ajub geboren.

1139 Zengi, Atabeg von Aleppo und Mossul, greift Damaskus an. Damaskus bittet Jerusalem um Hilfe. Allianz Jerusalem-Damaskus gegen Zengi.

23. 12. 1144 Nach vierwöchiger Belagerung erobert Zengi Edessa.

1152 Raimund II. von Tripolis wird von Assassinen ermordet. Hodierna, seine Witwe, führt die Regentschaft für den 13jährigen Sohn Raimund III.

10. 8. 1164 Raimund III. von Tripolis gerät in sarazenische Gefangenschaft (in Aleppo bis 1172), König Amalrich übernimmt die Regentschaft.

1154 Nureddin zieht kampflos in Damaskus ein.

1164 Nureddin sendet Truppen gegen Amalrich nach Ägypten.

1167 Ägypten praktisch fränkisches Protektorat.

1168 Nureddin entsendet erneut Truppen unter Schirkuh. Amalrich wird aus Ägypten vertrieben. Schirkuh ist Wesir von Ägypten.

23. 3. 1169 Schirkuh stirbt. Nachfolger wird sein 31jähriger Neffe Saladin.

1169 Nureddin gibt Kanzel für die El-Aksa-Moschee in Jerusalem in Auftrag, die 1187 dort aufgestellt wird.

15. 5. 1174 Nureddin stirbt. Nachfolger sein elfjähriger Sohn Malik as-Salih Ismail (stirbt 4. 12. 1181 in Aleppo an Vergiftung).

26. 11. 1174 Saladin besetzt Damaskus und ist damit Oberherr von Ägypten und Syrien. Nennt sich König von Ägypten.

1175 Sultan Saladin zieht gegen Aleppo, schließt Waffenstillstand mit den Franken.

1176 Saladin heiratet Nureddins Witwe.

Okt. 1176 Saladin fällt nach Palästina ein.

25. 11. 1176 Saladin wird vernichtend geschlagen.

1182 Sultan Saladin unternimmt Strafexpedition gegen Palästina nach Rainalds Karawanenüberfall.

18. 6. 1183 Saladin erobert Aleppo. Damaskus wird Hauptstadt seines Reiches.

1185 Saladin schließt mit Franken einen fünfjährigen Waffenstillstand ab.

Anfang 1187 Sultan Saladin zieht mit 12000 Soldaten nach Palästina.

TRIPOLIS

Ende 1187 Raimund III. von Tripolis stirbt kinderlos und vermacht Tripolis seinem Patensohn Raimund, dem 2. Sohn seines Vetters Bohemund III. von Antiochia.

Die Grafschaft Tripolis bleibt bis 1289 bestehen. Am 26. 4. 1289 wird die Stadt von Sultan Kalawun erobert.

SARAZENEN

MONGOLEN

1215 Dschingis-Khan erobert Peking.

1219 Dschingis-Khan und seine Reiter vor Taschkent.

SARAZENEN

4. 3. 1193 Sultan Saladin stirbt im Alter von 55 Jahren in Damaskus.

27. 5. 1218 Kreuzfahrerheer vor Damiette an der Nilmündung.

24. 8. 1218 Angriff auf Damiette, Turm genommen.

31. 8. 1218 Sultan El-Adil, Saladins Bruder und seit 1201 Herr über Saladins Reich, stirbt ca. 75jährig. Sein Nachfolger wird sein älterer Sohn El-Kamil in Ägypten, der jüngere Sohn Mu'azzam in Syrien.

Sept. 1218 Heer des Papstes unter dem spanischen Kardinal Pelagius von Sta. Lucia als Legaten trifft vor Damiette ein. Beginn der Streitigkeiten, Winterlager vor Damiette, Kälte und Seuchen.

Febr. 1219 Wieder vergebliche Angriffe der Kreuzfahrer, Franziskus von Assisi sucht vergeblich zu vermitteln.

Aug. 1219 El-Kamil bietet Waffenstillstand und die Herausgabe von Jerusalem an, dessen Mauern seit dem 19. März 1219 geschleift werden.

Sept. 1219 El-Kamil erneuert sein Angebot, aber Pelagius lehnt ab.

5. 11. 1219 Damiette von Kreuzfahrern eingenommen.

MONGOLEN

1220 Dschingis-Khan erobert Buchara.

1240 Mongolen erobern unter Khan Batu, einem Enkel des 1227 gestorbenen Dschingis-Khan, Kiew.

1241 Mongolen besiegen bei Liegnitz ein deutsch-polnisches Heer. Schwenken dann nach Süden, erobern den Balkan, Persien und das Kalifat Bagdad.

Aug. 1246 Päpstliche Delegation unter Giovanni Carpini trifft in Karakorum ein, um den Groß-Khan zum Christentum zu bekehren und als Verbündeten zu gewinnen. Groß-Khan Gujuk lehnt Unterwerfung unter den Papst ab.

SARAZENEN

Pelagius wartet auf die Hilfe des Königs von Georgien, aber dessen Heer wurde 1220 von Dschingis-Khan und seinen Mongolen besiegt.

Juni 1221 El-Kamil bietet erneut Jerusalem, ganz Palästina und einen 30jährigen Waffenstillstand an, aber Pelagius lehnt ab, da man das Heilige Land zu erkämpfen habe.

Juli 1221 Pelagius rückt auf Kairo vor, die Sarazenen öffnen die Nilschleusen.

26. 8. 1221 Pelagius zum Rückzug gezwungen.

28. 8. 1221 Pelagius nimmt Friedensverhandlungen auf.

30. 8. 1221 Pelagius muß Damiette herausgeben und erreicht einen achtjährigen Waffenstillstand. Die Chance, Jerusalem zurückzubekommen, ist vertan.

8. 9. 1221 Kreuzfahrerheer zieht ab, der Kreuzzug ist gescheitert.

8. 3. 1238 Sultan El-Kamil stirbt in Damaskus. As-Salih Ajub, der ältere Sohn, herrscht in Damaskus, El-Adil II., der jüngere Sohn, wird Sultan von Ägypten.

Juni 1240 As-Salih Ajub setzt seinen Bruder El-Adil II. ab und wird Sultan von Ägypten.

(In Damaskus herrscht sein Onkel As-Salih-Ismail, der am 22. 11. 1249 stirbt.)

Chaotische Zustände im Norden des Reiches, Bürgerkrieg zwischen As-Salih Ajub und As-Salih Ismail.

MONGOLEN

Mai 1247 Eine zweite päpstliche Delegation unter dem Dominikaner Ascelin trifft in Täbris mit Mongolen zusammen. Heerführer Baitschu schickt sogar zwei Mongolen an den päpstlichen Hof mit.

ca. 1250 Die von Ludwig IX. geschickte Delegation unter Andreas von Longjumeau trifft in Karakorum ein, erreicht aber ebenfalls nichts, zumal Groß-Khan Gujuk inzwischen gestorben war.

Dez. 1253 Wilhelm von Rubruk im Auftrag Ludwigs IX. in Karakorum, auch diese Mission erfolglos. Wilhelm von Rubruk bleibt bis August 1254.

3. 9. 1260 Mongolen bei Ein Galut in Galiläa von Mameluckenbesiegt. Ziehen sich hinter den Euphrat zurück.

SARAZENEN

5. 6. 1249 Ludwig IX. vor Damiette.

6. 6. 1249 Damiette ergibt sich kampflos.

20. 11. 1249 Ludwig zieht am Nil aufwärts in Richtung Kairo.

8. 2. 1250 Ludwig besiegt.

6. 4. 1250 Ludwig bietet Kapitulation an und geht mit seinem Heer in Gefangenschaft. Der König wird gegen die Stadt Damiette und Lösegeld ausgetauscht.

2. 5. 1250 Mameluckenaufstand in Kairo, Turan Schah, der Herrscher von Kairo, wird umgebracht. Ende der Ajubidendynastie, Beginn einer fast 250jährigen Vorherrschaft der Mamelucken (bis 1517).

8. 5. 1250 Die Mamelucken entlassen Ludwig IX. aus Kriegsgefangenschaft. Ludwig segelt nach Akkon zurück.

3. 9. 1260 Sieg der Mamelucken über die Mongolen bei Ein Galut in Galiläa.
Damaskus und Aleppo binnen Monatsfrist zurückgewonnen.

23. 10. 1260 Mameluckengeneral Baibars ermordet Sultan Kutuz und kehrt selbst als Sultan nach Kairo zurück und unternimmt im Laufe seiner 17jährigen Regierungszeit 38 Feldzüge.

1275–77 Sultan Baibars in Kilikien und Anatolien.

1. 7. 1277 Sultan Baibars stirbt in Damaskus.
Nachfolger wird zunächst sein ältester Sohn Baraka, zwei Jahre später ruft sich sein jüngerer Bruder Kalawun zum Sultan aus (bis 1290).

Register